에듀윌과 함께 시작하면,
당신도 합격할 수 있습니다!

에듀윌 IT자격증은 학문을 연구하지 않습니다.
가장 효율적이고 빠른 합격의 길을 연구합니다.

IT자격증은 '사회에 내딛을 첫발'을 준비하는 사회 초년생을 포함하여
새로운 준비를 하는 모든 분들의
'시작'을 위한 도구일 것입니다.

에듀윌은
IT자격증이 여러분의 최종 목표를 앞당기는 도구가 될 수 있도록
빠른 합격을 지원하겠습니다.

누구나 합격할 수 있습니다.
시작하겠다는 '다짐', 이루겠다는 '목표'면 충분합니다.

마지막 페이지를 덮으면,

에듀윌과 함께
IT자격증 합격이 시작됩니다.

출제패턴+기출 연습으로 단기 합격!
에듀윌 EXIT ITQ 시리즈

합격을 위한 모든 것!
EXIT "무료" 합격 서비스

ITQ 엑셀 / 파워포인트 / 한글 / OA Master

출제패턴 집중훈련으로 한번에 합격!

#시험에_나올것만_공부하기
#실기넘사벽_시간도_부족
#아무것도_모르지만_합격은_하고싶어
#그래도_합격의키는_기출

IT자격증 단기 합격!
에듀윌 EXIT 시리즈

컴퓨터활용능력

- **필기 초단기끝장(1/2급)**
  문제은행 최적화, 이론은 가볍게 기출은 무한반복!

- **필기 기본서(1/2급)**
  기초부터 제대로, 한권으로 한번에 합격!

- **실기 기본서(1/2급)**
  출제패턴 집중훈련으로 한번에 확실한 합격!

정보처리기사

- **필기 / 실기 기본서**
  비전공자 눈높이로 기초부터 합격까지 4주완성!

- **실기 기출동형 총정리 모의고사**
  싱크로율 100% 모의고사로 실력진단+개념총정리!

ITQ

- **ITQ 엑셀/파워포인트/한글 ver.2016**
  독학러도 초단기 A등급 보장!

- **ITQ OA Master ver.2016**
  한번에 확실하게 OA Master 합격!

GTQ

- **GTQ 포토샵 1급 ver.CC**
  노베이스 포토샵 합격 A to Z

매달 선물이 팡팡!
독자참여 이벤트

교재 후기 이벤트

나만 알고 있기 아까운!
에듀윌 교재의 장단점, 더 필요한 서비스 등을 자유롭게 제안해주세요.

이벤트 참여

오타 제보 이벤트

더 나은 콘텐츠 제작을 돕는 일등 공신!
사소한 오타, 오류도 제보만 하면 매월 사은품이 팡팡 터집니다.

이벤트 참여

IT자격증 A~Z 이벤트

모르고 지나치기엔 아쉬운!
에듀윌 IT자격증에서 제공 중인 무료 이벤트를 확인해보세요.

이벤트 참여

참여 방법 | 각 이벤트의 QR 코드 스캔
당첨자 발표 | 매월 5일, EXIT 합격 서비스(exit.eduwill.net) 공지사항
사은품 | 매월 상이하며, 당첨자 발표 후 순차 발송

※ 이벤트는 공지 없이 변경되거나 종료될 수 있습니다.

A등급 1주 합격!
스터디 플래너

언제 **사용하나요?**

초단기 A등급 합격을 노릴 때!

어떻게 **사용하나요?**

- 공부를 완료하면 ☑ 체크 표시를 하세요!
- 약점에 ☑ 체크 표시하고,
  시험 하루 전 취약 유형만 복습하세요!

차례		1주 완성	공부완료		약점 체크
			그대로 따라하기	연습 문제	
Step 1	출제패턴 그대로 따라하기				
제1작업	01. 데이터 입력과 서식	1일	☑	☑	☑
	02. 제목 & 결재란 작성		☐	☐	☐
	03. 유효성 검사와 조건부 서식		☐	☐	☐
	04. 함수		☐	☐	☐
제2작업	01. 목표값 찾기	2일	☐	☐	☐
	02. 고급필터		☐	☐	☐
	03. 표서식		☐	☐	☐
제3작업	01. 데이터 정렬	3일	☐	☐	☐
	02. 부분합		☐	☐	☐
	03. 피벗테이블		☐	☐	☐
제4작업	01. 차트 작성 및 스타일	4일	☐	☐	☐
	02. 영역 서식과 제목 서식		☐	☐	☐
	03. 차트 서식		☐	☐	☐
	04. 범례와 도형 작성		☐	☐	☐
Step 2	기출 & 함께 보는 해설로 연습하기				
기출문제 & 해설	제1회 기출문제	5일			☐
	제2회 기출문제				☐
	제3회 기출문제				☐
	제4회 기출문제	6일			☐
	제5회 기출문제				☐
	제6회 기출문제				☐
	제7회 기출문제	7일			☐
	제8회 기출문제				☐
	제9회 기출문제				☐
	제10회 기출문제				☐
Step 3	기출 & 모의고사로 실력 점검하기				
기출문제 & 모의고사	제1회 기출문제				☐
	제2회 기출문제				☐
	제3회 기출문제				☐
	제4회 기출문제				
	제5회				
	제6회				
	제7회				
	제8회 모의고사				☐
	제9회 모의고사				☐
	제10회 모의고사				☐

1주 플랜을 선택한 학생들은 생략 가능

🔔 [특급 부록] 진짜최종_ITQ엑셀_핵심노트.xls
틈새시간 & 시험 직전에 활용하세요!

가위로 잘라서 책갈피로 사용하세요.

A등급 2주 합격!
스터디 플래너

차례		2주 완성	공부완료		약점 체크
			그대로 따라하기	연습 문제	
Step 1			출제패턴 그대로 따라하기		
제1작업	01. 데이터 입력과 서식	1일	☑	☑	☑
	02. 제목 & 결재란 작성		☐	☐	☐
	03. 유효성 검사와 조건부 서식		☐	☐	☐
	04. 함수	2~3일	☐	☐	☐
제2작업	01. 목표값 찾기	4일	☐	☐	☐
	02. 고급필터		☐	☐	☐
	03. 표서식		☐	☐	☐
제3작업	01. 데이터 정렬	5일	☐	☐	☐
	02. 부분합		☐	☐	☐
	03. 피벗테이블	6일	☐	☐	☐
제4작업	01. 차트 작성 및 스타일	7일	☐	☐	☐
	02. 영역 서식과 제목 서식		☐	☐	☐
	03. 차트 서식		☐	☐	☐
	04. 범례와 도형 작성		☐	☐	☐
Step 2			기출 & 함께 보는 해설로 연습하기		
기출문제 & 해설	제1회 기출문제	8일			☐
	제2회 기출문제				☐
	제3회 기출문제	9일			☐
	제4회 기출문제				☐
	제5회 기출문제				☐
	제6회 기출문제	10일			☐
	제7회 기출문제				☐
	제8회 기출문제				☐
	제9회 기출문제	11일			☐
	제10회 기출문제				☐
Step 3			기출 & 모의고사로 실력 점검하기		
기출문제 & 모의고사	제1회 기출문제	12일			☐
	제2회 기출문제				☐
	제3회 기출문제				☐
	제4회 기출문제				☐
	제5회 기출문제	13일			☐
	제6회 모의고사				☐
	제7회 모의고사				☐
	제8회 모의고사				☐
	제9회 모의고사	14일			☐
	제10회 모의고사				☐

🔔 [특급 부록] 진짜최종_ITQ엑셀_핵심노트.xls
틈새시간 & 시험 직전에 활용하세요!

언제 사용하나요?

엑셀 왕초보 / 하루에 투자할 시간이 부족할 때!

어떻게 사용하나요?

• 공부를 완료하면 ☑ 체크 표시를 하세요!
• 약점에 ☑ 체크 표시하고,
  시험 하루 전 취약 유형만 복습하세요!

ITQ 엑셀
A등급 노하우 압축정리!

 진짜최종_ITQ엑셀_핵심노트.xls

- ☑ 빈출함수 최최종 정리
- ☑ 헷갈리는 쌍둥이 함수
- ☑ 한눈에 보는 피벗 테이블
- ☑ 기본 설정

eduwill

MAX	정의	인수로 지정된 모든 숫자들 중에서 최대값을 구하는 함수
	함수식	=MAX(숫자1,숫자2,...)
	함수 마법사로 알아보기	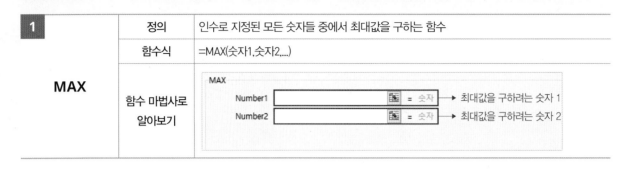

MIN	정의	인수로 지정된 모든 숫자들 중에서 최소값을 구하는 함수
	함수식	=MIN(숫자1,숫자2,...)
	함수 마법사로 알아보기	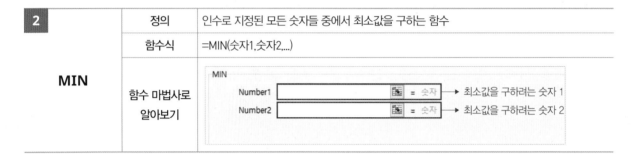

RANK.EQ	정의	목록에서 지정한 숫자의 순위를 알아내는 함수
	함수식	=RANK.EQ(순위를 구하려는 수,범위,순위를 정할 방법)
	함수 마법사로 알아보기	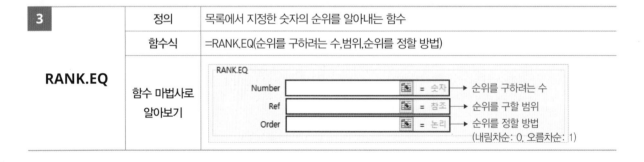

RIGHT	정의	문자열의 오른쪽 끝부터 원하는 개수만큼 문자를 추출하는 함수
	함수식	=RIGHT(문자열,추출할 문자 수)
	함수 마법사로 알아보기	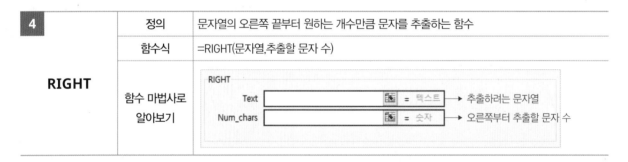

LEFT	정의	문자열의 왼쪽 끝부터 원하는 개수만큼 문자를 추출하는 함수
	함수식	=LEFT(문자열,추출할 문자 수)
	함수 마법사로 알아보기	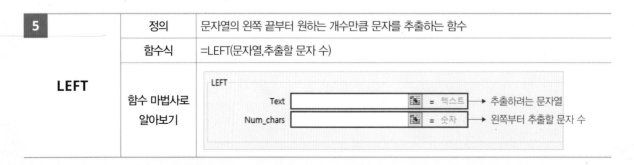

6	정의	특정 위치부터 원하는 개수만큼 문자를 추출하는 함수
	함수식	=MID(문자열,시작 위치,추출할 문자 수)
MID	함수 마법사로 알아보기	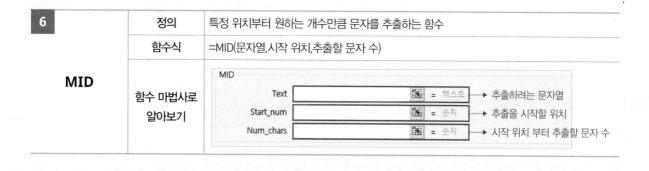

7	정의	참조 테이블의 1열에서 값을 찾아 상대적으로 오른쪽에 있는 열에 값을 참조하는 함수
	함수식	=VLOOKUP(찾는 값,참조 테이블,열 번호,0 또는 1)
VLOOKUP	함수 마법사로 알아보기	

VLOOKUP

Lookup_value	= 모든 값	→ 찾는 값
Table_array	= 숫자	→ 값을 찾을 참조 테이블
Col_index_num	= 숫자	→ 테이블에서 찾을 열의 번호
Range_lookup	= 논리	→ 찾는 방법 (정확히 일치: 0, 유사일치: 1)

8	정의	인덱스 번호 1부터 254를 이용하여 특정 번호에 맞는 값을 반환하는 함수
	함수식	=CHOOSE(검색 값,값1,값2,값3,...)
CHOOSE	함수 마법사로 알아보기	

CHOOSE

Index_num	= 숫자	→ 검색 값
Value1	= 모든 값	→ 검색 값이 1일 때 반환 값
Value2	= 모든 값	→ 검색 값이 2일 때 반환 값

9	정의	조건식의 결과에 따라 참(True)일 때와 거짓(False)일 때의 값을 각각 반환하는 함수
	함수식	=IF(조건식,참일 때의 반환 값,거짓일 때의 반환 값)
IF	함수 마법사로 알아보기	

IF

Logical_test	= 논리	→ 조건식
Value_if_true	= 모든 값	→ 조건식이 참일 때의 반환 값
Value_if_false	= 모든 값	→ 조건식이 거짓일 때의 반환 값

10	정의	조건에 맞는 자료만 찾아 합계를 구하는 함수
	함수식	=SUMIF(조건 범위,조건,계산 범위)
SUMIF	함수 마법사로 알아보기	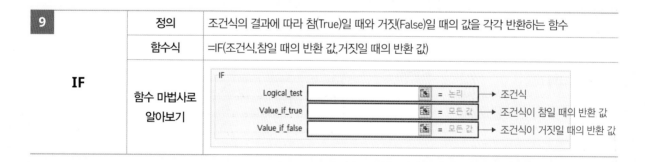

SUMIF

Range	= 참조	→ 조건 범위
Criteria	= 모든 값	→ 조건
Sum_range	= 참조	→ 합계를 구할 계산 범위

11	정의	조건에 맞는 자료의 개수를 구하는 함수
	함수식	=COUNTIF(조건 범위,조건)
COUNTIF	함수 마법사로 알아보기	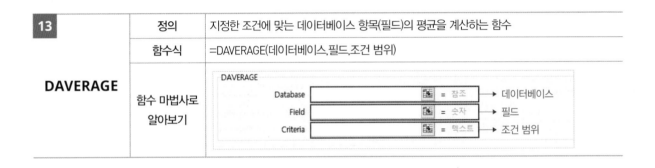

12	정의	지정한 조건에 맞는 데이터베이스 항목(필드)의 합계를 계산하는 함수
	함수식	=DSUM(데이터베이스,필드,조건 범위)
DSUM	함수 마법사로 알아보기	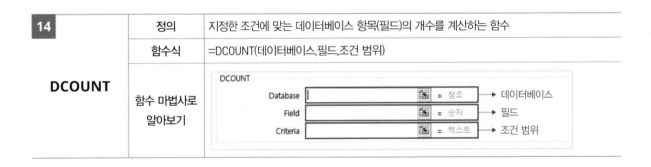

13	정의	지정한 조건에 맞는 데이터베이스 항목(필드)의 평균을 계산하는 함수
	함수식	=DAVERAGE(데이터베이스,필드,조건 범위)
DAVERAGE	함수 마법사로 알아보기	DAVERAGE — Database = 참조 → 데이터베이스 / Field = 숫자 → 필드 / Criteria = 텍스트 → 조건 범위

14	정의	지정한 조건에 맞는 데이터베이스 항목(필드)의 개수를 계산하는 함수
	함수식	=DCOUNT(데이터베이스,필드,조건 범위)
DCOUNT	함수 마법사로 알아보기	DCOUNT — Database = 참조 → 데이터베이스 / Field = 숫자 → 필드 / Criteria = 텍스트 → 조건 범위

15	정의	지정한 조건에 맞는 데이터베이스 항목(필드)의 최대값을 구하는 함수
	함수식	=DMAX(데이터베이스,필드,조건 범위)
DMAX	함수 마법사로 알아보기	DMAX — Database = 참조 → 데이터베이스 / Field = 숫자 → 필드 / Criteria = 텍스트 → 조건 범위

16	정의	지정한 조건에 맞는 데이터베이스 항목(필드)의 최소값을 구하는 함수
	함수식	=DMIN(데이터베이스,필드,조건 범위)
DMIN	함수 마법사로 알아보기	DMIN Database　　= 참조 → 데이터베이스 Field　　= 숫자 → 필드 Criteria　　= 텍스트 → 조건 범위

17	정의	숫자값을 특정 위치까지 반올림하여 값을 계산하는 함수
	함수식	=ROUND(숫자, 자릿수)
ROUND	함수 마법사로 알아보기	ROUND Number　　= 숫자 → 반올림하려는 숫자 Num_digits　　= 숫자 → 반올림 할 자릿수

18	정의	지정된 데이터 범위에서 K 번째로 큰 값을 구하는 함수
	함수식	=LARGE(범위,순위)
LARGE	함수 마법사로 알아보기	LARGE Array　　= 숫자 → K 번째로 큰 값을 구할 범위 K　　= 숫자 → 순위

19	정의	지정된 데이터 범위에서 K 번째로 작은 값을 구하는 함수
	함수식	=SMALL(범위,순위)
SMALL	함수 마법사로 알아보기	SMALL Array　　= 숫자 → K 번째로 작은 값을 구할 범위 K　　= 숫자 → 순위

20	정의	인수로 지정된 숫자들의 평균 값을 구하는 함수
	함수식	=AVERAGE(숫자1,숫자2,...)
AVERAGE	함수 마법사로 알아보기	AVERAGE Number1　　= 숫자 → 평균을 구하고자 하는 숫자 1 Number2　　= 숫자 → 평균을 구하고자 하는 숫자 2

쌍둥이 함수는 본문에서 발췌한 내용으로, 연습문제의 실습파일은 본책에서 학습하세요.

1 ROUND vs ROUNDUP vs ROUNDDOWN

ROUND	정의	숫자값을 특정 위치까지 반올림하는 함수
	함수식	=ROUND(숫자, 자릿수)
ROUNDUP	정의	숫자값을 특정 위치까지 올림하는 함수
	함수식	=ROUNDUP(숫자, 자릿수)
ROUNDDOWN	정의	숫자값을 특정 위치까지 내림하는 함수
	함수식	=ROUNDDOWN(숫자, 자릿수)
연습문제		Q. 숫자 '4356.178'를 소수점 첫 번째 자리까지 반올림/올림/내림 하시오. A. ROUND 함수로 데이터 셀(B4)의 숫자(4356.178)를 소수점 두 번째 자리에서 반올림하여 소수점 한 자리(4356.2)까지 구한다. ROUNDUP 함수로 데이터 셀(B5)의 숫자(4356.178)를 소수점 두 번째 자리에서 올림하여 소수점 한 자리(4356.2)까지 구한다. ROUNDDOWN 함수로 데이터 셀(B6)의 숫자(-4356.178)를 소수점 두 번째 자리에서 내림하여 소수점 한 자리(-4356.1)까지 구한다.

	B	C	D
1	숫자값을 지정한 자릿수로 반올림, 올림, 내림, 버림		
3	데이터	함수결과	함수식
4	4356.178	4356.2	=ROUND(B4,1)
5	4356.178	4356.2	=ROUNDUP(B5,1)
6	-4356.178	-4356.1	=ROUNDDOWN(B6,1)

2 MAX vs LARGE

MAX	정의	인수로 지정된 모든 숫자들 중에서 최대값을 구하는 함수
	함수식	=MAX(숫자1,숫자2....)
	연습문제	Q. 다음 점수 중 최고 점수를 구하시오. A. MAX 함수로 국어, 영어, 수학 점수(D4:F8) 중 최고 점수(91)를 구한다.
LARGE	정의	지정된 데이터 범위에서 K번째로 큰 값을 구하는 함수
	함수식	=LARGE(범위,순위)
	연습문제	Q. 다음 부서의 매출 중 매출이 2번째로 큰 값을 구하시오. A. LARGE 함수로 부서들의 매출(B4:E8) 영역 중 2번째로 큰 매출(12,023)을 구한다.

최대값 구하기

번호	이름	국어	영어	수학
1	전희진	84	75	91
2	민용대	64	75	87
3	성주란	59	57	61
4	김옥희	84	37	70
5	어지연	78	75	55

	함수결과	함수식
최대값	91	=MAX(D4:F8)

k번째로 큰 값 구하기

인사부 매출	총무부 매출	개발부 매출	영업부 매출
5,623	6,523	5,329	5,422
4,532	5,123	3,254	5,411
8,254	9,543	9,987	8,823
3,423	12,200	8,923	5,420
12,023	9,340	7,342	2,123

k번째	함수값	함수식
2번째로 큰 매출	12,023	=LARGE(B4:E8,2)

3 | MIN vs SMALL

MIN	정의	인수로 지정된 모든 숫자들 중에서 최소값을 구하는 함수
	함수식	=MIN(숫자1,숫자2,...)
	연습문제	Q. 다음 점수 중 최소 점수를 구하시오. A. MIN 함수로 국어, 영어, 수학 점수(D4:F8) 중 최소 점수(37)를 구한다.
SMALL	정의	지정된 데이터 범위에서 K번째로 작은 값을 구하는 함수
	함수식	=SMALL(범위,순위)
	연습문제	Q. 다음 부서의 매출 중 매출이 세 번째로 작은 값을 구하시오. A. SMALL 함수로 부서들의 매출(B4:E8) 영역 중 세 번째로 작은 매출(3,423)을 구한다.

4 | VLOOKUP vs HLOOKUP

VLOOKUP	정의	참조 테이블의 1열에서 값을 찾아 상대적으로 오른쪽에 있는 열의 값을 참조하는 함수
	함수식	=VLOOKUP(찾는 값,참조 테이블,열 번호,0 또는 1)
	연습문제	Q. 지역코드별 지역명을 구하시오. A. VLOOKUP 함수로 왼쪽 테이블의 코드(예: A010)를 참조 테이블(F5:G7)의 1열인 '지역코드'에서 찾아 같은 행의 2열에 있는 지역명(예: 서울)을 구한다.
HLOOKUP	정의	참조 테이블의 1행에서 값을 찾아 상대적으로 아래쪽에 있는 행의 값을 참조하는 함수
	함수식	=HLOOKUP(찾는 값,참조 테이블,행 번호,0 또는 1)
	연습문제	Q. 지역코드별 지역명을 구하시오. A. HLOOKUP 함수로 왼쪽 테이블의 코드(예: A010)를 참조 테이블(G4:I5)의 1행인 '지역코드'에서 찾아 같은 열의 2행에 있는 지역명(예: 서울)을 구한다.

5 AVERAGEIF vs DAVERAGE

AVERAGEIF	정의	조건에 맞는 자료만 찾아 평균을 구하는 함수
	함수식	=AVERAGEIF(조건 범위,조건,계산범위)
	연습문제	Q. 강남점의 평균 판매 대수를 구하시오. A. AVERAGEIF 함수로 영업점(B4:B12) 필드에서 강남점(F4)에 해당하는 대수(D4:D12)의 평균(1,003)을 구한다. 강남점 평균 판매 대수 구하기
DAVERAGE	정의	지정한 조건에 맞는 데이터베이스 항목(필드)의 평균을 계산하는 함수
	함수식	=DAVERAGE(데이터베이스,필드,조건 범위)
	연습문제	Q. 조건에 맞는 판매량의 평균을 구하시오. A. DAVERAGE 함수로 데이터베이스(B3:D12)에서 영업점이 송파점(F3:F4)인 지점의 '판매량(D3)'필드에서 평균 판매량(1,195)을 구한다. 송파점 판매량의 합계, 평균, 건수 구하기

6 COUNT vs COUNTA vs COUNTBLANK

COUNT	정의	인수로 주어진 값들 중 숫자 셀의 개수를 구하는 함수
	함수식	=COUNT(숫자1,숫자2,...)
	연습문제	Q. 다음의 응용점수 필드에서 숫자 셀의 개수를 구하시오. A. COUNT 함수로 응용점수(C4:C12) 필드에서 숫자가 있는 셀의 개수(7)를 구한다.
COUNTA	정의	인수로 주어진 값들 중 공백이 아닌 셀의 개수를 구하는 함수
	함수식	=COUNTA(값1,값2,...)
	연습문제	Q. 다음의 응용점수 필드에서 공백이 아닌 셀의 개수를 구하시오. A. COUNTA 함수로 응용점수(C4:C12) 필드에서 공백이 아닌 셀의 개수(8)를 구한다.
COUNTBLANK	정의	인수로 주어진 값들 중 비어있는 셀의 개수를 구하는 함수
	함수식	=COUNTBLANK(범위)
	연습문제	Q. 다음의 응용점수 필드에서 빈 셀의 개수를 구하시오. A. COUNTBLANK 함수로 응용점수(C4:C12) 필드에서 빈 셀의 개수(1)를 구한다.
함수식 결과		응용점수의 숫자셀, 비어있지 않은 셀, 빈셀 구하기

1 피벗 테이블(Pivot Table)이란?

피벗 테이블은 다량의 데이터를 사용자가 원하는 대로 그룹별로 집계하여 보여주는 기능이다. 필드를 어디에 위치시키느냐에 따라 결과값이 달라지므로, 필드를 정확한 위치에 삽입하여 출력형태 에 맞도록 작성하는 것이 중요하다.

2 피벗 테이블의 구성요소

피벗 테이블은 ① 필터, ② 열레이블, ③ 행레이블. ④ 값으로 구성된다.

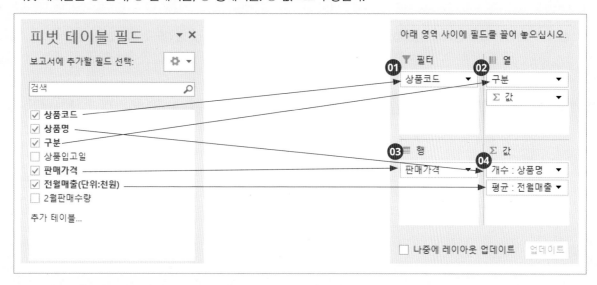

① 피벗 테이블 필드 창에서 '상품코드' 필드를 필터 영역으로 설정했을 때

행 레이블	과일차 개수:상품명	평균:전월매출	녹차 개수:상품명	평균:전월매출	허브차 개수:상품명	평균:전월매출	전체 개수:상품명	전체 평균:전월매출
25,000원					1	1,125	1	1,125
32,000원					1	2,368	1	2,368
32,500원					1	1,275	1	1,275
33,000원			1	1,980			1	1,980
33,500원	1	1,173					1	1,173
35,000원	1	1,890					1	1,890
47,500원	1	3,600					1	3,600
55,000원			1	1,595			1	1,595
총합계	3	2,221	2	1,788	3	1,589	8	1,876

상품코드 (모두)

② 피벗 테이블 필드 창에서 '구분' 필드를 열 영역으로 설정했을 때

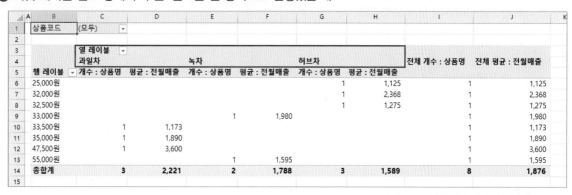

행 레이블	과일차 개수:상품명	평균:전월매출	녹차 개수:상품명	평균:전월매출	허브차 개수:상품명	평균:전월매출	전체 개수:상품명	전체 평균:전월매출
25,000원					1	1,125	1	1,125
32,000원					1	2,368	1	2,368
32,500원					1	1,275	1	1,275
33,000원			1	1,980			1	1,980
33,500원	1	1,173					1	1,173
35,000원	1	1,890					1	1,890
47,500원	1	3,600					1	3,600
55,000원			1	1,595			1	1,595
총합계	3	2,221	2	1,788	3	1,589	8	1,876

❸ 피벗 테이블 필드 창에서 '판매가격' 필드를 행 영역으로 설정했을 때

행 레이블	과일차		녹차		허브차		전체 개수 : 상품명	전체 평균 : 전월매출
	개수 : 상품명	평균 : 전월매출	개수 : 상품명	평균 : 전월매출	개수 : 상품명	평균 : 전월매출		
25,000원					1	1,125	1	1,125
32,000원					1	2,368	1	2,368
32,500원					1	1,275	1	1,275
33,000원			1	1,980			1	1,980
33,500원	1	1,173					1	1,173
35,000원	1	1,890					1	1,890
47,500원	1	3,600					1	3,600
55,000원			1	1,595			1	1,595
총합계	3	2,221	2	1,788	3	1,589	8	1,876

상품코드 (모두)
열 레이블

❹ 피벗 테이블 필드 창에서 '상품명' 필드와 '전월매출(단위:천원)' 필드를 값 영역으로 설정했을 때

상품코드 (모두)
열 레이블

행 레이블	과일차		녹차		허브차		전체 개수 : 상품명	전체 평균 : 전월매출
	개수 : 상품명	평균 : 전월매출	개수 : 상품명	평균 : 전월매출	개수 : 상품명	평균 : 전월매출		
25,000원					1	1,125	1	1,125
32,000원					1	2,368	1	2,368
32,500원					1	1,275	1	1,275
33,000원			1	1,980			1	1,980
33,500원	1	1,173					1	1,173
35,000원	1	1,890					1	1,890
47,500원	1	3,600					1	3,600
55,000원			1	1,595			1	1,595
총합계	3	2,221	2	1,788	3	1,589	8	1,876

❸ 피벗 테이블의 그룹화

피벗 테이블의 행과 열에 추가된 필드가 숫자나 날짜 데이터일 때 그룹화하여 요약할 수 있다.

① 판매가격을 10,000 단위로 그룹화할 때

② 가격별 2월 판매수량 합계 요약 결과

합계 : 2월판매수량	구분								
판매가격	네이블 오렌지	다질링 홍차	딸기앤망고	런던프룻	루이보스	오가닉 캐모마일	유기농 대작	차예화개녹차	총합계
15001-25000						24			24
25001-35000		37	31	16	20			27	131
45001-55000	35						29		64
총합계	35	37	31	16	20	24	29	27	219

구분 (모두)

4 피벗 테이블의 다양한 옵션

피벗 테이블에서는 ① 레이아웃 및 서식, ② 총합계 표시 등의 다양한 옵션을 설정할 수 있다.

① 레이아웃 및 서식

레이블이 있는 셀의 병합 및 가운데 맞춤을 지정할 수 있고, 오류 값이나 빈 셀에 표시할 글자를 지정할 수 있다.

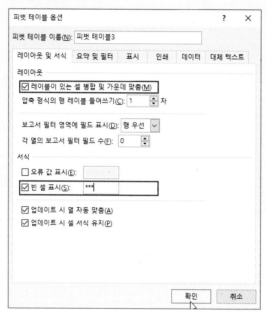

② 총합계 표시

피벗 테이블에서 아래 그림과 같이 '행 총합계 표시'와 '열 총합계 표시'에 체크하면 총합계가 표시된다.

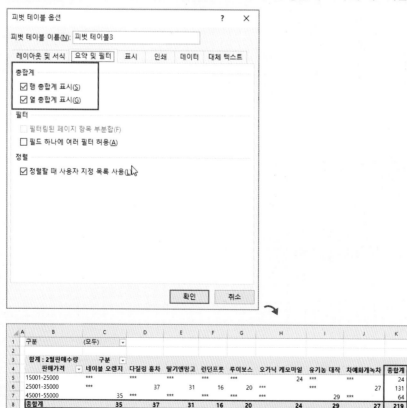

5 값 필드의 요약 기준 설정

① 값 필드 설정 대화상자 실행하기

피벗 테이블 필드의 '값' 영역에서 필드명 선택 → 바로가기 메뉴에서 '값 필드 설정'을 선택하여 대화상자를 실행한다.

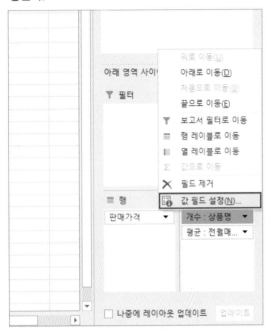

② 값 필드 요약 기준 설정

값 필드 설정 대화상자에서 합계, 개수, 평균 등의 요약 기준을 설정할 수 있다.

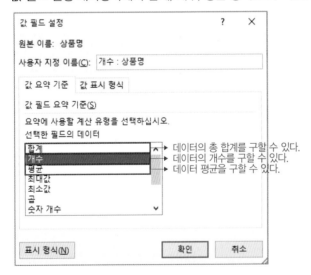

1 파일 저장

① 파일명은 반드시 본인의 "수험번호 – 성명"으로 입력하고, 답안 폴더(내PC₩문서₩ITQ)에 저장한다.

② 파일명이 수험생 정보와 일치하지 않을 경우 파일이 인식되지 않으므로 정확하게 입력한다.

③ 변경한 내용은 반드시 저장하며, 마지막에 답안 전송 프로그램을 통해 전송한 내용이 최종 반영되므로 수시로 저장해 가장 최신 작업본을 답안 전송 프로그램을 통해 전송한다.

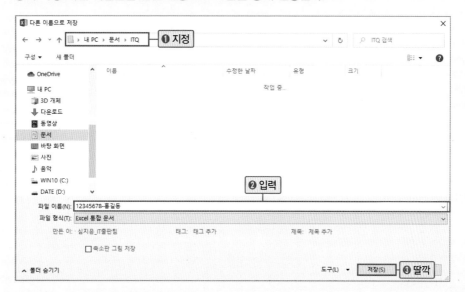

2 답안 전송

① 응시하는 과목을 선택하고 수험자의 성명을 입력한다.

② 수험번호를 입력하고 재시험 여부를 선택한 뒤 수험자 정보가 맞는지 확인한다.

③ 답안 전송 프로그램이 실행되면 [답안 전송]을 선택한 뒤 "수험번호–성명"으로 저장한 작업 파일을 전송한다.

④ 저장 위치나 파일 이름이 잘못되었을 경우 '존재'에 '없음'이 표기되어 전송할 수 없으므로 저장 위치와 파일명 설정에 주의한다.

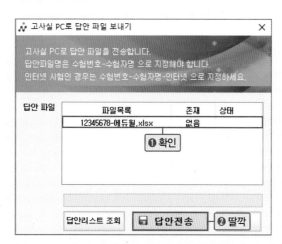

에듀윌 EXIT

ITQ 엑셀 ver.2016

시험에 나오는 것만
공부하여
빠른 합격을
보장합니다

ITQ는 IT자격증에 처음 도전하는 분들이 많이 선택하는 자격증입니다. 필기 없이 실기 시험으로만 평가하므로 누구나 부담 없이 도전할 수 있으며, 다른 IT자격증보다 비교적 단기간에 취득할 수 있어, 취업이나 공무원 시험을 준비하는 분들이 가산점을 얻을 수 있는 가장 빠른 길이기도 합니다. 에듀윌 ITQ 엑셀 자격증 교재는 그 길을 함께하며, 여러분을 A등급 합격으로 안내합니다. 엑셀의 기초부터 핵심 기술까지 익히며 출제패턴에 맞춰 차근히 공부한다면 합격의 길은 바로 열릴 것입니다. 에듀윌이 당신의 합격을 응원합니다!

Step 1 초단기 A등급 보장! 출제패턴 그대로 따라하기

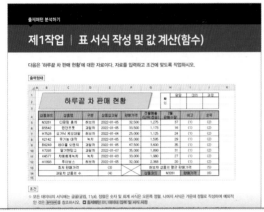

조건

○ 모든 데이터의 서식에는 글꼴(굴림, 11pt), 정렬은 숫자 및 회계 서식은 오른쪽 정렬. 나머지 서식은 가운
인 것은 [출력형태]를 참조하시오. ➡ 출제패턴 01. 데이터 입력 및 서식 지정

○ 제목 ⇒ 도형(평행 사변형)과 그림(오프셋 오른쪽)를 이용하여 작성하고 "하루끝 차 판매 현황"을 입력하
오(글꼴–굴림, 24pt, 검정, 굵게, 채우기–노랑). ➡ 출제패턴 02. 제목 & 결재란 작성

○ 임의의 셀에 결재란을 작성하여 그림으로 복사 기능을 이용하여 붙이기 하시오(단, 원본 삭제).
  ➡ 출제패턴 02. 제목 & 결재란 작성

○ 「B4:J4, G14, I14」 영역은 '주황'으로 채우기 하시오. ➡ 출제패턴 01. 데이터 입력 및 서식 지정

○ 유효성 검사를 이용하여 「H14」 셀에 상품코드('B5:B12」 영역)가 선택 표시되도록 하시오.
  ➡ 출제패턴 03. 유효성 검사와 조건부 서식

○ 셀 서식 ⇒ 「F5:F12」 영역에 셀 서식을 이용하여 숫자 뒤에 '원'을 표시하시오(예: 32,500원).
  ➡ 출제패턴 01. 데이터 입력 및 서식 지정

○ 「D5:D12」 영역에 대해 '구분'으로 이름정의를 하시오.

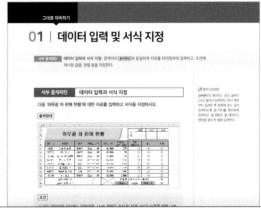

고정적 출제패턴을 파헤치는

출제패턴 분석하기

따라하면 저절로 풀이법이 보이는

그대로 따라하기

☑ 독학러도 걱정 없는 A등급 길잡이

(1) 컴맹도 이해할 수 있도록, 기초적 부가설명을 제시하는 더 알아보기

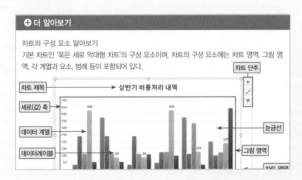

(2) 수식을 쉽게 이해하고 응용할 수 있도록, 상세하게 풀어 설명한 입력 함수 해설

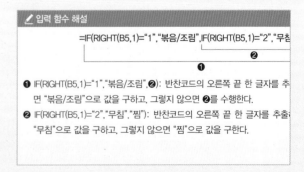

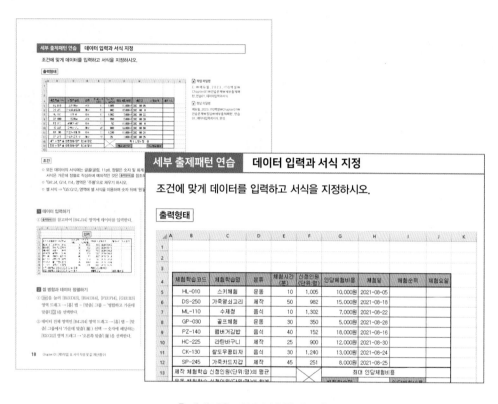

세부 출제패턴 연습 **데이터 입력과 서식 지정**

조건에 맞게 데이터를 입력하고 서식을 지정하시오.

출력형태

A	B	C	D	E	F	G	H	I	J	K
1										
2										
3										
4	체험학습코드	체험학습명	분류	체험시간(분)	신청인원(단위:명)	인당체험비용	체험일	체험순위	체험요일	
5	HL-010	스키체험	운동	10	1,005	10,000원	2021-08-05			
6	DS-250	가죽왈쇠고리	제작	50	982	15,000원	2021-08-18			
7	ML-110	수제청	음식	10	1,302	7,000원	2021-08-22			
8	GP-030	골프체험	운동	30	350	5,000원	2021-08-28			
9	PZ-140	햄버거김밥	음식	40	152	18,000원	2021-08-16			
10	HC-225	라탄바구니	제작	25	900	12,000원	2021-08-30			
11	CK-130	쌀도우콩피자	음식	30	1,240	13,000원	2021-08-24			
12	SP-245	가죽카드지갑	제작	45	251	8,000원	2021-08-25			
13	제작 체험학습 신청인원(단위:명)의 평균					최대 인당체험비용				

출제패턴을 반복 연습할 수 있는

출제패턴 연습

 본문의 날개를 확인하세요!

(3) 꿀팁 5총사
❶ **합격 GUIDE** A등급을 받기 위한 문제 접근 방법
❷ **시간절약 TIP** 지시사항을 빠르게 해결할 수 있는 방법
❸ **감점방지 TIP** 감점 0점에 도전하는 감점 주의사항
❹ **알아두면 좋은 TIP** 알아두면 유용한 꿀팁
❺ **노른자 강의 바로 보기** QR 코드를 통해 그대로 따라하기를 영상으로 확인

📝 **합격 GUIDE**

조건부 서식의 최근 출제 경향을 보면 수식으로 조건을 작성하여 행 전체에 서식을 지정하는 패턴으로 출제되고 있다. 작업 순서상 제1작업에서 함수식 계산을 마친 후 진행하는 문제이지만 함수식과

⏱️ **시간절약 TIP**

단축키 F11 을 사용하면 새 시트에 기본 차트를 바로 삽입할 수 있다. 데이터를 드래그한 후 F11 을 눌러 새 시트에 차트를 추가하고 시트 이름을 '제4작업'으로 변경하면 더 쉽고 빠르게 조건

⚠️ **감점방지 TIP**

데이터를 입력할 때에는 문제에 제시된 출력형태 와 동일해야 한다. 오탈자나, 셀 위치가 잘못 입력되지 않도록 주의해야 한다.

★ **알아두면 좋은 TIP**

원래는 다시 수식 입력줄에서 앞의 IF 함수를 클릭하여 'Value_if_false'의 수식과 결과가 제대로 작성되었는지 확인해야 하지만, 첫 IF 함수의 마지막 인수를 모두 작성했으므로 [확인]을 클릭하여 한

노른자 강의 바로 보기

Step 2 기출로 실전 연습! 기출&함께 보는 해설

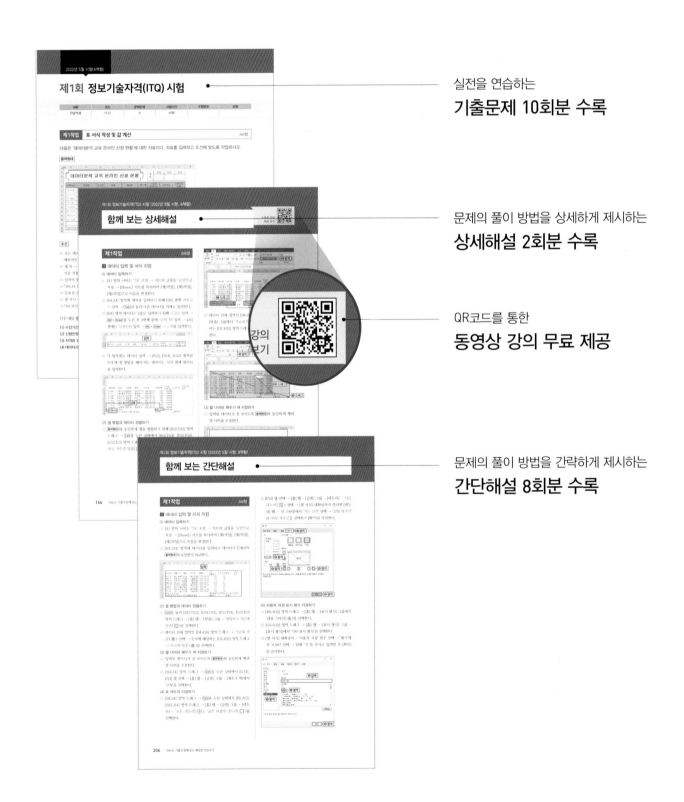

실전을 연습하는
기출문제 10회분 수록

문제의 풀이 방법을 상세하게 제시하는
상세해설 2회분 수록

QR코드를 통한
동영상 강의 무료 제공

문제의 풀이 방법을 간략하게 제시하는
간단해설 8회분 수록

Step 3

실력 최종 점검! **기출&모의고사**

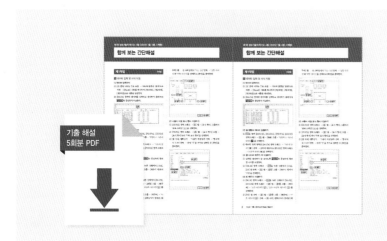

실전을 더! 연습하는
기출 5회분 수록

실력을 최종 점검하는
모의고사 5회분 수록

아직도 ITQ가 어려운 수험생들을 위해,
기출 해설 5회분 PDF
파일 추가 제공!

교재에서 추가로 드려요!

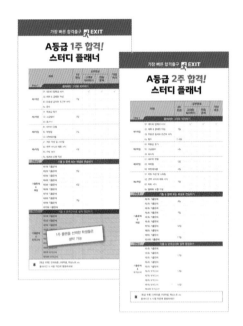

A등급 스터디 플래너 (1주/2주 합격)

천리길도 한걸음부터!
공부 시작 전, 플래너와 함께 계획을 세워보세요

진짜최종_ITQ엑셀_핵심노트.xls (특급 부록)

A등급 노하우 압축정리로 ITQ 엑셀 진짜 최종 마무리!
틈새 시간 & 시험 직전, 마무리 노트로 사용하세요!

빈출함수 최최종정리
자주 나오는 함수만 모아 최최종정리!

헷갈리는 쌍둥이함수
비슷해서 헷갈리는 함수끼리 모아 한눈에 비교!

피벗테이블 한눈에 보기
어려운 피벗테이블을 한 번 더 점검!

기본 설정
파일 저장 & 답안 전송 방법을 익히고 시험장 미리 경험하기!

EXIT 합격 서비스에서 드려요!

저자에게 묻는
실시간 질문답변

[이용 방법]
① EXIT 합격 서비스 접속
② 로그인
③ 교재 구매인증
④ 실시간 질문답변 게시판
⑤ 질문하기
※ 교재 구매인증 필요

헷갈리는 개념을 강의로 확인하는
노른자 강의

[이용 방법]
① EXIT 합격 서비스 접속
② 로그인
③ 무료강의 게시판
④ 수강하기

합/불합을 바로 확인하는
채점 프로그램

[이용 방법]
① EXIT 합격 서비스 접속
② 로그인
③ 자료실 게시판
④ 다운로드 받기

출제패턴별로 연습할 수 있는
실습/정답파일 제공

[이용 방법]
① EXIT 합격 서비스 접속
② 로그인
③ 자료실 게시판
④ 다운로드 받기

시험장을 미리 경험할 수 있는
답안 전송 프로그램

[이용 방법]
① EXIT 합격 서비스 접속
② 로그인
③ 자료실 게시판
④ 다운로드 받기

바로 확인하는
정오표

EXIT 합격 서비스 바로 가기
(exit.eduwill.net)

**교재 구매
인증 방법**

EXIT 합격 서비스의 [실시간 질문답변 게시판]을 이용하기 위해서는 교재 구매 인증이 필요합니다.

① EXIT 합격 서비스(exit.eduwill.net) 접속 ⋯▶ ② 로그인 ⋯▶ ③ 우측 구매도서 인증 아이콘 클릭 ⋯▶
④ 팝업창에 제시된 문제의 정답 입력 (정답은 교재에서 찾을 수 있음)

채점 프로그램 설치방법

❶ EXIT 합격 서비스(exit.eduwill.net) 접속
❷ ～❹ [자료실] – [ITQ] – [엑셀] 클릭
❺ '[ITQ 엑셀] 채점 프로그램' 게시글 클릭 – 첨부파일 다운로드 – '에듀윌 ITQ 채점 프로그램'을 실행하여 설치
❻ 설치 완료 후 바탕화면의 바로 가기로 실행하여 사용

☑ 잠깐 Check!

- 채점 프로그램을 사용하기 위해서는 EXCEL 2016과 Windows 7 sp 1 이상이 설치되어 있어야 합니다.
- 채점 기준 변화 반영과 기능 업그레이드를 위해 채점 프로그램 실행 시 자동 업데이트 됩니다.
- 본 교재의 채점 프로그램 사용기한은 2024년 12월 31일입니다.
- 한 번 설치하면 ITQ 엑셀, 파워포인트, 한글, OA 마스터에서 동일하게 채점 프로그램을 사용할 수 있습니다.
  ※ 업데이트 시에만 인터넷이 사용되며 채점 프로그램은 인터넷 연결과 관계없이 사용 가능합니다.

채점 프로그램 사용방법

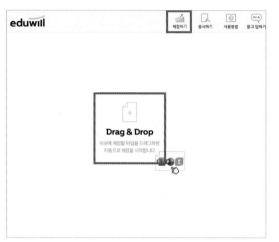

❶ 바탕화면의 [채점 프로그램]을 더블클릭하여 실행
❷ 작성한 파일을 상단의 [채점하기] 버튼을 눌러
　 불러오거나 드래그 앤 드롭
　 (엑셀, 파워포인트, 한글 파일 자동으로 구분 인식됨)

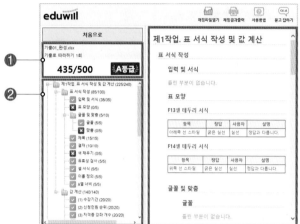

❶ 점수와 A, B, C등급 / 불합격 여부 확인
❷ 감점 사항과 감점된 점수 확인

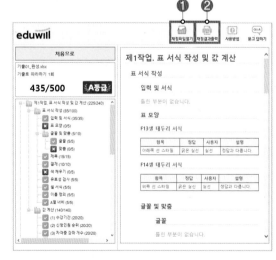

❶ 채점을 진행한 EXCEL 파일 열기
❷ 감점 사항이 정리된 파일을 인쇄

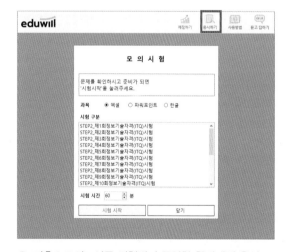

❶ 기출&모의고사를 시험장과 동일한 환경에서 응시
❷ 데이터 입력 및 편집 완료 후 채점까지 한번에 가능

답안 전송 프로그램 설치방법

❶ EXIT 합격 서비스(exit.eduwill.net) 접속
❷~❹ [자료실] – [ITQ] – [엑셀] 클릭
❺ '[ITQ 엑셀] 답안 전송 프로그램' 게시글 클릭 – 첨부파일 다운로드 – '에듀윌 ITQ 답안 전송 프로그램'을 실행하여 설치
❻ 설치 완료 후 바탕화면의 바로 가기로 실행하여 사용

☑ 궁금증 Check!

설치 시 339 런타임 오류메시지가 나타날 때!
컴퓨터 부팅 시 반드시 관리자 모드로 부팅해주시고, '관리자 권한으로 실행'을 선택하여 설치해주세요.

'vb6ko.dll' 파일 오류메시지가 나타날 때!
에듀윌 EXIT 홈페이지의 자료실 → ITQ → 엑셀 공지사항을 확인 후 첨부파일을 다운로드 받아 아래 폴더에 넣어주세요.
윈도우 XP: C:\Windows\System 윈도우7,10 32bit: C:\Windows\System32, 64bit C:\Windows\System32, C:\Windows\System64

답안 전송 프로그램 사용방법

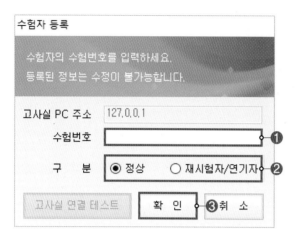

❶ 수험번호를 입력하고 응시하는 과목을 선택한다.

❷ 재시험 여부를 선택한 뒤 수험자 정보가 맞는지 확인한다.

❸ [확인]을 클릭한다.

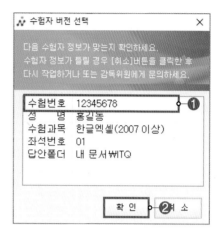

❶ 수험자 정보가 맞는지 확인한다.

❷ [확인]을 클릭한다.

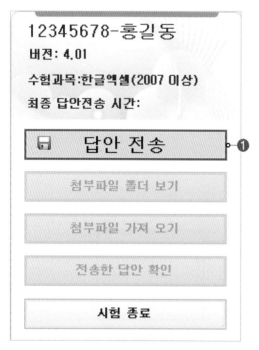

❶ [답안 전송] 버튼을 클릭한다.

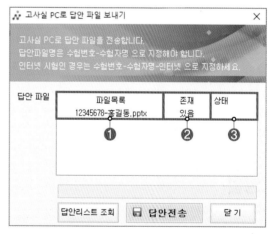

❶ '수험번호–성명'으로 저장한 작업 파일을 답안 폴더 '내PC₩문서₩ITQ'에서 찾아 전송한다.

❷ 새롭게 수정하여 마지막으로 전송한 작업 파일과 내용이 다를 경우 '존재'에 '있음'이 표기되므로, 해당 정보를 참고하여 답안을 전송한다.

❸ 제대로 전송이 되면 '상태'가 '성공'으로 표시된다.

실습/정답파일

⬇ 작업 파일명 C:₩에듀윌_2023_ITQ엑셀₩Chapter01₩그대로따라하기₩세부출제패턴01_데이터입력과서식
⬇ 정답 파일명 C:₩에듀윌_2023_ITQ엑셀₩Chapter01₩그대로따라하기₩정답₩세부출제패턴01_데이터입력과서식_완성

❶ EXIT 합격 서비스(exit.eduwill.net) 접속
❷~❹ [자료실] – [ITQ] – [엑셀] 클릭
❺ '[ITQ 엑셀] 실습파일, 정답파일' 게시글 클릭 – 첨부파일 다운로드 – '에듀윌 ITQ 엑셀 실습파일' 실행
　※ [내 PC] – [문서] – [ITQ] – 에듀윌_2023_ITQ엑셀 그대로 따라하기, 기출문제 실습/정답파일이 자동으로 생성됨

사용방법

❶ 출제패턴 그대로 따라하기 & 연습문제
　제1작업부터 제4작업까지 모든 영역의 출제패턴을 따라할 수 있는 '실습파일'과 정답을 확인할 수 있는 '정답파일'이 담겨 있다.

❷ 기출문제 & 기출 변형 모의고사
　시행처에서 공개한 기출문제와 기출문제를 변형한 모의고사를 연습한 후, 정답을 확인할 수 있는 '정답파일'이 담겨 있다.

정보기술자격(ITQ) 시험이란?

1) 시험 과목

시험 과목	S/W Version	등급	시험 방식 / 시험 시간
한글엑셀 한글파워포인트 한글액세스 MS워드	MS Office 2021 MS Office 2016 선택 응시	A/B/C 등급	PBT (프린트 된 시험지를 받아 컴퓨터로 작업하는 방식) /60분
아래한글	한컴오피스 2020/2016(NEO) 중 선택		
한셀 한쇼	한컴오피스 2016(NEO)		
인터넷	익스플로러 8.0 이상		

2) 한글엑셀 시험 출제 기준표

문항	배점	출제기준
제1작업 표 작성	100점	출력형태와 동일하게 표를 작성하고 조건에 따라 서식을 지정하는 능력 평가
	140점	함수를 이용한 수식 작성 및 조건부 서식 작성 능력 평가
제2작업 필터 / 목표값 찾기 / 자동서식	80점	**패턴1** 필터 및 서식 고급필터 기능을 이용하여 데이터를 필터링하고 서식을 작성하는 능력 평가
		패턴2 목표값 찾기 및 필터 원하는 결과값을 구하기 위해 변경되는 값을 산출하고 고급필터 기능을 사용하여 데이터를 필터링하는 능력 평가
제3작업 부분합 / 피벗테이블	80점	**패턴1** 정렬 및 부분합 데이터를 정렬하고 특정 필드를 그룹화하여 합계, 평균 등을 구하는 능력 평가
		패턴2 피벗 테이블 데이터 자료 중 필요한 필드만 추출하여 보기 쉬운 결과물을 만드는 능력 평가
제4작업 차트	100점	데이터를 사용하여 차트를 삽입하고 차트에 서식을 지정하는 능력 평가

※ 출제기준은 변동될 수 있으므로 한국생산성본부 홈페이지(https://license.kpc.or.kr/kpc/qualfAthrz/index.do)에서 확인하시기 바랍니다.

3) OA Master

정보기술자격(ITQ) 시험은 한 회차에 최대 3과목까지 시험을 볼 수 있으며, 3과목에서 A등급을 취득하였을 경우 ITQ OA Master 자격증을 발급받을 수 있다. 또한 과목별로 시험을 응시할 수 있는 시간대가 정해져 있다.

교시	입실 시간	시험 시간	응시 가능 과목
1교시	08:50까지	09:00 ~ 10:00	아래한글, 한글엑셀, 한글파워포인트, MS워드, 한쇼
2교시	10:20까지	10:30 ~ 11:30	아래한글, 한글엑셀, 한글파워포인트, 인터넷, 한글액세스, 한셀
3교시	11:50까지	12:00 ~ 13:00	아래한글, 한글엑셀, 한글파워포인트, 인터넷

① 응시자격 확인

응시 자격 제한 없음

원서 접수 한국생산성본부 홈페이지 http://license.kpc.or.kr 인터넷 접수

접수 비용 1과목 22,000원, 2과목 42,000원, 3과목 60,000원

② 시험방법

시험 방법 실무작업형 실기시험(PBT)

시험 시간 60분

준비물 신분증, 수험표

③ 시험 커트라인

A등급 400점~500점   불합격 200점 미만

B등급 300점~399점

C등급 200점~299점

합격자 발표 & 자격증 발급

한국생산성본부 홈페이지를 통한 합격 확인

자격증 인터넷 신청

가장 궁금해 하는 Q&A

Q. 어디에서 활용할 수 있나요?

A. 국민연금관리공단, 한국산업은행 등의 기업체에서 입사 시 우대, 경상북도 교육청, 특허청 등의 정부 지자체에서 의무취득 및 채용 가점, 다양한 대학교에서 학점 인정 등에 활용할 수 있습니다.

Q. 컴퓨터활용능력 시험과 뭐가 다른가요?

A. 컴퓨터활용능력보다 난도가 낮아 엑셀을 처음 접해본 사람들도 자격증을 쉽게 취득할 수 있습니다.

Q. 시험은 아무 때나 볼 수 있나요?

A. 시험은 매월 1회 정기적으로 시행되며 시기에 따라 특별시험이 있을 수 있습니다.

제1작업 표 서식 작성 및 값 계산(함수)

• **출제패턴**

출제패턴	난이도	세부 출제패턴
데이터 입력 및 서식 지정	상 중 **하**	데이터 입력과 서식 지정
제목 & 결재란 작성	상 중 **하**	도형 작성과 서식, 결재란 작성
유효성 검사와 조건부 서식	상 **중** 하	유효성 검사와 이름정의, 조건부 서식
함수를 이용한 값 산출	**상** 중 하	다양한 함수를 사용한 값 계산

• **이것만 나온다!** ☆

제1작업 중 데이터 입력 및 서식 지정 유형은 출력형태와 동일하게 데이터를 입력하고, 조건에 따라 서식을 지정하면 되므로 난도가 어렵지 않아 충분히 만점을 받을 수 있는 유형입니다. 표 서식은 '주황'으로 채우기, 도형 서식은 '글꼴―굴림, 24pt, 검정, 굵게, 채우기―노랑'이 고정적으로 출제되고 있습니다.

수험생들이 제1작업에서 가장 어려워하는 파트는 함수인데요, 최근 n회차 기출을 분석해보면 VLOOKUP 함수처럼 자주 출제되는 함수가 정해져있습니다. 중첩함수 연습하기와 기출/모의고사로 연습하여 함수를 마스터해보세요!

1회	2회	3회	4회	5회
CHOOSE+MID	CHOOSE+RIGHT	IF+RIGHT	IF+RIGHT	IF+RANK.EQ
RANK.EQ	MONTH + &	RANK.EQ	CHOOSE+WEEKDAY	YEAR
COUNTIF	ROUND + DAVERAGE	MAX	DSUM	MAX
ROUND+DSUM	SUMIF	SUMIF/COUNTIF	COUNTIF + &	SUMIF/COUNTIF
LARGE	MIN	DSUM	MIN	DSUM
VLOOKUP	VLOOKUP	VLOOKUP	VLOOKUP	VLOOKUP

제2작업 목표값 찾기 및 필터 / 표 서식

• **출제패턴**

출제패턴	난이도	세부 출제패턴
목표값 찾기	상 **중** 하	목표값 찾기
고급 필터	상 **중** 하	고급 필터로 데이터 추출
표 서식	상 중 **하**	고급 필터 표 서식 적용

• **이것만 나온다!** ☆

제2작업에서는 목표값 찾기와 고급필터/고급필터와 표서식의 조합 중 한 문제가 랜덤으로 출제됩니다. 고급필터는 반드시 출제되는 유형이므로 충분히 연습하여 감점이 없도록 해야 합니다. 목표값 찾기의 조건식에 들어갈 함수 또한 'AVERAGE'와 'DAVERAGE' 두 함수가 번갈아가며 출제되니 두 함수를 꼭 익혀두세요!

정렬 및 부분합 / 피벗 테이블

• 출제패턴

배점 80점 / 목표 70점

출제패턴	난이도	세부 출제패턴
데이터 정렬	상 중 하	데이터 복사와 정렬
부분합	상 중 하	부분합 작성과 윤곽 지우기
피벗 테이블	상 중 하	피벗 테이블 작성, 그룹화와 정렬, 피벗 테이블 옵션과 셀 서식 지정

• 이것만 나온다! ☆

제3작업에서는 데이터 정렬과 부분합/피벗 테이블 유형 중 하나가 랜덤으로 출제됩니다. 정렬 및 부분합은 내림차순 정렬, 오름차순 정렬이 주로 출제되며, 피벗테이블 또한 매번 거의 동일한 패턴으로 출제되므로 충분히 연습하여 피벗테이블에 익숙해진다면 빠른 시간 안에 답안을 작성할 수 있습니다.

제4작업 **그래프**

• 출제패턴

배점 100점 / 목표 80점

출제패턴	난이도	세부 출제패턴
차트 작성 및 스타일 지정	상 중 하	차트 작성과 스타일 지정
영역 서식과 제목 서식	상 중 하	영역 서식 지정과 제목 작성
차트 서식	상 중 하	차트 종류 변경과 서식 지정
범례와 도형 작성	상 중 하	범례명 변경과 도형 삽입

• 이것만 나온다! ☆

차트는 항상 기본차트(묶은 세로 막대형)를 삽입하고 출력형태와 동일하게 데이터를 편집한 후 시트를 이동시키는 순서로 작성합니다. 데이터 선택이나 작성하는 도형의 종류만 조금 다를뿐 비슷한 조건으로 출제되므로 충분히 연습하면 빠른 시간에 문제를 해결할 수 있습니다.

가장 궁금해 하는 Q&A

Q. 1작업에서 함수 오른쪽 정렬하는 걸 까먹었는데 실격인가요?
A. 함수로 값을 도출한 셀의 정렬은 채점되지 않습니다.

Q. 1작업에서 함수를 다 못 풀면 2작업을 진행할 수 없나요?
A. 1작업에서 작성하지 못한 함수 부분만 감점되며, 2작업의 점수에는 영향을 미치지 않습니다.

Q. 차트 너비가 출력형태와 다르게 설정돼요
A. 차트의 너비는 채점 대상이 아니므로 출력형태와 달라보여도 괜찮습니다.

"시험에 나오는 것만 공부하여
빠른 합격을 보장합니다."

안녕하세요.

에듀윌 ITQ 엑셀 저자 박미정입니다.

ITQ 시험은 개인의 IT 작업 능력을 평가하는 시험으로, 컴퓨터를 사용한 작업을 빠르게 처리하는 데 도움이 되는 시험입니다. '에듀윌 EXIT ITQ 엑셀 ver.2016' 교재는 ITQ 엑셀 시험 합격으로 안내하는 길을 여러분과 함께합니다. 또한, 가장 빠르게 A등급 합격을 얻을 수 있도록 도움을 드릴 것입니다.

엑셀의 기초부터 핵심 기술까지 익히며, 최신 출제 경향에 맞춰 차근차근 공부한다면 합격의 길은 바로 열릴 것입니다. 끝까지 파이팅 하시길 바랍니다.

저자 | 박미정

성신여자대학교 수학과 졸업
現) 오피스튜터, 인키움, 메가넥스트 전임 강사
現) 멀티캠퍼스, 패스트 캠퍼스 파트너 강사

☑ 에듀윌 ITQ 전문 검수진

김은정

인천대학교 생물학과 졸업
단국대학교 정보융합기술 · 창업 대학원
인공지능공학과 석사 과정
現) 프리랜서 IT강사
前) 신세계 I&C 사내강사
前) 삼성전자 컴퓨터교육센터 IT강사
前) 삼보컴퓨터 컴퓨터교육센터 IT강사

임미숙

단국대학교 정보미디어대학원 공학 석사
現) 김포시, 파주시, 고양시 평생학습센터 외래강사
前) 서울게임전문학교 외래강사

함수바라기

한림성심대학교 컴퓨터응용학과 졸업
現) 컴활, ITQ 등 유튜브 강의
前) 움 컴퓨터학원 C언어, 컴활 강의
前) 더조은 컴퓨터학원 C언어, 컴활, ITQ, MOS, OA 강의
前) 하이미디어 컴퓨터학원 C언어, 컴활, ITQ, MOS, OA 강의

차례

[플래너]
A등급 스터디 플래너(1주/2주)

[특급 부록]
진짜최종_ITQ엑셀_핵심노트.xls

- 교재의 구성과 특징
- EXIT 무료 합격 서비스
- 채점 프로그램
- 답안 전송 프로그램

- 실습/정답파일
- 시험의 모든 것
- 기출분석의 모든 것
- 최고의 콘텐츠를 만듭니다

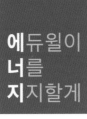

에너지 에듀윌이 너를 지지할게

ENERGY

 시작하라.

그 자체가 천재성이고,
힘이며, 마력이다.

– 요한 볼프강 폰 괴테(Johann Wolfgang von Goethe)

Step
I

ITQ 엑셀 출제패턴은 고정적!
출제패턴 집중훈련으로 초단기 A등급 보장!

출제패턴 분석 &
그대로 따라하기

[제1작업] 표 서식 작성 및 값 계산(함수)
[제2작업] 목표값 찾기 및 필터 / 표 서식
[제3작업] 정렬 및 부분합 / 피벗 테이블
[제4작업] 그래프

⬇ **실습파일로 쉽고 빠르게 학습하세요!**
EXIT 합격 서비스(exit.eduwill.net)
▶ 자료실 ▶ ITQ ▶ 엑셀 ▶ 실습파일/정답파일 다운로드

⏱ **시간절약 TIP!**
[출제패턴 연습]은 연습이 추가로 필요한 분들만 활용하세요!

엑셀 기초설정

화면 구성

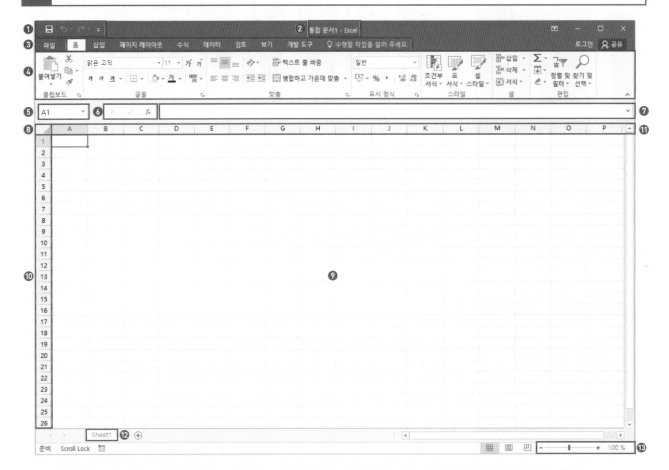

❶ **빠른 실행 도구 모음**: 자주 사용하는 도구들을 모아두는 공간으로, 필요에 따라 도구를 추가하거나 삭제할 수 있다.

❷ **제목 표시줄**: 문서의 이름을 확인할 수 있다.

❸ **[파일] 탭**: 파일을 열고 닫거나, 파일을 저장하고 인쇄할 수 있다.

❹ **리본 메뉴**: 선택한 탭과 관련된 명령단추들이 펼쳐지며, 비슷한 기능 단위의 그룹으로 구성된다.

❺ **이름상자**: 셀의 주소나 셀 범위에 작성한 이름이 표시된다.

❻ **함수 삽입 단추**: 함수 삽입 단추를 클릭해서 함수 마법사를 실행할 수 있다.

❼ **수식 입력줄**: 셀에 입력된 데이터나 계산된 함수식이 표시된다.

❽ **시트 전체 선택 단추**: 워크 시트 전체 범위를 빠르게 선택할 수 있다.

❾ **워크 시트**: 데이터를 작업하고 저장할 수 있는 공간으로, 열과 행의 셀로 구성된다.

❿ **행 머리글**: 각 행의 맨 왼쪽에 표시되며, 1행의 머리글을 클릭하면 1행 전체가 선택된다.

⓫ **열 머리글**: 각 열의 맨 위에 표시되며, A열의 머리글을 클릭하면 A열 전체가 선택된다.

⓬ **시트 탭**: 워크 시트의 이름이 표시되며, 기본적으로 Sheet1, Sheet2 등의 이름이 부여된다. 각 워크시트를 더블클릭하여 이름을 수정할 수 있다.

⓭ **확대/축소 슬라이드 바**: 시트의 비율을 확대 및 축소할 수 있다.

✎ 합격 GUIDE
ITQ 시험의 조건에는 없지만, 문제의 답을 작성하기 전에 반드시 기본 설정부터 시작하고 문서를 저장해야 문제지의 [출력형태]와 동일한 결과값을 얻을 수 있다.

1 작업 시트 설정

① Excel 2016을 실행하고 [새 통합 문서]를 선택한다.

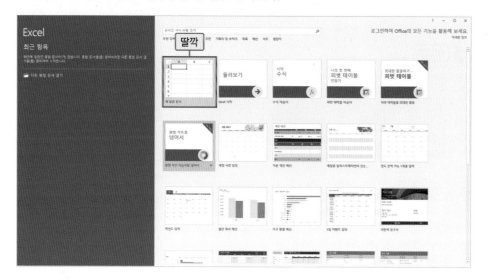

② 새 통합문서가 열리면 [Sheet1]의 [A] 열 머리글 선택 → [홈] 탭 – [셀] 그룹 – [서식] – 열 너비를 선택한다.

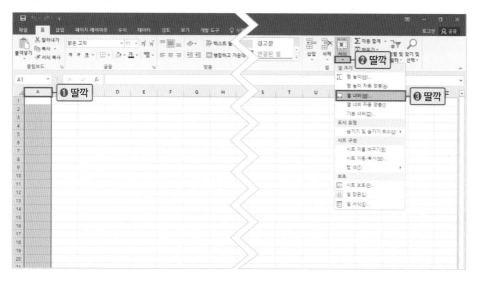

③ 열 너비 값을 1로 입력한 후 [확인]을 클릭한다.

④ 시트 전체 선택 단추(◢) 선택 → [홈] 탭 – [글꼴] 그룹에서 글꼴을 '굴림', 글꼴 크기를 '11pt'로 지정한다.

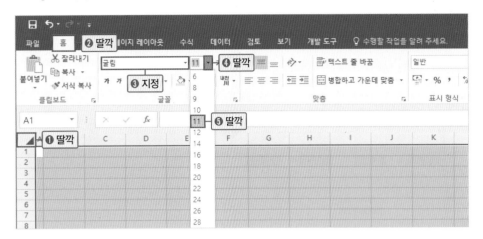

⏱ 시간절약 TIP

글꼴 크기는 기본 값이 '11pt'이므로 글꼴을 '굴림'으로 변경하는 작업만 해도 된다.

★ 알아두면 좋은 TIP

시트 전체 선택 단추(◢)는 행 머리글과 열 머리글 사이의 단추로, 클릭하면(◢)로 변경된다. 시트 전체에 동일한 서식을 지정할 때 사용할 수 있다.

2 시트 복사와 이름 변경

① 화면 아래에 있는 [Sheet1] 시트를 Ctrl 을 누른 상태에서 오른쪽으로 드래그하여 복사한다.

② 같은 방법으로 [Sheet1 (3)]까지 복사한다.

③ [Sheet1] 시트 더블클릭 → 제1작업 입력 → 나머지 시트에 순서대로 제2작업, 제3작업을 입력하여 이름을 변경한다.

3 문서 저장하기

① 기본 설정이 완료된 통합문서를 '수험번호-이름'으로 저장하기 위해 [저장](🖫) 클릭 → [다른 이름으로 저장] – [찾아보기]를 클릭한다.

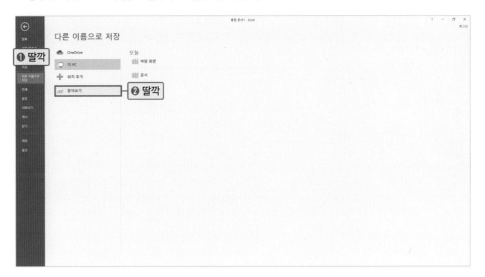

② [다른 이름으로 저장] 대화상자가 열리면 '내 PC\문서\ITQ'로 이동 → 파일 이름을 수험번호-이름으로 입력하고 [저장]을 클릭한다.

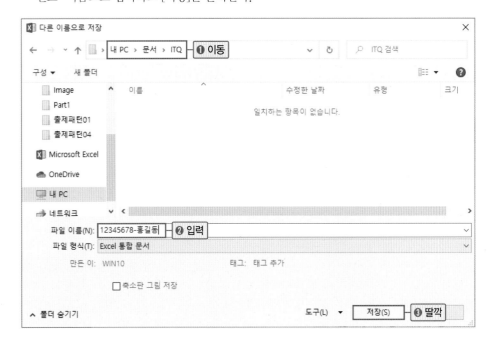

⚠ 감점방지 TIP

문서 저장 위치와 파일 이름(수험번호-이름)이 정확한지 반드시 확인한 후 작업을 진행할 때마다 수시로 저장을 눌러 작업한다.

01

제1작업

표 서식 작성 및 값 계산(함수)

| 배점 240점
| 목표점수 190점

| 출제패턴

[제1작업]은 배점 240점으로, 크게 ① 데이터 입력 및 서식 지정, ② 제목 & 결재란 작성, ③ 유효성 검사와 조건부 서식, ④ 함수를 이용한 값 산출이 출제된다.

	출제패턴	난이도	세부 출제패턴
1	데이터 입력 및 서식 지정	상 중 하	데이터 입력과 서식 지정
2	제목 & 결재란 작성	상 중 하	도형 작성과 서식, 결재란 작성
3	유효성 검사와 조건부 서식	상 중 하	유효성 검사와 이름정의, 조건부 서식
4	함수를 이용한 값 산출	상 중 하	다양한 함수를 사용한 값 계산

| A등급 노하우

데이터 입력 및 서식 지정은 출력형태 와 동일하게 데이터를 입력하고, 서식 지정 또한 글꼴, 셀 병합, 정렬 등의 서식을 출력형태 와 조건 과 동일하게만 입력 및 지정하면 되므로 난도가 어렵지 않은 유형이다. 따라서 여기에서 만점을 받을 수 있도록 해야 한다.

함수를 이용한 값 산출은 다양한 종류의 함수를 다룰 수 있어야 한다. 특히 VLOOKUP과 같이 출제 빈도가 높은 함수는 정확히 숙지해 두어야 한다.

제1작업 | 표 서식 작성 및 값 계산(함수)

다음은 '하루끝 차 판매 현황'에 대한 자료이다. 자료를 입력하고 조건에 맞도록 작업하시오.

출력형태

	A	B	C	D	E	F	G	H	I	J	K
1								확	담당	대리	과장
2			하루끝 차 판매 현황					인			
3											
4		상품코드	상품명	구분	상품입고일	판매가격	전월매출 (단위:천원)	2월 판매수량	비고	순위	
5		N3281	다질링 홍차	허브차	2022-01-05	32,500	1,275	37	(1)	(2)	
6		B5542	런던프룻	과일차	2022-01-05	33,500	1,173	16	(1)	(2)	
7		H7528	오가닉 케모마일	허브차	2022-01-04	25,000	1,125	24	(1)	(2)	
8		K2142	유기농 대작	녹차	2022-01-05	55,000	1,595	29	(1)	(2)	
9		B6249	네이블 오렌지	과일차	2022-01-05	47,500	3,600	35	(1)	(2)	
10		K7293	딸기앤망고	과일차	2022-01-07	35,000	1,890	31	(1)	(2)	
11		K4577	차예화개녹차	녹차	2022-01-03	33,000	1,980	27	(1)	(2)	
12		H1893	루이보스	허브차	2022-01-05	32,000	2,368	20	(1)	(2)	
13		최저 판매가격			(3)		허브차 상품의 평균 판매가격			(5)	
14		과일차 상품의 수			(4)		상품코드	N3281	판매가격	(6)	
15											

조건

○ 모든 데이터의 서식에는 글꼴(굴림, 11pt), 정렬은 숫자 및 회계 서식은 오른쪽 정렬, 나머지 서식은 가운데 정렬로 작성하며 예외적인 것은 출력형태를 참조하시오. ➡ 출제패턴 01. 데이터 입력 및 서식 지정

○ 제목 ⇒ 도형(평행 사변형)과 그림자(오프셋 오른쪽)를 이용하여 작성하고 "하루끝 차 판매 현황"을 입력한 후 다음 서식을 적용하시오(글꼴-굴림, 24pt, 검정, 굵게, 채우기-노랑). ➡ 출제패턴 02. 제목 & 결재란 작성

○ 임의의 셀에 결재란을 작성하여 그림으로 복사 기능을 이용하여 붙이기 하시오(단, 원본 삭제). ➡ 출제패턴 02. 제목 & 결재란 작성

○ 「B4:J4, G14, I14」 영역은 '주황'으로 채우기 하시오. ➡ 출제패턴 01. 데이터 입력 및 서식 지정

○ 유효성 검사를 이용하여 「H14」 셀에 상품코드(「B5:B12」 영역)가 선택 표시되도록 하시오. ➡ 출제패턴 03. 유효성 검사와 조건부 서식

○ 셀 서식 ⇒ 「F5:F12」 영역에 셀 서식을 이용하여 숫자 뒤에 '원'을 표시하시오(예: 32,500원). ➡ 출제패턴 01. 데이터 입력 및 서식 지정

○ 「D5:D12」 영역에 대해 '구분'으로 이름정의를 하시오. ➡ 출제패턴 03. 유효성 검사와 조건부 서식

○ 조건부 서식의 수식을 이용하여 판매가격이 '40,000' 이상인 행 전체에 다음의 서식을 적용하시오(글꼴: 파랑, 굵게). ➡ 출제패턴 03. 유효성 검사와 조건부 서식

01 | 데이터 입력 및 서식 지정

데이터 입력과 서식 지정: 문제지의 출력형태와 동일하게 자료를 타이핑하여 입력하고, 조건에 제시된 글꼴, 정렬 등을 지정한다.

세부 출제패턴 | 데이터 입력과 서식 지정

다음 '하루끝 차 판매 현황'에 대한 자료를 입력하고 서식을 지정하시오.

출력형태

상품코드	상품명	구분	상품입고일	판매가격	전월매출 (단위:천원)	2월 판매수량	비고	순위
	하루끝 차 판매 현황					확인	담당	대리	과장
N3281	다질링 홍차	허브차	2022-01-05	32,500	1,275	37	(1)	(2)
B5542	런던프루	과일차	2022-01-05	33,500	1,173	16	(1)	(2)
H7528	오가닉 케모마일	허브차	2022-01-04	25,000	1,125	24	(1)	(2)
K2142	유기농 대작	녹차	2022-01-05	55,000	1,595	29	(1)	(2)
B6249	네이블 오렌지	과일차	2022-01-05	47,500	3,600	35	(1)	(2)
K7293	딸기맨망고	과일차	2022-01-07	35,000	1,890	31	(1)	(2)
K4577	차예화개녹차	녹차	2022-01-03	33,000	1,980	27	(1)	(2)
H1893	루이보스	허브차	2022-01-05	32,000	2,368	20	(1)	(2)
최저 판매가격			(3)		허브차 상품의 평균 판매가격			(5)
과일차 상품의 수			(4)		상품코드	N3281	판매가격	(6)

조건

○ 모든 데이터의 서식에는 글꼴(굴림, 11pt), 정렬은 숫자 및 회계 서식은 오른쪽 정렬 나머지 서식은 가운데 정렬로 작성하며 예외적인 것은 출력형태를 참조하시오.

○ 「B4:J4, G14, I14」 영역은 '주황'으로 채우기 하시오.

○ 셀 서식 ⇒ 「F5:F12」 영역에 셀 서식을 이용하여 숫자 뒤에 '원'을 표시하시오(예: 32,500원).

📥 **작업 파일명** C:₩에듀윌_2023_ITQ엑셀₩Chapter01₩그대로따라하기₩세부출제패턴01_데이터입력과서식

📥 **정답 파일명** C:₩에듀윌_2023_ITQ엑셀₩Chapter01₩그대로따라하기₩정답₩세부출제패턴01_데이터입력과서식_완성

1 데이터 입력하기

① 출력형태와 동일하게 [B4:J4] 영역에 제목을 입력하기 위해 [B4] 셀에 상품코드 입력 → Tab 을 눌러 다음 데이터를 차례대로 입력한다.

② [G4] 셀의 데이터는 2줄로 입력하기 위해 전월매출 입력 → Alt + Enter 를 누른 후 두 번째 줄에 (단위:천원) 입력 → [H4] 셀에는 2월 입력 → Alt + Enter → 판매수량을 입력한다.

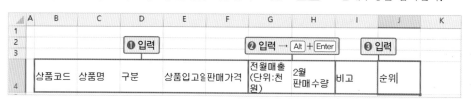

✒️ 합격 GUIDE

출력형태의 데이터는 [B4] 셀부터 [J14] 셀까지 입력된다. 먼저 제목부터 입력한 후 항목에 맞는 값이 입력되도록 셀 위치를 확인하며 입력하고, 셀 병합이 될 데이터는 병합될 셀의 첫 셀에 입력한다.

⏱️ 시간절약 TIP

데이터를 입력할 때에는 Tab 을 눌러 행 방향(한 줄씩)으로 입력하는 것이 좋다. 데이터를 정확히 입력하고 Tab 을 눌러 다음 항목의 값을 입력한 후, 줄의 끝에서 Enter 를 누르면 다음 데이터의 첫 셀 위치로 바로 이동할 수 있어 마우스를 사용하지 않고도 빠르게 데이터를 입력할 수 있다.

③ 각 항목별로 데이터를 입력한다.

	A	B	C	D	E	F	G	H	I	J	K
1											
2											
3											
4		상품코드	상품명	구분	상품입고일	판매가격	전월매출(단위:천원)	2월판매수량	비고	순위	
5		N3281	다질링 홍;	허브차	2022-01-05	32500	1275	37			
6		B5542	런던프룻	과일차	2022-01-05	33500	1173	16			
7		H7528	오가닉 케!	허브차	2022-01-04	25000	1125	24			
8		K2142	유기농 대!	녹차	2022-01-05	55000	1595	29			
9		B6249	네이블 오!	과일차	2022-01-05	47500	3600	35			
10		K7293	딸기앤망:	과일차	2022-01-07	35000	1890	31			
11		K4577	차예화개:	녹차	2022-01-03	33000	1980	27			
12		H1893	루이보스	허브차	2022-01-05	32000	2368	20			
13											

입력

④ [B13], [B14], [G13] 셀처럼 이후에 셀 병합을 해야 하는 데이터는 시작 셀에 데이터를 입력한다.

	A	B	C	D	E	F	G	H	I	J	K
1											
2											
3											
4		상품코드	상품명	구분	상품입고일	판매가격	전월매출(단위:천원)	2월판매수량	비고	순위	
5		N3281	다질링 홍;	허브차	2022-01-05	32500	1275	37			
6		B5542	런던프룻	과일차	2022-01-05	33500	1173	16			
7		H7528	오가닉 케!	허브차	2022-01-04	25000	1125	24			
8		K2142	유기농 대!	녹차	2022-01-05	55000	1595	29			
9		B6249	네이블 오!	과일차	2022-01-05	47500	3600	35			
10		K7293	딸기앤망:	과일차	2022-01-07	35000	1890	31			
11		K4577	차예화개:	녹차	2022-01-03	33000	1980	27			
12		H1893	루이보스	허브차	2022-01-05	32000	2368	20			
13		최저 판매가격					허브차 상품의 평균 판매가격				
14		과일차 상품의 수					상품코드		판매가격		
15											

입력

2 셀 병합과 데이터 정렬하기

① [출력형태]와 동일하게 셀을 병합하기 위해 [B13:D13] 영역 드래그 → Ctrl 을 누른 상태에서 [B14:D14], [F13:F14], [G13:I13] 영역 드래그 → [홈] 탭 – [맞춤] 그룹 – '병합하고 가운데 맞춤'(⊟)을 선택한다.

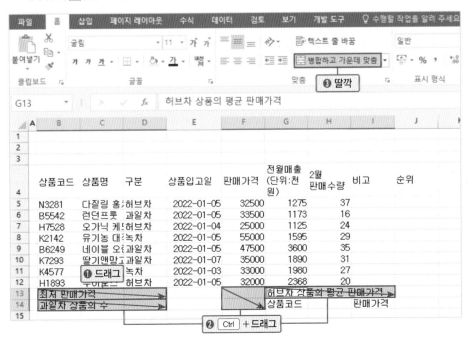

감점방지 TIP

'구분'과 같이 동일한 시트 내에서 같은 데이터를 입력하는 경우에는 데이터가 자동으로 표시되는 자동 완성 기능을 사용하면 편리하다. 데이터의 첫 문자를 입력하면 자동 완성으로 데이터가 표시되므로 바로 Enter 를 눌러 입력한다. 이렇게 하면 오타를 방지할 수 있다.

감점방지 TIP

함수나 유효성 검사를 이용해 답을 도출해야 하는 셀에 데이터를 직접 입력하면 채점 프로그램에서 감점 처리가 된다. 육안으로 데이터가 동일하게 입력되었다 하더라도, 채점 프로그램에서 감점이 될 수 있으므로 주의해서 데이터를 입력해야 한다.

감점방지 TIP

'병합하고 가운데 맞춤' 기능은 연속된 셀 범위를 하나의 셀로 병합시키기 때문에 [B13:D13], [B14:D14] 영역을 [B13:D14] 영역으로 한 번에 범위를 지정하지 않도록 한다.

② 데이터 전체 영역인 [B4:J14] 영역 드래그 → [홈] 탭 – [맞춤] 그룹에서 '가운데 맞춤'(≡)
선택 → 숫자에 해당하는 [F5:H12] 영역 드래그 → '오른쪽 맞춤'(≡)을 선택한다.

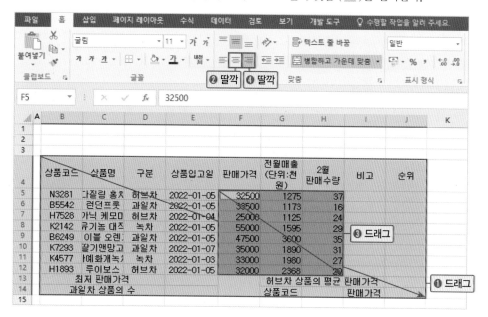

3 열 너비와 채우기 색 지정하기

① 입력된 데이터가 잘려 보이는 [C] 셀은 열 머리글의 오른쪽 경계선에서 마우스 포인터가
(↔)로 변경되면 더블클릭하여 열 너비를 조절한다.

② [F:J] 영역의 열 머리글 드래그 → [J] 열의 열 머리글 오른쪽 경계선에서 제목이 2줄 안에
다 보이도록 마우스로 드래그하여 열 너비를 조절한다.

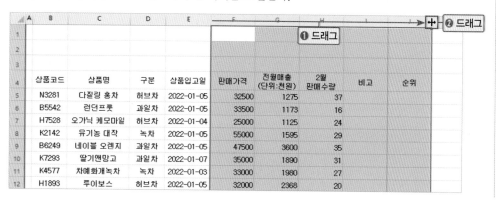

🕑 **시간절약 TIP**

여러 열에 있는 열 너비를 한 번
에 조절하려면 해당 열을 Ctrl을
눌러 모두 선택하고, 그 중 하나의
열 머리글 오른쪽 경계선에서 더
블클릭하면 된다.

③ 조건에 제시되지는 않았지만 행 높이는 출력형태와 동일하게 조절한다. 1행부터 3행의 행 머리글 드래그 → '23' 정도로 조절 → 5행부터 14행의 행 머리글 드래그 → '19' 정도로 조절한다.

🕐 시간절약 TIP

조건에 제시되지 않은 열 너비나 행 높이 조절은 정확히 픽셀 값을 맞추지 않아도 되므로 1행부터 3행까지는 22~28, 나머지 행은 18~22 정도로 보기 좋게 조절한다.

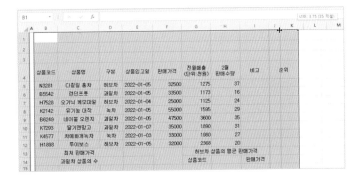

➕ 더 알아보기

행과 열 너비를 조절하는 다양한 방법
행이나 열 너비는 마우스로 조절하는 방법과 명령 단추를 사용해 조절하는 방법이 있다.

❶ 동일한 너비로 열 조절하기
조절하고자 하는 열 머리글 모두 선택 → 열 머리글 사이를 원하는 크기만큼 드래그하거나 [홈] 탭 – [셀] 그룹 – [서식]에서 '열 너비' 선택 → '열 너비' 값을 입력한다.

❷ 데이터 크기에 맞게 자동 조절하기
조절하고자 하는 열 머리글 모두 선택 → 열 머리글 사이를 더블클릭하거나 [홈] 탭 – [셀] 그룹 – [서식]에서 '열 너비 자동 맞춤'을 선택한다.

❸ 모든 열을 기본 값으로 조절하기
'시트 전체 선택 단추'(◢) 선택 → [홈] 탭 – [셀] 그룹– [서식]에서 '기본 너비' 선택 → 값을 '8.38'로 입력 → [확인]을 클릭한다.

④ 채우기 서식을 지정하기 위해 [B4:J4] 영역 드래그 → Ctrl을 누른 상태에서 [G14], [I14] 셀 선택 → [홈] 탭 – [글꼴] 그룹 – [채우기 색]에서 '주황'을 선택한다.

⏱ 시간절약 TIP

여러 영역에 '채우기 색'과 같은 단순 서식을 반복할 때에는 [B4:J4] 영역에 먼저 채우기 색 지정 → [G14], [I14] 셀을 선택한 후 F4를 반복해서 누른다. 이때 F4는 마지막 작업을 반복해서 지정할 때 사용하는 단축키이다.

4 표 테두리 지정하기

① 테두리를 지정하기 위해 [B4:J4] 영역 드래그 → Ctrl을 누른 상태에서 [B5:J12], [B13:J14] 영역을 드래그하여 선택한다.

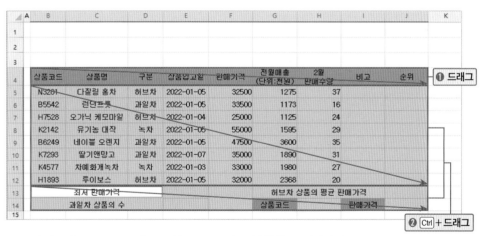

② [홈] 탭 – [글꼴] 그룹 – [테두리] – '모든 테두리'(⊞)를 선택한다.

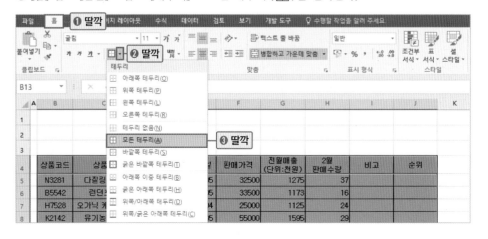

③ 이어서 [홈] 탭 - [글꼴] 그룹 - [테두리] - '굵은 바깥쪽 테두리'(▣)를 선택한다.

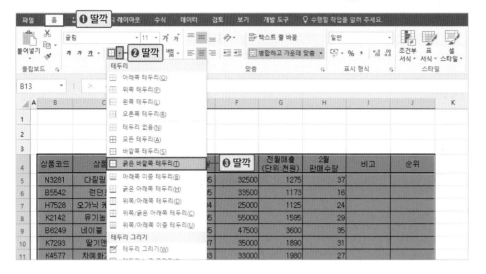

⚠ 감점방지 TIP

테두리는 선택한 영역에 대해 순서대로 지정해야 출력형태 와 동일하게 작성할 수 있다. 반드시 다중 영역 설정 후 '모든 테두리' → '굵은 바깥쪽 테두리' 순으로 지정한다.

➕ 더 알아보기

[셀 서식] 대화상자에서 여러 테두리 한 번에 지정하기
동일한 영역에 여러 스타일로 테두리를 지정하려면 Ctrl + 1 을 눌러 [셀 서식] 대화상자 - [테두리] 탭에서 빠르게 할 수 있다.

[셀 서식] 대화상자에서 테두리를 지정하는 방법은 ① 스타일 - '가는 실선' 선택 → ② 미리 설정 - '안쪽' 선택 → ③ 스타일 - '중간 실선' → ④ 미리 설정 - '윤곽선' 순이다.

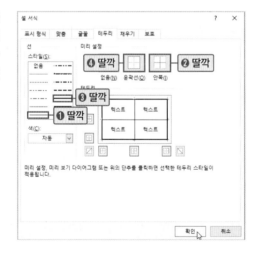

④ [F13] 셀 선택 → [홈] 탭 – [글꼴] 그룹 – [테두리] – '다른 테두리'(⊞)를 선택한다.

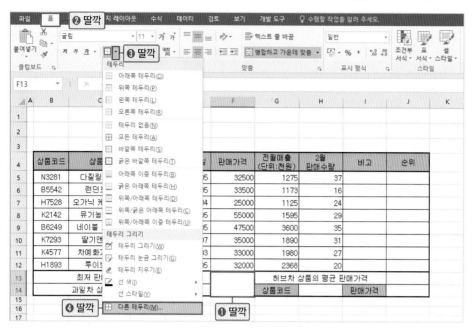

⑤ [셀 서식] 대화상자 – [테두리] 탭 – 선 스타일에서 '가는 실선' 선택 → '상향 대각선'과 '하향 대각선' 선택 → [확인]을 클릭한다.

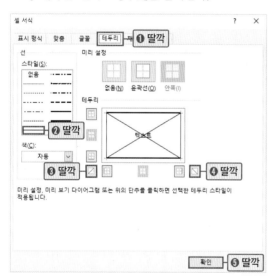

5 사용자 지정 표시 형식 지정하기

① 출력형태 와 동일하게 서식을 지정하기 위해 [G5:H12] 영역 드래그 → [홈] 탭 – [표시 형식] 그룹에서 '쉼표 스타일'(,)을 선택한다.

🕐 시간절약 TIP

숫자에 대한 표시 형식은 기본적으로 '회계' 또는 '숫자' 서식으로 지정한다. 특정 조건으로 표시 형식을 제시하지 않는 경우에는 숫자 셀 영역에 리본 메뉴의 표시 형식 중 '쉼표 스타일'(,)로 빠르게 지정한다.

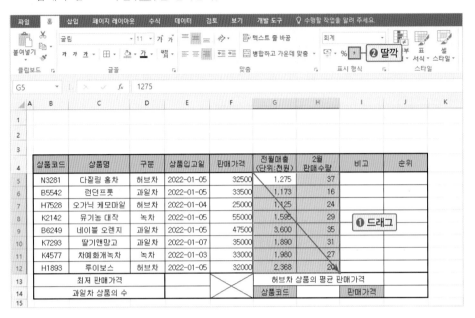

② [F5:F12] 영역 드래그 → [홈] 탭 – [표시 형식] 그룹 – [표시 형식]에서 '기타 표시 형식'을 선택한다.

🕐 시간절약 TIP

선택된 범위에서 마우스 오른쪽을 클릭한 후 [셀 서식]을 선택하거나 단축키 Ctrl + 1 을 눌러 빠르게 [셀 서식] 대화상자를 실행 후 [표시 형식] 탭을 선택해도 된다.

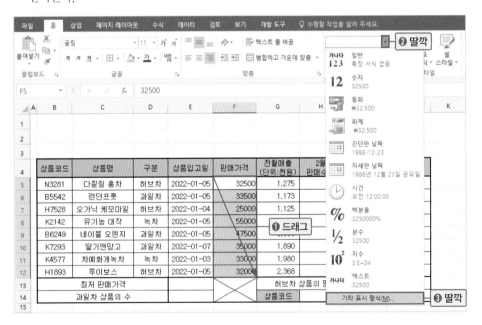

③ [셀 서식] 대화상자 – '사용자 지정' 범주 선택 → '형식'에서 '#,##0' 선택 → #,##0 뒤에 "원"을 추가로 입력 → [확인]을 클릭한다.

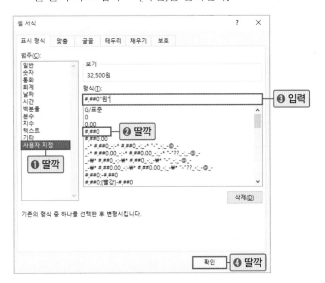

⏱ 시간절약 TIP

'사용자 지정' 표시 형식에서는 '#,##0"원"', '0.0"mg"'과 같이 숫자 뒤에 문자를 같이 표시하는 서식이 자주 출제된다. 입력된 숫자 뒤에 문자만 표시할 때에는 일반 표시 코드인 'G/표준' 뒤에 문자를 입력하면 된다.

노른자 강의 바로 보기

➕ 더 알아보기

사용자 지정 표시 형식의 사용 기호와 예시

❶ 숫자와 문자 데이터에 사용하는 기호

기호	설명
#	숫자 표시. 숫자의 위치와 형식을 표현. 유효하지 않은 0은 표시하지 않음
0	숫자 표시. 숫자의 위치와 형식을 표현. 정수 값만 표시하고 유효하지 않은 0은 0으로 표시
@	텍스트 표시 기호로 입력한 텍스트를 표시
소수점(.)	소수점 표시
쉼표(,)	천 단위마다 자릿수 구분. 숫자 뒤에 표시하여 천 단위로 자릿수 생략 가능
" "	큰따옴표(" ") 안에 있는 문자를 그대로 표시
G/표준	표시 형식을 지정하지 않은 입력 상태 그대로의 숫자를 표시
₩, $	통화 기호 표시

★ 알아두면 좋은 TIP

엑셀에서는 사용자가 기호를 사용해서 표시 형식을 지정할 수 있다. '0.0'은 정수와 소수 첫째 자리까지 표시, '#,##0'은 천 단위마다 쉼표 스타일로 표시, '#,##0"원"'은 천 단위마다 쉼표를 지정하고 단위를 '원'으로 표시하는 서식이다.

❷ 날짜 데이터에 사용하는 기호

기호	표시 형식	설명	예
y	yy	날짜에서 '연도'를 두 자리로 표시	22
	yyyy	날짜에서 '연도'를 네 자리로 표시	2022
m	m	날짜에서 '월'을 한 자리로 표시	2
	mm	날짜에서 '월'을 두 자리로 표시	02
	mmm	날짜에서 '월'을 영문 월 세 글자로 표시	Jan
	mmmm	날짜에서 '월'을 영문 월 전체 글자로 표시	January
d	d	날짜에서 '일'을 한 자리로 표시	7
	dd	날짜에서 '일'을 두 자리로 표시	07
	ddd	날짜에서 '일'을 영문 요일 세 글자로 표시	Sun
	dddd	날짜에서 '일'을 영문 요일 전체 글자로 표시	Sunday
a	aaa	요일을 한글 요일 한 글자로 표시	목
	aaaa	요일을 한글 요일 세 글자로 표시	목요일

조건에 맞게 데이터를 입력하고 서식을 지정하시오.

출력형태

체험학습코드	체험학습명	분류	체험시간(분)	신청인원(단위:명)	인당체험비용	체험일	체험순위	체험요일
HL-010	스키체험	운동	10	1,005	10,000원	2021-08-05		
DS-250	가죽열쇠고리	제작	50	982	15,000원	2021-08-18		
ML-110	수제청	음식	10	1,302	7,000원	2021-08-22		
GP-030	골프체험	운동	30	350	5,000원	2021-08-28		
PZ-140	햄버거김밥	음식	40	152	18,000원	2021-08-16		
HC-225	라탄바구니	제작	25	900	12,000원	2021-08-30		
CK-130	쌀도우콩피자	음식	30	1,240	13,000원	2021-08-24		
SP-245	가죽카드지갑	제작	45	251	8,000원	2021-08-25		
제작 체험학습 신청인원(단위:명)의 평균				⨯	최대 인당체험비용			
운동 체험학습 신청인원(단위:명)의 합계				체험학습명		인당체험비용		

작업 파일명

C : ₩에듀윌_2023_ITQ엑셀₩Chapter01₩연습문제₩세부출제패턴_연습01_데이터입력과서식

정답 파일명

에듀윌_2023_ITQ엑셀₩Chapter01₩연습문제₩정답₩세부출제패턴_연습01_데이터입력과서식_완성

조건

○ 모든 데이터의 서식에는 글꼴(굴림, 11pt), 정렬은 숫자 및 회계 서식은 오른쪽 정렬, 나머지 서식은 가운데 정렬로 작성하며 예외적인 것은 출력형태를 참조하시오.

○ 「B4:J4, G14, I14」 영역은 '주황'으로 채우기 하시오.

○ 셀 서식 ⇒ 「G5:G12」 영역에 셀 서식을 이용하여 숫자 뒤에 '원'을 표시하시오(예: 10,000원).

1 데이터 입력하기

① 출력형태를 참조하여 [B4:J14] 영역에 데이터를 입력한다.

2 셀 병합과 데이터 정렬하기

① Ctrl을 눌러 [B13:D13], [B14:D14], [F13:F14], [G13:I13] 영역 드래그 → [홈] 탭 − [맞춤] 그룹 − '병합하고 가운데 맞춤'(🔲)을 선택한다.

② 데이터 전체 영역인 [B4:J14] 영역 드래그 → [홈] 탭 − [맞춤] 그룹에서 '가운데 맞춤'(☰) 선택 → 숫자에 해당하는 [E5:G12] 영역 드래그 → '오른쪽 맞춤'(☰)을 선택한다.

3 열 너비와 채우기 색 지정하기

① 데이터가 잘려 보이는 [B:C] 열과 [G], [I] 열은 Ctrl을 눌러 해당 열 머리글 한 번에 선택 → 이 중 하나의 열 머리글 경계선을 드래그하여 내용이 다 보이도록 조절한다.

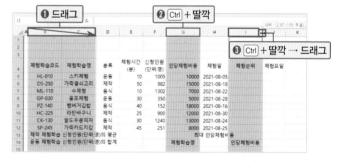

② 1행부터 3행의 행 머리글 선택 → 드래그하여 높이를 '23' 정도로 조절 → 5행부터 14행의 행 머리글 선택 → 드래그하여 높이를 '18~22' 정도로 조절한다.

③ [B4:J4] 영역 드래그 → Ctrl을 누른 상태에서 [G14], [I14] 셀 선택 → [홈] 탭 − [글꼴] 그룹 − [채우기 색]에서 '주황'을 선택한다.

4 표 테두리 지정하기

① [B4:J4] 영역 드래그 → Ctrl을 누른 상태에서 [B5:J12], [B13:J14] 영역 선택 → [홈] 탭 – [글꼴] 그룹 – [테두리] – '모든 테두리'(⊞), '굵은 바깥쪽 테두리'(⊡)를 선택한다.

② [F13] 셀 선택 → [홈] 탭 – [글꼴] 그룹 – [테두리] – '다른 테두리'(⊞)를 선택한다.

③ [셀 서식] 대화상자 – [테두리] 탭 – 선 스타일에서 '가는 실선' 선택 → '상향 대각선'과 '하향 대각선'을 선택하고 [확인]을 클릭한다.

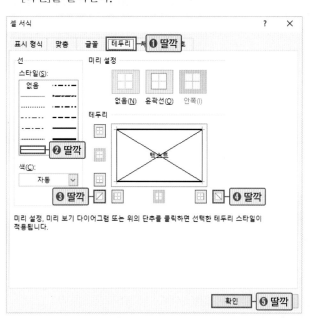

5 사용자 지정 표시 형식 지정하기

① [E5:F12] 영역 드래그 → [홈] 탭 – [표시 형식] 그룹에서 '쉼표 스타일'(,)을 선택한다.

② [G5:G12] 영역 드래그 → [홈] 탭 – [표시 형식] 그룹 – [표시 형식]에서 '기타 표시 형식'을 선택한다.

③ [셀 서식] 대화상자 – '사용자 지정' 범주 선택 → '형식'에서 '#,##0' 선택 → 뒤에 "원"을 추가로 입력 → [확인]을 클릭한다.

02 | 제목 & 결재란 작성

세부 출제패턴 01   도형 작성과 서식: 도형을 이용해 출력형태 와 동일하게 제목을 작성하고 서식을 지정한다.

세부 출제패턴 02   결재란 작성: 결재란을 작성하고 출력형태 와 동일하게 그림으로 복사한다.

세부 출제패턴 01   도형 작성과 서식

다음 '하루끝 차 판매 현황'에 대한 제목을 입력하고 서식을 지정하시오.

상품코드	상품명	구분	상품입고일	판매가격	전월매출 (단위:천원)	2월 판매수량	비고	순위
N3281	다질링 홍차	허브차	2022-01-05	32,500	1,275	37	(1)	(2)
B5542	런던프룻	과일차	2022-01-05	33,500	1,173	16	(1)	(2)
H7528	오가닉 케모마일	허브차	2022-01-04	25,000	1,125	24	(1)	(2)
K2142	유기농 대작	녹차	2022-01-05	55,000	1,595	29	(1)	(2)
B6249	네이블 오렌지	과일차	2022-01-05	47,500	3,600	35	(1)	(2)
K7293	딸기앤망고	과일차	2022-01-07	35,000	1,890	31	(1)	(2)
K4577	차예화개녹차	녹차	2022-01-03	33,000	1,980	27	(1)	(2)
H1893	루이보스	허브차	2022-01-05	32,000	2,368	20	(1)	(2)

제목 행: 하루끝 차 판매 현황 / 확인: 담당 대리 과장

| 최저 판매가격 | | | (3) | | 허브차 상품의 평균 판매가격 | | | (5) |
| 과일차 상품의 수 | | | (4) | | 상품코드 | N3281 | 판매가격 | (6) |

조건

○ 제 목 ⇒ 도형(평행 사변형)과 그림자(오프셋 오른쪽)를 이용하여 작성하고 "하루끝 차 판 매 현황"을 입력한 후 다음 서식을 적용하시오(글꼴─굴림, 24pt, 검정, 굵게, 채우기─노랑).

📥 작업 파일명 C:₩에듀윌_2023_ITQ엑셀₩Chapter01₩그대로따라하기₩세부출제패턴02_01_도형작성과서식

📥 정답 파일명 C:₩에듀윌_2023_ITQ엑셀₩Chapter01₩그대로따라하기₩정답₩세부출제패턴02_01_도형작성과서식_완성

1 도형으로 제목 작성하기

① 제목을 작성하기 위해 [삽입] 탭 – [일러스트레이션] 그룹 – [도형] – '기본 도형'에서 '평 행 사변형'을 선택한다.

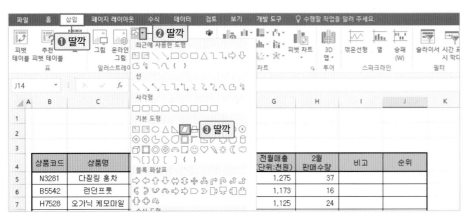

합격 GUIDE

제목으로 작성되는 도형은 매번 바뀌지만 '기본 도형' 종류 중에서 가장 많이 출제된다. 도형의 이름 이 조건 에 제시되어 있으므로 정 확한 도형을 선택해야 한다. 서식 은 '글꼴─굴림, 24pt, 검정, 굵게, 채우기─노랑'이 고정적으로 출제 되고 있으므로 충분히 연습해 두 는 것이 좋다.

② 제목이 위치할 [B1:G3] 영역 사이에 드래그하여 도형을 그린 후 하루끝 차 판매 현황을 입력한다.

🕐 시간절약 TIP

엑셀에서 도형을 삽입하면 커서가 보이지 않아도 텍스트를 바로 입력할 수 있다.

2 도형 서식 지정하기

① 도형 선택 → [홈] 탭 – [글꼴] 그룹 – 글꼴을 '굴림', 글꼴 크기를 '24pt'로 지정한다.

🕐 시간절약 TIP

도형에 커서가 있는 상태에서 ESC 를 누르면 해당 도형을 빠르게 선택할 수 있다.

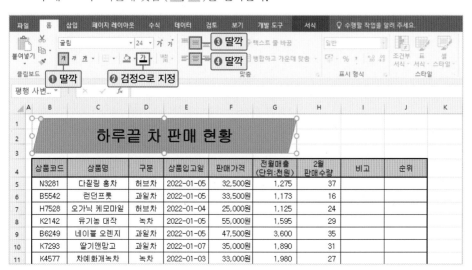

② [홈] 탭 – [글꼴] 그룹에서 글꼴을 '굵게', 글꼴 색을 '검정'으로 선택 → [맞춤] 그룹에서 가로와 세로 모두 '가운데 맞춤'(≡, ≡)을 선택한다.

⚠️ 감점방지 TIP

문제의 조건에서 제시되지 않았더라도, 도형의 가로와 세로 맞춤 기능은 문제에서 제시된 모양대로 지정한다.

③ [그리기 도구] - [서식] 탭 - [도형 채우기]에서 '노랑'을 선택한다.

④ [도형 효과] - [그림자] - '오프셋 오른쪽'을 선택한다.

다음 '우리호두과자 가맹점 현황'에 대한 제목을 입력하고 서식을 지정하시오.

출력형태

관리번호	매장명	지역	매장규모 (제곱미터)	개점일	개설비용 (단위:십만원)	전월매출	매장유형	개점연도
GH-201	덕양점	경기/인천	30	2020-02-20	485	8,230천원		
CH-101	도봉점	서울	45	2019-07-10	678	7,557천원		
CH-102	강남점	서울	50	2021-03-10	783	11,350천원		
GH-202	우만점	경기/인천	32	2018-12-20	477	7,237천원		
GH-301	둔산점	대전	29	2019-07-10	398	9,336천원		
GH-103	장안점	서울	28	2021-02-20	588	8,755천원		
CH-203	송도점	경기/인천	48	2019-09-10	523	10,205천원		
CH-302	유성점	대전	43	2018-05-20	403	9,450천원		
서울 매장규모(제곱미터) 평균					최대 전월매출			
경기/인천 전월매출 합계					매장명		전월매출	

작업 파일명

C:\에듀윌_2023_ITQ엑셀\Chapter 01\연습문제\세부출제패턴_연습 02_01_도형작성과서식

정답 파일명

C:\에듀윌_2023_ITQ엑셀\Chapter 01\연습문제\정답\세부출제패턴_연습02_01_도형작성과서식_완성

조건

○ 제 목 ⇒ 도형(사다리꼴)과 그림자(오프셋 오른쪽)를 이용하여 작성하고 '우리호두과자 가맹점 현황'을 입력한 후 다음 서식을 적용하시오(글꼴-굴림, 24pt, 검정, 굵게, 채우기 - 노랑).

1　도형으로 제목 작성하기

① [삽입] 탭 - [일러스트레이션] 그룹 - [도형] - '기본 도형'에서 '사다리꼴' 선택 → 제목이 위치할 [B1:G3] 영역 사이에 드래그하여 도형을 그린 후 우리호두과자 가맹점 현황을 입력한다.

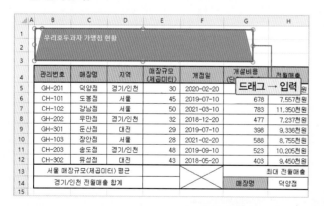

2　도형 서식 지정하기

① 도형 선택 → [홈] 탭 - [글꼴] 그룹 - 글꼴을 '굴림', 글꼴 크기를 '24pt', '굵게', 글꼴 색을 '검정'으로 선택 → [맞춤] 그룹에서 가로와 세로 모두 '가운데 맞춤'(≡, ≡)을 선택한다.

② [그리기 도구] - [서식] 탭 - [도형 채우기]에서 '노랑' 선택 → [도형 효과] - [그림자] - '오프셋 오른쪽'을 선택한다.

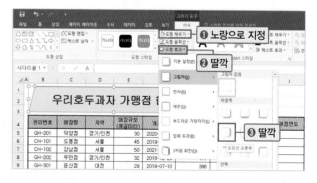

제목 옆에 결재란을 작성하시오.

확인	담당	대리	과장

하루끝 차 판매 현황

상품코드	상품명	구분	상품입고일	판매가격	전월매출 (단위:천원)	2월 판매수량	비고	순위
N3281	다질링 홍차	허브차	2022-01-05	32,500	1,275	37	(1)	(2)
B5542	런던프룻	과일차	2022-01-05	33,500	1,173	16	(1)	(2)
H7528	오가닉 케모마일	허브차	2022-01-04	25,000	1,125	24	(1)	(2)
K2142	유기농 대작	녹차	2022-01-05	55,000	1,595	29	(1)	(2)
B6249	네이블 오렌지	과일차	2022-01-05	47,500	3,600	35	(1)	(2)
K7293	딸기앤망고	과일차	2022-01-07	35,000	1,890	31	(1)	(2)
K4577	차예화개녹차	녹차	2022-01-03	33,000	1,980	27	(1)	(2)
H1893	루이보스	허브차	2022-01-05	32,000	2,368	20	(1)	(2)
최저 판매가격			(3)		허브차 상품의 평균 판매가격			(5)
과일차 상품의 수			(4)		상품코드	N3281	판매가격	(6)

조건

○ 임의의 셀에 결재란을 작성하여 그림으로 복사 기능을 이용하여 붙이기 하시오
　(단, 원본 삭제).

⬇ 작업 파일명 C:₩에듀윌_2023_ITQ엑셀₩Chapter01₩그대로따라하기₩세부출제패턴02_02_결재란작성

⬇ 정답 파일명 C:₩에듀윌_2023_ITQ엑셀₩Chapter01₩그대로따라하기₩정답₩세부출제패턴02_02_결재란
　　　　　작성_완성

■1 결재란 입력하기

① 결재란을 작성하기 위해 [L16] 셀부터 결재란 내용 입력 → [L16:L17] 영역 드래그 → [홈]
　탭 – [맞춤] 그룹 – '병합하고 가운데 맞춤(⊟)'을 선택한다.

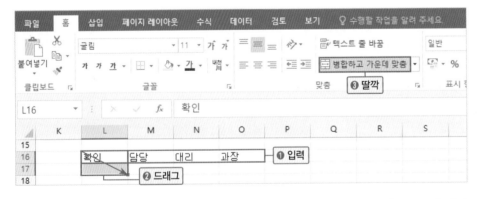

② [L16] 셀 선택 → [홈] 탭 – [맞춤] 그룹 – [방향]에서 '세로 쓰기' 선택 → [M16:O17] 영역
　드래그 → [홈] 탭 – [맞춤] 그룹 – '가운데 맞춤(☰)'을 선택한다.

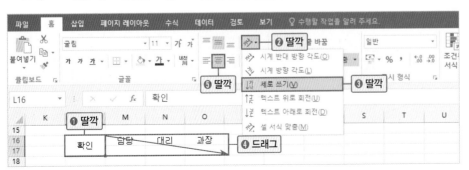

✍ 합격 GUIDE

결재란을 작성하는 시트는 반드시
미리 작성된 내용의 행이나 열과
겹치지 않게 작성한 후 복사한다.
셀 병합, 테두리, 그림으로 복사
기능은 고정적으로 출제되는 내용
이므로 충분히 연습하여 시간을
단축할 수 있도록 한다.

① 감점방지 TIP

[제1작업] 시트에 입력된 자료에
영향을 주지 않기 위해 결재란 작
성 위치는 행과 열 모두 문제가
없는 위치에서 작성한다.

③ 행 높이와 열 너비 조절 → [L16:O17] 영역 드래그 → [홈] 탭 - [글꼴] 그룹 - [테두리] -
'모든 테두리'(田)를 선택한다.

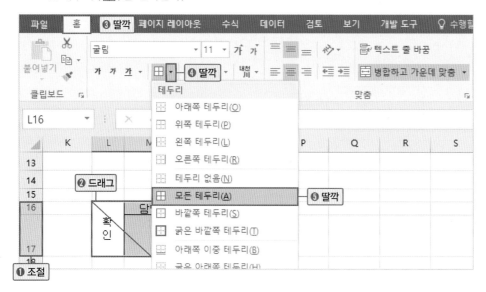

2 결재란 복사하기

① 작성된 결재란 영역 [L16:O17] 드래그 → Ctrl+C를 눌러 복사한다.

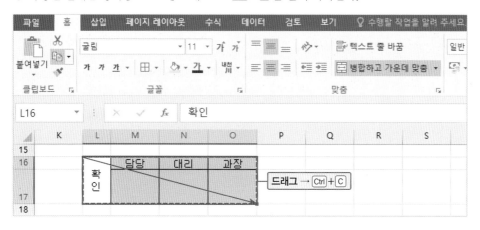

② [H1] 셀 선택 → Ctrl+V를 눌러 붙여넣기 → [붙여넣기 옵션] 단추 선택 - '그림'을 선택
한다.

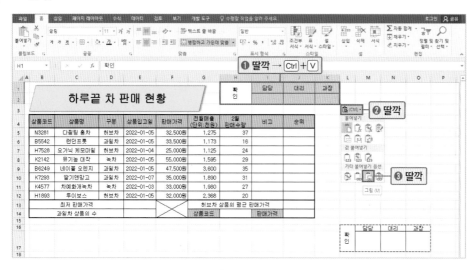

③ 결재란의 위치와 크기는 출력형태와 동일하게 [H1:J3] 영역 안에서 조절 → [L16:O17] 영역을 드래그한 후 [홈] 탭 – [셀] 그룹 – [삭제]를 선택한다.

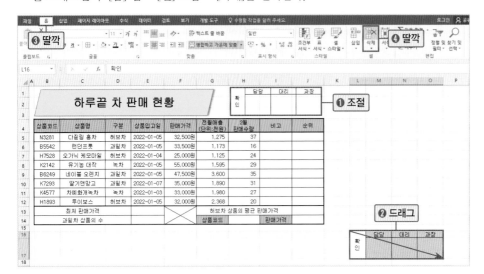

제목 옆에 결재란을 작성하시오.

출력형태

	관리번호	매장명	지역	매장규모 (제곱미터)	개점일	개설비용 (단위:십만원)	전월매출	매장유형	개점연도
						결재	사원	팀장	대표
5	GH-201	덕양점	경기/인천	30	2020-02-20	485	8,230천원		
6	CH-101	도봉점	서울	45	2019-07-10	678	7,557천원		
7	CH-102	강남점	서울	50	2021-03-10	783	11,350천원		
8	GH-202	우만점	경기/인천	32	2018-12-20	477	7,237천원		
9	GH-301	둔산점	대전	29	2019-07-10	398	9,336천원		
10	GH-103	잔안점	서울	28	2021-02-20	588	8,755천원		
11	CH-203	송도점	경기/인천	48	2019-09-10	523	10,205천원		
12	CH-302	유성점	대전	43	2018-05-20	403	9,450천원		
13	서울 매장규모(제곱미터) 평균					최대 전월매출			
14	경기/인천 전월매출 합계				매장명	덕양점	전월매출		

우리호두과자 가맹점 현황

작업 파일명

C:\에듀윌_2023_ITQ엑셀\Chapter 01\연습문제\세부출제패턴_연습 02_02_결재란작성

정답 파일명

C:\에듀윌_2023_ITQ엑셀\Chapter 01\연습문제\정답\세부출제패턴_ 연습02_02_결재란작성_완성

조건

○ 임의의 셀에 결재란을 작성하여 그림으로 복사 기능을 이용하여 붙이기 하시오 (단, 원본 삭제).

1 결재란 입력하기

① [L16] 셀부터 결재란 내용 입력 → [L16:L17] 영역 드래그 → [홈] 탭 – [맞춤] 그룹 – '병합하고 가운데 맞춤'(圉)을 선택한다.

② 모든 셀의 맞춤을 '가운데 맞춤'(圭)으로 선택 → 병합된 '결재' 셀 선택 → [홈] 탭 – [맞춤] 그룹 – [방향]에서 '세로 쓰기'를 선택한다.

③ 행 높이와 열 너비 조절 → [L16:O17] 영역 드래그 → [홈] 탭 – [글꼴] 그룹 – [테두리] – '모든 테두리'(田)를 선택한다.

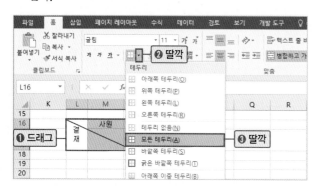

2 결재란 복사하기

① 작성된 결재란 영역 [L16:O17] 드래그 → Ctrl + C를 눌러 복사한다.

② [H1] 셀 선택 → Ctrl + V를 눌러 붙여넣기 → [붙여넣기 옵션] 단추 선택 – '그림'을 선택한다.

③ 결재란의 위치와 크기는 출력형태와 동일하게 [H1:J3] 영역 안에서 조절한다.

④ [L16:O17] 영역 드래그 → [홈] 탭 – [셀] 그룹 – [삭제]를 선택한다.

03 | 유효성 검사와 조건부 서식

세부 출제패턴 01 **유효성 검사와 이름정의**: 유효성 검사 기능으로 목록을 작성하고 수식에 적용할 범위에 이름을 정의한다.

세부 출제패턴 02 **조건부 서식**: 수식을 사용해 셀이나 행 전체에 조건부 서식을 지정한다.

세부 출제패턴 01 유효성 검사와 이름정의

조건에 맞게 유효성 검사와 이름을 정의하시오.

상품코드	상품명	구분	상품입고일	판매가격	전월매출 (단위:천원)	2월 판매수량	비고	순위
							확인	담당	대리	과장

하루끝 차 판매 현황

상품코드	상품명	구분	상품입고일	판매가격	전월매출 (단위:천원)	2월 판매수량	비고	순위
N3281	다질링 홍차	허브차	2022-01-05	32,500	1,275	37	(1)	(2)
B5542	런던프룻	과일차	2022-01-05	33,500	1,173	16	(1)	(2)
H7528	오가닉 케모마일	허브차	2022-01-04	25,000	1,125	24	(1)	(2)
K2142	유기농 대작	녹차	2022-01-05	55,000	1,595	29	(1)	(2)
B6249	네이블 오렌지	과일차	2022-01-05	47,500	3,600	35	(1)	(2)
K7293	딸기앤망고	과일차	2022-01-07	35,000	1,890	31	(1)	(2)
K4577	차예화개녹차	녹차	2022-01-03	33,000	1,980	27	(1)	(2)
H1893	루이보스	허브차	2022-01-05	32,000	2,368	20	(1)	(2)
최저 판매가격			(3)		허브차 상품의 평균 판매가격			(5)
과일차 상품의 수			(4)		상품코드	N3281	판매가격	(6)

조건

○ 유효성 검사를 이용하여 「H14」 셀에 상품코드(「B5:B12」 영역)가 선택 표시되도록 하시오.

○ 「D5:D12」 영역에 대해 '구분'으로 이름정의를 하시오.

📥 작업 파일명 C:\에듀윌_2023_ITQ엑셀\Chapter01\그대로따라하기\세부출제패턴03_01_유효성검사와_이름정의

📥 정답 파일명 C:\에듀윌_2023_ITQ엑셀\Chapter01\그대로따라하기\정답\세부출제패턴03_01_유효성검사와_이름정의_완성

📝 합격 GUIDE

유효성 검사란 셀에 잘못된 데이터가 입력되지 않도록 데이터의 목록을 지정하여 제한하는 기능이다. 제한 대상 범주에는 '정수', '소수', '목록', '날짜', '시간', '텍스트 길이', '사용자 지정' 등이 있다.

★ 알아두면 좋은 TIP

데이터 유효성은 [목록]으로 제한 대상을 지정하고 원본 입력란에 해당 목록을 직접 입력하는 형식이지만, 시트에 있는 데이터 영역을 드래그하여 자동으로 입력하는 방법으로 작성하도록 한다.

1 유효성 검사로 목록 표시하기

① 유효성 검사를 하기 위해 [H14] 셀 선택 → [데이터] 탭 - [데이터 도구] 그룹 - [데이터 유효성 검사]를 선택한다.

② [데이터 유효성] 대화상자 - [설정] 탭 - 유효성 조건의 [제한 대상]을 '목록'으로 선택 → [원본] 입력란 선택 → '상품코드' 영역인 [B5:B12] 영역을 드래그하여 입력한 후 [확인]을 클릭한다.

⏱ **시간절약 TIP**

[데이터 유효성] 대화상자에서 목록으로 제한 대상을 지정할 때 원본 데이터를 직접 입력해도 되지만 8개의 '상품코드' 항목을 직접 입력하기보다는 해당 영역을 드래그해서 빠르게 입력하는 것이 좋다.

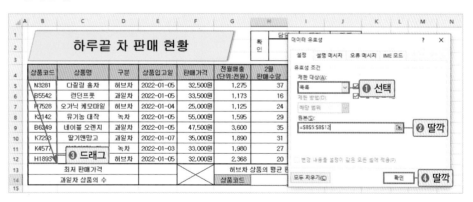

③ [H14] 셀 선택 → 출력형태와 동일하게 목록 중 'N3281'을 선택한다.

상품코드	상품명	구분	상품입고일	판매가격	전월매출 (단위:천원)	2월 판매수량	비고	순위
N3281	다질링 홍차	허브차	2022-01-05	32,500원	1,275	37		
B5542	런던프룻	과일차	2022-01-05	33,500원	1,173	16		
H7528	오가닉 케모마일	허브차	2022-01-04	25,000원	1,125	24		
K2142	유기농 대작	녹차	2022-01-05	55,000원	1,595	29		
B6249	네이블 오렌지	과일차	2022-01-05	47,500원	3,600	35		
K7293	딸기앤망고	과일차	2022-01-07	35,000원	1,890	31		
K4577	차예화개녹차	녹차	2022-01-03	33,000원	1,980	27		
H1893	투이보스	허브차	2022-01-05	32,000원	2,368	20		

2 이름정의하기

① [D5:D12] 영역 드래그 → [수식] 탭 – [정의된 이름] 그룹 – [이름정의]를 선택한다.

② [새 이름] 대화상자에서 '이름'을 구분으로 입력한 후 [확인]을 클릭한다.

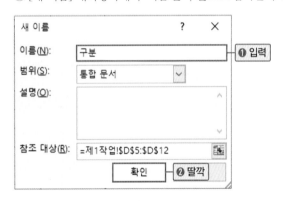

🕐 시간절약 TIP

이름정의는 [D5:D12] 영역을 드래그하여 선택한 후 [이름 상자]에 직접 '구분'으로 입력해도 된다.

조건에 맞게 유효성 검사와 이름을 정의하시오.

출력형태

코드	제품명	분류	판매수량	출시일	가격 (단위:원)	전월대비 성장률(%)	제조공장	순위
K3237	시래기된장밥	채식	90,680박스	2020-10-25	12,400	15.7		
E2891	구운폴렌타	글루텐프리	7,366박스	2021-10-31	12,000	152.0		
E1237	감바스피칸테	저탄수화물	78,000박스	2020-12-01	19,000	55.0		
C2912	공심채볶음	채식	6,749박스	2021-07-08	6,900	25.0		
J1028	관서식스키야키	저탄수화물	5,086박스	2021-05-10	25,000	25.0		
E3019	비건버섯라자냐	글루텐프리	5,009박스	2021-10-05	15,000	102.5		
K1456	춘천식닭갈비	저탄수화물	94,650박스	2020-07-08	13,000	10.0		
K2234	산채나물비빔	채식	5,010박스	2021-01-05	8,600	30.5		

밀키트 베스트 판매 현황 / 확인 MD 팀장 본부장

채식 제품 수 / 최대 판매수량
저탄수화물 전월대비 성장률(%) 평균 / 코드 K3237 판매수량

작업 파일명

C:₩에듀윌_2023_ITQ엑셀₩Chapter 01₩연습문제₩세부출제패턴_연습 03_01_유효성검사와_이름정의

정답 파일명

C:₩에듀윌_2023_ITQ엑셀₩ Chapter 01₩연습문제₩정답₩세부출제패턴_ 연습03_01_유효성검사와_이름정의_ 완성

조건

○ 유효성 검사를 이용하여 「H14」 셀에 코드(「B5:B12」 영역)가 선택 표시되도록 하시오.

○ 「D5:D12」 영역에 대해 '분류'로 이름정의를 하시오.

1 유효성 검사로 목록 표시하기

① [H14] 셀 선택 → [데이터] 탭 – [데이터 도구] 그룹 – [데이터 유효성 검사]를 선택한다.

② [데이터 유효성] 대화상자 – [설정] 탭 – 유효성 조건의 [제한 대상]을 '목록'으로 선택 → [원본] 입력란 선택 → '코드' 영역인 [B5:B12] 영역을 드래그하여 입력한 후 [확인]을 클릭한다.

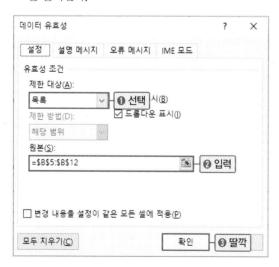

③ [H14] 셀 선택 → 출력형태와 동일하게 목록 중 'K3237'을 선택한다.

2 이름정의하기

① [D5:D12] 영역 드래그 → [수식] 탭 – [정의된 이름] 그룹 – [이름정의]를 선택한다.

② [새 이름] 대화상자에서 '이름'을 분류로 입력한 후 [확인]을 클릭한다.

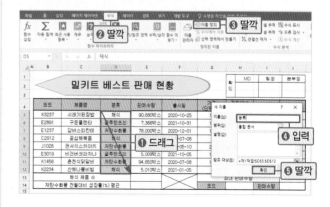

수식을 사용해 조건에 맞게 조건부 서식을 지정하시오.

하루끝 차 판매 현황

	확인	담당	대리	과장

상품코드	상품명	구분	상품입고일	판매가격	전월매출 (단위:천원)	2월 판매수량	비고	순위
N3281	다질링 홍차	허브차	2022-01-05	32,500	1,275	37	(1)	(2)
B5542	런던프룻	과일차	2022-01-05	33,500	1,173	16	(1)	(2)
H7528	오가닉 케모마일	허브차	2022-01-04	25,000	1,125	24	(1)	(2)
K2142	유기농 대작	녹차	2022-01-05	55,000	1,595	29	(1)	(2)
B6249	네이블 오렌지	과일차	2022-01-05	47,500	3,600	35	(1)	(2)
K7293	딸기앤망고	과일차	2022-01-07	35,000	1,890	31	(1)	(2)
K4577	차예화개녹차	녹차	2022-01-03	33,000	1,980	27	(1)	(2)
H1893	루이보스	허브차	2022-01-05	32,000	2,368	20	(1)	(2)
최저 판매가격			(3)		허브차 상품의 평균 판매가격			(5)
과일차 상품의 수			(4)		상품코드	N3281	판매가격	(6)

조건

○ 조건부 서식의 수식을 이용하여 판매가격이 '40,000' 이상인 행 전체에 다음의 서식을 적용하시오(글꼴: 파랑, 굵게).

📥 **작업 파일명** C:₩에듀윌_2023_ITQ엑셀₩Chapter01₩그대로따라하기₩세부출제패턴_03_02_조건부서식

📥 **정답 파일명** C:₩에듀윌_2023_ITQ엑셀₩Chapter01₩그대로따라하기₩정답₩세부출제패턴_03_02_조건부서식_완성

① [B5:J12] 영역 드래그 → [홈] 탭 – [스타일] 그룹 – [조건부 서식] – [새 규칙]을 선택한다.

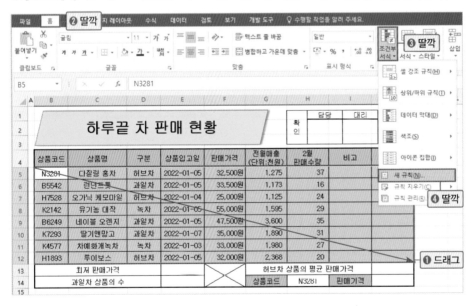

② [새 서식 규칙] 대화상자에서 규칙 유형 선택은 '수식을 사용하여 서식을 지정할 셀 결정'
선택 → '다음 수식이 참인 값의 서식 지정'에 =$F5>=40000 입력 → [서식]을 선택한다.

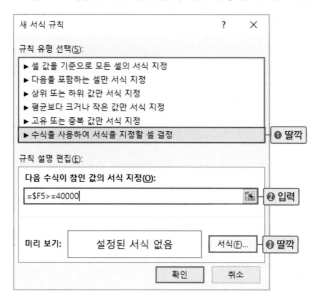

③ [셀 서식] 대화상자 – [글꼴] 탭에서 글꼴 스타일을 '굵게', 글꼴 색을 '파랑'으로 선택 →
[확인]을 클릭한다.

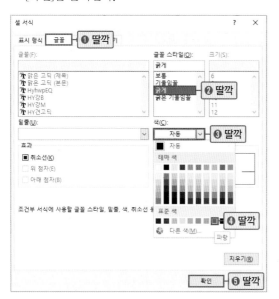

★ 알아두면 좋은 TIP

수식을 작성할 때 참조할 셀인
[F5] 셀을 선택한 후 F4 를 눌러
참조를 변경할 수 있다.

(!) 감점방지 TIP

행 전체를 대상으로 서식을 지정
하려면 수식에서 참조 셀은 반드
시 열이 고정된 혼합참조(예: $A1)
로 입력해야 한다.

노른자 강의 바로 보기

④ 다시 [새 서식 규칙] 대화상자로 돌아오면 [확인]을 클릭하고 조건부 서식의 결과를 확인한다.

ⓘ 감점방지 TIP

서식이 추가로 적용되면 일부 항목의 열 너비가 맞지 않아 '####'으로 표시될 때가 있다. 이때는 해당 열 머리글의 경계선을 더블클릭하여 너비를 조절한다.

상품코드	상품명	구분	상품입고일	판매가격	전월매출 (단위:천원)	2월 판매수량	비고	순위
N3281	다질링 홍차	허브차	2022-01-05	32,500원	1,275	37		
B5542	런던프룻	과일차	2022-01-05	33,500원	1,173	16		
H7528	오가닉 케모마일	허브차	2022-01-04	25,000원	1,125	24		
K2142	유기농 대작	녹차	2022-01-05	55,000원	1,595	29		
B6249	네이블 오렌지	과일차	2022-01-05	47,500원	3,600	35		
K7293	딸기앤망고	과일차	2022-01-07	35,000원	1,890	31		
K4577	차예화개녹차	녹차	2022-01-03	33,000원	1,980	27		
H1893	루이보스	허브차	2022-01-05	32,000원	2,368	20		

하루끝 차 판매 현황 / 확인 담당 대리 과장

| 최저 판매가격 | | | 허브차 상품의 평균 판매가격 | | |
| 과일차 상품의 수 | | | 상품코드 | N3281 | 판매가격 |

➕ 더 알아보기

수식에 사용되는 참조 유형

수식을 작성할 때 셀에 있는 값을 직접 타이핑하여 계산하는 것이 아니라, 셀을 선택하여 셀의 주소를 사용한다. 이때 셀의 주소를 이용하여 셀의 데이터를 사용하는 것을 '참조'라고 하며, 참조의 유형에는 '상대참조'와 '절대참조' 그리고 이 두 방식을 혼합한 형태인 '혼합참조'가 있다.

❶ 상대참조: 수식이 복사될 때 참조할 셀의 위치가 바뀌는 참조로, [F4] 셀의 수식 '=C4+D4'를 아래 방향으로 4칸 복사하면 이동한 만큼 수식의 참조도 함께 변경된다. [F8] 셀의 수식을 열어보면 '=C8+D8'이 된다.

❷ 절대참조: 수식이 복사될 때 참조할 셀의 위치가 변하지 않고 고정되는 참조로, 행과 열에 $기호를 붙여 $A$1, $B$1과 같이 표시한다.

❸ 혼합참조: 상대참조와 절대참조를 혼합한 형태로, $A1은 A열 고정, A$1은 1행 고정이다.

조건에 맞게 행 전체에 서식을 지정하시오.

출력형태

							MD	팀장	본부장
						확인			

| 밀키트 베스트 판매 현황 | | | | | | | | | |

코드	제품명	분류	판매수량	출시일	가격 (단위:원)	전월대비 성장률(%)	제조공장	순위
K3237	시래기된장밥	채식	90,680박스	2020-10-25	12,400	15.7		
E2891	구운폴렌타	글루텐프리	7,366박스	2021-10-31	12,000	152.0		
E1237	감바스피칸테	저탄수화물	78,000박스	2020-12-01	19,000	55.0		
C2912	공심채볶음	채식	6,749박스	2021-07-08	6,900	25.0		
J1028	관서식스키야키	저탄수화물	5,086박스	2021-05-10	25,000	25.0		
E3019	비건버섯라자냐	글루텐프리	5,009박스	2021-10-05	15,000	102.5		
K1456	춘천식닭갈비	저탄수화물	94,650박스	2020-07-08	13,000	10.0		
K2234	산채나물비빔	채식	5,010박스	2021-01-05	8,600	30.5		
채식 제품 수					최대 판매수량			
저탄수화물 전월대비 성장률(%) 평균					코드	K3237	판매수량	

작업 파일명

C:\에듀윌_2023_ITQ엑셀\Chapter01\연습문제\세부출제패턴_연습03_02_조건부서식

정답 파일명

C:\에듀윌_2023_ITQ엑셀\Chapter01\연습문제\정답\세부출제패턴_연습03_02_조건부서식_완성

조건

○ 조건부 서식의 수식을 이용하여 판매수량이 '90,000' 이상인 행 전체에 다음의 서식을 적용하시오(글꼴: 파랑, 굵게).

① [B5:J12] 영역 드래그 → [홈] 탭 – [스타일] 그룹 – [조건부 서식] – [새 규칙]을 선택한다.

② [새 서식 규칙] 대화상자에서 규칙 유형 선택은 '수식을 사용하여 서식을 지정할 셀 결정' 선택 → '다음 수식이 참인 값의 서식 지정'에 =$E5>=90000 입력 → [서식]을 선택한다.

③ [셀 서식] 대화상자 – [글꼴] 탭에서 글꼴 스타일을 '굵게', 글꼴 색을 '파랑'으로 선택 → [확인]을 클릭한다.

④ 다시 [새 서식 규칙] 대화상자로 돌아오면 [확인]을 클릭하고 조건부 서식의 결과를 확인한다.

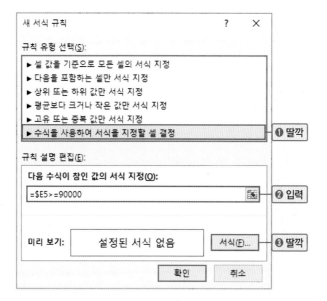

제1작업 | 표 서식 작성 및 값 계산(함수)

다음은 '공예지도사 강좌개설 현황'에 대한 자료이다. 자료를 입력하고 조건에 맞도록 작업하시오.

출력형태

강좌코드	강좌명	구분	재료비 (단위:원)	작품제출일	수강료 (단위:원)	수강인원	강좌등급	순위
							담당	팀장	센터장
W5622	서랍장	냅킨아트	90,000	2022-02-15	75,000	29명	(1)	(2)
W1531	쟁반	냅킨아트	30,000	2022-02-20	50,000	31명	(1)	(2)
P6521	연필인형	펠트	20,000	2022-02-25	25,500	37명	(1)	(2)
P3152	벽시계	펠트	25,000	2022-02-18	60,000	42명	(1)	(2)
W4583	티슈케이스	냅킨아트	15,000	2022-02-01	55,000	25명	(1)	(2)
B9542	모빌	비즈	20,000	2022-02-22	65,000	32명	(1)	(2)
B1541	진주귀걸이	비즈	50,000	2022-02-22	55,000	45명	(1)	(2)
B5673	러블리팔찌	비즈	40,000	2022-02-28	45,000	36명	(1)	(2)
냅킨아트 공예의 강좌 수			(3)		최소 수강인원			(5)
개설강좌 총 수강료(단위:원)			(4)		강좌코드	W5622	수강인원	(6)

확인

(1)~(6) 셀은 반드시 주어진 함수를 이용하여 값을 구하시오(결과값을 직접 입력하면 해당 셀은 0점 처리됨).

(1) 강좌등급 ⇒ 강좌코드의 마지막 글자가 1이면 초급과정, 2이면 중급과정, 3이면 고급과정으로 구하시오(CHOOSE, RIGHT 함수).

(2) 순위 ⇒ 수강인원의 내림차순 순위를 구한 결과값 뒤에 '위'를 붙이시오(RANK.EQ 함수, & 연산자)(예: 1위).

(3) 냅킨아트 공예의 강좌 수 ⇒ 조건은 입력데이터를 이용하시오(DCOUNTA 함수).

(4) 개설강좌의 총 수강료(단위:원) ⇒ 정의된 이름(수강료)을 이용하여 「수강료×수강인원」으로 구하되 반올림하여 천 단위까지 구하시오(ROUND, SUMPRODUCT 함수)(예: 12,345,670 → 12,346,000).

(5) 최소 수강인원 ⇒ (MIN 함수)

(6) 수강인원 ⇒ 「H14」 셀에서 선택한 강좌코드에 대한 수강인원을 구하시오(VLOOKUP 함수).

➡ 출제패턴 04. 값 계산(함수)

04 | 함수1단계: 단일함수 연습하기

01. 함수의 개념: 함수란 복잡한 수식이나 논리 계산을 매우 간단하게 사용할 수 있도록 만들어 놓은 것으로, 엑셀에서는 다양한 범주의 함수를 제공하고 있다.

02. 함수의 구성: 함수는 등호(=)로 시작하며, 함수 이름과 인수로 구성되어 있다.

$$=\text{SUM}(\text{A1:A30, B1:B30,C1:C30})$$

❶ 등호(=): 수식은 반드시 등호로 시작한다.

❷ 함수 이름: 원하는 계산의 함수 이름을 입력한다.

❸ 괄호( ): 인수를 표시할 수 있는 영역이며, 인수가 없어도 함수 이름 뒤에 반드시 괄호를 묶어 함수를 표현해야 한다.

❹ 인수: 인수는 쉼표(,)로 구분되며 함수에 따라 정해진 인수가 있다. 숫자, 텍스트, 수식 및 셀 참조, 논리 값 등을 인수로 사용할 수 있으며, 함수에 따라 인수가 없거나 최대 255개까지 사용할 수 있다.

03. 종류

함수 종류	설명	출제 범위
수학/삼각 함수	합계, 반올림, 절대값, 나머지 등 수치 자료를 처리하는 함수	INT, MOD, PRODUCT, ROUND, ROUNDDOWN, ROUNDUP, SUM, SUMPRODUCT, SUMIF, TRUNC, ABS, CEILING, ODD, PI, POWER, SUBTOTAL, TRIMMEAN
통계 함수	값들의 평균, 개수, 최대값, 최소값, 순위 등의 통계를 구하는 함수	AVERAGE, COUNT, COUNTA, COUNTIF, LARGE, MAX, MEDIAN, MIN, RANK.EQ, COUNTBLANK, MODE, SMALL
논리 함수	결과가 참(TRUE)과 거짓(FALSE)으로 반환되는 함수	AND, IF, OR, NOT, TRUE, FALSE
텍스트 함수	문자열에서 일부를 추출하거나 대·소문자 변환, 문자열에서 지정된 값을 찾는 등의 작업을 하는 함수	CONCATENATE, LEFT, MID, REPLACE, RIGHT, LEN, LOWER, PROPER, VALUE, WON, REPT
날짜/시간 함수	날짜와 시간을 다양한 형식으로 반환하는 함수	DATE, HOUR, MONTH, TODAY, WEEKDAY, YEAR, DAY, MINUTE, NOW, SECOND, TIME
찾기/참조 영역 함수	영역에서 일치하는 데이터를 찾고 함수의 특성에 맞게 반환하는 함수	CHOOSE, HLOOKUP, VLOOKUP, INDEX, MATCH, ADDRESS, OFFSET, TRANSPOSE
데이터베이스 함수	데이터베이스에서 합계, 평균, 개수, 최대값, 최소값 등 조건에 맞는 데이터를 추출하는 함수	DAVERAGE, DCOUNT, DGET, DMAX, DMIN, DSUM, DCOUNTA, DVAR, DPRODUCT, DSTDEV
정보 함수	셀에 담겨있는 정보를 가져오는 함수	ISERROR

⬇ 작업 파일명 C:₩에듀윌_2023_ITQ엑셀₩Chapter01₩그대로따라하기₩세부출제패턴04_1단계_단일함수

⬇ 정답 파일명 C:₩에듀윌_2023_ITQ엑셀₩Chapter01₩그대로따라하기₩정답₩세부출제패턴04_1단계_단일함수_완성

✎ 합격 GUIDE

함수의 출제 빈도 (★표시)를 확인하여 빈출 함수를 충분히 연습해야 한다.

1 SUM 함수 ★★

정의	인수로 지정된 모든 숫자들을 더하는 함수
함수식	=SUM(숫자1,숫자2,...)
연습문제	Q. 다음 영업점들의 총 판매 대수를 구하시오. A. SUM 함수로 대수(D4:D8) 영역의 합계(4,759)를 구한다. **영업점 총 판매 대수 구하기** 결과 4,759 =SUM(D4:D8)

연습문제 표 내용:

영업점	품목	대수			결과	함수식
송파점	스캐너	1,424		총 판매 대수	4,759	=SUM(D4:D8)
관악점	펜티엄 PC	210				
강남점	스캐너	1,845				
은평점	프린터	924				
중랑점	스캐너	356				

2 ROUND 계열 함수 ★★★★

정의	숫자값을 특정 위치까지 반올림/올림/내림/버림으로 값을 계산하는 함수
함수식	=ROUND(숫자,자릿수) =ROUNDUP(숫자,자릿수) =ROUNDDOWN(숫자,자릿수) =TRUNC(숫자,자릿수)
연습문제	Q. 숫자 '4356.178'를 소수점 첫 번째 자리까지 반올림/올림/내림/버림하시오. A. ROUND 함수로 데이터 셀(B4)의 숫자(4356.178)를 소수점 두 번째 자리에서 반올림하여 소수점 한 자리(4356.2)까지 구한다. ROUNDUP 함수로 데이터 셀(B5)의 숫자(4356.178)를 소수점 두 번째 자리에서 올림하여 소수점 한 자리(4356.2)까지 구한다. ROUNDDOWN 함수로 데이터 셀(B6)의 숫자(-4356.178)를 소수점 두 번째 자리에서 내림하여 소수점 한 자리(-4356.1)까지 구한다. TRUNC 함수로 데이터 셀(B7)의 숫자(-4356.178)를 소수점 첫 번째 자리까지만 남기고(-4356.1) 나머지는 버린다.

★ 알아두면 좋은 TIP

ROUND 함수의 자릿수 이해

자릿수 수	123456.463
1	123456.5
0	123456
-1	123460
-2	123500

연습문제 표 내용:

숫자값을 지정한 자릿수로 반올림, 올림, 내림, 버림

데이터	함수결과	함수식
4356.178	4356.2	=ROUND(B4,1)
4356.178	4356.2	=ROUNDUP(B5,1)
-4356.178	-4356.1	=ROUNDDOWN(B6,1)
-4356.178	-4356.1	=TRUNC(B7,1)

3 PRODUCT 함수 ★★

정의	인수로 지정된 모든 숫자들을 곱하는 함수
함수식	=PRODUCT(숫자1,숫자2,...)
연습문제	Q. 다음 품목들의 각각의 총 판매 금액을 구하시오. A. PRODUCT 함수로 각 품목의 규격(C4), 단가(D4), 수량(E4)을 곱해서 (20*2500*23) 판매금액(1,150,000)을 구한다.

품목별 판매금액 구하기

품목	규격	단가	수량	판매금액	함수식
모바일액세서리	20	2,500	23	1,150,000	=PRODUCT(C4:E4)
프린터 잉크	12	4,200	18	907,200	=PRODUCT(C5:E5)
블루투스 스피커	5	32,000	32	5,120,000	=PRODUCT(C6:E6)

4 SUMPRODUCT 함수 ★★★

정의	두 개 이상의 배열에서 대응하는 값끼리 곱해서 그 합을 구하는 함수
함수식	=SUMPRODUCT(배열1,배열2,...)
연습문제	Q. 다음 품목들의 판매 총액을 구하시오. A. SUMPRODUCT 함수로 각 품목(프린터, 펜티엄 PC, 스캐너)에서 각각의 수량(C4:C6)과 단가(D4:D6)를 곱한 값의 합계(134,770,000)를 구한다.

판매총액 구하기

품목	수량	단가
프린터	14	580,000
펜티엄 PC	40	980,000
스캐너	53	1,650,000

판매총액	134,770,000
함수식	=SUMPRODUCT(C4:C6,D4:D6)

5 MOD 함수 ★

정의	지정한 값을 원하는 숫자로 나누어 그 나머지를 구하는 함수
함수식	=MOD(숫자,나누는 숫자)
연습문제	Q. 다음 숫자들의 나머지를 구하시오. A. MOD 함수로 숫자(B4)를 나눌 수(C4)로 나누어 몫을 제외한 나머지(2)를 구한다.

나머지 구하기

숫자	나눌 수	나머지	함수식
10	4	2	=MOD(B4,C4)
13	6	1	=MOD(B5,C5)
26	5	1	=MOD(B6,C6)

6 SUMIF 함수 ★★★★★

정의	조건에 맞는 자료만 찾아 합계를 구하는 함수
함수식	=SUMIF(조건범위,조건,계산범위)
연습문제	Q. 송파점 판매 대수의 합계를 구하시오. A. SUMIF 함수로 영업점(B4:B12) 필드에서 송파점(F4)에 해당하는 대수(D4:D12)의 합계(3,584)를 구한다. 

연습문제 표:

	A	B	C	D	E	F	G	H	I
1		송파점 총 판매대수 구하기							
3		영업점	품목	대수		영업점	판매 대수 합계	함수식	
4		송파점	스캐너	1,424		송파점	3,584	=SUMIF(B4:B12,F4,D4:D12)	
5		관악점	펜티엄 PC	210					
6		송파점	스캐너	1,845					
7		관악점	프린터	924					
8		강남점	스캐너	356					
9		강남점	프린터	201					
10		송파점	펜티엄 PC	315					
11		관악점	스캐너	1,563					
12		강남점	스캐너	2,453					
13									

➕ 더 알아보기

함수를 사용하는 다양한 방법

❶ 자동 합계로 함수 사용하기

[홈] 탭 – [편집] 그룹 – [자동 합계] 또는 [수식] 탭 – [함수 라이브러리] 그룹 → [자동 합계]에서 내림단추를 눌러 원하는 함수를 실행한다. 합계, 평균, 개수, 최대값, 최소값 외에 다른 함수를 사용하려면 '기타 함수'를 선택한다.

(1)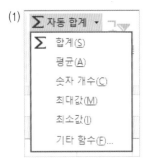

(2)

❷ 함수 라이브러리에서 함수 선택하기

(1) [수식] 탭 – [함수 라이브러리] 그룹에서 원하는 함수 범주를 선택한 후 목록에서 함수를 선택한다.

(2) [함수 인수] 대화상자가 열리면 인수 항목에 정확한 인수를 입력하여 계산한다.

❸ 수식에서 직접 함수 입력하기

수식에서 '=RAN'처럼 함수 이름의 일부를 직접 입력하면 해당 글자가 포함된 함수 전체가 목록에 표시되고, 이때 원하는 함수 이름을 더블클릭하거나 [Tab]을 눌러 선택한다.

	A	B	C	D	E	F	G	H	I	J
1										
2										
3										
4		체험학습코	체험학습5	분류	체험시간 (분)	신청인원 (단위:명)	인당체험비	체험일	체험순위	체험요일
5		HL-010	스키체험	운동	10	1005	10000	2021-08-05	=RAN	
6		DS-250	가죽열쇠그	제작	50	982	15000	2021-08-18		
7		ML-110	수제청	음식	10	1302	7000	2021-08-22		
8		GP-030	골프체험	운동	30	350	5000	2021-08-28		
9		PZ-140	햄버거김빝	음식	40	152	18000	2021-08-16		
10		HC-225	라탄바구니	제작	25	900	12000	2021-08-30		
11		CK-130	쌀도우콩피	음식	30	1240	13000	2021-08-24		

❶ 입력

- RAND
- RANDBETWEEN
- RANK.AVG
- RANK.EQ ❷ 딸깍딸깍
- RANK

세부 출제패턴 02 통계 함수

1 MAX/MIN 함수 ★★★★★

정의	인수로 지정된 모든 숫자들 중에서 최대값/최소값을 구하는 함수
함수식	=MAX(숫자1,숫자2,…) =MIN(숫자1,숫자2,…)
연습문제	Q. 다음 점수 중 최고 점수와 최소 점수를 구하시오. A. MAX 함수로 국어, 영어, 수학 점수(D4:F8) 중 최고 점수(91)를 구하고, MIN 함수로 최소 점수(37)를 구한다.

최대값, 최소값 구하기

번호	이름	국어	영어	수학		함수결과	함수식
1	전희진	84	75	91	최대값	91	=MAX(D4:F8)
2	민용대	64	75	87	최소값	37	=MIN(D4:F8)
3	성주란	59	57	61			
4	김옥희	84	37	70			
5	이지연	78	75	55			

2 LARGE/SMALL 함수 ★★★

정의	지정된 데이터 범위에서 K번째로 큰 값/작은 값을 구하는 함수
함수식	=LARGE(범위,순위) =SMALL(범위,순위)
연습문제	Q. 다음 부서의 매출 중 매출이 두 번째로 큰 값과 매출이 세 번째로 작은 값을 구하시오. A. LARGE 함수로 부서들의 매출(B4:E8) 영역 중 두 번째로 큰 매출(12,023), SMALL 함수로 세 번째로 작은 매출(3,423)을 구한다. **k번째로 큰값, 작은값 구하기** 표: 인사부 매출 / 충무부 매출 / 개발부 매출 / 영업부 매출 5,623 / 6,523 / 5,329 / 5,422 4,532 / 5,123 / 3,254 / 5,411 8,254 / 9,543 / 9,987 / 8,823 3,423 / 12,200 / 8,923 / 5,420 12,023 / 9,340 / 7,342 / 2,123 k번째 / 함수결과 / 함수식 2번째로 큰 매출 / 12,023 / =LARGE(B4:E8,2) 3번째로 작은 매출 / 3,423 / =SMALL(B4:E8,3)

3 AVERAGE 함수 ★★★★

정의	인수로 지정된 숫자들의 평균을 구하는 함수
함수식	=AVERAGE(숫자1,숫자2,...)
연습문제	Q. 다음 국어점수들의 평균을 구하시오. A. AVERAGE 함수로 국어 점수(C4:C9) 필드의 평균(86.5)을 구한다. **평균값 구하기** 성명 / 국어 점수 전희진 / 92 민용대 / 90 성주란 / 89 김옥희 / 97 이지연 / 75 최은경 / 76 함수결과 / 함수식 86.5 / =AVERAGE(C4:C9)

4 AVERAGEIF 함수 ★★

정의	조건에 맞는 자료만 찾아 평균을 구하는 함수
함수식	=AVERAGEIF(조건범위,조건,계산범위)
연습문제	Q. 강남점의 평균 판매 대수를 구하시오. A. AVERAGEIF 함수로 영업점(B4:B12) 필드에서 강남점(F4)에 해당하는 대수(D4:D12)의 평균(1,003)을 구한다. **강남점 평균 판매 대수 구하기** 영업점 / 품목 / 대수 송파점 / 스캐너 / 1,424 관악점 / 펜티엄 PC / 210 송파점 / 스캐너 / 1,845 관악점 / 프린터 / 924 강남점 / 스캐너 / 356 강남점 / 프린터 / 201 송파점 / 펜티엄 PC / 315 관악점 / 스캐너 / 1,563 강남점 / 스캐너 / 2,453 영업점 / 평균 판매 대수 / 함수식 강남점 / 1,003 / =AVERAGEIF(B4:B12,F4,D4:D12)

5 COUNT/COUNTA/COUNTBLANK 함수 ★★★

정의	인수로 주어진 값들의 개수를 구하는 함수
함수식	=COUNT(숫자1,숫자2,...) =COUNTA(값1,값2,...) =COUNTBLANK(범위)
연습문제	Q. 다음의 응용점수 필드에서 숫자 셀, 비어있지 않은 셀, 빈 셀의 개수를 구하시오. A. COUNT 함수로 응용 점수(C4:C12) 필드에서 숫자가 있는 셀의 개수(7)를 구한다. 　COUNTA 함수로 응용 점수(C4:C12) 필드에서 공백이 아닌 셀의 개수(8)를 구한다. 　COUNTBLANK 함수로 응용 점수(C4:C12) 필드에서 빈 셀의 개수(1)를 구한다.

응용점수의 숫자셀, 비어있지 않은 셀, 빈셀 구하기

성명	응용점수		함수	함수결과	함수식
전희진	92		숫자셀	7	=COUNT(C4:C12)
민용대	0		비어있지 않는셀	8	=COUNTA(C4:C12)
성주란	89		빈 셀	1	=COUNTBLANK(C4:C12)
김옥희	86				
이지연	75				
최은경	미응시				
신혜정	72				
이정석					
강은비	71				

6 COUNTIF 함수 ★★★★★

정의	조건에 맞는 자료의 개수를 구하는 함수
함수식	=COUNTIF(조건범위,조건)
연습문제	Q. 직급이 3급인 인원수를 구하시오. A. COUNTIF 함수로 직급(C4:C12) 필드에서 '3급(G4)'에 해당하는 셀의 개수(3)를 구한다.

★ 알아두면 좋은 TIP

COUNTIF 함수의 두 번째 인수인 '조건'에는 조건 셀을 클릭하여 입력하거나, 조건을 직접 텍스트로 입력해도 값은 동일하다.

3급인 사원의 수 구하기

부서	직급	성명	월급여액		직급	함수결과	함수식
판매1과	5급	전희진	325,000		3급	3	=COUNTIF(C4:C12,G4)
판매2과	3급	민용대	950,000				
영업1과	2급	성주란	1,080,000				
영업2과	2급	김옥희	1,045,000				
판매3과	4급	이지연	420,000				
영업1과	5급	최은경	350,000				
판매2과	3급	신혜정	620,000				
영업1과	3급	이정석	850,000				
영업1과	2급	강은비	1,100,000				

7 RANK.EQ 함수 ★★★★★

정의	목록에서 지정한 숫자의 순위를 구하는 함수
함수식	=RANK.EQ(순위를 구하려는 수,범위,순위를 정할 방법)
연습문제	Q. 필기점수의 각 순위를 구하시오. A. RANK.EQ 함수로 필기 점수(C4:C12) 필드에서 각 점수의 순위를 구한다. 내림차순은 마지막 인수에 0 또는 생략, 오름차순은 1을 입력한다.

★ 알아두면 좋은 TIP

❶ 내림차순은 숫자의 경우 높은 숫자부터 낮은 숫자 순서로 배열, 글자의 경우 ㅎ부터 ㄱ순으로 배열한다.

❷ 오름차순은 숫자의 경우 낮은 숫자부터 높은 숫자 순서로 배열, 글자의 경우 ㄱ부터 ㅎ순으로 배열한다.

세부 출제패턴 03　논리 함수

1 AND/OR 함수 ★★

정의	다중 조건을 구하는 함수로 여러 조건을 모두 만족해야 할 때에는 AND 함수, 여러 조건 중 하나 이상을 만족하는 경우에 참을 지정하고 싶으면 OR 함수를 사용한다.
함수식	=AND(조건식1,조건식2,…) =OR(조건식1,조건식2,…)
연습문제	Q. 다음 조건에 따라 참/거짓을 판단하시오. A. AND 함수에서 데이터 B4가 90보다 크지만 데이터 B5가 남자가 아니고 데이터 B6이 관리부가 아니므로 'FALSE'로 값을 구하고, OR 함수에서는 조건 중 하나 이상의 조건을 만족하였으므로(데이터가 90보다 크거나 남자이거나 관리부) 'TRUE'로 값을 구한다.

2 IF 함수 ★★★★★

정의	조건식의 결과에 따라 참(TRUE)일 때와 거짓(FALSE)일 때의 값을 각각 반환하는 함수
함수식	=IF(조건식,참일 때의 반환 값,거짓일 때의 반환 값)
연습문제	Q. 각 부서의 목표대비 실적의 달성 여부를 구하시오. A. IF 함수로 실적(D4)이 목표(C4)보다 크면 "달성"으로 값을 구하고 아니면 공백("")으로 값을 구한다.

목표 대비 실적 달성 여부 구하기

부서	목표	실적	달성여부	함수식
영업1부	123,800	182,900	달성	=IF(D4>C4,"달성","")
영업2부	92,900	90,100		=IF(D5>C5,"달성","")
해외사업부	322,100	398,000	달성	=IF(D6>C6,"달성","")
신사업영업팀	78,200	72,000		=IF(D7>C7,"달성","")

세부 출제패턴 04   텍스트 함수

1 CONCATENATE 함수 ★★

정의	여러 셀에 입력된 데이터를 하나의 문자로 연결하는 함수
함수식	=CONCATENATE(문자1,문자2,...)
연습문제	Q. 시, 구를 하나의 주소로 만드시오. A. CONCATENATE 함수로 시(B4)와 구(C4)를 연결해 하나의 주소로 값을 구한다.

글자를 연결하여 주소만들기

시	구	함수결과	함수식
서울특별시	동작구	서울특별시 동작구	=CONCATENATE(B4," ",C4)
부산광역시	해운대구	부산광역시 해운대구	=CONCATENATE(B5," ",C5)
인천광역시	연수구	인천광역시 연수구	=CONCATENATE(B6," ",C6)

2 LEFT/RIGHT 함수 ★★★★★

정의	문자열의 왼쪽/오른쪽 끝부터 원하는 개수 만큼 문자를 추출하는 함수
함수식	=LEFT(문자열,추출할 문자 수) =RIGHT(문자열,추출할 문자 수)
연습문제	Q. 이름에서 성과 이름을 추출하시오. A. LEFT 함수로 성명(B4)에서 왼쪽 한 글자(김)를 추출하고, RIGHT 함수로 성명(B4)에서 오른쪽 두 글자(진영)를 추출하여 값을 구한다.

성과 이름 분리하기

성명	성	함수식	이름	함수식
김진영	김	=LEFT(B4,1)	진영	=RIGHT(B4,2)
박진미	박	=LEFT(B5,1)	진미	=RIGHT(B5,2)
한순영	한	=LEFT(B6,1)	순영	=RIGHT(B6,2)
정영찬	정	=LEFT(B7,1)	영찬	=RIGHT(B7,2)

3 MID 함수 ★★★★★

정의	특정 위치부터 원하는 개수만큼 문자를 추출하는 함수
함수식	=MID(문자열,시작위치,추출할 문자 수)
연습문제	Q. 주민등록번호에서 성별 문자를 추출하시오. A. MID 함수로 주민등록번호(B4) 셀의 여덟 번째 문자부터 한 글자를 추출하여 값을 구한다.

	A	B	C	D	E
1		주민등록번호에서 성별 문자 추출하기			
2					
3		주민등록번호	결과	함수식	
4		540105-12*****	1	=MID(B4,8,1)	
5		720707-22*****	2	=MID(B5,8,1)	
6		560411-10*****	1	=MID(B6,8,1)	
7					

4 TEXT 함수 ★★

★ 알아두면 좋은 TIP
사용자 지정 표시 형식은 P.17 더 알아보기를 참고한다.

정의	숫자를 표시 형식을 지정해 문자로 바꾸는 함수
함수식	=TEXT(숫자,사용자 지정 표시 형식)
연습문제	Q. 날짜는 요일로, 숫자는 '−'이 포함된 전화번호로 변경하시오. A. TEXT 함수로 날짜 데이터(B4)는 한글 요일을 표시하는 "aaa", 숫자 데이터(B5)는 "000−0000−0000"의 사용자 정의 표시 형식을 사용해 문자로 변환한다.

	A	B	C	D	E	F
1		숫자를 표시형식이 있는 문자로 바꾸기				
2						
3		기존 값	변경방법	함수 결과	함수식	
4		2022-12-31	날짜 → 요일	토	=TEXT(B4,"aaa")	
5		1033334567	숫자 → 전화번호	010-3333-4567	=TEXT(B5,"000-0000-0000")	
6						

5 REPT 함수 ★★

정의	문자를 지정한 횟수만큼 반복해서 표시하는 함수
함수식	=REPT(문자,반복할 횟수)
연습문제	Q. 설문 만족도를 별점으로 표시하시오. A. REPT 함수로 "★"을 만족도(C4) 점수만큼 반복하여 값을 구한다.

	A	B	C	D	E	F
1		점수를 별점으로 표시하기				
2						
3		설문	만족도	함수 결과	함수식	
4		프로그램 구성 만족도	5	★★★★★	=REPT("★",C4)	
5		시설 만족도	4	★★★★	=REPT("★",C5)	
6		강연 내용 만족도	4	★★★★	=REPT("★",C6)	
7						

1 DATE 함수 ★★

정의	연도, 월, 일에 해당하는 값을 입력하여 날짜를 생성하는 함수
함수식	=DATE(연도,월,일)
연습문제	Q. 제시된 연도와 월의 첫째 날을 작성하시오. A. DATE 함수로 연도(B4), 월(C4)을 입력하고 일에 해당하는 인수로 '1'을 입력해 날짜(2001-03-01)를 구한다. **날짜 만들기** <table><tr><th>연도</th><th>월</th><th>날짜(1일)</th><th>함수식</th></tr><tr><td>2001</td><td>3</td><td>2001-03-01</td><td>=DATE(B4,C4,1)</td></tr><tr><td>2009</td><td>9</td><td>2009-09-01</td><td>=DATE(B5,C5,1)</td></tr><tr><td>2014</td><td>12</td><td>2014-12-01</td><td>=DATE(B6,C6,1)</td></tr></table>

2 YEAR, MONTH, DAY 함수 ★★★★

정의	날짜에서 연도, 월, 일을 구하는 함수
함수식	=YEAR(날짜) / =MONTH(날짜) / =DAY(날짜)
연습문제	Q. 제시된 날짜에서 연도, 월, 일을 추출하시오. A. YEAR, MONTH, DAY 함수로 날짜(B4:B6) 필드에서 연도(2022), 월(12), 일(31)을 구한다. **날짜에서 연도, 월, 일 추출하기** <table><tr><th>날짜</th><th>함수</th><th>함수결과</th><th>함수식</th></tr><tr><td>2022-01-12</td><td>연도</td><td>2022</td><td>=YEAR(B4)</td></tr><tr><td>12-Dec-23</td><td>월</td><td>12</td><td>=MONTH(B5)</td></tr><tr><td>2024년 10월 31일</td><td>일</td><td>31</td><td>=DAY(B6)</td></tr></table>

3 TODAY/NOW 함수 ★

정의	시스템의 현재 날짜(TODAY), 날짜와 시간(NOW)을 표시하는 함수
함수식	=TODAY( ) =NOW( )
연습문제	Q. 현재 날짜와 시간을 작성하시오. A. TODAY 함수와 NOW 함수로 현재 날짜와 시간을 구한다. **현재 날짜와 시간 구하기** <table><tr><th>계열</th><th>작성일</th><th>함수식</th></tr><tr><td>TODAY 함수</td><td>2022-06-29</td><td>=TODAY()</td></tr><tr><td>NOW 함수</td><td>2022-06-29 12:47</td><td>=NOW()</td></tr></table>

4 WEEKDAY 함수 ★★★

정의	날짜의 요일을 1부터 7까지의 번호로 구하는 함수
함수식	=WEEKDAY(날짜,날짜 유형)
연습문제	Q. 현재 날짜의 요일 번호를 구하시오. A. WEEKDAY 함수로 날짜(B4)의 요일을 1(일)~7(토)의 요일번호(5)로 구한다. 날짜 유형 인수를 2로 지정하면 1(월)~7(일), 3으로 지정하면 0(월)~6(일)로 값을 구한다.

요일 번호 구하기

날짜	요일	요일 번호	함수식
2023-01-12	목	5	=WEEKDAY(B4,1)
2023-01-13	금	6	=WEEKDAY(B5,1)
2023-01-14	토	7	=WEEKDAY(B6,1)

세부 출제패턴 06 ── 찾기/참조 영역 함수

1 CHOOSE 함수 ★★★★★

노른자 강의 바로 보기

정의	검색값 1부터 254를 이용하여 특정 번호에 맞는 값을 반환하는 함수
함수식	=CHOOSE(검색값,값1,값2,값3,...)
연습문제	Q. 품목코드별 담당자를 구하시오. A. CHOOSE 함수로 코드(C4)에 해당하는 담당자를 구한다. 담당자는 코드가 1이면 '강은영', 2이면 '손지환', 3이면 '이수빈'으로 값을 구한다.

품목코드별 담당자 구하기

품목	코드	담당자	함수식
사무용품	2	손지환	=CHOOSE(C4,"강은영","손지환","이수빈")
가전	1	강은영	=CHOOSE(C5,"강은영","손지환","이수빈")
가구	3	이수빈	=CHOOSE(C6,"강은영","손지환","이수빈")
식품	3	이수빈	=CHOOSE(C7,"강은영","손지환","이수빈")
스포츠	1	강은영	=CHOOSE(C8,"강은영","손지환","이수빈")

2 INDEX 함수 ★★

정의	지정된 범위에서 행과 열이 교차하는 셀의 값을 구하는 함수
함수식	=INDEX(범위,행번호,열번호)
연습문제	Q. 직급과 호봉에 맞는 급여를 구하시오. A. INDEX 함수로 왼쪽 테이블에 있는 직급과 호봉을 급여 기준표에서 찾아서 값을 구한다. '강혜정'의 경우 직급이 2(C4)이고 호봉이 2(D4)이므로 [급여기준표](I5:J8)에서 2행과 2열이 교차하는 위치의 급여인 '3,350,000'으로 값을 구한다.

직급과 호봉에 따른 급여 구하기

성명	직급	호봉	급여	함수식
강혜정	2	2	3,350,000	=INDEX($I$5:$J$8,C4,D4)
강준완	3	2	3,650,000	=INDEX($I$5:$J$8,C5,D5)
전혜정	2	1	3,100,000	=INDEX($I$5:$J$8,C6,D6)
김혜자	1	2	2,800,000	=INDEX($I$5:$J$8,C7,D7)
이현수	4	2	4,250,000	=INDEX($I$5:$J$8,C8,D8)
박현빈	2	2	3,350,000	=INDEX($I$5:$J$8,C9,D9)

[급여 기준표]

구분	1호봉	2호봉
1급	2,500,000	2,800,000
2급	3,100,000	3,350,000
3급	3,400,000	3,650,000
4급	4,100,000	4,250,000

3 MATCH 함수 ★★

정의	지정한 범위 내에서 지정한 값의 위치를 알아내는 함수
함수식	=MATCH(찾는값,범위,일치 옵션)
연습문제	Q. 직원 항목에서 제시된 이름의 위치를 찾으시오. A. MATCH 함수로 왼쪽 테이블의 이름(예:강준완)을 참조 테이블(F5:G9)의 '직원' 필드에서 찾아 몇 번째 위치에 있는지를 구한다. 세 번째 인수가 0이면 찾는 값 과 정확히 일치하는 위치를 되돌려준다.

찾는 값(이름)의 위치 구하기

이름	위치	함수식
강준완	2	=MATCH(B4,$F$5:$F$9,0)
전혜정	3	=MATCH(B5,$F$5:$F$9,0)

[참조 테이블]

직원	급여
강혜정	68,700
강준완	120,000
전혜정	105,000
김혜자	95,000
이현수	68,700

★ 알아두면 좋은 TIP
MATCH 함수의 세 번째 인수가
−1이나 1인 경우 찾는 값과 유사
한 값의 위치를 되돌려준다.

4 VLOOKUP 함수 ★★★★★

정의	참조 테이블의 1열에서 값을 찾아 상대적으로 오른쪽에 있는 열의 값을 참조하는 함수
함수식	=VLOOKUP(찾는값,참조테이블,열 번호,0 또는 1)
연습문제	Q. 지역코드별 지역명을 구하시오. A. VLOOKUP 함수로 왼쪽 테이블의 코드(예: A010)를 참조 테이블(F5:G7)의 1열 인 '지역코드'에서 찾아 같은 행의 2열에 있는 지역명(예: 서울)을 구한다.

코드별 지역명 가져오기

코드	지역명	함수식
A010	서울	=VLOOKUP(B4,$F$5:$G$7,2,0)
A020	부산	=VLOOKUP(B5,$F$5:$G$7,2,0)
A030	대구	=VLOOKUP(B6,$F$5:$G$7,2,0)
A010	서울	=VLOOKUP(B7,$F$5:$G$7,2,0)
A020	부산	=VLOOKUP(B8,$F$5:$G$7,2,0)

[참조 테이블]

지역코드	지역명
A010	서울
A020	부산
A030	대구

노른자 강의 바로 보기

5 HLOOKUP 함수 ★

정의	참조 테이블의 1행에서 값을 찾아 상대적으로 아래쪽에 있는 행의 값을 참조하는 함수
함수식	=HLOOKUP(찾는값,참조테이블,행 번호,0 또는 1)
연습문제	Q. 지역코드별 지역명을 구하시오. A. HLOOKUP 함수로 왼쪽 테이블의 코드(예: A010)를 참조 테이블(G4:I5)의 1행인 '지역코드'에서 찾아 같은 열의 2행에 있는 지역명(예: 서울)을 구한다.

코드별 지역명 가져오기

코드	지역명	함수식
A010	서울	=HLOOKUP(B4,$G$4:$I$5,2,0)
A020	부산	=HLOOKUP(B5,$G$4:$I$5,2,0)
A030	대구	=HLOOKUP(B6,$G$4:$I$5,2,0)
A010	서울	=HLOOKUP(B7,$G$4:$I$5,2,0)
A020	부산	=HLOOKUP(B8,$G$4:$I$5,2,0)

[참조테이블]

지역코드	A010	A020	A030
지역명	서울	부산	대구

1 DSUM/DAVERAGE/DCOUNT 함수 ★★★★★

정의	지정한 조건에 맞는 데이터베이스 항목(필드)의 합계, 평균, 개수를 계산하는 함수
함수식	=DSUM(데이터베이스,필드,조건범위) =DAVERAGE(데이터베이스,필드,조건범위) =DCOUNT(데이터베이스,필드,조건범위)
연습문제	Q. 조건에 맞는 판매량의 합계, 평균, 건수를 구하시오. A. DSUM, DAVERAGE, DCOUNT 함수로 데이터베이스(B3:D12)에서 '영업점'이 송파점(F3:F4)인 지점의 판매량(D3)필드에서 총 판매량(3,584), 평균 판매량(1,195), 총 판매 건수(3)를 구한다.

송파점 판매량의 합계, 평균, 건수 구하기

영업점	품목	판매량		영업점		
송파점	스캐너	1,424		송파점		
관악점	펜티엄 PC	210				
송파점	스캐너	1,845			함수결과	함수식
관악점	프린터	924		총 판매량	3,584	=DSUM(B3:D12,D3,F3:F4)
강남점	스캐너	356		평균 판매량	1,195	=DAVERAGE(B3:D12,D3,F3:F4)
강남점	프린터	201		총 판매건수	3	=DCOUNT(B3:D12,D3,F3:F4)
송파점	펜티엄 PC	315				
관악점	스캐너	1,563				
강남점	스캐너	2,453				

2 DMAX/DMIN 함수 ★★★★★

정의	지정한 조건에 맞는 데이터베이스 항목(필드)의 최대값과 최소값을 구하는 함수
함수식	=DMAX(데이터베이스,필드,조건범위) =DMIN(데이터베이스,필드,조건범위)
연습문제	Q. 조건에 맞는 판매량의 최고 판매량, 최소 판매량을 구하시오. A. DMAX, DMIN 함수로 데이터베이스(B3:D12)에서 '영업점'이 송파점(F3:F4)인 지점의 판매량(D3) 필드에서 최고 판매량(1,845), 최저 판매량(315)을 구한다.

송파점의 최고 판매량과 최저 판매량 구하기

영업점	품목	판매량		영업점		
송파점	스캐너	1,424		송파점		
관악점	펜티엄 PC	210				
송파점	스캐너	1,845		계열	함수결과	함수식
관악점	프린터	924		최고 판매량	1,845	=DMAX(B3:D12,D3,F3:F4)
강남점	스캐너	356		최저 판매량	315	=DMIN(B3:D12,D3,F3:F4)
강남점	프린터	201				
송파점	펜티엄 PC	315				
관악점	스캐너	1,563				
강남점	스캐너	2,453				

노른자 강의 바로 보기

★ 알아두면 좋은 TIP

데이터베이스 함수의 두 번째 인수인 '필드'에는 셀을 클릭하여 입력하거나, 숫자로 직접 열번호를 입력해도 값은 동일하다.

04 | 함수 2단계: 중첩함수 연습하기

01. 중첩 함수의 개념: [조건]에서 제시된 값을 얻기 위해 두 개 이상의 함수를 중첩하거나 연산한다.

02. 함수의 구성: IF(WEEKDAY(B5,2))5,"주말","평일"

❶

❷

세부 출제패턴 01 | **주말과 평일 구분하기(IF, WEEKDAY)**

✏️ 합격 GUIDE

중첩 함수란 함수 안에 함수를 추가로 삽입하는 함수로, 자주 출제되는 중첩 함수의 종류에는 IF, ROUND 계열, CHOOSE 함수 등이 있다. 이 함수들 위주로 중첩되는 수식의 다양한 작성 방법을 익혀두어야 한다.

출력형태

국내 바다 날씨 현황

	담당	팀장	부장
결재			

측정날짜	지점	풍향	풍속 (m/s)	Gust (m/s)	기압	습도(%)	기압 순위	측정요일
2016-12-28	울릉도	북북동	8.7	13.0	1,014.7hPa	81	7위	(1)
2017-01-05	인천	북북서	10.8	13.9	1,022.2hPa	54	5위	(1)
2017-02-04	거문도	북	11.4	16.2	1,023.3hPa	60	4위	(1)
2016-11-25	거제도	북북서	7.3	11.0	1,021.4hPa	84	6위	(1)
2017-03-05	울진	북북동	17.0	16.0	1,072.1hPa	62	3위	(1)
2017-02-18	부안	북북서	12.3	17.2	1,011.4hPa	78	8위	(1)
2017-01-25	마라도	북	14.0	19.0	1,089.2hPa	67	2위	(1)
2016-12-18	서귀포	북북동	13.0	21.4	1,100.1hPa	61	1위	(1)
전체 기압의 평균			(2)	✕	최고 습도(%)			84
풍속(m/s)이 10 이상인 Gust(m/s)의 합계			103.7		지점	울릉도	습도(%)	81

조건

○ 측정 날짜로 '주말'과 '평일'을 구분하시오.

📥 작업 파일명 C:\에듀윌_2023_ITQ엑셀\Chapter01\그대로따라하기\세부출제패턴04_2단계_중첩함수_IF,WEEKDAY,ROUND,AVERAGE_시트

📥 정답 파일명 C:\에듀윌_2023_ITQ엑셀\Chapter01\그대로따라하기\정답\세부출제패턴04_2단계_중첩함수_완성_IF,WEEKDAY,ROUND,AVERAGE_시트

① [J5] 셀에 =IF(입력 → Ctrl + A 를 눌러 [함수 인수] 대화상자를 실행한다.

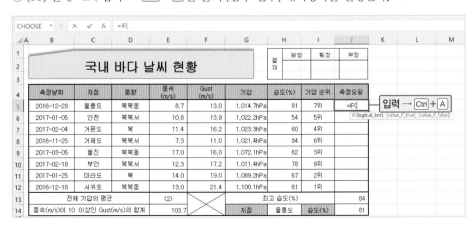

② 해당 날짜가 주말 또는 평일인지 판단하기 위해 'Logical_test' 인수에 Weekday (B5,2)>5 입력 → 'Value_if_true' 인수에는 "주말" 입력 → 'Value_if_false' 인수에는 "평일"을 입력한 후 [확인]을 클릭한다.

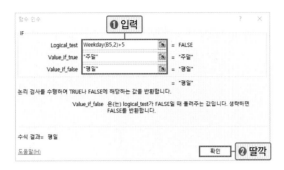

입력 함수 해설

=IF(WEEKDAY(B5,2))5,"주말","평일")

❶ WEEKDAY(B5,2)>5: WEEKDAY 함수로 날짜의 요일 번호를 구한 후 5(금요일)보다 큰지 판단한다. WEEKDAY 함수의 두 번째 인수인 'Return_type'을 2로 지정하면 월요일이 1부터 시작되며 토요일은 6, 일요일은 7이다. 즉, 요일 번호가 5보다 큰지를 판단하여 주말과 평일로 값을 구한다.

❷ IF(❶,"주말","평일"): 5보다 큰 요일 번호이면 '주말' 아니면 '평일'로 값을 구한다.

③ [J5] 셀의 '자동 채우기 핸들'을 드래그하여 [J12] 셀까지 수식 복사 → '자동 채우기 옵션' (📋) 단추 선택 → '서식 없이 채우기'를 선택한 후 결과를 확인한다.

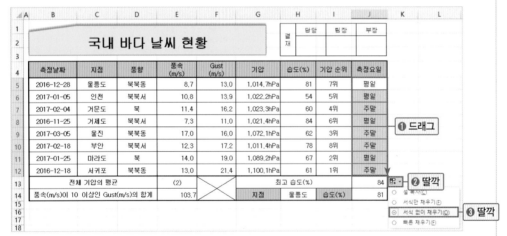

(!) 감점방지 TIP

수식을 복사한 후 '서식없이 채우기'를 선택하지 않으면 표의 테두리 서식까지 복사되므로, '서식없이 채우기'를 선택해야 한다.

➕ 더 알아보기

함수 마법사를 통해 중첩 함수를 작성하는 방법

❶ [J5]셀에 ROUND(입력 → Ctrl+A를 눌러 [함수 인수] 대화상자를 실행한다.

❷ [함수 인수] 대화상자가 열리면 데이터베이스에서 평균값을 계산하기 위해 'Number' 인수에 DAVERAGE( ) 입력 → 수식 입력줄에서 'DAVERAGE'를 선택한다.

❸ DAVERAGE의 [함수 인수] 대화상자가 열리면 'Database' 인수에 [B4:J12] 영역을 드래그하여 입력 → 'Field' 인수에는 가격이 있는 [F4] 셀 입력 → 'Criteria' 인수에는 필드명과 허브차 조건 을 선택할 수 있는 [D4:D5] 영역을 드래그하여 입력한다.

❹ 다시 ROUND 함수로 돌아가기 위해 수식 입력줄에 있는 'ROUND'를 선택한다.

❺ ROUND 함수의 대화상자로 돌아오면 'Num_digits' 인수에 −3을 입력한 후 [확인]을 클릭한다.

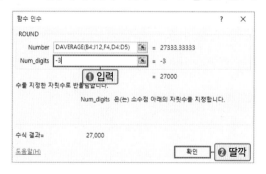

⏱ 시간절약 TIP

[함수 인수] 대화상자에서 다른 함수를 실행하려면 [이름 상자]에서 다른 함수를 찾아 선택해야 한다. 그러나 더 알아보기 ❷의 그림처럼 'DAVERAGE( )'를 입력한 후 수식 입력줄에 있는 함수 이름을 클릭하여 바로 그 함수로 이동하면 더 쉽게 중첩 함수를 작성할 수 있다.

노른자 강의 바로 보기

출력형태

측정날짜	지점	풍향	풍속 (m/s)	Gust (m/s)	기압	습도(%)	기압 순위	측정요일
2016-12-28	울릉도	북북동	8.7	13.0	1,014.7hPa	81	7위	(1)
2017-01-05	인천	북북서	10.8	13.9	1,022.2hPa	54	5위	(1)
2017-02-04	거문도	북	11.4	16.2	1,023.3hPa	60	4위	(1)
2016-11-25	거제도	북북서	7.3	11.0	1,021.4hPa	84	6위	(1)
2017-03-05	울진	북북동	17.0	16.0	1,072.1hPa	62	3위	(1)
2017-02-18	부안	북북서	12.3	17.2	1,011.4hPa	78	8위	(1)
2017-01-25	마라도	북	14.0	19.0	1,089.2hPa	67	2위	(1)
2016-12-18	서귀포	북북동	13.0	21.4	1,100.1hPa	61	1위	(1)
전체 기압의 평균			(2)		최고 습도(%)			84
풍속(m/s)이 10 이상인 Gust(m/s)의 합계			103.7		지점	울릉도	습도(%)	81

표 상단: 국내 바다 날씨 현황 / 결재 담당 팀장 부장

조건

○ 전체 기압의 평균 ⇒ 반올림하여 정수까지 구하시오(예: 1234.5 → 1235).

⬇ **작업 파일명** C:\에듀윌_2023_ITQ엑셀\Chapter01\그대로따라하기\세부출제패턴04_2단계_중첩함수_
IF,WEEKDAY,ROUND,AVERAGE_시트

⬇ **정답 파일명** C:\에듀윌_2023_ITQ엑셀\Chapter01\그대로따라하기\정답\세부출제패턴04_2단계_중첩함
수_완성_IF,WEEKDAY,ROUND,AVERAGE_시트

① [E13] 셀에 =ROUND(입력 → Ctrl + A 를 눌러 [함수 인수] 대화상자를 실행한다.

② 'Number' 인수에 기압의 평균값인 AVERAGE(G5:G12) 입력 → 'Num_digits' 인수에는 0을
입력한 후 [확인]을 클릭한다.

입력 함수 해설

$$=ROUND(AVERAGE(G5:G12),0)$$

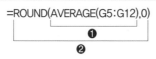

❶ AVERAGE(G5:G12): '기압' 필드의 평균을 구한다.
❷ ROUND(❶,0): ❶에서 구한 평균을 소수점 첫째자리에서 반올림하여 일의 자리까지 값을 구한다.

③ 결과를 확인한다.

측정날짜	지점	풍향	풍속 (m/s)	Gust (m/s)	기압	습도(%)	기압 순위	측정요일
2016-12-28	울릉도	북북동	8.7	13.0	1,014.7hPa	81	7위	평일
2017-01-05	인천	북북서	10.8	13.9	1,022.2hPa	54	5위	평일
2017-02-04	거문도	북	11.4	16.2	1,023.3hPa	60	4위	주말
2016-11-25	거제도	북북서	7.3	11.0	1,021.4hPa	84	6위	평일
2017-03-05	울진	북북동	17.0	16.0	1,072.1hPa	62	3위	주말
2017-02-18	부안	북북서	12.3	17.2	1,011.4hPa	78	8위	주말
2017-01-25	마라도	북	14.0	19.0	1,089.2hPa	67	2위	평일
2016-12-18	서귀포	북북동	13.0	21.4	1,100.1hPa	61	1위	주말

전체 기압의 평균			1,044	✕		최고 습도(%)		84
풍속(m/s)이 10 이상인 Gust(m/s)의 합계			103.7		지점	울릉도	습도(%)	81

세부 출제패턴 03 조리방법 알아내기(중첩IF, RIGHT)

출력형태

반찬코드	반찬명	분류	검색태그	마진율	판매수량	판매금액 (단위:원)	인기 순위	조리방법
K242	총각김치	김치반찬	저장	28%	116개	580,000	8위	(1)
E121	멸치볶음	밑반찬	인기	32%	250개	750,000	2위	(1)
C121	감자햄볶음	아이반찬	어린이	34%	320개	1,280,000	1위	(1)
K252	석박지	김치반찬	저장	27%	162개	1,296,000	6위	(1)
E121	마늘쫑조림	밑반찬	제철	30%	190개	570,500	4위	(1)
C213	야채계란찜	아이반찬	어린이	36%	225개	900,000	3위	(1)
E212	시금치나물	밑반찬	부모님	25%	167개	501,000	5위	(1)
K262	깍두기	김치반찬	저장	32%	147개	808,500	7위	(1)

아이반찬의 개수			2	✕		최대 마진율		36%
밑반찬 판매금액(단위:원)의 합계			(2)		반찬코드	K242	판매수량	116

조건

○ 조리방법 ⇒ 반찬코드의 마지막 글자가 '1'이면 '볶음/조림', '2'이면 '무침', 그 외에는
   '찜'으로 구하시오.

📥 작업 파일명 C:\에듀윌_2023_ITQ엑셀\Chapter01\그대로따라하기\세부출제패턴04_2단계_중첩함수_중첩
   IF,RIGHT,ROUND,SUMIF_시트

📥 정답 파일명 C:\에듀윌_2023_ITQ엑셀\Chapter01\그대로따라하기\정답\세부출제패턴04_2단계_중첩함
   수_완성_중첩IF,RIGHT,ROUND,SUMIF_시트

① [J5] 셀에 =IF(입력 → Ctrl + A 를 눌러 [함수 인수] 대화상자를 실행한다.

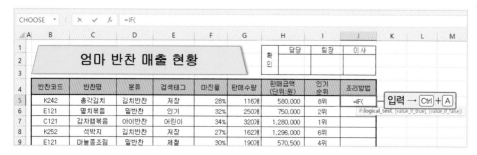

② 반찬코드의 마지막 글자가 '1'인지 판단하기 위해 'Logical_test' 인수에 RIGHT (B5,1)="1"
입력 → 'Value_if_true' 인수에는 "볶음/조림"을 입력한다.

③ 'Value_if_false' 인수에는 IF( ) 입력 → 중첩 IF로 이동하기 위해 수식 입력줄에 있는 IF를
선택한다.

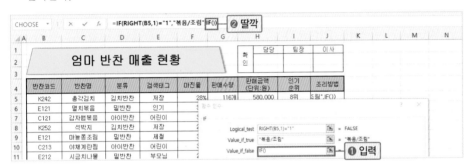

🕑 시간절약 TIP

RIGHT 함수와 같이 수동으로 IF 함
수를 작성할 수 있으면 이 과정을
생략하고 바로 'IF(RIGHT(B5,1)=
"2","무침","찜")을 입력해도 된다.

④ 중첩 IF의 [함수 인수] 대화상자가 열리면 반찬코드의 마지막 글자가 '2'인지 판단하기 위
해 'Logical_test' 인수에 RIGHT(B5,1)="2" 입력 → 'Value_if_true' 인수에는 "무침" 입력
→ 'Value_if_false' 인수에는 "찜"을 입력한 후 [확인]을 클릭한다.

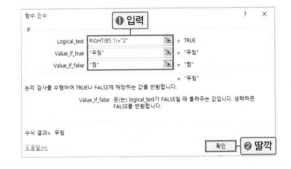

★ 알아두면 좋은 TIP

원래는 다시 수식 입력줄에서 앞
의 IF 함수를 클릭하여 'Value_if_
false'의 수식과 결과가 제대로 작
성되었는지 확인해야 하지만, 첫
IF 함수의 마지막 인수를 모두 작
성했으므로 [확인]을 클릭하여 함
수를 끝내도 된다.

✏️ 입력 함수 해설

=IF(RIGHT(B5,1)="1","볶음/조림",IF(RIGHT(B5,1)="2","무침","찜"))
❷
❶

❶ IF(RIGHT(B5,1)="1","볶음/조림",❷): 반찬코드의 오른쪽 끝 한 글자를 추출하여 그 글자가 "1"이
면 "볶음/조림"으로 값을 구하고, 그렇지 않으면 ❷를 수행한다.
❷ IF(RIGHT(B5,1)="2","무침","찜"): 반찬코드의 오른쪽 끝 한 글자를 추출하여 그 글자가 "2"이면
"무침"으로 값을 구하고, 그렇지 않으면 "찜"으로 값을 구한다.

⑤ [J5] 셀의 '자동 채우기 핸들'을 드래그하여 [J12] 셀까지 수식 복사 → '자동 채우기 옵션'
(▦) 단추 선택 → '서식 없이 채우기'를 선택한 후 결과를 확인한다.

반찬코드	반찬명	분류	검색태그	마진율	판매수량	판매금액 (단위:원)	인기 순위	조리방법
K242	총각김치	김치반찬	저장	28%	116개	580,000	8위	무침
E121	멸치볶음	밑반찬	인기	32%	250개	750,000	2위	볶음/조림
C121	감자햄볶음	아이반찬	어린이	34%	320개	1,280,000	1위	볶음/조림
K252	석박지	김치반찬	저장	27%	162개	1,296,000	6위	무침
E121	마늘쫑조림	밑반찬	제철	30%	190개	570,500	4위	볶음/조림
C213	야채계란찜	아이반찬	어린이	36%	225개	900,000	3위	찜
E212	시금치나물	밑반찬	부모님	25%	167개	501,000	5위	무침
K262	깍두기	김치반찬	저장	32%	147개	808,500	7위	무침
아이반찬의 개수			2			최대 마진율		36%
밑반찬 판매금액(단위:원)의 합계			(2)		반찬코드	K242	판매수량	116

「엄마 반찬 매출 현황」 / 확인 담당 팀장 이사

세부 출제패턴 04 · 밑반찬 판매금액의 합계 구하기(ROUND, SUMIF)

노른자 강의 바로 보기

출력형태

반찬코드	반찬명	분류	검색태그	마진율	판매수량	판매금액 (단위:원)	인기 순위	조리방법
K242	총각김치	김치반찬	저장	28%	116개	580,000	8위	(1)
E121	멸치볶음	밑반찬	인기	32%	250개	750,000	2위	(1)
C121	감자햄볶음	아이반찬	어린이	34%	320개	1,280,000	1위	(1)
K252	석박지	김치반찬	저장	27%	162개	1,296,000	6위	(1)
E121	마늘쫑조림	밑반찬	제철	30%	190개	570,500	4위	(1)
C213	야채계란찜	아이반찬	어린이	36%	225개	900,000	3위	(1)
E212	시금치나물	밑반찬	부모님	25%	167개	501,000	5위	(1)
K262	깍두기	김치반찬	저장	32%	147개	808,500	7위	(1)
아이반찬의 개수			2			최대 마진율		36%
밑반찬 판매금액(단위:원)의 합계			(2)		반찬코드	K242	판매수량	116

「엄마 반찬 매출 현황」 / 확인 담당 팀장 이사

조건

○ 밑반찬 판매금액(단위:원)의 합계 ⇒ 반올림하여 천원 단위까지 구하시오
(예: 1,723,500 → 1,724,000).

⤓ 작업 파일명 C:₩에듀윌_2023_ITQ엑셀₩Chapter01₩그대로따라하기₩세부출제패턴04_2단계_중첩함수_중첩
IF,RIGHT,ROUND,SUMIF_시트
⤓ 정답 파일명 C:₩에듀윌_2023_ITQ엑셀₩Chapter01₩그대로따라하기₩정답₩세부출제패턴04_2단계_중첩함
수_완성_중첩IF,RIGHT,ROUND,SUMIF_시트

① [E14] 셀에 =ROUND(입력 → Ctrl + A 를 눌러 [함수 인수] 대화상자를 실행한다.

② 밑반찬 판매금액의 합을 구하기 위해 'Number' 인수에 SUMIF(D5:D12, "밑반찬", H5:H12)
입력 → 'Num_digits' 인수에는 −3을 입력한 후 [확인]을 클릭한다.

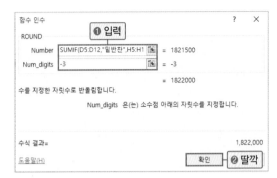

★ 알아두면 좋은 TIP

SUMIF 함수의 두 번째 인수를 "밑반찬"이 아닌 셀의 주소 D6으로 입력해도 값은 동일하다.

✎ 입력 함수 해설

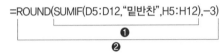

=ROUND(SUMIF(D5:D12,"밑반찬",H5:H12),−3)

❶ SUMIF(D5:D12,"밑반찬",H5:H12): '분류' 필드에서 '밑반찬'을 찾아 '판매금액'의 합계를 구한다.

❷ ROUND(❶,−3): ❶에서 계산된 합계를 백의 자리에서 반올림하여 천의 자리까지 값을 구한다.

③ 결과를 확인한다.

	반찬코드	반찬명	분류	검색태그	마진율	판매수량	판매금액 (단위:원)	인기 순위	조리방법
	K242	총각김치	김치반찬	저장	28%	116개	580,000	8위	무침
	E121	멸치볶음	밑반찬	인기	32%	250개	750,000	2위	볶음/조림
	C121	감자햄볶음	아이반찬	어린이	34%	320개	1,280,000	1위	볶음/조림
	K252	석박지	김치반찬	저장	27%	162개	1,296,000	6위	무침
	E121	마늘종조림	밑반찬	제철	30%	190개	570,500	4위	볶음/조림
	C213	야채계란찜	아이반찬	어린이	36%	225개	900,000	3위	찜
	E212	시금치나물	밑반찬	부모님	25%	167개	501,000	5위	무침
	K262	깍두기	김치반찬	저장	32%	147개	808,500	7위	무침

아이반찬의 개수		2	최대 마진율		36%
밑반찬 판매금액(단위:원)의 합계		1,822,000	반찬코드	K242	판매수량	116

출력형태

A	B	C	D	E	F	G	H	I	J	K
1								담당	팀장	부장
2		온라인 요리 수강 현황					확인			
3										
4	코드	과목	분류	담당자	좋아요 (누적수)	수강인원 (단위:명)	수강료	결제방법	순위	
5	B170	디자인케이크	제과제빵	이송이	340	27	155,000원	(1)	6위	
6	B164	건강쿠키	제과제빵	서지호	272	31	120,000원	(1)	5위	
7	K279	혼밥요리	한식	문강희	462	56	140,000원	(1)	1위	
8	B168	쌀베이킹	제과제빵	이기영	319	39	150,000원	(1)	4위	
9	C282	나만의커피	음료	홍순희	298	25	95,000원	(1)	7위	
10	B377	홈샌드위치	제과제빵	김진수	423	49	160,000원	(1)	3위	
11	K180	매일반찬	한식	송효정	390	50	150,000원	(1)	2위	
12	C190	홈칵테일	음료	임서경	307	24	90,000원	(1)	8위	
13	제과제빵 수강료 합계				585,000		최대 좋아요(누적수)			462	
14	한식 수강인원(단위:명) 평균				(2)		과목	디자인케이크	담당자	이송이	
15											

조건

○ 결제방법 ⇒ 코드의 두 번째 값이 1이면 '카드', 2이면 '현금', 3이면 '쿠폰'으로 표시 하시오.

💾 작업 파일명 C:₩에듀윌_2023_ITQ엑셀₩Chapter01₩그대로따라하기₩세부출제패턴04_2단계_중첩함수_CHOOSE,MID,SUMIF,COUNTIF_시트

💾 정답 파일명 C:₩에듀윌_2023_ITQ엑셀₩Chapter01₩그대로따라하기₩정답₩세부출제패턴04_2단계_중첩함수_완성_CHOOSE,MID,SUMIF,COUNTIF_시트

① [I5] 셀에 =CHOOSE(입력 → Ctrl + A 를 눌러 [함수 인수] 대화상자를 실행한다.

② 코드의 두 번째 값을 추출하기 위해 'Index_num' 인수에 MID(B5,2,1) 입력 → 'Value1' 인수에는 "카드" 입력 → 'Value2' 인수에는 "현금" 입력 → 'Value3' 인수에는 "쿠폰"을 입력한 후 [확인]을 클릭한다.

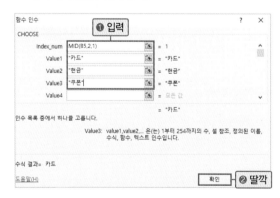

🖊 입력 함수 해설

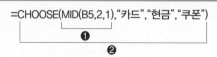

=CHOOSE(MID(B5,2,1),"카드","현금","쿠폰")

❶ MID(B5,2,1): '코드' 필드에서 코드의 두 번째 문자부터 한 글자를 구한다.

❷ CHOOSE(❶,"카드","현금","쿠폰"): ❶에서 구한 값이 1이면 '카드', 2이면 '현금', 3이면 '쿠폰'으로 값을 구한다.

③ [I5] 셀의 '자동 채우기 핸들'을 드래그하여 [I12] 셀까지 수식 복사 → '자동 채우기 옵션'
(⊞) 단추 선택 → '서식 없이 채우기'를 선택한 후 결과를 확인한다.

	코드	과목	분류	담당자	좋아요 (누적수)	수강인원 (단위:명)	수강료	결제방법	순위
						확인	담당	팀장	부장
		온라인 요리 수강 현황							
5	B170	디자인케이크	제과제빵	이송이	340	27	155,000원	카드	6위
6	B164	건강쿠키	제과제빵	서지호	272	31	120,000원	카드	5위
7	K279	혼밥요리	한식	문강희	462	56	140,000원	현금	1위
8	B168	쌀베이킹	제과제빵	이기영	319	39	150,000원	카드	4위
9	C282	나만의커피	음료	홍순희	298	25	95,000원	현금	7위
10	B377	홈샌드위치	제과제빵	김진수	423	49	160,000원	쿠폰	3위
11	K180	매일반찬	한식	송효정	390	50	150,000원	카드	2위
12	C190	홈칵테일	음료	임서경	307	24	90,000원	카드	8위
13	제과제빵 수강료 합계			585,000		최대 좋아요(누적수)			462
14	한식 수강인원(단위:명) 평균			(2)		과목	디자인케이크	담당자	이송이

세부 출제패턴 06 — 한식 수강인원의 평균 구하기(SUMIF, COUNTIF)

출력형태

	코드	과목	분류	담당자	좋아요 (누적수)	수강인원 (단위:명)	수강료	결제방법	순위
						확인	담당	팀장	부장
		온라인 요리 수강 현황							
5	B170	디자인케이크	제과제빵	이송이	340	27	155,000원	(1)	6위
6	B164	건강쿠키	제과제빵	서지호	272	31	120,000원	(1)	5위
7	K279	혼밥요리	한식	문강희	462	56	140,000원	(1)	1위
8	B168	쌀베이킹	제과제빵	이기영	319	39	150,000원	(1)	4위
9	C282	나만의커피	음료	홍순희	298	25	95,000원	(1)	7위
10	B377	홈샌드위치	제과제빵	김진수	423	49	160,000원	(1)	3위
11	K180	매일반찬	한식	송효정	390	50	150,000원	(1)	2위
12	C190	홈칵테일	음료	임서경	307	24	90,000원	(1)	8위
13	제과제빵 수강료 합계			585,000		최대 좋아요(누적수)			462
14	한식 수강인원(단위:명) 평균			(2)		과목	디자인케이크	담당자	이송이

조건

○ 한식 수강인원(단위:명) 평균을 구하시오.

📥 작업 파일명 C:\에듀윌_2023_ITQ엑셀\Chapter01\그대로따라하기\세부출제패턴04_2단계_중첩함수_
CHOOSE,MID,SUMIF,COUNTIF_시트

📥 정답 파일명 C:\에듀윌_2023_ITQ엑셀\Chapter01\그대로따라하기\정답\세부출제패턴04_2단계_중첩함
수_완성_CHOOSE,MID,SUMIF,COUNTIF_시트

① [E14] 셀에 =SUMIF(입력 → Ctrl + A 를 눌러 [함수 인수] 대화상자를 실행한다.

② 'Range' 인수에 분류의 범위인 [D5:D12] 영역을 드래그하여 입력 → 'Criteria' 인수에는 '한식'이 입력된 D7 입력 → 'Sum_range' 인수에는 수강인원의 범위인 [G5:G12] 영역을 드래그하여 입력한 후 [확인]을 클릭한다.

★ 알아두면 좋은 TIP
SUMIF 함수의 두 번째 인수를 셀의 주소 D7이 아닌 "한식"으로 입력해도 값은 동일하다.

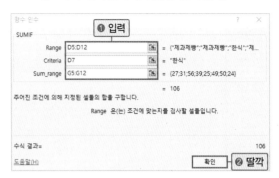

③ 수식 입력줄의 맨 끝을 클릭 → / 추가 → 이어서 COUNTIF(입력 → Ctrl + A 를 눌러 [함수 인수] 대화상자를 실행한다.

④ 'Range' 인수에 [D5:D12] 영역을 드래그하여 입력 → 'Criteria' 인수에는 '한식'이 입력된 [D7] 셀을 선택하여 입력한 후 [확인]을 클릭한다.

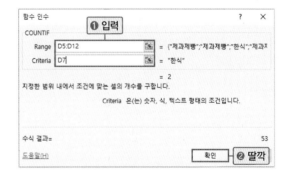

✎ 입력 함수 해설

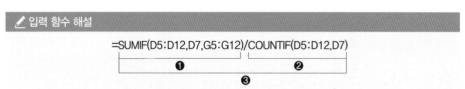

❶ SUMIF(D5:D12,D7,G5:G12): '분류' 필드에서 '한식'을 찾아 '수강인원'의 합계를 구한다.

❷ COUNTIF(D5:D12,D7): '분류' 필드에서 '한식'을 찾아 그 개수를 구한다.

❸ ❶/❷: '한식' 수강인원의 합계를 인원수로 나눠 평균을 구한다.

⑤ 결과를 확인한다.

코드	과목	분류	담당자	좋아요 (누적수)	수강인원 (단위:명)	수강료	결제방법	순위
B170	디자인케이크	제과제빵	이송이	340	27	155,000원	카드	6위
B164	건강쿠키	제과제빵	서지호	272	31	120,000원	카드	5위
K279	혼밥요리	한식	문강희	462	56	140,000원	현금	1위
B168	쌀베이킹	제과제빵	이기영	319	39	150,000원	카드	4위
C282	나만의커피	음료	홍순희	298	25	95,000원	현금	7위
B377	홈샌드위치	제과제빵	김진수	423	49	160,000원	쿠폰	3위
K180	매일반찬	한식	송효정	390	50	150,000원	카드	2위
C190	홈칵테일	음료	임서경	307	24	90,000원	카드	8위

온라인 요리 수강 현황

제과제빵 수강료 합계: 585,000 / 최대 좋아요(누적수): 462
한식 수강인원(단위:명) 평균: 53 / 과목: 디자인케이크 / 담당자: 이송이

세부 출제패턴 07 — 판매 순위 구하기(IF, RANK.EQ)

출력형태

관심 상품 TOP8 현황

상품코드	상품명	제조사	분류	가격	점수 (5점 만점)	조회수	순위	상품명 차트
EA4-475	베이킹소다	JWP	생활용품	4,640원	4.6	23,869	(1)	(2)
SF4-143	모이스처페이셜크림	ANS	뷰티	19,900원	4.5	10,967	(1)	(2)
QA4-548	샘물 12개	MB	식품	6,390원	4.5	174,320	(1)	(2)
PF4-525	멸균흰우유 10개	MB	식품	17,800원	4.2	18,222	(1)	(2)
KE4-124	퍼펙트클렌징폼	ANS	뷰티	7,150원	4.5	14,825	(1)	(2)
DA7-125	섬유유연제	JWP	생활용품	14,490원	4.2	52,800	(1)	(2)
PF4-122	즉석밥 세트	ANS	식품	17,650원	5.0	30,763	(1)	(2)
WF1-241	롤화장지	JWP	생활용품	8,560원	4.0	12,870	(1)	(2)

최저 가격: 4,640 / 생활용품 조회수 합계: 89,539
뷰티 상품 개수: 2개 / 상품코드: EA4-475 / 점수(5점 만점): 4.6

조건

○ 순위 ⇒ 가격의 내림차순 순위를 1~3까지 구하고 그 외에는 공백으로 표시하시오.

📥 **작업 파일명** C:\에듀윌_2023_ITQ엑셀\Chapter01\그대로따라하기\세부출제패턴04_2단계_중첩함수_IF,RANK.EQ,REPT,ROUND_시트

📥 **정답 파일명** C:\에듀윌_2023_ITQ엑셀\Chapter01\그대로따라하기\정답\세부출제패턴04_2단계_중첩함수_완성_IF,RANK.EQ,REPT,ROUND_시트

① [I5] 셀에 =IF(입력 → Ctrl + A 를 눌러 [함수 인수] 대화상자를 실행한다.

② 가격의 순위가 3위 이내인지를 판단하기 위해 'Logical_test' 인수에 RANK.EQ(F5,$F$5: $F$12)<=3 입력 → 'Value_if_true' 인수에는 첫 번째 인수에 입력된 RANK. EQ(F5,$F$5:$F$12)를 복사해서 입력→ 'Value_if_false' 인수에는 빈 값으로 표시해야 하므로 ""를 입력한 후 [확인]을 클릭한다.

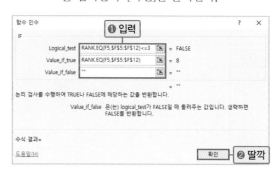

⚠ 감점방지 TIP

RANK.EQ 함수에 대한 작성 방법을 모른다면 'RANK.EQ()'를 입력한 후 수식 입력줄에 있는 'RANK. EQ' 함수를 클릭해 [함수 인수] 대화상자를 열어 작성한다.

✎ 입력 함수 해설

=IF(RANK.EQ(F5,$F$5:$F$12)<=3,RANK.EQ(F5,$F$5:$F$12),"")

❶ RANK.EQ(F5,$F$5:$F$12)<=3: '가격' 필드에서 F5 셀의 가격이 몇 위인지를 내림차순으로 계산하여 그 값이 3위 이내이면 TRUE로 값을 구한다.

❷ IF(❶,RANK.EQ(F5,$F$5:$F$12),""): ❶의 결과가 TRUE이면 순위를 구하고, FALSE이면 공백("")으로 값을 구한다.

★ 알아두면 좋은 TIP

RANK.EQ 함수의 마지막 인수는 내림차순 순위인 경우 0을 입력하거나 생략할 수 있다.

③ [I5] 셀의 '자동 채우기 핸들'을 드래그하여 [I12] 셀까지 수식 복사 → '자동 채우기 옵션' (📋) 단추 선택 → '서식 없이 채우기'를 선택한 후 결과를 확인한다.

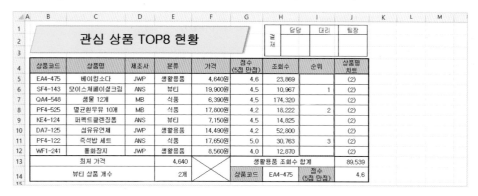

출력형태

상품코드	상품명	제조사	분류	가격	점수 (5점 만점)	조회수	순위	상품명 차트
EA4-475	베이킹소다	JWP	생활용품	4,640원	4.6	23,869	(1)	(2)
SF4-143	모이스쳐베이셜크림	ANS	뷰티	19,900원	4.5	10,967	(1)	(2)
QA4-548	샘물 12개	MB	식품	6,390원	4.5	174,320	(1)	(2)
PF4-525	멸균흰우유 10개	MB	식품	17,800원	4.2	18,222	(1)	(2)
KE4-124	퍼펙트클렌징폼	ANS	뷰티	7,150원	4.5	14,825	(1)	(2)
DA7-125	섬유유연제	JWP	생활용품	14,490원	4.2	52,800	(1)	(2)
PF4-122	즉석밥 세트	ANS	식품	17,650원	5.0	30,763	(1)	(2)
WF1-241	롤화장지	JWP	생활용품	8,560원	4.0	12,870	(1)	(2)

관심 상품 TOP8 현황

	담당	대리	팀장
결재			

| 최저 가격 | | | | 4,640 | | 생활용품 조회수 합계 | | 89,539 |
| 뷰티 상품 개수 | | | 2개 | | | 상품코드 | EA4-475 | 점수
(5점 만점) | 4.6 |

조건

○ 상품평 차트 ⇒ 점수(5점 만점)를 반올림하여 정수로 구한 값의 수 만큼 '★'을 표시
하시오(예: 4.5 → ★★★★★).

💾 작업 파일명 C:\에듀윌_2023_ITQ엑셀\Chapter01\그대로따라하기\세부출제패턴04_2단계_중첩함수_
IF,RANK.EQ,REPT,ROUND_시트

💾 정답 파일명 C:\에듀윌_2023_ITQ엑셀\Chapter01\그대로따라하기\정답\세부출제패턴04_2단계_중첩함
수_완성_IF,RANK.EQ,REPT,ROUND_시트

① [J5] 셀에 =REPT(입력 → Ctrl + A 를 눌러 [함수 인수] 대화상자를 실행한다.

② 'Text' 인수에 "★" 입력 → 'Number_times' 인수에는 ROUND(G5,0)를 입력한 후 [확인]
을 클릭한다.

✏️ **입력 함수 해설**

$$=REPT("★",ROUND(G5,0))$$

❶ ROUND(G5,0): '점수(5점 만점)' 필드의 숫자를 소수점 첫째자리에서 반올림하여 정수로 값을 구
한다.

❷ REPT("★",❶): '★'의 문자를 ❶의 개수만큼 반복해서 표시한다.

③ [J5] 셀의 '자동 채우기 핸들'을 드래그하여 [J12] 셀까지 수식 복사 → '자동 채우기 옵션' ( ) 단추 선택 → '서식 없이 채우기'를 선택한 후 결과를 확인한다.

상품코드	상품명	제조사	분류	가격	점수 (5점 만점)	조회수	순위	상품평 차트
관심 상품 TOP8 현황 (결재: 담당 / 대리 / 팀장)

상품코드	상품명	제조사	분류	가격	점수 (5점 만점)	조회수	순위	상품평 차트
EA4-475	베이킹소다	JWP	생활용품	4,640원	4.6	23,869		★★★★★
SF4-143	모이스쳐페이셜크림	ANS	뷰티	19,900원	4.5	10,967	1	★★★★★
QA4-548	샘물 12개	MB	식품	6,390원	4.5	174,320		★★★★★
PF4-525	멸균흰우유 10개	MB	식품	17,800원	4.2	18,222	2	★★★★
KE4-124	퍼펙트클렌징폼	ANS	뷰티	7,150원	4.5	14,825		★★★★★
DA7-125	섬유유연제	JWP	생활용품	14,490원	4.2	52,800		★★★★
PF4-122	즉석밥 세트	ANS	식품	17,650원	5.0	30,763	3	★★★★★
WF1-241	롤화장지	JWP	생활용품	8,560원	4.0	12,870		★★★★
최저 가격			4,640		생활용품 조회수 합계			89,539
뷰티 상품 개수			2개		상품코드	EA4-475	점수 (5점 만점)	4.6

노른자 강의 바로 보기

세부 출제패턴 09 평균 이상의 상품 수 구하기(COUNTIF, AVERAGE)

출력형태

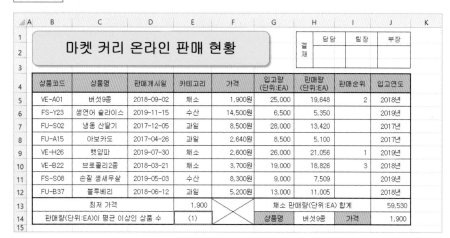

마켓 거리 온라인 판매 현황 (결재: 담당 / 팀장 / 부장)

상품코드	상품명	판매개시일	카테고리	가격	입고량 (단위:EA)	판매량 (단위:EA)	판매순위	입고연도
VE-A01	버섯9종	2018-09-02	채소	1,900원	25,000	19,648	2	2018년
FS-Y23	생연어 슬라이스	2019-11-15	수산	14,500원	6,500	5,350		2019년
FU-S02	냉동 산딸기	2017-12-05	과일	8,500원	28,000	13,420		2017년
FU-A15	아보카도	2017-04-26	과일	2,640원	8,500	5,100		2017년
VE-H26	햇양파	2019-07-30	채소	2,600원	26,000	21,056	1	2019년
VE-B22	브로콜리2종	2018-03-21	채소	3,700원	19,000	18,826	3	2018년
FS-S08	손질 생새우살	2019-05-03	수산	8,300원	9,000	7,509		2019년
FU-B37	블루베리	2018-06-12	과일	5,200원	13,000	11,005		2018년
최저 가격				1,900	채소 판매량(단위:EA) 합계			59,530
판매량(단위:EA)이 평균 이상인 상품 수				(1)	상품명	버섯9종	가격	1,900

조건

○ 판매량(단위:EA)이 평균 이상인 상품 수를 구하시오.

📥 **작업 파일명** C:₩에듀윌_2023_ITQ엑셀₩Chapter01₩그대로따라하기₩세부출제패턴04_2단계_중첩함수_
COUNTIF,AVERAGE_시트

📥 **정답 파일명** C:₩에듀윌_2023_ITQ엑셀₩Chapter01₩그대로따라하기₩정답₩세부출제패턴04_2단계_중첩함
수_완성_COUNTIF,AVERAGE_시트

① [E14] 셀에 =COUNTIF(입력 → Ctrl + A를 눌러 [함수 인수] 대화상자를 실행한다.

② 'Range' 인수에 판매량 범위인 [H5:H12] 영역을 드래그하여 입력 → 'Criteria' 인수에는
")="&AVERAGE(H5:H12)를 입력한 후 [확인]을 클릭한다.

ⓘ 감점방지 TIP

Criteria 인수에 함수식을 사용할
경우 비교연산자는 큰 따옴표로
묶어주고(")=") 이어지는 함수식
과 & 연산자로 연결해야 한다(예:
")="&함수식).

✎ 입력 함수 해설

=COUNTIF(H5:H12,")="&AVERAGE(H5:H12))

❶ ")="&AVERAGE(H5:H12): '판매량(단위:EA)' 필드의 평균을 구하여 AVERAGE 함수의 계산식과
비교연산자 ')='를 &으로 연결한다.

❷ COUNTIF(H5:H12,❶): '판매량(단위:EA)' 필드에서 ❶의 조건을 만족하는 셀의 개수를 구한다.

③ 결과를 확인한다.

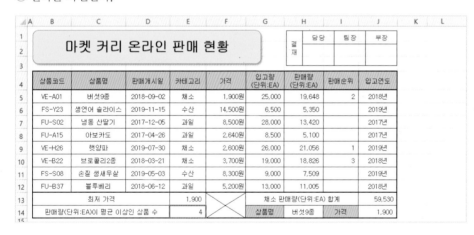

출력형태

A	B	C	D	E	F	G	H	I	J	K
1							결재	대리	과장	부장
2	푸른농산 1분기 김치류 판매 현황									
3										
4	상품번호	분류	상품명	포장단위(kg)	상품가격(원)	주문수량	제조사	배송비	고춧가루원산지	
5	CA01-1	배추김치	포기김치	10	69,500	53개	해담	무료	국내	
6	RA01-2	무김치	깍두기	3	21,900	37개	해담	무료	중국	
7	CA02-1	배추김치	맛김치	5	35,800	40개	명인	무료	국내	
8	MU01-3	물김치	나박김치	3	19,000	32개	해담	3,000	베트남	
9	RA02-1	무김치	석박지	2	16,500	27개	명인	3,000	국내	
10	RA03-1	무김치	총각김치	5	50,300	35개	명인	무료	국내	
11	CA03-2	배추김치	보쌈김치	7	56,300	25개	해담	3,000	중국	
12	MU02-1	물김치	열무김치	5	31,500	33개	해담	3,000	국내	
13	배추김치 주문수량 합계			118개		가장 큰 포장단위(kg)			10	
14	총 매출			11,186,800		상품명	포기김치	판매금액	(1)	
15										

조건

○ 판매금액 ⇒ 「H14」 셀에서 선택한 상품명에 대한 「상품가격(원) × 주문수량」을 구하시오.

📁 작업 파일명 C:\에듀윌_2023_ITQ엑셀\Chapter01\그대로따라하기\세부출제패턴04_2단계_중첩함수_VLOOKUP_시트

📁 정답 파일명 C:\에듀윌_2023_ITQ엑셀\Chapter01\그대로따라하기\정답\세부출제패턴04_2단계_중첩함수_완성_VLOOKUP_시트

① [J14] 셀에 =VLOOKUP(입력 → Ctrl + A를 눌러 [함수 인수] 대화상자를 실행한다.

② 'Lookup_value' 인수에는 [H14] 셀 입력 → 'Table_array' 인수에는 상품명의 데이터 범위인 [D5:J12] 영역을 드래그하여 입력 → 'Col_index_num' 인수에는 상품가격의 열 번호 3 입력 → 'Range_lookup' 인수에는 FALSE를 입력한 후 [확인]을 클릭한다.

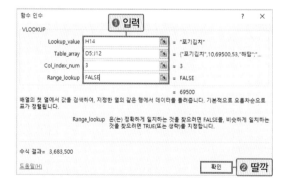

③ 수식 입력줄의 수식 맨 끝을 클릭 → 곱하기 연산자 * 입력 → 이어서 VLOOKUP(입력 → Ctrl + A를 눌러 [함수 인수] 대화상자를 실행한다.

④ 'Lookup_value' 인수에는 [H14] 셀 입력 → 'Table_array' 인수에는 [D5:J12] 영역 입력 → 'Col_index_num' 인수에는 주문수량의 열 번호 4 입력 → 'Range_lookup' 인수에는 FALSE를 입력한 후 [확인]을 클릭한다.

⏱ 시간절약 TIP

두 번째 VLOOKUP 함수는 [함수 인수] 대화상자를 사용하지 않고 앞 수식을 복사한 후, 세 번째 인수인 'Col_index_num'의 값만 '4'로 바꾸면 된다.

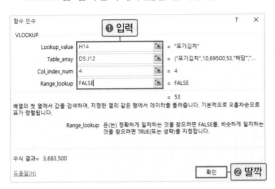

✎ 입력 함수 해설

=VLOOKUP(H14,D5:J12,3,FALSE)*VLOOKUP(H14,D5:J12,4,FALSE)

❶ ❷

❸

❶ VLOOKUP(H14,D5:J12,3,FALSE): H14 셀의 '포기김치'를 참조 테이블로 지정한 D5:J12 범위의 첫 열에서 찾아 세 번째 열에 있는 '상품가격(원)'을 값으로 구한다.

❷ VLOOKUP(H14,D5:J12,4,FALSE): H14 셀의 '포기김치'를 참조 테이블로 지정한 D5:J12 범위의 첫 열에서 찾아 네 번째 열에 있는 '주문수량'을 값으로 구한다.

❸ ❶*❷: '상품가격(원)'과 '주문수량'을 곱해 판매금액을 구한다.

⑤ 결과를 확인한다.

	상품번호	분류	상품명	포장단위 (kg)	상품가격 (원)	주문수량	제조사	배송비	고춧가루 원산지
				대리		과장	부장		

푸른농산 1분기 김치류 판매 현황

상품번호	분류	상품명	포장단위 (kg)	상품가격 (원)	주문수량	제조사	배송비	고춧가루 원산지
CA01-1	배추김치	포기김치	10	69,500	53개	해담	무료	국내
RA01-2	무김치	깍두기	3	21,900	37개	해담	무료	중국
CA02-1	배추김치	맛김치	5	35,800	40개	명인	무료	국내
MU01-3	물김치	나박김치	3	19,000	32개	해담	3,000	베트남
RA02-1	무김치	석박지	2	16,500	27개	명인	3,000	국내
RA03-1	무김치	총각김치	5	50,300	35개	명인	무료	중국
CA03-2	배추김치	보쌈김치	7	56,300	25개	해담	3,000	중국
MU02-1	물김치	열무김치	5	31,500	33개	해담	3,000	국내
배추김치 주문수량 합계			118개		가장 큰 포장단위(kg)			10
총 매출			11,186,800		상품명	포기김치	판매금액	3,683,500

04 | 함수 3단계: 실전 연습하기

★ 알아두면 좋은 TIP

함수식으로 값을 도출한 셀의 정렬은 채점 기준에 포함되지 않으므로, 오른쪽 정렬을 하지 않아도 무방하다. 그러나 '숫자 및 회계 서식은 오른쪽 정렬'이라는 시험의 정렬 조건을 익힐 겸 연습해두는 것도 좋다.

세부 출제패턴 01   강좌등급 구하기(CHOOSE, RIGHT 함수)

다음은 공예지도사 강좌개설 현황에 대한 자료이다. 조건에 맞도록 값을 구하시오.

강좌코드	강좌명	구분	재료비 (단위:원)	작품제출일	수강료 (단위:원)	수강인원	강좌등급	순위
				공예지도사 강좌개설 현황				
W5622	서랍장	냅킨아트	90,000	2022-02-15	75,000	29명	(1)	(2)
W1531	쟁반	냅킨아트	30,000	2022-02-20	50,000	31명	(1)	(2)
P6521	연필인형	펠트	20,000	2022-02-25	25,500	37명	(1)	(2)
P3152	벽시계	펠트	25,000	2022-02-18	60,000	42명	(1)	(2)
W4583	티슈케이스	냅킨아트	15,000	2022-02-01	55,000	25명	(1)	(2)
B9542	모빌	비즈	20,000	2022-02-22	65,000	32명	(1)	(2)
B1541	진주귀걸이	비즈	50,000	2022-02-22	55,000	45명	(1)	(2)
B5673	러블리팔찌	비즈	40,000	2022-02-28	45,000	36명	(1)	(2)
냅킨아트 공예의 강좌 수			(3)		최소 수강인원			(5)
개설강좌 총 수강료(단위:원)			(4)			강좌코드	W5622	수강인원	(6)

(표 상단에 확인란: 담당 / 팀장 / 센터장)

조건

(1) 강좌등급 ⇒ 강좌코드의 마지막 글자가 1이면 초급과정, 2이면 중급과정, 3이면 고급과정으로 구하시오(CHOOSE, RIGHT 함수).

(2) 순위 ⇒ 수강인원의 내림차순 순위를 구한 결과값 뒤에 '위'를 붙이시오(RANK.EQ 함수, & 연산자)(예: 1위).

(3) 냅킨아트 공예의 강좌 수 ⇒ 조건은 입력데이터를 이용하시오(DCOUNTA 함수).

(4) 개설강좌의 총 수강료(단위:원) ⇒ 정의된 이름(수강료)을 이용하여 「수강료×수강인원」으로 구하되 반올림하여 천 단위까지 구하시오(ROUND, SUMPRODUCT 함수) (예: 12,345,670 → 12,346,000).

(5) 최소 수강인원 ⇒ (MIN 함수)

(6) 수강인원 ⇒ 「H14」 셀에서 선택한 강좌코드에 대한 수강인원을 구하시오(VLOOKUP 함수).

📥 작업 파일명 C:₩에듀윌_2023_ITQ엑셀₩Chapter01₩그대로따라하기₩세부출제패턴04_3단계_함수실전

📥 정답 파일명 C:₩에듀윌_2023_ITQ엑셀₩Chapter01₩그대로따라하기₩정답₩세부출제패턴04_3단계_함수실전_완성

① [I5] 셀에 =CHOOSE(입력 → Ctrl + A 를 눌러 [함수 인수] 대화상자를 실행한다.

② 관리코드의 끝 글자를 추출하기 위해 'Index_num' 인수에 RIGHT(B5,1) 입력 → 'Value1' 인수에는 "초급과정" 입력 → 'Value2' 인수에는 "중급과정" 입력 → 'Value3' 인수에는 "고급과정"을 입력한 후 [확인]을 클릭한다.

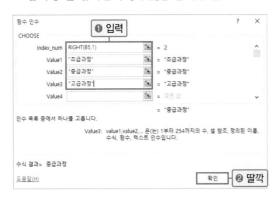

✏️ 입력 함수 해설

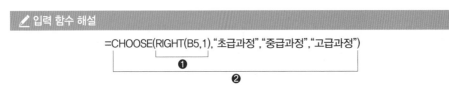

❶ RIGHT(B5,1): '강좌코드' 필드에서 오른쪽 한 글자를 구한다.
❷ CHOOSE(❶,"초급과정","중급과정","고급과정"): ❶에서 구한 값이 1이면 '초급과정', 2이면 '중급과정', 3이면 '고급과정'으로 값을 구한다.

③ [I5] 셀의 '자동 채우기 핸들'을 드래그하여 [I12] 셀까지 수식 복사 → '자동 채우기 옵션'(📋) 단추 선택 → '서식 없이 채우기'를 선택한 후 결과를 확인한다.

다음은 공예지도사 강좌개설 현황에 대한 자료이다. 조건에 맞도록 값을 구하시오.

강좌코드	강좌명	구분	재료비 (단위:원)	작품제출일	수강료 (단위:원)	수강인원	강좌등급	순위
W5622	서랍장	냅킨아트	90,000	2022-02-15	75,000	29명	(1)	(2)
W1531	쟁반	냅킨아트	30,000	2022-02-20	50,000	31명	(1)	(2)
P6521	연필인형	펠트	20,000	2022-02-25	25,500	37명	(1)	(2)
P3152	벽시계	펠트	25,000	2022-02-18	60,000	42명	(1)	(2)
W4583	티슈케이스	냅킨아트	15,000	2022-02-01	55,000	25명	(1)	(2)
B9542	모빌	비즈	20,000	2022-02-22	65,000	32명	(1)	(2)
B1541	진주귀걸이	비즈	50,000	2022-02-22	55,000	45명	(1)	(2)
B5673	러블리팔찌	비즈	40,000	2022-02-28	45,000	36명	(1)	(2)
냅킨아트 공예의 강좌 수			(3)		최소 수강인원			(5)
개설강좌 총 수강료(단위:원)			(4)		강좌코드	W5622	수강인원	(6)

공예지도사 강좌개설 현황

확인 / 담당 / 팀장 / 센터장

조건

(1) 강좌등급 ⇒ 강좌코드의 마지막 글자가 1이면 초급과정, 2이면 중급과정, 3이면 고급과정으로 구하시오(CHOOSE, RIGHT 함수).

(2) 순위 ⇒ 수강인원의 내림차순 순위를 구한 결과값 뒤에 '위'를 붙이시오(RANK.EQ 함수, &연산자)(예: 1위).

(3) 냅킨아트 공예의 강좌 수 ⇒ 조건은 입력데이터를 이용하시오(DCOUNTA 함수).

(4) 개설강좌의 총 수강료(단위:원) ⇒ 정의된 이름(수강료)을 이용하여 「수강료×수강인원」으로 구하되 반올림하여 천 단위까지 구하시오(ROUND, SUMPRODUCT 함수) (예: 12,345,670 → 12,346,000).

(5) 최소 수강인원 ⇒ (MIN 함수)

(6) 수강인원 ⇒ 「H14」 셀에서 선택한 강좌코드에 대한 수강인원을 구하시오(VLOOKUP 함수).

📥 작업 파일명 C:₩에듀윌_2023_ITQ엑셀₩Chapter01₩그대로따라하기₩세부출제패턴04_3단계_함수실전

📥 정답 파일명 C:₩에듀윌_2023_ITQ엑셀₩Chapter01₩그대로따라하기₩정답₩세부출제패턴04_3단계_함수실전_완성

① [J5] 셀에 =RANK.EQ(입력 → Ctrl + A 를 눌러 [함수 인수] 대화상자를 실행한다.

② 'Number' 인수에 수강인원 값인 H5 입력 → 'Ref' 인수에는 [H5:H12] 영역을 드래그하여 입력 → F4 를 눌러 $H$5:$H$12로 참조 방법 변경 → 'Order' 인수에는 0을 입력한다.

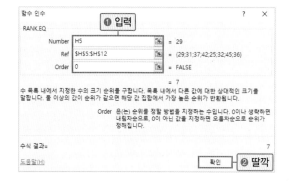

③ 수식 입력줄의 수식 맨 끝을 클릭 → &"위"를 추가로 입력한 후 Enter 를 누른다.

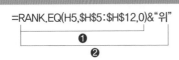

	강좌코드	강좌명	구분	재료비 (단위:원)	작품제출일	수강료 (단위:원)	수강인원	강좌등급	순위
5	W5622	서랍장	냅킨아트	90,000	2022-02-15	75,000	29명	중급과정	7위

✎ 입력 함수 해설

$$=RANK.EQ(H5,\$H\$5:\$H\$12,0)\&"위"$$
❶
❷

❶ RANK.EQ(H5,$H$5:$H$12,0): '수강인원' 필드의 순위를 내림차순으로 구한다.
❷ ❶&"위": ❶에서 구한 값 뒤에 "위"를 표시한다.

④ [J5] 셀의 '자동 채우기 핸들'을 드래그하여 [J12] 셀까지 수식 복사 → '자동 채우기 옵션'
 (⊞) 단추 선택 → '서식 없이 채우기'를 선택한 후 결과를 확인한다.

	강좌코드	강좌명	구분	재료비 (단위:원)	작품제출일	수강료 (단위:원)	수강인원	강좌등급	순위
5	W5622	서랍장	냅킨아트	90,000	2022-02-15	75,000	29명	중급과정	7위
6	W1531	쟁반	냅킨아트	30,000	2022-02-20	50,000	31명	초급과정	6위
7	P6521	연필인형	펠트	20,000	2022-02-25	25,500	37명	초급과정	3위
8	P3152	벽시계	펠트	25,000	2022-02-18	60,000	42명	중급과정	2위
9	W4583	티슈케이스	냅킨아트	15,000	2022-02-01	55,000	25명	고급과정	8위
10	B9542	모빌	비즈	20,000	2022-02-22	65,000	32명	중급과정	5위
11	B1541	진주귀걸이	비즈	50,000	2022-02-22	55,000	45명	초급과정	1위
12	B5673	러블리팔찌	비즈	40,000	2022-02-28	45,000	36명	고급과정	4위
13	냅킨아트 공예의 강좌 수					최소 수강인원			
14	개설강좌 총 수강료(단위:원)					강좌코드	W5622	수강인원	

다음은 공예지도사 강좌개설 현황에 대한 자료이다. 조건에 맞도록 값을 구하시오.

강좌코드	강좌명	구분	재료비 (단위:원)	작품제출일	수강료 (단위:원)	수강인원	강좌등급	순위
W5622	서랍장	냅킨아트	90,000	2022-02-15	75,000	29명	(1)	(2)
W1531	쟁반	냅킨아트	30,000	2022-02-20	50,000	31명	(1)	(2)
P6521	연필인형	펠트	20,000	2022-02-25	25,500	37명	(1)	(2)
P3152	벽시계	펠트	25,000	2022-02-18	60,000	42명	(1)	(2)
W4583	티슈케이스	냅킨아트	15,000	2022-02-01	55,000	25명	(1)	(2)
B9542	모빌	비즈	20,000	2022-02-22	65,000	32명	(1)	(2)
B1541	진주귀걸이	비즈	50,000	2022-02-22	55,000	45명	(1)	(2)
B5673	러블리팔찌	비즈	40,000	2022-02-28	45,000	36명	(1)	(2)

위 표 상단에는 "공예지도사 강좌개설 현황" 제목과 확인란(담당/팀장/센터장)이 있으며, 하단에는 다음 항목이 있다.

- 냅킨아트 공예의 강좌 수: (3) / 최소 수강인원: (5)
- 개설강좌 총 수강료(단위:원): (4) / 강좌코드 W5622 수강인원: (6)

조건

(1) 강좌등급 ⇒ 강좌코드의 마지막 글자가 1이면 초급과정, 2이면 중급과정, 3이면 고급과정
으로 구하시오(CHOOSE, RIGHT 함수).

(2) 순위 ⇒ 수강인원의 내림차순 순위를 구한 결과값 뒤에 '위'를 붙이시오(RANK.EQ 함수, &
연산자)(예: 1위).

(3) 냅킨아트 공예의 강좌 수 ⇒ 조건은 입력데이터를 이용하시오(DCOUNTA 함수).

(4) 개설강좌의 총 수강료(단위:원) ⇒ 정의된 이름(수강료)을 이용하여 「수강료×수강인원」으
로 구하되 반올림하여 천 단위까지 구하시오(ROUND, SUMPRODUCT 함수)
(예: 12,345,670 → 12,346,000).

(5) 최소 수강인원 ⇒ (MIN 함수)

(6) 수강인원 ⇒ 「H14」 셀에서 선택한 강좌코드에 대한 수강인원을 구하시오(VLOOKUP 함수).

📥 **작업 파일명** C:\에듀윌_2023_ITQ엑셀\Chapter01\그대로따라하기\세부출제패턴04_3단계_함수실전

📥 **정답 파일명** C:\에듀윌_2023_ITQ엑셀\Chapter01\그대로따라하기\정답\세부출제패턴04_3단계_함수실
전_완성

① [E13] 셀에 =DCOUNTA(입력 → Ctrl+A를 눌러 [함수 인수] 대화상자를 실행한다.

② 'Database' 인수에는 [B4:H12] 영역을 드래그하여 입력 → 'Field' 인수에는 2 입력 →
'Criteria' 인수에는 조건영역인 [D4:D5] 영역을 드래그하여 입력한 후 [확인]을 클릭한다.

★ **알아두면 좋은 TIP**

'Field' 인수에는 두 번째 열의 레
이블인 [C4] 셀을 입력해도 된다.

=DCOUNTA(B4:H12,2,D4:D5)

DCOUNTA(B4:H12,2,D4:D5): B4:H12 범위에서 '구분'이 '냅킨아트'인 조건을 찾아 두 번째 열인 '강좌명' 필드에서 개수를 구한다.

③ 결과를 확인한다.

강좌코드	강좌명	구분	재료비(단위:원)	작품제출일	수강료(단위:원)	수강인원	강좌등급	순위
W5622	서랍장	냅킨아트	90,000	2022-02-15	75,000	29명	중급과정	7위
W1531	쟁반	냅킨아트	30,000	2022-02-20	50,000	31명	초급과정	6위
P6521	연필인형	펠트	20,000	2022-02-25	25,500	37명	초급과정	3위
P3152	벽시계	펠트	25,000	2022-02-18	60,000	42명	중급과정	2위
W4583	티슈케이스	냅킨아트	15,000	2022-02-01	55,000	25명	고급과정	8위
B9542	모빌	비즈	20,000	2022-02-22	65,000	32명	중급과정	5위
B1541	진주귀걸이	비즈	50,000	2022-02-22	55,000	45명	초급과정	1위
B5673	러블리팔찌	비즈	40,000	2022-02-28	45,000	36명	고급과정	4위
냅킨아트 공예의 강좌 수			3		최소 수강인원			
개설강좌 총 수강료(단위:원)					강좌코드	W5622	수강인원	

세부 출제패턴 04 개설강좌의 총 수강료 구하기(ROUND, SUMPRODUCT 함수)

다음은 공예지도사 강좌개설 현황에 대한 자료이다. 조건에 맞도록 값을 구하시오.

강좌코드	강좌명	구분	재료비(단위:원)	작품제출일	수강료(단위:원)	수강인원	강좌등급	순위
W5622	서랍장	냅킨아트	90,000	2022-02-15	75,000	29명	(1)	(2)
W1531	쟁반	냅킨아트	30,000	2022-02-20	50,000	31명	(1)	(2)
P6521	연필인형	펠트	20,000	2022-02-25	25,500	37명	(1)	(2)
P3152	벽시계	펠트	25,000	2022-02-18	60,000	42명	(1)	(2)
W4583	티슈케이스	냅킨아트	15,000	2022-02-01	55,000	25명	(1)	(2)
B9542	모빌	비즈	20,000	2022-02-22	65,000	32명	(1)	(2)
B1541	진주귀걸이	비즈	50,000	2022-02-22	55,000	45명	(1)	(2)
B5673	러블리팔찌	비즈	40,000	2022-02-28	45,000	36명	(1)	(2)
냅킨아트 공예의 강좌 수			(3)		최소 수강인원			(5)
개설강좌 총 수강료(단위:원)			(4)		강좌코드	W5622	수강인원	(6)

조건

(1) 강좌등급 ⇒ 강좌코드의 마지막 글자가 1이면 초급과정, 2이면 중급과정, 3이면 고급과정으로 구하시오(CHOOSE, RIGHT 함수).

(2) 순위 ⇒ 수강인원의 내림차순 순위를 구한 결과값 뒤에 '위'를 붙이시오(RANK.EQ 함수, & 연산자)(예: 1위).

(3) 냅킨아트 공예의 강좌 수 ⇒ 조건은 입력데이터를 이용하시오(DCOUNTA 함수).

(4) 개설강좌의 총 수강료(단위:원) ⇒ 정의된 이름(수강료)을 이용하여 「수강료×수강인원」으로 구하되 반올림하여 천 단위까지 구하시오(ROUND, SUMPRODUCT 함수) (예: 12,345,670 → 12,346,000).

(5) 최소 수강인원 ⇒ (MIN 함수)

(6) 수강인원 ⇒ 「H14」 셀에서 선택한 강좌코드에 대한 수강인원을 구하시오(VLOOKUP 함수).

⬇ 작업 파일명 C:₩에듀윌_2023_ITQ엑셀₩Chapter01₩그대로따라하기₩세부출제패턴04_3단계_함수실전

⬇ 정답 파일명 C:₩에듀윌_2023_ITQ엑셀₩Chapter01₩그대로따라하기₩정답₩세부출제패턴04_3단계_함수실전_완성

① [E14] 셀에 =ROUND(입력 → Ctrl+A를 눌러 [함수 인수] 대화상자를 실행한다.

② [함수 인수] 대화상자가 열리면 'Number' 인수에는 SUMPRODUCT(수강료,H5:H12) 입력 → 'Num_digits' 인수에는 −3을 입력한 후 [확인]을 클릭한다.

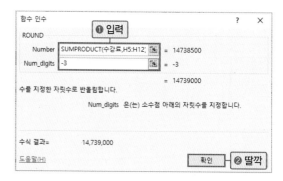

✏️ 입력 함수 해설

$$=ROUND(SUMPRODUCT(수강료,H5:H12),-3)$$

❶ SUMPRODUCT(수강료,H5:H12): '수강료' 필드와 '수강인원' 필드에서 대응되는 값끼리 곱한 후 합계를 구한다.

❷ ROUND(❶,−3): ❶에서 계산된 값을 백의 자리에서 반올림하여 천의 자리로 값을 구한다.

③ 결과를 확인한다.

다음은 공예지도사 강좌개설 현황에 대한 자료이다. 조건에 맞도록 값을 구하시오.

강좌코드	강좌명	구분	재료비 (단위:원)	작품제출일	수강료 (단위:원)	수강인원	강좌등급	순위
				공예지도사 강좌개설 현황				
W5622	서랍장	냅킨아트	90,000	2022-02-15	75,000	29명	(1)	(2)
W1531	쟁반	냅킨아트	30,000	2022-02-20	50,000	31명	(1)	(2)
P6521	연필인형	펠트	20,000	2022-02-25	25,500	37명	(1)	(2)
P3152	벽시계	펠트	25,000	2022-02-18	60,000	42명	(1)	(2)
W4583	티슈케이스	냅킨아트	15,000	2022-02-01	55,000	25명	(1)	(2)
B9542	모빌	비즈	20,000	2022-02-22	65,000	32명	(1)	(2)
B1541	진주귀걸이	비즈	50,000	2022-02-22	55,000	45명	(1)	(2)
B5673	러블리팔찌	비즈	40,000	2022-02-28	45,000	36명	(1)	(2)
냅킨아트 공예의 강좌 수			(3)			최소 수강인원		(5)
개설강좌 총 수강료(단위:원)			(4)		강좌코드	W5622	수강인원	(6)

조건

(1) 강좌등급 ⇒ 강좌코드의 마지막 글자가 1이면 초급과정, 2이면 중급과정, 3이면 고급과정으로 구하시오(CHOOSE, RIGHT 함수).

(2) 순위 ⇒ 수강인원의 내림차순 순위를 구한 결과값 뒤에 '위'를 붙이시오(RANK.EQ 함수, & 연산자)(예: 1위).

(3) 냅킨아트 공예의 강좌 수 ⇒ 조건은 입력데이터를 이용하시오(DCOUNTA 함수).

(4) 개설강좌의 총 수강료(단위:원) ⇒ 정의된 이름(수강료)을 이용하여 「수강료×수강인원」으로 구하되 반올림하여 천 단위까지 구하시오(ROUND, SUMPRODUCT 함수)
(예: 12,345,670 → 12,346,000).

(5) 최소 수강인원 ⇒ (MIN 함수)

(6) 수강인원 ⇒ 「H14」 셀에서 선택한 강좌코드에 대한 수강인원을 구하시오(VLOOKUP 함수).

📥 작업 파일명 C:₩에듀윌_2023_ITQ엑셀₩Chapter01₩그대로따라하기₩세부출제패턴04_3단계_함수실전
📥 정답 파일명 C:₩에듀윌_2023_ITQ엑셀₩Chapter01₩그대로따라하기₩정답₩세부출제패턴04_3단계_함수실전_완성

① [J13] 셀에 =MIN(H5:H12)을 입력한 후 Enter 를 누른다.

P3152	벽시계	펠트	25,000	2022-02-18	60,000	42명	중급과정	2위
W4583	티슈케이스	냅킨아트	15,000	2022-02-01	55,000	25명	고급과정	8위
B9542	모빌	비즈	20,000	2022-02-22	65,000	32명	중급과정	5위
B1541	진주귀걸이	비즈	50,000	2022-02-22	55,000	45명	초급과정	1위
B5673	러블리팔찌	비즈	40,000	2022-02-28	45,000	36명	고급과정	4위
냅킨아트 공예의 강좌 수			3			최소 수강인원		=MIN(H5:H12)
개설강좌 총 수강료(단위:원)			14,739,000		강좌코드	W5622	수강인원	

입력 → Enter

✏️ 입력 함수 해설

=MIN(H5:H12)

'수강인원' 필드 중에서 최소값을 구한다.

② 결과를 확인한다.

	강좌코드	강좌명	구분	재료비 (단위:원)	작품제출일	수강료 (단위:원)	수강인원	강좌등급	순위
						공예지도사 강좌개설 현황		담당	팀장	센터장
	W5622	서랍장	냅킨아트	90,000	2022-02-15	75,000	29명	중급과정	7위
	W1531	쟁반	냅킨아트	30,000	2022-02-20	50,000	31명	초급과정	6위
	P6521	연필인형	펠트	20,000	2022-02-25	25,500	37명	초급과정	3위
	P3152	벽시계	펠트	25,000	2022-02-18	60,000	42명	중급과정	2위
	W4583	티슈케이스	냅킨아트	15,000	2022-02-01	55,000	25명	고급과정	8위
	B9542	모빌	비즈	20,000	2022-02-22	65,000	32명	중급과정	5위
	B1541	진주귀걸이	비즈	50,000	2022-02-22	55,000	45명	초급과정	1위
	B5673	러블리팔찌	비즈	40,000	2022-02-28	45,000	36명	고급과정	4위
	냅킨아트 공예의 강좌 수			3		최소 수강인원			25
	개설강좌 총 수강료(단위:원)			14,739,000		강좌코드	W5622	수강인원	

다음은 공예지도사 강좌개설 현황에 대한 자료이다. 조건에 맞도록 값을 구하시오.

	강좌코드	강좌명	구분	재료비 (단위:원)	작품제출일	수강료 (단위:원)	수강인원	강좌등급	순위
						공예지도사 강좌개설 현황		담당	팀장	센터장
	W5622	서랍장	냅킨아트	90,000	2022-02-15	75,000	29명	(1)	(2)
	W1531	쟁반	냅킨아트	30,000	2022-02-20	50,000	31명	(1)	(2)
	P6521	연필인형	펠트	20,000	2022-02-25	25,500	37명	(1)	(2)
	P3152	벽시계	펠트	25,000	2022-02-18	60,000	42명	(1)	(2)
	W4583	티슈케이스	냅킨아트	15,000	2022-02-01	55,000	25명	(1)	(2)
	B9542	모빌	비즈	20,000	2022-02-22	65,000	32명	(1)	(2)
	B1541	진주귀걸이	비즈	50,000	2022-02-22	55,000	45명	(1)	(2)
	B5673	러블리팔찌	비즈	40,000	2022-02-28	45,000	36명	(1)	(2)
	냅킨아트 공예의 강좌 수			(3)		최소 수강인원			(5)
	개설강좌 총 수강료(단위:원)			(4)		강좌코드	W5622	수강인원	(6)

조건

(1) 강좌등급 ⇒ 강좌코드의 마지막 글자가 1이면 초급과정, 2이면 중급과정, 3이면 고급과정으로 구하시오(CHOOSE, RIGHT 함수).

(2) 순위 ⇒ 수강인원의 내림차순 순위를 구한 결과값 뒤에 '위'를 붙이시오(RANK.EQ 함수, & 연산자)(예: 1위).

(3) 냅킨아트 공예의 강좌 수 ⇒ 조건은 입력데이터를 이용하시오(DCOUNTA 함수).

(4) 개설강좌의 총 수강료(단위:원) ⇒ 정의된 이름(수강료)을 이용하여 「수강료×수강인원」으로 구하되 반올림하여 천 단위까지 구하시오(ROUND, SUMPRODUCT 함수)
(예: 12,345,670 → 12,346,000).

(5) 최소 수강인원 ⇒ (MIN 함수)

(6) 수강인원 ⇒ 「H14」 셀에서 선택한 강좌코드에 대한 수강인원을 구하시오(VLOOKUP 함수).

⬇ **작업 파일명** C:₩에듀윌_2023_ITQ엑셀₩Chapter01₩그대로따라하기₩세부출제패턴04_3단계_함수실전
⬇ **정답 파일명** C:₩에듀윌_2023_ITQ엑셀₩Chapter01₩그대로따라하기₩정답₩세부출제패턴04_3단계_함수실전_완성

① [J14] 셀에 =VLOOKUP(입력 → ⌈Ctrl⌉+⌈A⌉를 눌러 [함수 인수] 대화상자를 실행한다.

② 'Lookup_value' 인수에 찾는 값인 '강좌코드'가 입력되어있는 [H14] 셀을 선택하여 입력
→ 'Table_array' 인수에는 데이터 전체 범위인 [B5:J12]을 드래그하여 입력 → 'Col_
index_num' 인수에는 계산할 열인 수강인원의 열 번호 7 입력 → 'Range_lookup' 인수에
는 0을 입력한 후 [확인]을 클릭한다.

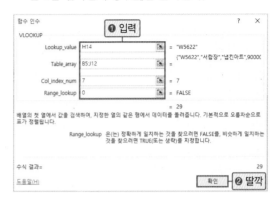

✎ 입력 함수 해설

=VLOOKUP(H14,B5:J12,7,0)

H14 셀의 값인 'W5622'를 '강좌코드' 필드에서 찾아 참조 테이블로 지정한 B5:J12 범위의 일곱 번
째 열에 있는 '수강인원'을 값으로 구한다.

③ 결과를 확인한다.

	담당	팀장	센터장
확인			

강좌코드	강좌명	구분	재료비 (단위:원)	작품제출일	수강료 (단위:원)	수강인원	강좌등급	순위
W5622	서랍장	냅킨아트	90,000	2022-02-15	75,000	29명	중급과정	7위
W1531	쟁반	냅킨아트	30,000	2022-02-20	50,000	31명	초급과정	6위
P6521	연필인형	펠트	20,000	2022-02-25	25,500	37명	초급과정	3위
P3152	벽시계	펠트	25,000	2022-02-18	60,000	42명	중급과정	2위
W4583	티슈케이스	냅킨아트	15,000	2022-02-01	55,000	25명	고급과정	8위
B9542	모빌	비즈	20,000	2022-02-22	65,000	32명	중급과정	5위
B1541	진주귀걸이	비즈	50,000	2022-02-22	55,000	45명	초급과정	1위
B5673	러블리팔찌	비즈	40,000	2022-02-28	45,000	36명	고급과정	4위
냅킨아트 공예의 강좌 수			3		최소 수강인원			25
개설강좌 총 수강료(단위:원)			14,739,000		강좌코드	W5622	수강인원	29

다음은 운현 작은 도서관 대출 현황에 대한 자료이다. 조건에 맞도록 값을 구하시오.

출력형태

관리코드	대출도서	학생명	학년	학교명	대출일	도서 포인트	출판사	순위
						담당	대리	과장
		운현 작은 도서관 대출 현황				확인		
3127-P	울보 선생님	김지훈	2학년	성지초등학교	2022-08-03	184	좋은출판사	6위
3861-K	옹고집	박준석	1학년	우영초등학교	2022-08-08	430	맑은출판사	1위
3738-P	가짜 벽접	박지율	4학년	제일초등학교	2022-08-02	127	좋은출판사	7위
3928-K	바닷가 놀이	홍지현	2학년	우영초등학교	2022-08-07	250	맑은출판사	3위
3131-P	책 읽는 도깨비	이찬오	3학년	성지초등학교	2022-08-09	267	좋은출판사	2위
3955-P	파스칼의 실수	권재현	5학년	제일초등학교	2022-08-11	95	좋은출판사	8위
3219-K	잠슬별타령	이혜승	1학년	성지초등학교	2022-08-05	194	맑은출판사	5위
3713-P	거인의 집	김은빈	1학년	우영초등학교	2022-08-01	213	좋은출판사	4위
최저 포인트			95		성지초등학교의 평균 포인트			220
1학년 도서 대출 인원수			3		관리코드	3738-P	대출도서	가짜 벽접

작업 파일명

C:₩에듀윌_2023_ITQ엑셀₩ Chapter 01₩연습문제₩세부출제패턴_연습 04_3단계_함수실전연습

정답 파일명

C:₩에듀윌_2023_ITQ엑셀₩ Chapter 01₩연습문제₩정답₩세부출제패턴_ 연습04_3단계_함수실전연습_완성

조건

○ 출판사 ⇒ 관리코드의 오른쪽 첫 번째 글자가 P이면 '좋은출판사' 그 외에는 '맑은출판사' 로 구하시오(IF, RIGHT 함수).

○ 순위 ⇒ 도서 포인트의 내림차순 순위를 구한 결과값에 '위'를 붙이시오(RANK.EQ 함수, & 연산자)(예: 1위).

○ 최저 포인트 ⇒ (MIN 함수)

○ 1학년 도서 대출 인원수 ⇒ 정의된 이름(학년)을 이용하여 구하시오(COUNTIF 함수).

○ 성지초등학교의 평균 포인트 ⇒ 반올림하여 십 단위까지 구하시오. 단, 조건은 입력 데이터를 이용하시오(ROUND, DAVERAGE 함수)(예: 126 → 130).

○ 대출도서 ⇒ 「H14」 셀에서 선택한 관리코드에 대한 대출도서를 구하시오(VLOOKUP 함수).

---

1 출판사 구하기(IF, RIGHT 함수)

① [I5] 셀에 =IF(입력 → Ctrl + A 를 눌러 [함수 인수] 대화 상자를 실행한다.

② 관리코드의 끝 글자가 'P'와 같은지 판단하기 위해 'Logical_test' 인수에 RIGHT(B5,1)="P" 입력 → 'Value_if_true' 인수에는 "좋은출판사" 입력 → 'Value_if_false' 인수에는 "맑은출판사"를 입력한 후 [확인]을 클릭한다.

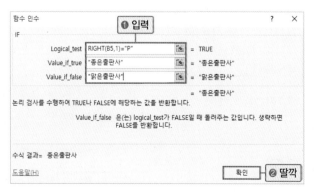

입력 함수 해설

=IF(RIGHT(B5,1)="P","좋은출판사","맑은출판사")
　　　❶
　　　　❷

❶ RIGHT(B5,1)="P": '관리코드' 필드에서 관리코드의 오른쪽 끝 한 글자를 추출하여 그 글자가 "P"이면 'TRUE'로 값을 구한다.

❷ IF(❶,"좋은출판사","맑은출판사"): ❶의 결과가 'TRUE'이면 "좋은출판사", 'FALSE'이면 "맑은출판사"로 값을 구한다.

③ [I5] 셀의 '자동 채우기 핸들'을 드래그하여 [I12] 셀까지 수식 복사 → '자동 채우기 옵션'( ) 단추 선택 → '서식 없이 채우기'를 선택한다.

2 순위 구하기(RANK.EQ 함수, &연산자)

① [J5] 셀에 =RANK.EQ(입력 → Ctrl + A 를 눌러 [함수 인수] 대화상자를 실행한다.

② 'Number' 인수에 포인트 값인 [H5] 셀을 선택하여 입력 → 'Ref' 인수에는 [H5:H12] 영역을 드래그하여 입력 → F4 를 눌러 $H$5:$H$12로 참조 변경 → 'Order'에는 0을 입력한 후 [확인]을 클릭한다.

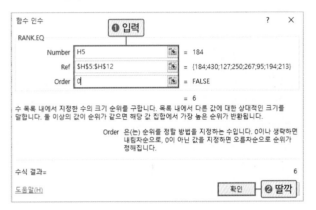

③ 수식 입력줄의 수식 맨 끝을 클릭 → &"위"를 추가로 입력한 후 Enter 를 누른다.

④ [J5] 셀의 '자동 채우기 핸들'을 드래그하여 [J12] 셀까지 수식 복사 → '자동 채우기 옵션'( ) 단추 선택 → '서식 없이 채우기'를 선택한 후 결과를 확인한다.

3 최저 포인트 구하기(MIN 함수)

① [E13] 셀에 =MIN(H5:H12)을 입력한 후 Enter 를 누른다.

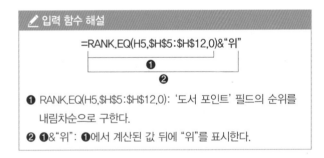

4 1학년 도서 대출 인원수 구하기(COUNTIF 함수)

① [E14] 셀에 =COUNTIF(입력 → Ctrl + A 를 눌러 [함수 인수] 대화상자를 실행한다.

② 'Range' 인수에 [E5:E12] 영역의 이름인 학년 입력 → 'Criteria' 인수에는 1학년의 값인 1을 입력한 후 [확인]을 클릭한다.

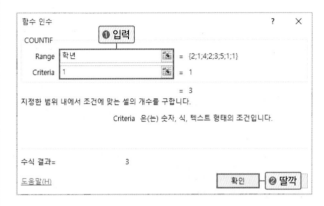

5 성지초등학교의 평균 포인트 구하기
(ROUND, DAVERAGE 함수)

① [J13] 셀에 =ROUND(입력 → Ctrl + A 를 눌러 [함수 인수] 대화상자를 실행한다.

② 조건인 '성지초등학교'의 평균 포인트를 계산하기 위해 'Number' 인수에 DAVERAGE(B4:J12,7,F4:F5) 입력 → 일의 자리에서 반올림하여 십의 자리까지 표시하기 위해 'Num_digits' 인수에는 −1을 입력한 후 [확인]을 클릭한다.

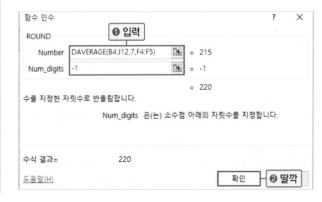

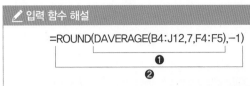

✎ 입력 함수 해설

$$=ROUND(DAVERAGE(B4:J12,7,F4:F5),-1)$$

❶
❷

❶ DAVERAGE(B4:J12,7,F4:F5): B4:J12 범위에서 학교명이 '성지초등학교'인 조건을 찾아 일곱 번째 열인 '도서 포인트' 필드에서 평균을 구한다.

❷ ROUND(❶,−1): ❶에서 구한 값을 일의 자리에서 반올림하여 십의 자리로 구한다.

---

6 관리코드에 맞는 대출도서 구하기(VLOOKUP 함수)

① [J14] 셀에 =VLOOKUP(입력 → Ctrl + A 를 눌러 [함수 인수] 대화상자를 실행한다.

② [함수 인수] 대화상자가 열리면 'Lookup_value' 인수에 찾는 값인 [H14] 셀 입력 → 'Table_array' 인수에는 데이터 전체 범위인 [B5:J12] 영역 입력 → 'Col_index_num' 인수에는 표시할 열인 대출도서의 열 번호 2 입력 → 'Range_lookup' 인수에는 0을 입력한 후 [확인]을 클릭한다.

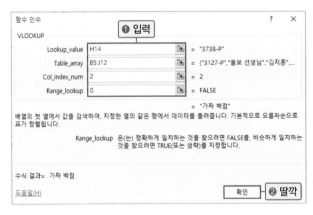

✎ 입력 함수 해설

$$=VLOOKUP(H14,B5:J12,2,0)$$

H14 셀의 '3738−P'를 참조 테이블로 지정한 B5:J12 범위의 첫 열에서 찾아 두 번째 열에 있는 '대출도서'를 값으로 구한다.

③ 결과를 확인한다.

02

제2작업

목표값 찾기 및 필터 / 표 서식

| 배점 80점
| 목표점수 80점

| 출제패턴

[제2작업]은 배점 80점으로, 크게 ① 목표값 찾기, ② 고급 필터, ③ 표 서식의 유형이 출제된다.

	출제패턴	난이도	세부 출제패턴
1	목표값 찾기	상 중 하	목표값 찾기
2	고급 필터	상 중 하	고급 필터로 데이터 추출
3	표 서식	상 중 하	고급 필터 표 서식 적용

| A등급 노하우

[제2작업]은 [제1작업]의 데이터를 복사한 후 작성한다.

목표값 찾기는 함수나 수식을 포함한 셀의 값에 목표값을 적용하기 때문에 함수식 작성에 주의해야 한다.

고급 필터는 조건식 작성이 중요하므로, AND나 OR 조건을 잘 판단하여 작성한다. 또, 반드시 출제되는 유형이므로 충분히 연습하여 감점되지 않도록 주의한다.

표 서식은 복사된 데이터에 서식을 제거하고 조건에서 제시된 스타일을 적용하면 되는 간단한 작업이므로 반드시 만점을 받을 수 있도록 해야 한다.

제2작업 | 목표값 찾기 및 필터

"제1작업" 시트의 「B4:H12」 영역을 복사하여 "제2작업" 시트의 「B2」 셀부터 모두 붙여넣기를 한 후 다음의 조건과 같이 작업하시오.

출력형태

	A	B	C	D	E	F	G	H	I
1									
2		상품코드	방송일	구분	상품명	판매가격(단위:원)	판매수량	상품평(단위:건)	
3		R25-01	2021-07-04	농산물	녹차현미쌀	48,200	2,887개	887	
4		S37-02	2021-08-10	수산물	먼바다돌미역	17,000	1,824개	824	
5		R14-03	2021-09-13	농산물	대봉흙곶감	65,000	3,121개	1,121	
6		K19-01	2021-07-01	축산물	자연유정란	15,000	3,892개	1,892	
7		R20-03	2021-08-23	농산물	돌산갓김치	23,000	1,926개	926	
8		K29-02	2021-09-12	축산물	우리떡갈비	45,000	3,168개	2,168	
9		R15-03	2021-08-25	농산물	황토고구마	35,000	2,121개	1,582	
10		S32-03	2021-09-10	수산물	황금빛돌게	60,000	1,523개	903	
11		농산물의 판매가격(단위:원) 평균						42,800	
12									
13									
14		구분	판매수량						
15		농산물	<=2500						
16									
17									
18		상품코드	방송일	구분	상품명	판매가격(단위:원)	판매수량	상품평(단위:건)	
19		R20-03	2021-08-23	농산물	돌산갓김치	23,000	1,926개	926	
20		R15-03	2021-08-25	농산물	황토고구마	35,000	2,121개	1,582	
21									

조건

(1) 목표값 찾기 – 「B11:G11」 셀을 병합하여 "농산물의 판매가격(단위:원) 평균"을 입력한 후 「H11」 셀에 농산물의 판매가격(단위:원)의 평균을 구하시오. 단, 조건은 입력데이터를 이용하시오(DAVERAGE 함수, 테두리, 가운데 맞춤).
　　　　　　　➡ 출제패턴 01. 목표값 찾기

　　　　　　－ '농산물의 판매가격(단위:원) 평균'이 '42,800'이 되려면 녹차현미쌀의 판매가격(단위:원)이 얼마가 되어야 하는지 목표값을 구하시오. ➡ 출제패턴 01. 목표값 찾기

(2) 고급 필터 － 구분이 '농산물'이면서 판매수량이 '2,500' 이하인 자료의 데이터만 추출하시오. ➡ 출제패턴 02. 고급 필터

　　　　　　－ 조건 범위: 「B14」 셀부터 입력하시오.

　　　　　　－ 복사 위치: 「B18」 셀부터 나타나도록 하시오.

01 | 목표값 찾기

세부 출제패턴 | **목표값 찾기**: [제1작업]의 데이터를 [제2작업] 시트로 복사하고 조건에 해당하는 평균값을 계산하여 목표값에 대한 올바른 입력값을 찾는다.

세부 출제패턴 | **목표값 찾기**

"제1작업" 시트의 「B4:H12」 영역을 복사하여 "제2작업" 시트의 「B2」 셀부터 모두 붙여넣기를 한 후 다음의 조건과 같이 작업하시오.

출력형태

상품코드	방송일	구분	상품명	판매가격(단위:원)	판매수량	상품평(단위:건)
R25-01	2021-07-04	농산물	녹차현미쌀	48,200	2,887개	887
S37-02	2021-08-10	수산물	먼바다돌미역	17,000	1,824개	824
R14-03	2021-09-13	농산물	대봉흙곶감	65,000	3,121개	1,121
K19-01	2021-07-01	축산물	자연유정란	15,000	3,892개	1,892
R20-03	2021-08-23	농산물	돌산갓김치	23,000	1,926개	926
K29-02	2021-09-12	축산물	우리떡갈비	45,000	3,168개	2,168
R15-03	2021-08-25	농산물	황토고구마	35,000	2,121개	1,582
S32-03	2021-09-10	수산물	황금빛돌게	60,000	1,523개	903
농산물의 판매가격(단위:원) 평균						42,800

구분	판매수량
농산물	<=2500

상품코드	방송일	구분	상품명	판매가격(단위:원)	판매수량	상품평(단위:건)
R20-03	2021-08-23	농산물	돌산갓김치	23,000	1,926개	926
R15-03	2021-08-25	농산물	황토고구마	35,000	2,121개	1,582

조건

○ 「B11:G11」 셀을 병합하여 "농산물의 판매가격(단위:원) 평균"을 입력한 후 「H11」 셀에 농산물의 판매가격(단위:원)의 평균을 구하시오. 단, 조건은 입력데이터를 이용하시오 (DAVERAGE 함수, 테두리, 가운데 맞춤).

○ '농산물의 판매가격(단위:원) 평균'이 '42,800'이 되려면 녹차현미쌀의 판매가격(단위:원)이 얼마가 되어야 하는지 목표값을 구하시오.

⬇ 작업 파일명 C:\에듀윌_2023_ITQ엑셀\Chapter02\그대로따라하기\세부출제패턴01_목표값찾기

⬇ 정답 파일명 C:\에듀윌_2023_ITQ엑셀\Chapter02\그대로따라하기\정답\세부출제패턴01_목표값찾기_완성

📝 **합격 GUIDE**

[제2작업]은 [제1작업] 시트에서 데이터를 복사해서 작업한다. 조건식에 들어갈 함수는 'AVERAGE'와 'DAVERAGE' 함수가 번갈아 출제되니 두 함수를 꼭 익혀두도록 한다.

1 데이터 복사하고 붙여넣기

① 데이터를 복사하기 위해 [제1작업] 시트 선택 → [B4:H12] 영역 드래그 → Ctrl + C 를 눌러 복사한다.

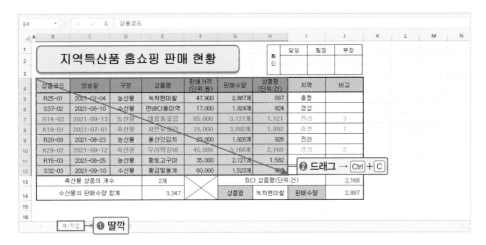

② [제2작업] 시트의 [B2] 셀 선택 → Ctrl + V 를 눌러 데이터를 붙여넣기 한다.

③ 열 너비를 복사하기 위해 [홈] 탭 – [클립보드] 그룹 – [붙여넣기] 내림단추 선택 → [선택하여 붙여넣기]를 선택한다.

★ 알아두면 좋은 TIP

[B2] 셀에서 오른쪽 마우스를 클릭한 후 [선택하여 붙여넣기]를 선택해도 된다.

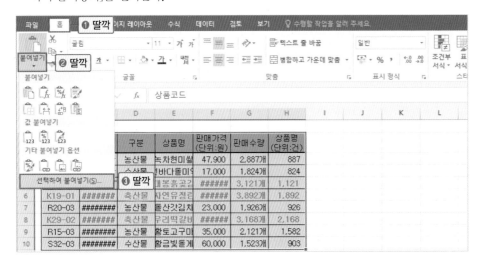

④ [제1작업] 시트의 열 너비와 동일하게 지정하기 위해 [선택하여 붙여넣기] 대화상자 – '열 너비'를 선택한 후 [확인]을 클릭한다.

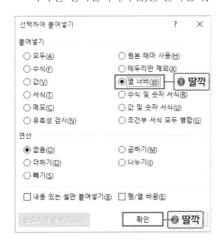

➕ 더 알아보기

[선택하여 붙여넣기] 대화상자
데이터를 복사(Ctrl + C)－붙
여넣기(Ctrl + V)한 후 〈붙여
넣기 옵션〉 메뉴에서 '열너비'
를 선택하면 열너비는 수정되
지만 복사한 조건부 서식의 결
과값이 달라질 수 있으므로 반
드시 [선택하여 붙여넣기] 대화
상자에서 열너비를 선택하여야
한다.

〈붙여넣기 옵션〉

〈선택하여 붙여넣기〉

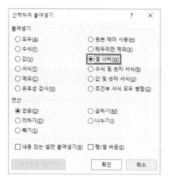

---

2 셀 병합하고 조건식 작성하기

① [B11:G11] 영역 드래그 → [홈] 탭 – [맞춤] 그룹 – '병합하고 가운데 맞춤'(⊟)을 선택한다.

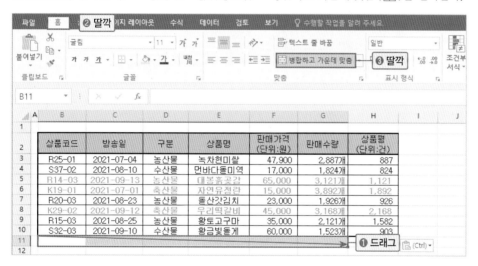

② 병합된 셀에 농산물의 판매가격(단위:원) 평균을 입력한다.

③ [H11] 셀에 =DAVERAGE(입력 → Ctrl + A 를 눌러 [함수 인수] 대화상자를 실행한다.

④ [함수 인수] 대화상자의 'Database' 인수에 [B2:H10] 영역을 드래그하여 입력 → 'Field' 인
수에는 '판매가격'의 열 번호인 5 입력 → 'Criteria' 인수에는 [D2:D3] 영역을 드래그하여
입력한 후 [확인]을 클릭한다.

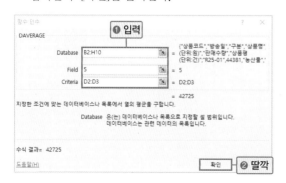

★ 알아두면 좋은 TIP

DAVERAGE 함수: 지정한 조건에
맞는 데이터베이스 항목(필드)의
평균을 계산하는 함수
형식
=DAVERAGE(데이터베이스,필드,
조건범위)

3 서식 지정하기

① [H11] 셀 선택 → [홈] 탭 – [맞춤] 그룹 – '가운데 맞춤'(▤) 클릭 → [표시 형식] 그룹에서 '쉼표 스타일'(,)을 선택한다.

② [B11:H11] 영역 드래그 → [홈] 탭 – [글꼴] 그룹 – [테두리]의 내림단추(▼)를 선택한 후 '모든 테두리'(⊞)를 선택한다.

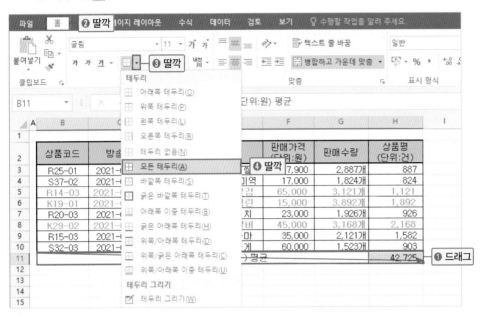

4 목표값 찾기

① 평균값이 입력된 [H11] 셀 선택 → [데이터] 탭 – [예측] 그룹에서 [가상분석] – [목표값 찾기]를 선택한다.

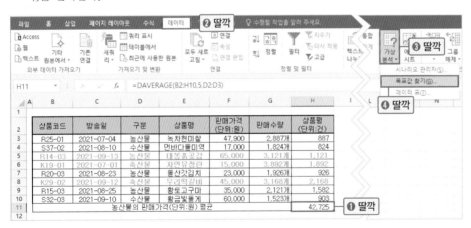

② [목표값 찾기] 대화상자의 '수식 셀'에 'H11'이 입력되어 있는지 확인 → '찾는 값'에는 42800 입력 → '값을 바꿀 셀'에는 [F3] 셀을 선택하여 입력한 후 [확인]을 클릭한다.

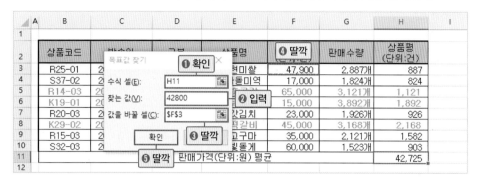

➕ 더 알아보기

[목표값 찾기] 대화상자
'목표값 찾기'란 원하는 값을 구하기 위해 값을 바꿀 셀이 어떻게 바뀌어야 하는지를 찾아내는 가상 분석 기능이다.

❶ **수식 셀**: 목표값이 적용될 수식이 작성된 셀
❷ **찾는 값**: 원하는 목표값
❸ **값을 바꿀 셀**: 원하는 목표값을 찾기 위해 값이 바뀌어야 하는 셀

노른자 강의 바로 보기

③ '목표값 찾기' 결과가 나타나면 [H11] 셀의 값이 '42,725'에서 '42,800'으로 변경된 것을 확인한 후 [목표값 찾기 상태] 대화상자에서 [확인]을 클릭한다.

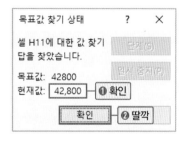

④ '녹차현미쌀'의 판매가격이 '47,900'에서 '48,200'으로 변경된 것을 확인한다.

	상품코드	방송일	구분	상품명	판매가격 (단위:원)	판매수량	상품평 (단위:건)
3	R25-01	2021-07-04	농산물	녹차현미쌀	48,200	2,887개	887
4	S37-02	2021-08-10	수산물	먼바다돌미역	17,000	1,824개	824
5	R14-03	2021-09-13	농산물	대봉흙곶감	65,000	3,121개	1,121
6	K19-01	2021-07-01	축산물	자연유정란	15,000	3,892개	1,892
7	R20-03	2021-08-23	농산물	돌산갓김치	23,000	1,926개	926
8	K29-02	2021-09-12	축산물	우리떡갈비	45,000	3,168개	2,168
9	R15-03	2021-08-25	농산물	황토고구마	35,000	2,121개	1,582
10	S32-03	2021-09-10	수산물	황금빛돌게	60,000	1,523개	903
11	농산물의 판매가격(단위:원) 평균						42,800

다음 조건에 맞게 목표값을 구하시오.

출력형태

	제품코드	모델명	방식	제조사	가격	소비전력(W)	등록일
	BK1-021	에어셀카모	전기요	보국전자	71,200원	95	2019-10-23
	RA2-019	보헤미안무자계	전기매트	리앤데코	151,260원	190	2020-04-15
	HL3-099	황토온돌마루	온수매트	한일의료기	220,760원	350	2020-10-15
	RD1-035	라디라이트	전기매트	라디언스	210,000원	75	2020-09-05
	OE1-082	뉴드림스파	온수매트	일월전자	80,860원	240	2019-09-03
	OE1-076	황토보료	전기매트	일월전자	139,860원	180	2020-11-21
	BE2-073	보이로전기요	전기요	보이로	163,800원	120	2019-10-08
	HE2-052	올크리니베이직	전기요	한일전기	95,000원	150	2020-09-19
	전기요의 가격 평균						110,000

작업 파일명

C:₩에듀윌_2023_ITQ엑셀₩ Chapter 02₩연습문제₩세부출제패턴_연습01_목표값찾기

정답 파일명

C:₩에듀윌_2023_ITQ엑셀₩ Chapter 02₩연습문제₩정답₩세부출제패턴_연습01_목표값찾기_완성

조건

'전기요의 가격 평균'이 '110,000'이 되려면 에어셀카모의 가격이 얼마가 되어야 하는지 목표값을 구하시오.

1 데이터 복사하고 붙여넣기

① [제1작업] 시트 선택 → [B4:H12] 영역을 드래그한 후 Ctrl + C를 눌러 복사 → [제2작업] 시트의 [B2] 셀 선택 → Ctrl + V를 눌러 데이터를 붙여넣기한다.

② 열 너비를 복사하기 위해 [홈] 탭 – [클립보드] 그룹 – [붙여넣기] 내림단추 선택 → [선택하여 붙여넣기]를 선택한다.

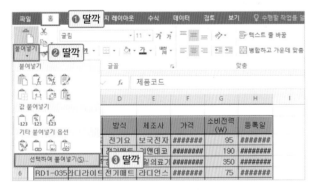

③ [제1작업] 시트의 열 너비와 동일하게 지정하기 위해 [선택하여 붙여넣기] 대화상자 – '열 너비'를 선택한 후 [확인]을 클릭한다.

2 셀 병합하고 조건식 작성하기

① [B11:G11] 영역 드래그 → [홈] 탭 – [맞춤] 그룹 – '병합하고 가운데 맞춤'( ) 선택 → 병합된 셀에 전기요의 가격 평균을 입력한다.

② [H11] 셀에 =DAVERAGE(입력 → Ctrl + A를 눌러 [함수 인수] 대화상자를 실행한다.

③ 'Database' 인수에 [B2:H10] 영역을 드래그하여 입력 → 'Field' 인수에는 5 입력 → 'Criteria' 인수에는 조건영역인 [D2:D3] 영역을 드래그하여 입력한 후 [확인]을 클릭한다.

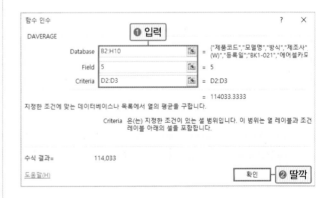

3 서식 지정하기

① [H11] 셀 선택 → [홈] 탭 – [맞춤] 그룹 – '가운데 맞춤' (☰)선택 → [표시 형식] 그룹에서 '쉼표 스타일'(,)을 선택한다.

② [B11:H11] 영역 드래그 → [홈] 탭 – [글꼴] 그룹 – [테두리] – '모든 테두리'(⊞)를 선택한다.

4 목표값 찾기

① 평균값이 입력된 [H11] 셀 선택 → [데이터] 탭 – [예측] 그룹에서 [가상분석] – [목표값 찾기]를 선택한다.

② [목표값 찾기] 대화상자에서 '수식 셀'에 'H11'이 입력되어 있는지 확인 → '찾는 값'에는 110000 입력 → '값을 바꿀 셀'에는 [F3] 셀을 선택하여 입력한 후 [확인]을 클릭한다.

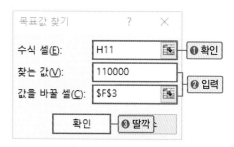

③ '목표값 찾기' 결과가 나타나면 [H11] 셀의 값이 '114,033'에서 '110,000'으로 변경된 것을 확인 → [F3] 셀의 값이 '83,300'에서 '71,200'으로 변경된 것을 확인 → [목표값 찾기 상태] 대화상자에서 [확인]을 클릭한다.

02 | 고급 필터

세부 출제패턴　고급 필터로 데이터 추출: 필터의 조건을 입력한 후 작성한 [조건]에 맞는 필터의 결과를 추출한다.

세부 출제패턴　고급 필터로 데이터 추출

구분이 '농산물'이면서 판매수량이 '2,500' 이하인 자료의 데이터만 추출하시오.

출력형태

상품코드	방송일	구분	상품명	판매가격(단위:원)	판매수량	상품평(단위:건)
R25-01	2021-07-04	농산물	녹차현미쌀	48,200	2,887개	887
S37-02	2021-08-10	수산물	먼바다톨미역	17,000	1,824개	824
R14-03	2021-09-13	농산물	대봉흙곶감	65,000	3,121개	1,121
K19-01	2021-07-01	축산물	자연유정란	15,000	3,892개	1,892
R20-03	2021-08-23	농산물	돌산갓김치	23,000	1,926개	926
K29-02	2021-09-12	축산물	우리떡갈비	45,000	3,168개	2,168
R15-03	2021-08-25	농산물	황토고구마	35,000	2,121개	1,582
S32-03	2021-09-10	수산물	황금빛돌게	60,000	1,523개	903
농산물의 판매가격(단위:원) 평균						42,800

구분	판매수량
농산물	<=2500

상품코드	방송일	구분	상품명	판매가격(단위:원)	판매수량	상품평(단위:건)
R20-03	2021-08-23	농산물	돌산갓김치	23,000	1,926개	926
R15-03	2021-08-25	농산물	황토고구마	35,000	2,121개	1,582

조건

○ 조건 범위: 「B14」 셀부터 입력하시오.
○ 복사 위치: 「B18」 셀부터 나타나도록 하시오.

작업 파일명 C:\에듀윌_2023_ITQ엑셀\Chapter02\그대로따라하기\세부출제패턴02_고급필터로데이터추출
정답 파일명 C:\에듀윌_2023_ITQ엑셀\Chapter02\그대로따라하기\정답\세부출제패턴02_고급필터로데이터추출_완성

1 고급 필터 조건식 작성하기

① 조건식의 필드로 작성할 필드 제목인 '구분(D2)' 셀 선택 → Ctrl을 눌러 '판매수량(G2)' 셀 선택 → Ctrl + C를 눌러 데이터를 복사한다.

합격 GUIDE

고급 필터는 요구되는 조건을 조건식으로 잘 작성하는 것이 중요하다. AND나 OR 조건으로 조건식을 작성하고, 해당 결과를 다른 위치에 추출하는 방법으로 출제된다.

② [B14] 셀 선택 → Ctrl + V 를 눌러 데이터를 붙여넣기 한다.

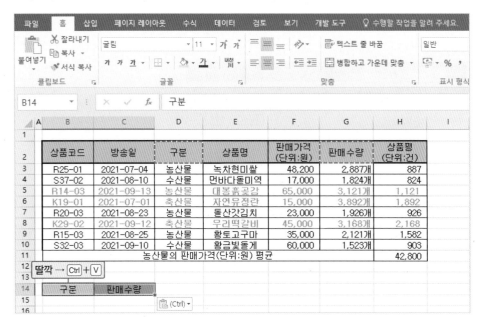

③ 구분과 판매수량 조건을 모두 만족해야 하므로 [B15] 셀에 농산물 입력 → [C15] 셀에는 <=2500을 입력하여 AND 조건으로 작성한다.

	구분	판매수량	
14	구분	판매수량	
15	농산물	<=2500	입력
16			

! 감점방지 TIP

서로 다른 조건식을 AND 조건으로 지정하려면 같은 행에 조건을 입력해야 한다.

✚ 더 알아보기

❶ 고급 필터의 조건식 작성 규칙

　① **AND 조건**: 조건이 서로 같은 행에 입력되어야 한다.

　　㉠ 부서가 '영업부'이면서 키가 '170' 이상인 데이터를 추출한다.

부서	키
영업부	>=170

　② **OR 조건**: 조건이 서로 다른 행에 입력되어야 한다.

　　㉠ 부서가 '영업부'이거나 키가 '170' 이상인 데이터를 추출한다.

부서	키
영업부	
	>=170

　③ ㉠ 부서가 '영업부'이면서 키가 '170' 이상이거나 부서가 '총무부'이면서 키가 '170' 이상인 데이터를 추출한다.

부서	키
영업부	>=170
총무부	>=170

❷ 다양한 연산자 사용하기

　① **숫자**: 연산자로 조건식을 작성한다.

　　㉠ 같다(=), 크다(>), 크거나 같다(>=), 작다(<), 작거나 같다(<=), 같지 않다(<>)

　② **문자**: 모든 문자를 대치하는 '*'이나 한 문자를 대치하는 '?'로 조건식을 작성한다.

　　㉠ A로 시작하는 문자열(A*), A가 포함된 문자열(*A*), A로 시작하는 세 글자 문자열(A??)

노른자 강의 바로 보기

2 고급 필터 실행하기

① 데이터 범위인 [B2:H10] 영역 드래그 → [데이터] 탭 – [정렬 및 필터] 그룹 – [고급]을 선택한다.

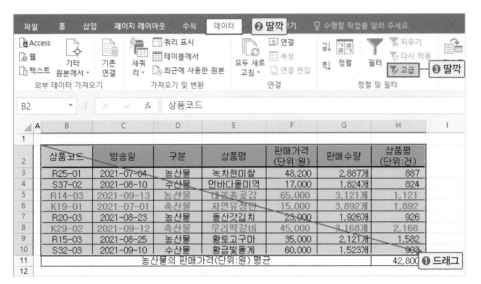

② [고급 필터] 대화상자의 '목록 범위'에 현재 선택한 데이터 범위가 입력되어 있는지 확인 → '조건 범위'에는 [B14:C15] 영역을 드래그하여 입력 → '다른 장소에 복사' 선택 → '복사 위치'에 [B18] 셀을 선택하여 입력한 후 [확인]을 클릭한다.

(!) 감점방지 TIP

① '목록 범위'(이미 선택되어 있음) → ② '조건 범위' → ③ '다른 장소에 복사' → ④ '복사 위치' 순으로 수행해야 정확한 값을 얻을 수 있다.

노른자 강의 바로 보기

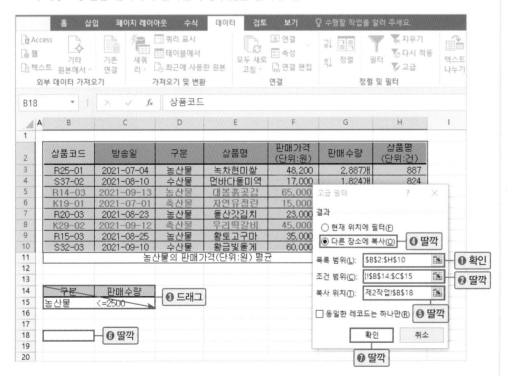

③ 결과를 확인한다.

상품코드	방송일	구분	상품명	판매가격 (단위:원)	판매수량	상품평 (단위:건)
R25-01	2021-07-04	농산물	녹차현미쌀	48,200	2,887개	887
S37-02	2021-08-10	수산물	먼바다돌미역	17,000	1,824개	824
R14-03	2021-09-13	농산물	대봉홍곶감	65,000	3,121개	1,121
K19-01	2021-07-01	축산물	자연유정란	15,000	3,892개	1,892
R20-03	2021-08-23	농산물	돌산갓김치	23,000	1,926개	926
K29-02	2021-09-12	축산물	우리떡갈비	45,000	3,168개	2,168
R15-03	2021-08-25	농산물	황토고구마	35,000	2,121개	1,582
S32-03	2021-09-10	수산물	황금빛돌게	60,000	1,523개	903
농산물의 판매가격(단위:원) 평균						42,800

구분	판매수량
농산물	<=2500

확인

상품코드	방송일	구분	상품명	판매가격 (단위:원)	판매수량	상품평 (단위:건)
R20-03	2021-08-23	농산물	돌산갓김치	23,000	1,926개	926
R15-03	2021-08-25	농산물	황토고구마	35,000	2,121개	1,582

➕ 더 알아보기

고급 필터에서 정해진 필드만 복사할 때

고급 필터에서 추출된 결과를 다른 장소에 복사할 때 특정 필드의 데이터만 추출하는 문제가 출제된다. 이때는 미리 추출해야 하는 데이터의 해당 필드명을 복사하여 복사 위치에 붙여넣기 한 후 고급 필터를 실행해야 한다.

예시문제로 알아보기

조건

구분이 '농산물', 판매수량이 '2,500' 이하인 자료의 상품코드, 상품명, 판매가격(단위:원) 데이터만 추출하시오.

❶ 먼저 데이터베이스에서 필터로 실행할 상품코드, 상품명, 판매가격(단위:원) 필드 제목만 Ctrl 을 눌러 선택 → Ctrl + C 를 눌러 복사 → B18 셀을 선택한 후 Ctrl + V 를 눌러 데이터를 붙여넣기한다.

❷ [고급 필터] 대화상자의 '복사 위치'에 복사해 놓은 필드 제목 영역을 드래그하여 입력한 후 [확인]을 클릭한다.

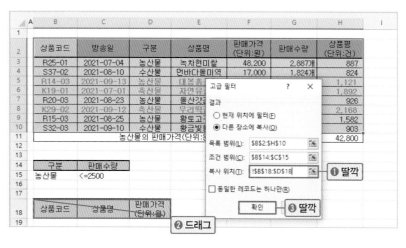

❸ 결과를 확인한다.

	상품코드	방송일	구분	상품명	판매가격 (단위:원)	판매수량	상품평 (단위:건)	
3	R25-01	2021-07-04	농산물	녹차현미쌀	48,200	2,887개	887	
4	S37-02	2021-08-10	수산물	먼바다돌미역	17,000	1,824개	824	
5	R14-03	2021-09-13	농산물	대봉홍곶감	65,000	3,121개	1,121	
6	K19-01	2021-07-01	축산물	자연유정란	15,000	3,892개	1,892	
7	R20-03	2021-08-23	농산물	돌산갓김치	23,000	1,926개	926	
8	K29-02	2021-09-12	축산물	우리떡갈비	45,000	3,168개	2,168	
9	R15-03	2021-08-25	농산물	황토고구마	35,000	2,121개	1,582	
10	S32-03	2021-09-10	수산물	황금빛돌게	60,000	1,523개	903	
11	농산물의 판매가격(단위:원) 평균						42,800	

	구분	판매수량
14		
15	농산물	<=2500

	상품코드	상품명	판매가격 (단위:원)	확인
19	R20-03	돌산갓김치	23,000	
20	R15-03	황토고구마	35,000	

제품코드가 'R'로 시작하거나, 소비전력(W)이 '200' 이상인 자료의 데이터만
추출하시오.

출력형태

	제품코드	모델명	방식	제조사	가격	소비전력(W)	등록일
	BK1-021	에어셀카모	전기요	보국전자	71,200원	95	2019-10-23
	RA2-019	보헤미안무자계	전기매트	리앤데코	151,260원	190	2020-04-15
	HL3-099	황토온돌마루	온수매트	한일의료기	220,760원	350	2020-10-15
	RD1-035	라디라이트	전기매트	라디언스	210,000원	75	2020-09-05
	OE1-082	뉴드림스파	온수매트	일월전자	80,860원	240	2019-09-03
	OE1-076	황토보료	전기매트	일월전자	139,860원	180	2020-11-21
	BE2-073	보이로전기요	전기요	보이로	163,800원	120	2019-10-08
	HE2-052	올크리니베이직	전기요	한일전기	95,000원	150	2020-09-19
		전기요의 가격 평균					110,000

	제품코드	소비전력(W)
	R*	
		>=200

	제품코드	모델명	방식	제조사	가격	소비전력(W)	등록일
	RA2-019	보헤미안무자계	전기매트	리앤데코	151,260원	190	2020-04-15
	HL3-099	황토온돌마루	온수매트	한일의료기	220,760원	350	2020-10-15
	RD1-035	라디라이트	전기매트	라디언스	210,000원	75	2020-09-05
	OE1-082	뉴드림스파	온수매트	일월전자	80,860원	240	2019-09-03

작업 파일명

C:₩에듀윌_2023_ITQ엑셀₩ Chapter 02₩연습문제₩세부출제패턴_연습02_고급필터로데이터추출

정답 파일명

C:₩에듀윌_2023_ITQ엑셀₩ Chapter 02₩연습문제₩정답₩세부출제패턴_연습02_고급필터로데이터추출_완성

조건

○ **조건 범위:** 「B14」 셀부터 입력하시오.
○ **복사 위치:** 「B18」 셀부터 나타나도록 하시오.

---

1 고급 필터 조건식 작성하기

① 조건식의 필드로 작성할 필드 제목인 '제품코드(B2)' 셀과 '소비전력(W)(G2)' 셀을 Ctrl을 눌러 선택 → Ctrl + C를 눌러 복사 → [B14] 셀을 선택한 후 Ctrl + V를 눌러 데이터를 붙여넣기 한다.

② 제품코드와 소비전력(W) 조건 중 하나 이상 만족하면 되므로 [B15] 셀에 R* 입력 → [C16] 셀에는 >=200을 입력하여 OR 조건으로 작성한다.

2 고급 필터 실행하기

① 데이터 범위인 [B2:H10] 영역 드래그 → [데이터] 탭 - [정렬 및 필터] 그룹 - [고급]을 선택한다.

② [고급 필터] 대화상자의 '목록 범위'에 현재 선택한 데이터 범위가 입력되어 있는지 확인 → '조건 범위'에는 [B14:

C16] 영역을 드래그하여 입력 → '다른 장소에 복사' 선택 → '복사 위치'에는 [B18] 셀을 선택하여 입력한 후 [확인]을 클릭한다.

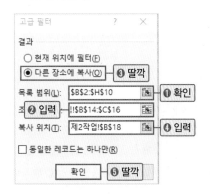

③ 결과를 확인한다.

	제품코드	소비전력(W)					
	R*						
		>=200					
	제품코드	모델명	방식	제조사	가격	소비전력(W)	등록일
	RA2-019	보헤미안무자계	전기매트	리앤데코	151,260원	190	2020-04-15
	HL3-099	황토온돌마루	온수매트	한일의료기	220,760원	350	2020-10-15
	RD1-035	라디라이트	전기매트	라디언스	210,000원	75	2020-09-05
	OE1-082	뉴드림스파	온수매트	일월전자	80,860원	240	2019-09-03

제2작업 | 필터 및 표 서식

"제1작업" 시트의 「B4:H12」 영역을 복사하여 "제2작업" 시트의 「B2」 셀부터 모두 붙여넣기를 한 후 다음의 조건과 같이 작업하시오.

출력형태

	상품코드	상품명	구분	상품입고일	판매가격	전월매출 (단위:천원)	2월 판매수량
	N3281	다질링 홍차	허브차	2022-01-05	32,500원	1,275	37
	B5542	런던프룻	과일차	2022-01-05	33,500원	1,173	16
	H7528	오가닉 케모마일	허브차	2022-01-04	25,000원	1,125	24
	K2142	유기농 대작	녹차	2022-01-05	55,000원	1,595	29
	B6249	네이블 오렌지	과일차	2022-01-05	47,500원	3,600	35
	K7293	딸기앤망고	과일차	2022-01-07	35,000원	1,890	31
	K4577	차예화개녹차	녹차	2022-01-03	33,000원	1,980	27
	H1893	루이보스	허브차	2022-01-05	32,000원	2,368	20

상품코드	2월 판매수량
K*	
	<=20

상품코드	상품명	판매가격	2월 판매수량
B5542	런던프룻	33,500원	16
K2142	유기농 대작	55,000원	29
K7293	딸기앤망고	35,000원	31
K4577	차예화개녹차	33,000원	27
H1893	루이보스	32,000원	20

조건

(1) 고급 필터   – 상품코드가 'K'로 시작하거나, 2월 판매수량이 '20' 이하인 자료의 상품코드, 상품명, 판매가격, 2월 판매수량 데이터만 추출하시오.

        – 조건 범위: 「B14」 셀부터 입력하시오.

        – 복사 위치: 「B18」 셀부터 나타나도록 하시오. ➡ 출제패턴 02. 고급 필터

(2) 표 서식   – 고급 필터의 결과 셀을 채우기 없음으로 설정한 후 '표 스타일 보통 6'의 서식을 적용하시오.

        – 머리글 행, 줄무늬 행을 적용하시오. ➡ 출제패턴 03. 표 서식

03 | 표 서식

세부 출제패턴 고급 필터 표 서식 적용: 출력형태 와 동일하게 표 스타일을 적용한다.

세부 출제패턴	고급 필터 표 서식 적용

고급 필터의 결과 셀에 조건에 맞는 표 서식을 적용하시오.

출력형태

	A	B	C	D	E	F	G	H	I
1									
2		상품코드	상품명	구분	상품입고일	판매가격	전월매출(단위:천원)	2월판매수량	
3		N3281	다질링 홍차	허브차	2022-01-05	32,500원	1,275	37	
4		B5542	런던프롯	과일차	2022-01-05	33,500원	1,173	16	
5		H7528	오가닉 케모마일	허브차	2022-01-04	25,000원	1,125	24	
6		K2142	유기농 대작	녹차	2022-01-05	55,000원	1,595	29	
7		B6249	네이블 오렌지	과일차	2022-01-05	47,500원	3,600	35	
8		K7293	딸기앤망고	과일차	2022-01-07	35,000원	1,890	31	
9		K4577	차예화개녹차	녹차	2022-01-03	33,000원	1,980	27	
10		H1893	루이보스	허브차	2022-01-05	32,000원	2,368	20	
11									
12									
13									
14		상품코드	2월판매수량						
15		K*							
16			<=20						
17									
18		상품코드	상품명	판매가격	2월판매수량				
19		B5542	런던프롯	33,500원	16				
20		K2142	유기농 대작	55,000원	29				
21		K7293	딸기앤망고	35,000원	31				
22		K4577	차예화개녹차	33,000원	27				
23		H1893	루이보스	32,000원	20				
24									

조건

○ 고급 필터의 결과 셀을 채우기 없음으로 설정한 후 '표 스타일 보통 6'의 서식을 적용하시오.

○ 머리글 행, 줄무늬 행을 적용하시오.

📥 작업 파일명 C:\에듀윌_2023_ITQ엑셀\Chapter02\그대로따라하기\세부출제패턴03_고급필터표서식적용
📥 정답 파일명 C:\에듀윌_2023_ITQ엑셀\Chapter02\그대로따라하기\정답\세부출제패턴03_고급필터표서식적용_완성

✏️ **합격 GUIDE**

[제2작업]에서는 '고급 필터와 표 서식'에 대한 작업이 출제되며, 고급 필터의 결과 셀에 표 서식을 적용하여 기존의 채우기 서식을 없애고, 새로운 표 서식을 적용하는 패턴으로 출제된다.

① 고급 필터를 실행한다.

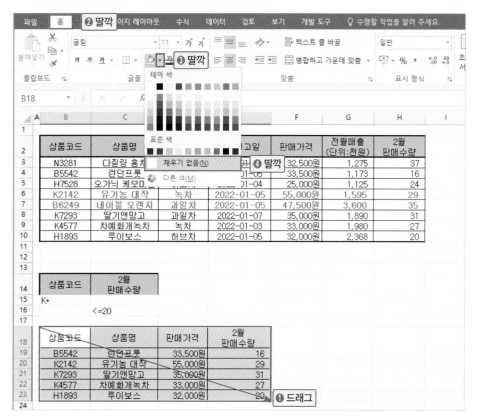

② 고급 필터의 결과 셀이 복사된 [B18:E23] 영역 드래그 → [홈] 탭 – [글꼴] 그룹 – [채우기 색]의 내림단추 선택 → '채우기 없음'을 선택한다.

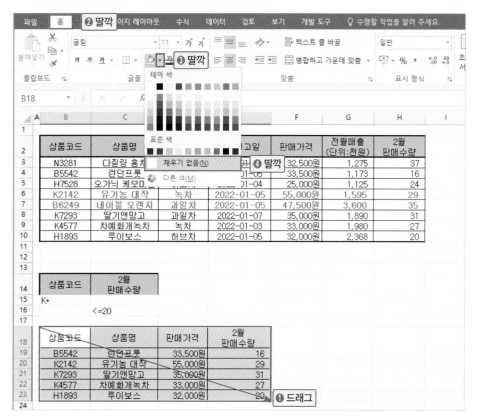

③ [홈] 탭 – [스타일] 그룹 – [표 서식]을 선택한 후 '표 스타일 보통 6'을 선택한다.

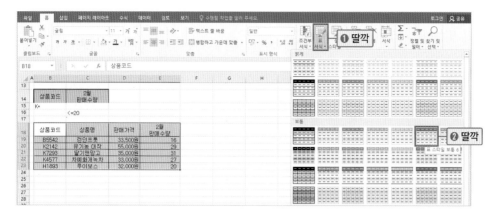

④ [표 서식] 대화상자에서 표 서식을 적용할 데이터 범위인 [B18:E23] 영역이 지정되었는지
  확인 → '머리글 포함'에 체크되어 있는지 확인 → [확인]을 클릭한다.

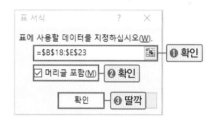

⑤ 표 서식이 적용되면 [표 도구] – [디자인] 탭 – [표 스타일 옵션] 그룹에서 '머리글 행'과
  '줄무늬 행'에 체크가 되어 있는지 확인한다.

★ 알아두면 좋은 TIP

표 서식을 적용하면 '머리글 행'과
'줄무늬 행'은 기본 옵션으로 적용
되어 있다.

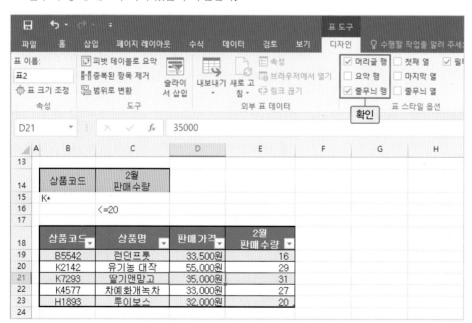

고급 필터의 결과 셀에 조건에 맞는 표 서식을 적용하시오.

출력형태

상품코드	상품명	분류	제조사	탑승 가능 무게(kg)	상품가격 (단위:원)	판매수량
TC01-3	페도라 S9	쌍둥이	그리지오	30	534,000	93대
HG02-1	멜란지 에디션	휴대용	느와르	15	420,000	281대
HG01-2	그릭블루 L2	휴대용	그리지오	18	357,000	321대
DC02-2	테크노 Z2	디럭스	그리지오	24	623,000	285대
TC04-3	리안 트윈	쌍둥이	카멜	28	652,000	126대
DF03-1	제프 V3	디럭스	카멜	15	724,000	98대
HW02-2	예츠	휴대용	느와르	17	392,000	150대
DE01-1	프로스트	디럭스	느와르	17	445,000	351대

분류	판매수량
휴대용	<=300

상품코드	상품명	분류	제조사	탑승 가능 무게(kg)	상품가격 (단위:원)	판매수량
HG02-1	멜란지 에디션	휴대용	느와르	15	420,000	281대
HW02-2	예츠	휴대용	느와르	17	392,000	150대

작업 파일명

C:₩에듀윌_2023_ITQ엑셀₩ Chapter 02₩연습문제₩세부출제패턴_연습03_고급필터표서식적용

정답 파일명

C:₩에듀윌_2023_ITQ엑셀₩ Chapter 02₩연습문제₩정답₩세부출제패턴_연습03_고급필터표서식적용_완성

조건

○ 고급 필터의 결과 셀을 채우기 없음으로 설정한 후 '표 스타일 보통 6'의 서식을 적용하시오.
○ 머리글 행, 줄무늬 행을 적용하시오.

① 고급 필터를 실행한다.

② 고급 필터의 결과 셀이 복사된 [B18:H20] 영역 드래그 → [홈] 탭 – [글꼴] 그룹 – [채우기 색]의 내림단추 선택 → '채우기 없음'을 선택한다.

③ [홈] 탭 – [스타일] 그룹 – [표 서식]을 선택한 후 '표 스타일 보통 6'을 선택한다.

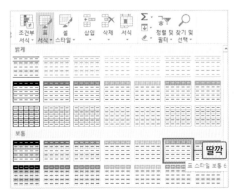

④ [표 서식] 대화상자에서 표 서식을 적용할 데이터 범위인 [B18:H20] 영역이 지정되었는지 확인 → '머리글 포함'에 체크되어 있는지 확인 → [확인]을 클릭한다.

⑤ 표 서식이 적용되면 [표 도구] – [디자인] 탭 – [표 스타일 옵션] 그룹에서 '머리글 행'과 '줄무늬 행'에 체크가 되어 있는지 확인한다.

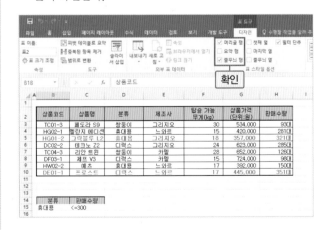

제3작업

정렬 및 부분합 / 피벗 테이블

| 배점 80점
| 목표점수 70점

| 출제패턴

[제3작업]은 배점 80점으로, 크게 ① 데이터 정렬과 부분합, ② 피벗 테이블 유형 중 하나가 출제된다.

	출제패턴	난이도	세부 출제패턴
1	데이터 정렬	상 중 하	데이터 복사와 정렬
2	부분합	상 중 하	부분합 작성과 윤곽 지우기
3	피벗 테이블	상 중 하	피벗 테이블 작성, 그룹화와 정렬, 피벗 테이블 옵션과 셀 서식 지정

| A등급 노하우

정렬 및 부분합 문제의 경우 [제1작업]의 데이터를 복사한 후 정렬을 지정하고, 부분합을 작성하도록 한다. 순서가 바뀔 경우 제대로 된 부분합 결과가 나오지 않으니 주의해야 한다.

피벗 테이블은 출력형태를 보고 필드가 제대로 작성되도록 행, 열, 값 영역에 적용해야 한다. 이때 필드의 위치를 바꿔가며 출력형태에 맞도록 작성하는 것이 중요하다. 부분합보다 상대적으로 어려운 문제이므로 최근 자주 출제되는 피벗 테이블 문제는 많이 다뤄보는 것이 좋다.

제3작업 | 정렬 및 부분합

"제1작업" 시트의 「B4:H12」 영역을 복사하여 "제3작업" 시트의 「B2」 셀부터 모두 붙여넣기를 한 후 다음의 조건과 같이 작업하시오.

출력형태

	제품코드	모델명	방식	제조사	가격	소비전력(W)	등록일
	BK1-021	에어셀카모	전기요	보국전자	83,300원	95	2019-10-23
	BE2-073	보이로전기요	전기요	보이로	163,800원	120	2019-10-08
	HE2-052	올크리니베이직	전기요	한일전기	95,000원	150	2020-09-19
			전기요 최대값		163,800원		
		3	전기요 개수				
	RA2-019	보헤미안무자계	전기매트	리앤데코	151,260원	190	2020-04-15
	RD1-035	라디라이트	전기매트	라디언스	210,000원	75	2020-09-05
	OE1-076	황토보료	전기매트	일월전자	139,860원	180	2020-11-21
			전기매트 최대값		210,000원		
		3	전기매트 개수				
	HL3-099	황토온돌마루	온수매트	한일의료기	220,760원	350	2020-10-15
	OE1-082	뉴드림스파	온수매트	일월전자	80,860원	240	2019-09-03
			온수매트 최대값		220,760원		
		2	온수매트 개수				
			전체 최대값		220,760원		
		8	전체 개수				

조건

(1) 부분합 – 출력형태 처럼 정렬하고, 모델명의 개수와 가격의 최대값을 구하시오. ➡ 출제패턴 01. 데이터 정렬 ➡ 출제패턴 02. 부분합

(2) 윤곽 – 지우시오. ➡ 출제패턴 02. 부분합

(3) 나머지 사항은 출력형태 에 맞게 작성하시오.

01 | 데이터 정렬

데이터 복사와 정렬: [제1작업] 시트의 데이터를 [제3작업] 시트로 복사하여 출력형태 와 동일하게
내림차순 또는 오름차순으로 정렬한다.

세부 출제패턴	데이터 복사와 정렬

"제1작업" 시트의 「B4:H12」 영역을 복사하여 "제3작업" 시트의 「B2」 셀부터 모두
붙여넣기를 한 후 다음의 조건과 같이 작업하시오.

출력형태

	A	B	C	D	E	F	G	H	I	J	K
1											
2		제품코드	모델명	방식	제조사	가격	소비전력(W)	등록일			
3		BK1-021	에어셀카모	전기요	보국전자	83,300원	95	2019-10-23			
4		BE2-073	보이로전기요	전기요	보이로	163,800원	120	2019-10-08			
5		HE2-052	몰크리니베이직	전기요	한일전기	95,000원	150	2020-09-19			
6				전기요 최대값		163,800원					
7			3	전기요 개수							
8		RA2-019	보헤미안무자계	전기매트	리앤데코	151,260원	190	2020-04-15			
9		RD1-035	라디라이트	전기매트	라디언스	210,000원	75	2020-09-05			
10		OE1-076	황토보료	전기매트	일월전자	139,860원	180	2020-11-21			
11				전기매트 최대값		210,000원					
12			3	전기매트 개수							
13		HL3-099	황토온돌마루	온수매트	한일의료기	220,760원	350	2020-10-15			
14		OE1-082	뉴드림스파	온수매트	일월전자	80,860원	240	2019-09-03			
15				온수매트 최대값		220,760원					
16			2	온수매트 개수							
17				전체 최대값		220,760원					
18			8	전체 개수							

조건

출력형태 처럼 정렬하시오.

⬇ **작업 파일명** C:₩에듀윌_2023_ITQ엑셀₩Chapter03₩그대로따라하기₩세부출제패턴01_데이터복사와정렬

⬇ **정답 파일명** C:₩에듀윌_2023_ITQ엑셀₩Chapter03₩그대로따라하기₩정답₩세부출제패턴01_데이터복사와
정렬_완성

📝 **합격 GUIDE**

[제3작업]은 [제1작업] 시트에서 표를 복사해서 작업하므로, [제1작업]에서 표의 내용을 정확히 입력해두어야 출력형태 와 동일한 결과를 얻을 수 있다. 또한 정렬은 부분합 작업을 하기 전 진행하는 작업으로, 정렬해야 하는 필드를 정확히 선택해야 다음에 작업할 부분합을 출력형태 와 동일하게 할 수 있다.

1 데이터 복사하고 붙여넣기

① 데이터를 복사하기 위해 [제1작업] 시트 선택 → [B4:H12] 영역 드래그 → Ctrl + C 를 눌러 복사한다.

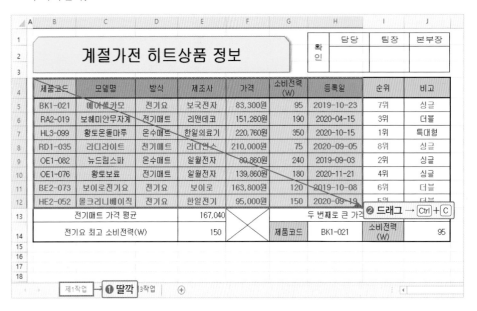

② [제3작업] 시트의 [B2] 셀 선택 → Ctrl + V 를 눌러 데이터를 붙여넣기 한다.

③ 열 너비를 복사하기 위해 [홈] 탭 – [클립보드] 그룹 – [붙여넣기] 내림단추 선택 → [선택하여 붙여넣기]를 선택한다.

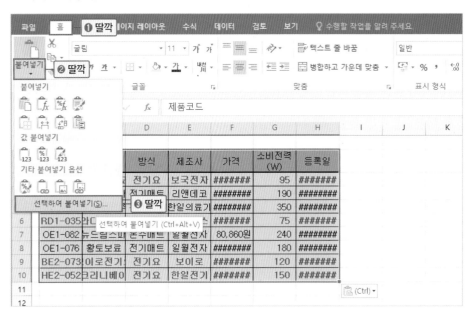

④ [제1작업] 시트의 열 너비와 동일하게 지정하기 위해 [선택하여 붙여넣기] 대화상자 – '열 너비'를 선택한 후 [확인]을 클릭한다.

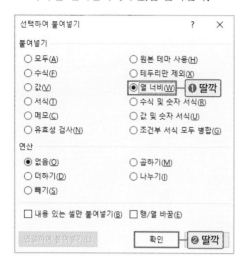

2 데이터 정렬하기

① 출력형태 를 보면 '방식' 필드에 내림차순 정렬이 지정되어 있으므로 '방식' 필드에서 임의의 셀 선택 → [데이터] 탭 – [정렬 및 필터] 그룹 – [텍스트 내림차순 정렬]을 선택한다.

★ 알아두면 좋은 TIP

'방식' 필드의 임의의 셀에서 마우스 오른쪽 클릭 → [정렬] – [텍스트 내림차순 정렬]을 선택해도 된다.

제품코드	모델명	방식	제조사	가격	소비전력(W)	등록일
BK1-021	에어셀카모	전기요	보국전자	83,300원	95	2019-10-23
RA2-019	보헤미안무자계	전기매트	리앤데코	151,260원	190	2020-04-15
HL3-099	황토온돌마루	온수매트	한일의료기	220,760원	350	2020-10-15
RD1-035	라디라이트	전기매트	라디언스	210,000원	75	2020-09-05
OE1-082	뉴드림스파	온수매트	일월전자	80,860원	240	2019-09-03
OE1-076	황토보료	전기매트	일월전자	139,860원	180	2020-11-21
BE2-073	보이로전기요	전기요	보이로	163,800원	120	2019-10-08
HE2-052	올크리니베이직	전기요	한일전기	95,000원	150	2020-09-19

② 결과를 확인한다.

★ 알아두면 좋은 TIP

출력형태 에서 부분합의 이름(○○ 합계, ○○ 평균 등)이 입력된 필드가 정렬해야 하는 필드이며, 이런 필드가 여러 개인 경우 [정렬] 대화상자를 이용해 다중으로 정렬해야 한다.

제품코드	모델명	방식	제조사	가격	소비전력(W)	등록일
BK1-021	에어셀카모	전기요	보국전자	83,300원	95	2019-10-23
BE2-073	보이로전기요	전기요	보이로	163,800원	120	2019-10-08
HE2-052	올크리니베이직	전기요	한일전기	95,000원	150	2020-09-19
RA2-019	보헤미안무자계	전기매트	리앤데코	151,260원	190	2020-04-15
RD1-035	라디라이트	전기매트	라디언스	210,000원	75	2020-09-05
OE1-076	황토보료	전기매트	일월전자	139,860원	180	2020-11-21
HL3-099	황토온돌마루	온수매트	한일의료기	220,760원	350	2020-10-15
OE1-082	뉴드림스파	온수매트	일월전자	80,860원	240	2019-09-03

다중 기준으로 정렬하기

두 개 이상의 조건을 지정하여 데이터를 정렬하려면 [정렬] 대화상자를 사용해야 한다.

❶ [데이터] 탭 – [정렬 및 필터] 그룹– [정렬] 선택 → '내 데이터에 머리글 표시'가 체크되어 있는지 확인한다.

❷ [정렬] 대화상자에서 '열', '정렬 기준', '정렬' 방법을 선택하고, [기준 추가]를 선택하여 다음 기준도 그림과 같이 지정한 후 [확인]을 클릭한다.

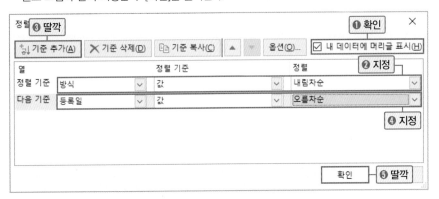

❸ '방식' 필드는 내림차순, '등록일' 필드는 오름차순으로 정렬된 것을 확인한다.

"제1작업" 시트의 「B4:H12」 영역을 복사하여 "제3작업" 시트의 「B2」 셀부터
모두 붙여넣기를 한 후 다음의 조건과 같이 작업하시오.

출력형태

A	B	C	D	E	F	G	H	I
2	상품코드	방송일	구분	상품명	판매가격 (단위:원)	판매수량	상품명 (단위:건)	
3	R25-01	2021-07-04	농산물	녹차현미쌀	47,900	2,887개	887	
4	R14-03	2021-09-13	농산물	대봉흙곶감	65,000	3,121개	1,121	
5	R20-03	2021-08-23	농산물	돌산갓김치	23,000	1,926개	926	
6	R15-03	2021-08-25	농산물	황토고구마	35,000	2,121개	1,582	
7	S37-02	2021-08-10	수산물	먼바다돌미역	17,000	1,824개	824	
8	S32-02	2021-09-10	수산물	황금빛돌게	60,000	1,523개	903	
9	K19-01	2021-07-01	축산물	자연유정란	15,000	3,892개	1,892	
10	K29-02	2021-09-12	축산물	우리떡갈비	45,000	3,168개	2,168	

작업 파일명

C:\에듀윌_2023_ITQ엑셀\Chapter 03\연습문제\세부출제패턴_연습01_데이터복사와정렬

정답 파일명

C:\에듀윌_2023_ITQ엑셀\Chapter 03\연습문제\정답\세부출제패턴_연습01_데이터복사와정렬_완성

조건

출력형태 처럼 정렬하시오.

---

1 데이터 복사하고 붙여넣기

① [제1작업] 시트 선택 → [B4:H12] 영역을 드래그한 후 Ctrl + C를 눌러 복사 → [제3작업] 시트의 [B2] 셀 선택 → Ctrl + V를 눌러 데이터를 붙여넣기 한다.

② 열 너비를 복사하기 위해 [홈] 탭 - [클립보드] 그룹 - [붙여넣기] 내림단추 선택 → [선택하여 붙여넣기]를 선택한다.

③ [제1작업] 시트의 열 너비와 동일하게 지정하기 위해 [선택하여 붙여넣기] 대화상자 - '열 너비'를 선택한 후 [확인]을 클릭한다.

2 데이터 정렬하기

① 출력형태를 보면 '구분' 필드에 오름차순 정렬이 지정되어 있으므로 '구분' 필드에서 임의의 셀 선택 → [데이터] 탭 - [정렬 및 필터] 그룹 - [텍스트 오름차순 정렬]을 선택한다.

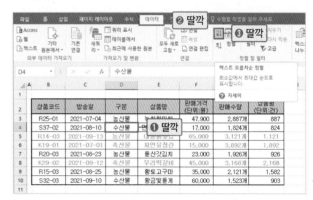

02 | 부분합

세부 출제패턴 부분합 작성과 윤곽 지우기: 출력형태와 동일하게 데이터를 그룹별로 분류하여 집계한 후 부분합의
윤곽을 제거한다.

세부 출제패턴 · 부분합 작성과 윤곽 지우기

"제1작업"시트의 「B4:H12」 영역을 복사하여 "제3작업" 시트의 [B2] 셀부터 모두
붙여넣기를 한 후 다음의 조건과 같이 작업하시오.

제품코드	모델명	방식	제조사	가격	소비전력(W)	등록일
BK1-021	에어셀카모	전기요	보국전자	83,300원	95	2019-10-23
BE2-073	보이로전기요	전기요	보이로	163,800원	120	2019-10-08
HE2-052	몰크리니베이직	전기요	한일전기	95,000원	150	2020-09-19
		전기요 최대값		163,800원		
	3	전기요 개수				
RA2-019	보헤미안무자계	전기매트	리앤데코	151,260원	190	2020-04-15
RD1-035	라디라이트	전기매트	라디언스	210,000원	75	2020-09-05
OE1-076	황토보료	전기매트	일월전자	139,860원	180	2020-11-21
		전기매트 최대값		210,000원		
	3	전기매트 개수				
HL3-099	황토온돌마루	온수매트	한일의료기	220,760원	350	2020-10-15
OE1-082	뉴드림스파	온수매트	일월전자	80,860원	240	2019-09-03
		온수매트 최대값		220,760원		
	2	온수매트 개수				
		전체 최대값		220,760원		
	8	전체 개수				

조건

(1) 부분합 – 모델명의 개수와 가격의 최대값을 구하시오.

(2) 윤곽 – 지우시오.

(3) 나머지 사항은 출력형태에 맞게 작성하시오.

📥 작업 파일명 C:\에듀윌_2023_ITQ엑셀\Chapter03\그대로따라하기\세부출제패턴02_부분합작성과윤곽지우기

📥 정답 파일명 C:\에듀윌_2023_ITQ엑셀\Chapter03\그대로따라하기\정답\세부출제패턴02_부분합작성과
윤곽지우기_완성

1 부분합 구하기

① [B2:H10] 영역 안에서 임의의 셀 선택 → [데이터] 탭 – [윤곽선] 그룹 – [부분합]을 선택한다.

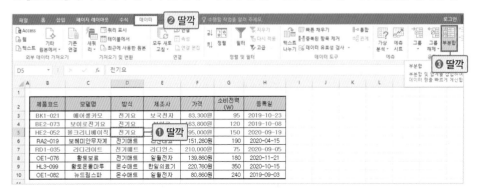

📝 합격 GUIDE

부분합은 데이터를 그룹별로 분류
하여 계산을 수행하는 도구로, 먼
저 [제1작업]에서 데이터를 올바
르게 작성한 후 출력형태에 맞게
데이터를 정렬해야 한다. 합계, 평
균, 개수, 최대값, 최소값 중 2개
정도 계산하는 문제로 출제된다.
출력형태를 참고하여 순서대로 부
분합을 두 번 반복하여 작성하면
된다.

② [부분합] 대화상자에서 '그룹화할 항목'을 '방식'으로 선택 → '사용할 함수'는 '개수'로 선택
→ '부분합 계산 항목'에서 '모델명'에 체크하고 '등록일'에 체크 해제 → [확인]을 클릭한다.

③ 부분합의 결과가 나오면 두 번째 부분합을 구하기 위해 다시 [B2:H12] 영역 안에서 임의의
셀 선택 → [데이터] 탭 – [윤곽선] 그룹 – [부분합]을 선택한다.

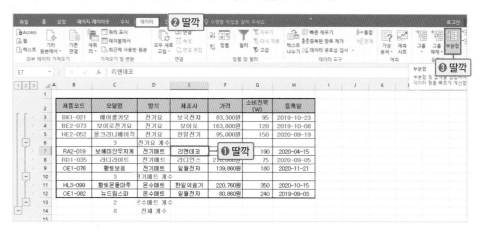

④ 다시 [부분합] 대화상자에서 '그룹화할 항목'을 '방식'으로 선택 → '사용할 함수'는 '최대값'
선택 → '부분합 계산 항목'에서 '모델명'에 체크 해제하고 '가격'에 체크 → '새로운 값으로
대치'에 체크 해제한 후 [확인]을 클릭한다.

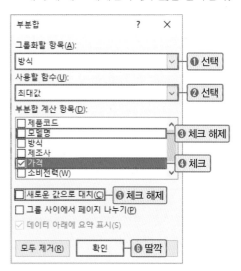

(!) 감점방지 TIP

'새로운 값으로 대치'를 체크 해제
하지 않으면 첫 번째 부분합으로
지정했던 '모델명'의 개수가 취소
되고, '가격'의 최대값으로 부분합
이 변경되어 오답 처리되니 주의
해야 한다.

노른자 강의 바로 보기

2 윤곽 지우기

① 부분합에 적용된 윤곽을 지우기 위해 데이터 안에서 임의의 셀 선택 → [데이터] 탭 – [윤 곽선] 그룹 – [그룹 해제]의 내림단추 선택 → [윤곽 지우기]를 선택한다.

★ 알아두면 좋은 TIP
윤곽의 위치

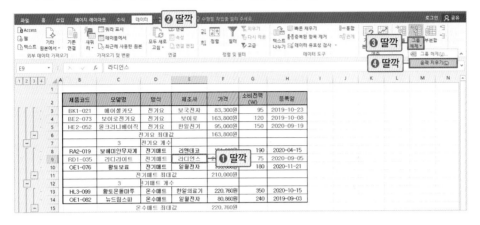

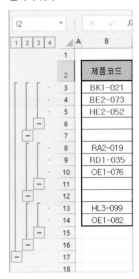

② 열 너비를 조절하고 결과를 확인한다.

	제품코드	모델명	방식	제조사	가격	소비전력 (W)	등록일
3	BK1-021	에어셀카모	전기요	보국전자	83,300원	95	2019-10-23
4	BE2-073	보이로전기요	전기요	보이로	163,800원	120	2019-10-08
5	HE2-052	올크리니베이직	전기요	한일전기	95,000원	150	2020-09-19
6			전기요 최대값		163,800원		
7		3	전기요 개수				
8	RA2-019	보헤미안무자계	전기매트	리앤데코	151,260원	190	2020-04-15
9	RD1-035	라디라이트	전기매트	라디언스	210,000원	75	2020-09-05
10	OE1-076	황토보료	전기매트	일월전자	139,860원	180	2020-11-21
11			전기매트 최대값		210,000원		
12		3	전기매트 개수				
13	HL3-099	황토온돌마루	온수매트	한일의료기	220,760원	350	2020-10-15
14	OE1-082	뉴드림스파	온수매트	일월전자	80,860원	240	2019-09-03
15			온수매트 최대값		220,760원		
16		2	온수매트 개수				
17			전체 최대값		220,760원		
18		8	전체 개수				

➕ 더 알아보기

잘못된 부분합 삭제하기

❶ [데이터] 탭 – [윤곽선] 그룹 – [부분합]을 선택한다.

❷ [부분합] 대화상자에서 [모두 제거]를 선택하면 잘못 설 정한 부분합이 제거되고, 원래의 데이터베이스 상태로 돌아간다.

"제1작업" 시트의 「B4:H12」 영역을 복사하여 "제3작업" 시트의 [B2] 셀부터
모두 붙여넣기를 한 후 다음의 조건과 같이 작업하시오.

출력형태

	A	B	C	D	E	F	G	H	I
1									
2		상품코드	방송일	구분	상품명	판매가격 (단위:원)	판매수량	상품평 (단위:건)	
3		R25-01	2021-07-04	농산물	녹차현미쌀	47,900	2,887개	887	
4		R14-03	2021-09-13	농산물	대봉흙곶감	65,000	3,121개	1,121	
5		R20-03	2021-08-23	농산물	돌산갓김치	23,000	1,926개	926	
6		R15-03	2021-08-25	농산물	황토고구마	35,000	2,121개	1,582	
7				농산물 평균			2,514개		
8				농산물 개수	4				
9		S37-02	2021-08-10	수산물	먼바다돌미역	17,000	1,824개	824	
10		S32-03	2021-09-10	수산물	황금빛돌게	60,000	1,523개	903	
11				수산물 평균			1,674개		
12				수산물 개수	2				
13		K19-01	2021-07-01	축산물	자연유정란	15,000	3,892개	1,892	
14		K29-02	2021-09-12	축산물	우리떡갈비	45,000	3,168개	2,168	
15				축산물 평균			3,530개		
16				축산물 개수	2				
17				전체 평균			2,558개		
18				전체 개수	8				
19									

작업 파일명

C:₩에듀윌_2023_ITQ엑셀₩Chapter
03₩연습문제₩세부출제패턴_연습02_
부분합작성과윤곽지우기

정답 파일명

C:₩에듀윌_2023_ITQ엑셀₩Chapter
03₩연습문제₩정답₩세부출제패턴_
연습02_부분합작성과윤곽지우기_완성

조건

(1) 부분합 – 상품명의 개수와 판매수량의 평균을 구하시오.

(2) 윤곽 – 지우시오.

(3) 나머지 사항은 출력형태에 맞게 작성하시오.

1 부분합 구하기

① [B2:H10] 영역 안에서 임의의 셀 선택 → [데이터] 탭 –
   [윤곽선] 그룹 – [부분합]을 선택한다.

② [부분합] 대화상자에서 '그룹화할 항목'을 '구분'으로 선택
   → '사용할 함수'는 '개수'로 선택 → '부분합 계산 항목'에
   서 '상품명'에 체크하고 '상품평(단위:건)'에 체크 해제 →
   [확인]을 선택한다.

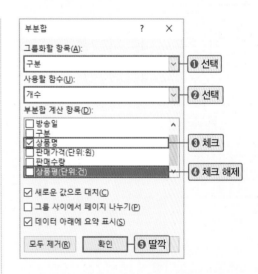

③ 부분합의 결과가 나오면 두 번째 부분합을 구하기 위해
   다시 [B2:H12] 영역 안에서 임의의 셀 선택 → [데이터]
   탭 – [윤곽선] 그룹 – [부분합]을 선택한다.

④ 다시 [부분합] 대화상자에서 '그룹화할 항목'을 '구분'으로
선택 → '사용할 함수'는 '평균' 선택 → '부분합 계산 항목'
에서 '상품명'에 체크 해제하고 '판매수량'에 체크 → '새로
운 값으로 대치'에 체크 해제한 후 [확인]을 클릭한다.

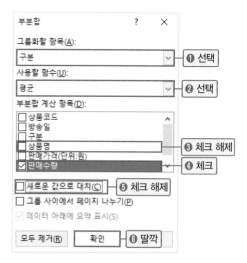

2 윤곽 지우기

① 부분합에 적용된 윤곽을 지우기 위해 데이터 안에서 임의
의 셀 선택 → [데이터] 탭 - [윤곽선] 그룹 - [그룹 해제]
의 내림단추 선택 → [윤곽 지우기]를 선택한다.

② 열너비를 조절하고 결과를 확인한다.

제3작업 | 피벗 테이블

"제1작업" 시트를 이용하여 "제3작업" 시트에 조건에 따라 출력형태 와 같이 작업하시오.

출력형태

A	B	C	D	E	F	G	H
1							
2		구분 ↵					
3		허브차			녹차		과일차
4	판매가격 ▾	개수 : 상품명	평균 : 전월매출(단위:천원)	개수 : 상품명	평균 : 전월매출(단위:천원)	개수 : 상품명	평균 : 전월매출(단위:천원)
5	15001-25000	1	1,125	**	**	**	**
6	25001-35000	2	1,822	1	1,980	2	1,532
7	45001-55000	**	**	1	1,595	1	3,600
8	총합계	3	1,589	2	1,788	3	2,221
9							

조건

(1) 판매가격 및 구분별 상품명의 개수와 전월매출(단위:천원)의 평균을 구하시오.

(2) 판매가격을 그룹화하고, 구분을 출력형태 와 같이 정렬하시오.

(3) 레이블이 있는 셀 병합 및 가운데 맞춤 적용 및 빈 셀은 '**'로 표시하시오.

(4) 행의 총합계는 지우고, 나머지 사항은 출력형태 에 맞게 작성하시오.

▶ 출제패턴 03. 피벗 테이블

03 | 피벗 테이블

세부 출제패턴 01 **피벗 테이블 작성:** 피벗 테이블을 사용하여 표 데이터를 분류하고 요약한다.
세부 출제패턴 02 **그룹화와 정렬:** 숫자나 날짜 필드를 그룹화하여 집계한다.
세부 출제패턴 03 **피벗 테이블 옵션과 셀 서식 지정:** 테이블의 레이아웃과 서식 및 빈 셀의 값을 지정한다.

> 📝 합격 GUIDE
> [제3작업]의 피벗 테이블은 데이터를 원하는 형태로 집계해 주는 분석 기능이다. 조건 (1)에 피벗 테이블에 적용할 필드가 제시되어 있으므로 출력형태 를 참고하여 작성하면 편리하다. 피벗 테이블은 거의 동일한 패턴으로 출제되므로, 충분히 연습하면 빠른 시간 안에 답안을 작성할 수 있다.

세부 출제패턴 01 | 피벗 테이블 작성

다음 조건에 맞게 피벗 테이블로 작성하시오.

판매가격 ▼	구분	허브차		녹차		과일차	
	개수 : 상품명	평균 : 전월매출(단위:천원)	개수 : 상품명	평균 : 전월매출(단위:천원)	개수 : 상품명	평균 : 전월매출(단위:천원)
15001-25000	1	1,125	**	**	**	**
25001-35000	2	1,822	1	1,980	2	1,532
45001-55000	**	**	1	1,595	1	3,600
총합계	3	1,589	2	1,788	3	2,221

조건

(1) 판매가격 및 구분별 상품명의 개수와 전월매출(단위:천원)의 평균을 구하시오.

📥 **작업 파일명** C:\에듀윌_2023_ITQ엑셀\Chapter03\그대로따라하기\세부출제패턴03_01_피벗 테이블작성
📥 **정답 파일명** C:\에듀윌_2023_ITQ엑셀\Chapter03\그대로따라하기\정답\세부출제패턴03_01_피벗 테이블작성_완성

1 피벗 테이블 삽입하기

① 피벗 테이블로 삽입할 데이터를 선택하기 위해 [제1작업] 시트 선택 → [B4:H12] 영역 드래그 → [삽입] 탭 – [표] 그룹 – [피벗 테이블]을 선택한다.

② [피벗 테이블 만들기] 대화상자의 '표/범위'에 [제1작업] 시트에서 선택한 [B4:H12] 영역이 입력되어 있는지 확인 → '피벗 테이블 보고서를 넣을 위치'는 '기존 워크시트' 선택 → '위치'에는 [제3작업] 시트의 [B2] 셀을 선택하여 입력한 후 [확인]을 클릭한다.

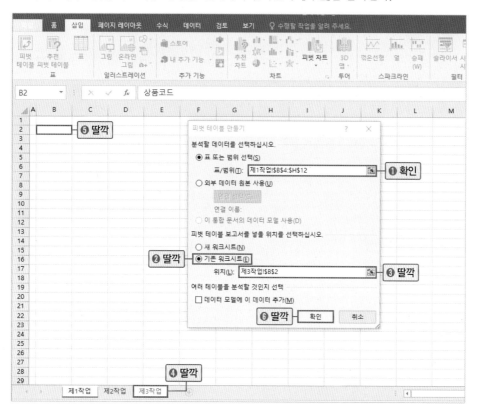

2 피벗 테이블로 집계하기

① [피벗 테이블 필드] 창에서 '판매가격' 필드는 '행' 영역으로 드래그 → '구분' 필드는 '열' 영역으로 드래그 → '상품명' 필드와 '전월 매출(단위:천원)' 필드는 출력형태 와 동일한 순서로 '값' 영역으로 드래그한다.

(!) 감점방지 TIP

'판매가격' 필드 앞에 체크하면 '판매가격'은 숫자 데이터이므로 '값' 영역으로 잘못 삽입된다. 잘못된 위치의 필드는 다시 필드를 행 영역으로 드래그한다.

★ 알아두면 좋은 TIP

'상품명' 필드를 '값' 영역으로 드래그하면 텍스트 데이터이므로 '개수' 함수로 계산되고, 숫자 데이터 필드는 기본적으로 '합계' 함수로 계산된다.

(!) 감점방지 TIP

'값' 영역에 필드를 드래그할 때에는 반드시 출력형태 와 동일한 순서로 필드를 드래그해야 한다.

3 값 필드 설정으로 함수 변경하기

① '값' 영역에 삽입된 '합계 : 전원매출(단위:천원)' 필드 선택 → 목록에서 '값 필드 설정'을 선택한다.

노른자 강의 바로 보기

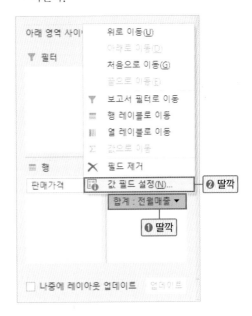

② [값 필드 설정] 대화상자에서 '값 필드 요약 기준'을 '평균'으로 선택 → [확인]을 클릭한다.

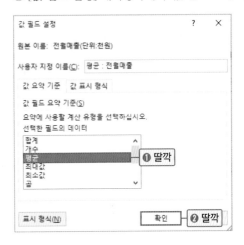

⏱️ 시간절약 TIP

'값 필드 요약 기준' 빠르게 변경하기

값 필드에 적용된 함수를 빠르게 변경하려면 피벗 테이블에서 '값' 선택 → 마우스 오른쪽 클릭 → '값 요약 기준'을 '평균'으로 선택한다.

다음 조건에 맞게 피벗 테이블로 작성하시오.

출력형태

행 레이블	열 레이블 냉장고 개수 : 상품명	평균 : 판매수량	세탁기 개수 : 상품명	평균 : 판매수량	안마의자 개수 : 상품명	평균 : 판매수량	전체 개수 : 상품명	전체 평균 : 판매수량
⊞1월	1	1788			1	854	2	1321
⊞2월			1	4456	1	2167	2	3311.5
⊞3월	1	2344	1	3012			2	2678
⊞4월	2	1404.5					2	1404.5
총합계	4	1735.25	2	3734	2	1510.5	8	2178.75

작업 파일명

C:₩에듀윌_2023_ITQ엑셀₩Chapter 03₩연습문제₩세부출제패턴_연습 03_01_피벗 테이블작성

정답 파일명

C:₩에듀윌_2023_ITQ엑셀₩Chapter 03₩연습문제₩정답₩세부출제패턴_ 연습03_01_피벗 테이블작성_완성

조건

(1) 방송일 및 분류별 상품명의 개수와 판매수량(단위:대)의 평균을 구하시오.

1 피벗 테이블 삽입하기

① [제1작업] 시트의 [B4:H12] 영역 드래그 → [삽입] 탭 – [표] 그룹 – [피벗 테이블]을 선택한다.

② [피벗 테이블 만들기] 대화상자의 '표/범위'에 [제1작업] 시 트에서 선택한 [B4:H12] 영역이 입력되어 있는지 확인 → '피벗 테이블 보고서를 넣을 위치'는 '기존 워크시트' 선택 → '위치'에는 [제3작업] 시트의 [B2] 셀을 선택하여 입력 → [확인]을 클릭한다.

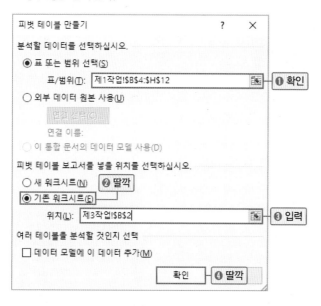

2 피벗 테이블로 집계하기

① [피벗 테이블 필드] 창에서 '방송일' 필드는 '행' 영역으로 드래그 → '분류' 필드는 '열' 영역으로 드래그 → '상품명' 필드와 '판매수량(단위:대)' 필드는 출력형태와 동일한 순서 로 '값' 영역으로 드래그한다.

3 값 필드 설정으로 함수 변경하기

① '값' 영역에 삽입된 '합계 : 판매수량(단위:대)' 필드 선택 → 목록에서 '값 필드 설정'을 선택한다.

② [값 필드 설정] 대화상자 – '값 필드 요약 기준'을 '평균'으 로 선택 → [확인]을 클릭한다.

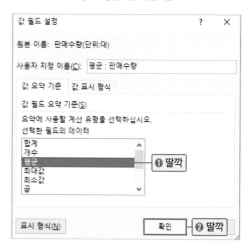

피벗 테이블에서 다음의 조건에 맞게 그룹화하고 정렬하시오.

구분		허브차			녹차			과일차	
판매가격	개수 : 상품명	평균 : 전월매출(단위:천원)	개수 : 상품명	평균 : 전월매출(단위:천원)		개수 : 상품명	평균 : 전월매출(단위:천원)		
15001-25000	1		1,125	**		**	**		**
25001-35000	2		1,822	1		1,980	2		1,532
45001-55000	**		**	1		1,595	1		3,600
총합계	3		1,589	2		1,788	3		2,221

조건

(2) 판매가격을 그룹화하고, 구분을 출력형태 와 같이 정렬하시오.

⬇️ 작업 파일명 C:₩에듀윌_2023_ITQ엑셀₩Chapter03₩그대로따라하기₩세부출제패턴03_02_그룹화와정렬
⬇️ 정답 파일명 C:₩에듀윌_2023_ITQ엑셀₩Chapter03₩그대로따라하기₩정답₩세부출제패턴03_02_그룹화와
　정렬_완성

1 가격대별로 그룹화하기

① 작성된 피벗 테이블의 행 레이블 중 임의의 셀 선택 → 마우스 오른쪽 클릭 → [그룹]을 선
택한다.

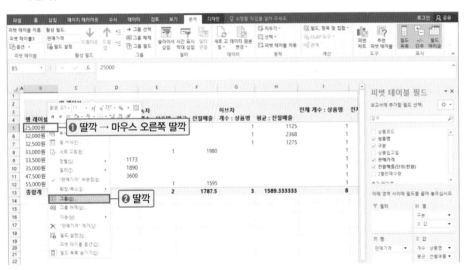

② [그룹화] 대화상자에서 '시작'에 15001 입력 → '끝'에는 55000 입력 → '단위'에는 10000을
입력한 후 [확인]을 클릭한다.

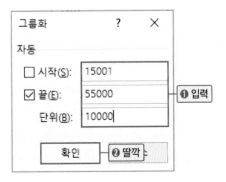

🖊️ 합격 GUIDE

피벗 테이블의 숫자나 날짜 필드를 그룹화하는 패턴으로 출제된다. 출력형태 를 참고하여 숫자의 최소값과 최대값, 단위를 판단해서 그룹화하고, 정렬은 텍스트 기준 오름차순 또는 내림차순으로 정렬한다. 간혹 이 기준에 맞지 않게 정렬되어 있다면 수동으로 정렬하는 방법을 익혀 감점이 없도록 한다.

노른자 강의 바로 보기

⚠️ 감점방지 TIP

[그룹화] 대화상자의 기본 값은 필드에 있는 값을 기준으로 표시된다. 출력형태 를 참고하여 시작과 끝, 그리고 단위를 변경하여 작성한다.

2 정렬하고 필드명 변경하기

① 피벗 테이블의 '열 레이블' 필터 단추 선택 → [텍스트 내림차순 정렬]을 선택한다.

시간절약 TIP

원하는 위치로 셀을 드래그하여
수동으로 필드 안의 위치를 정렬
할 수 있다. 녹차([E3]) 셀의 경계
선을 드래그하여 과일차([C3]) 셀
앞으로 이동시킬 수 있다.

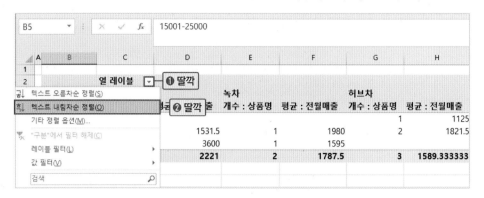

② 출력형태 와 동일하게 필드명을 변경하기 위해 [C2] 셀은 구분으로 입력 → [B4] 셀은 판매
가격으로 입력 → [D4] 셀은 평균 : 전월매출(단위:천원)으로 입력한다.

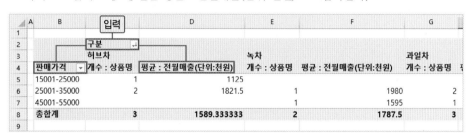

★ 알아두면 좋은 TIP

[D4] 셀의 '평균 : 전월매출(단위:
천원)'은 함수를 변경하는 작업 단
계에서 [값 필드 설정] 대화상자 –
'사용자 지정 이름'에 직접 입력하
여 변경해도 된다.

피벗 테이블에서 다음의 조건에 맞게 그룹화하고 정렬하시오.

출력형태

작업 파일명

C:₩에듀윌_2023_ITQ엑셀₩Chapter
03₩그대로따라하기₩세부출제패턴
03_02_그룹화와정렬

정답 파일명

C:₩에듀윌_2023_ITQ엑셀₩Chapter
03₩연습문제₩정답₩세부출제패턴_
연습03_02_그룹화와정렬_완성

조건

(2) 방송일을 그룹화하고, 분류를 출력형태 와 같이 정렬하시오.

1 방송일별로 그룹화하기

① 작성된 피벗 테이블의 행 레이블 중 임의의 셀 선택 → 마우스 오른쪽 → [그룹]을 선택한다.

② [그룹화] 대화상자에서 '단위'에서 '일'을 체크 해제하고 '월'만 남긴 후 [확인]을 클릭한다.

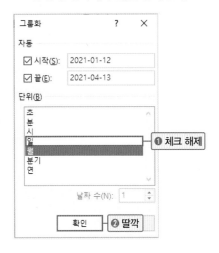

2 정렬하고 필드명 변경하기

① 피벗 테이블의 '열 레이블' 필터 단추 선택 → [텍스트 내림차순 정렬]을 선택한다.

② 출력형태 와 동일하게 필드명을 변경하기 위해 [C2] 셀은 분류로 입력→ [B4] 셀은 방송일로 입력 → [D4] 셀은 평균 : 판매수량(단위:대)로 입력한다.

✎ 합격 GUIDE

작성된 피벗 테이블에 옵션을 지정하고, 데이터에 셀 서식을 지정하여 보고서를 꾸미는 패턴으로 출제된다. 매번 동일한 옵션으로 출제되므로 충분히 연습하여 감점되지 않도록 주의한다.

피벗 테이블에서 다음의 조건에 맞게 옵션과 서식을 지정하시오.

구분	허브차		녹차		과일차	
판매가격 ▾	개수 : 상품명	평균 : 전월매출(단위:천원)	개수 : 상품명	평균 : 전월매출(단위:천원)	개수 : 상품명	평균 : 전월매출(단위:천원)
15001-25000	1	1,125	**	**	**	**
25001-35000	2	1,822	1	1,980	2	1,532
45001-55000	**	**	1	1,595	1	3,600
총합계	3	1,589	2	1,788	3	2,221

조건

(3) 레이블이 있는 셀 병합 및 가운데 맞춤 적용 및 빈 셀은 '**'로 표시하시오.

(4) 행의 총합계는 지우고, 나머지 사항은 출력형태 에 맞게 작성하시오.

⬇ **작업 파일명** C:₩에듀윌_2023_ITQ엑셀₩Chapter03₩그대로따라하기₩세부출제패턴03_03_피벗 테이블옵션과 셀서식지정

⬇ **정답 파일명** C:₩에듀윌_2023_ITQ엑셀₩Chapter03₩그대로따라하기₩정답₩세부출제패턴03_03_피벗 테이블옵션과셀서식지정_완성

1 피벗 테이블 옵션 지정하기

① 피벗 테이블 안의 임의의 셀 선택 → [피벗 테이블 도구] − [분석] 탭 − [피벗 테이블] 그룹에서 [옵션]을 선택한다.

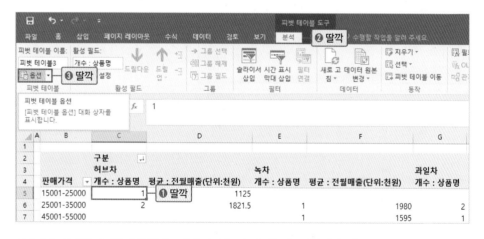

② [피벗 테이블 옵션] 대화상자 − [레이아웃 및 서식] 탭 − [레이아웃]에서 '레이블이 있는 셀 병합 및 가운데 맞춤'에 체크 → [서식] − '빈 셀 표시'에 **를 입력한다.

③ [요약 및 필터] 탭 – [총합계]에서 '행 총합계 표시'를 체크 해제한 후 [확인]을 클릭한다.

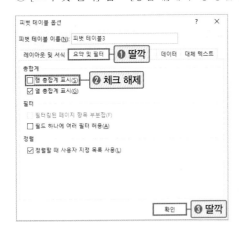

★ 알아두면 좋은 TIP

'행 총합계 표시'의 체크 해제는 [피벗 테이블 도구] – [디자인] 탭 – [총합계]를 클릭한 후 '열의 총합계만 설정'을 선택해서 지정해도 된다.

2 셀 서식 지정하기

① 피벗 테이블의 값 영역을 모두 드래그하여 선택 → [홈] 탭 – [맞춤] 그룹에서 '가운데 맞춤'(≡) 선택 → [표시 형식] 그룹에서 '쉼표 스타일'(,)을 선택한다.

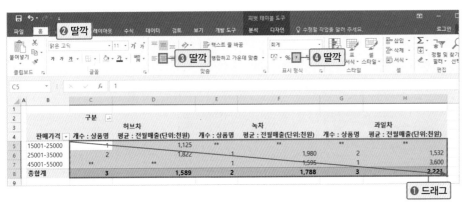

② 결과를 확인한다.

피벗 테이블에서 다음의 조건에 맞게 옵션과 서식을 지정하시오.

방송일	안마의자			세탁기			냉장고		
	개수 : 상품명	평균 : 판매수량(단위:대)		개수 : 상품명	평균 : 판매수량(단위:대)		개수 : 상품명	평균 : 판매수량(단위:대)	
1월		1	854	**	**		1	1,788	
2월		1	2,167	1	4,456	**	**		
3월	**	**		1	3,012	1	2,344		
4월	**	**	**	**		2	1,405		
총합계	2	1,511	2	3,734	4	1,735			

분류

⬇ 작업 파일명
C:\에듀윌_2023_ITQ엑셀\Chapter 03\연습문제\세부출제패턴_연습 03_03_피벗 테이블옵션과셀서식지정

⬇ 정답 파일명
C:\에듀윌_2023_ITQ엑셀\Chapter 03\연습문제\정답\세부출제패턴_연습03_03_피벗 테이블옵션과셀서식지정_완성

[조건]

(3) 레이블이 있는 셀 병합 및 가운데 맞춤 적용 및 빈 셀은 '**'로 표시하시오.

(4) 행의 총합계는 지우고, 나머지 사항은 [출력형태]에 맞게 작성하시오.

1 피벗 테이블 옵션 지정하기

① 피벗 테이블 안의 임의의 셀 선택 → [피벗 테이블 도구] – [분석] 탭 – [피벗 테이블] 그룹에서 [옵션]을 선택한다.

② [피벗 테이블 옵션] 대화상자 – [레이아웃 및 서식] 탭 – [레이아웃]에서 '레이블이 있는 셀 병합 및 가운데 맞춤'에 체크 → [서식] – '빈 셀 표시'에 **를 입력한다.

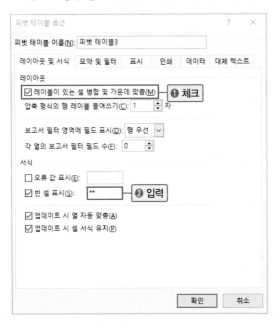

③ [요약 및 필터] 탭 – [총합계]에서 '행 총합계 표시'를 체크 해제한 후 [확인]을 클릭한다.

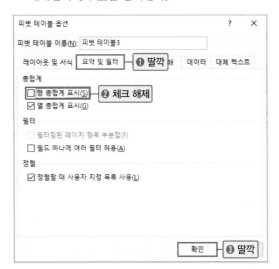

2 셀 서식 지정하기

① 피벗 테이블의 값 영역을 모두 드래그하여 선택 → [홈] 탭 – [맞춤] 그룹에서 '가운데 맞춤'(≡) 선택 → [표시 형식] 그룹에서 '쉼표 스타일'(,)을 선택한다.

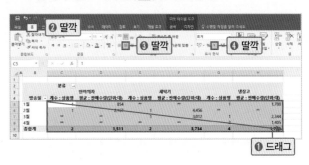

Chapter

04

제4작업

그래프

| 배점 100점
| 목표점수 80점

| 출제패턴

[제4작업]은 배점 100점으로, 크게 ① 차트 작성 및 스타일 지정, ② 영역 서식과 제목 서식, ③ 차트 서식, ④ 범례와 도형 작성이 출제된다.

	출제패턴	난이도	세부 출제패턴
1	차트 작성 및 스타일 지정	상 **중** 하	차트 작성과 스타일 지정
2	영역 서식과 제목 서식	상 **중** 하	영역 서식 지정과 제목 작성
3	차트 서식	상 **중** 하	차트 종류 변경과 서식 지정
4	범례와 도형 작성	상 중 **하**	범례명 변경과 도형 삽입

| A등급 노하우

차트 작성 및 스타일 지정에서는 새 시트에 항상 기본차트(묶은 세로 막대형)를 삽입하고 와 동일하게 데이터 편집을 한 후 이동시키는 순서로 작성한다.

영역 서식과 제목 서식에서는 차트 요소 중 영역 서식과 제목을 꾸민다.

차트 서식에서는 차트의 요소를 정확히 선택한 후 출력형태에 맞도록 레이블 적용, 표식 등을 작성하는 것이 중요하다.

범례와 도형 작성은 데이터 편집 기능에서 처리하고 도형과 같은 개체는 차트를 선택한 상태에서 추가하도록 한다. 차트 작성은 조건 순서대로 차근차근 실행해야 감점 없이 만점을 받을 수 있다.

제4작업 | 그래프

"제1작업" 시트를 이용하여 조건에 따라 ⟨출력형태⟩와 같이 작업하시오.

⟨출력형태⟩

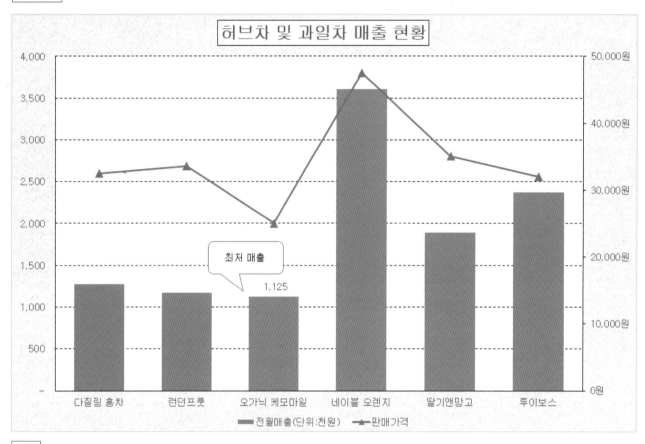

⟨조건⟩

(1) 차트 종류 ⇒ 〈묶은 세로 막대형〉으로 작업하시오. ▶ 출제패턴 01. 차트 작성 및 스타일 지정

(2) 데이터 범위 ⇒ "제1작업" 시트의 내용을 이용하여 작업하시오. ▶ 출제패턴 01. 차트 작성 및 스타일 지정

(3) 위치 ⇒ "새 시트"로 이동하고, "제4작업"으로 시트 이름을 바꾸시오. ▶ 출제패턴 01. 차트 작성 및 스타일 지정

(4) 차트 디자인 도구 ⇒ 레이아웃 3, 스타일 1을 선택하여 ⟨출력형태⟩에 맞게 작업하시오. ▶ 출제패턴 01. 차트 작성 및 스타일 지정

(5) 영역 서식 ⇒ 차트: 글꼴(굴림, 11pt), 채우기 효과(질감-파랑 박엽지)
　　　　　　　그림 : 채우기(흰색, 배경 1) ▶ 출제패턴 02. 영역 서식과 제목 서식

(6) 제목 서식 ⇒ 차트 제목: 글꼴(굴림, 굵게, 20pt), 채우기(흰색, 배경 1), 테두리 ▶ 출제패턴 02. 영역 서식과 제목 서식

(7) 서식 ⇒ 판매가격 계열의 차트 종류를 〈표식이 있는 꺾은선형〉으로 변경한 후 보조 축으로 지정하시오. ▶ 출제패턴 03. 차트 서식
　　　　계열: ⟨출력형태⟩를 참조하여 표식(세모, 크기 10)과 레이블 값을 표시하시오.
　　　　눈금선: 선 스타일-파선
　　　　축: ⟨출력형태⟩를 참조하시오.

(8) 범례 ⇒ 범례명을 변경하고 ⟨출력형태⟩를 참조하시오. ▶ 출제패턴 04. 범례와 도형 작성

(9) 도형 ⇒ '모서리가 둥근 사각형 설명선'을 삽입한 후 ⟨출력형태⟩와 같이 내용을 입력하시오. ▶ 출제패턴 04. 범례와 도형 작성

(10) 나머지 사항은 ⟨출력형태⟩에 맞게 작성하시오.

01 | 차트 작성 및 스타일 지정

세부 출제패턴 차트 작성과 스타일 지정: 기본 차트를 삽입하고 문제지의 출력형태 와 동일하게 레이아웃과 스타일을 지정한다.

세부 출제패턴 | 차트 작성과 스타일 지정

"제1작업" 시트의 데이터를 이용해 조건에 맞게 차트를 작성하시오.

출력형태

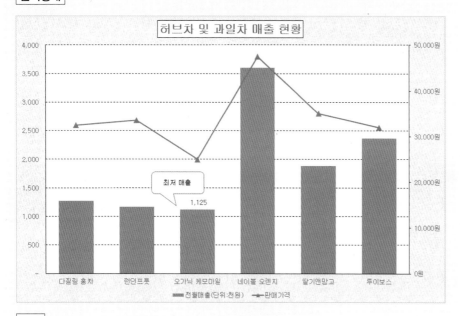

조건

(1) 차트 종류 ⇒ 〈묶은 세로 막대형〉으로 작업하시오.

(2) 데이터 범위 ⇒ "제1작업" 시트의 내용을 이용하여 작업하시오.

(3) 위치 ⇒ "새 시트"로 이동하고, "제4작업"으로 시트 이름을 바꾸시오.

(4) 차트 디자인 도구 ⇒ 레이아웃 3, 스타일 1을 선택하여 출력형태 에 맞게 작업하시오.

📥 작업 파일명 C:\에듀윌_2023_ITQ엑셀\Chapter04\그대로따라하기\세부출제패턴01_차트작성과스타일지정

📥 정답 파일명 C:\에듀윌_2023_ITQ엑셀\Chapter04\그대로따라하기\정답\세부출제패턴01_차트작성과스타일지정_완성

📝 합격 GUIDE

[제4작업]은 [제1작업]의 데이터를 바탕으로 기본 차트를 삽입한 후 콤보 차트로 변경하는 패턴으로 출제된다. 데이터 선택만 다를 뿐 같은 조건으로 출제되므로 충분히 연습하면 빠른 시간에 문제를 해결할 수 있다.

1 묶은 세로 막대형 차트 삽입하기

① 차트로 삽입할 데이터를 선택하기 위해 [제1작업] 시트 선택 → [C4:C12] 영역 드래그 → Ctrl을 누른 상태에서 [F4:G12] 영역을 드래그하여 범위를 선택한다.

② [삽입] 탭 – [차트] 그룹 – [세로 또는 가로 막대형 차트 삽입] 선택 → [묶은 세로 막대형]을 선택한다.

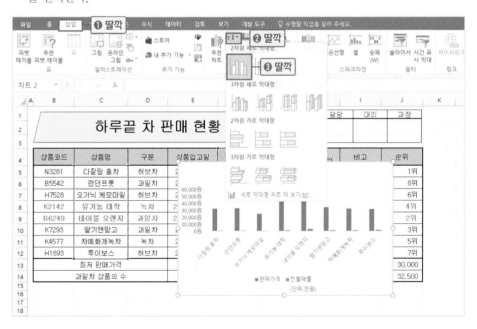

시간절약 TIP

단축키 F11을 사용하면 새 시트에 기본 차트를 바로 삽입할 수 있다. 데이터를 드래그한 후 F11을 눌러 새 시트에 차트를 추가하고 시트 이름을 '제4작업'으로 변경하면 더 쉽고 빠르게 조건을 처리할 수 있다.

2 차트 이동하기

① [제1작업] 시트에 추가된 차트 선택 → [차트 도구] – [디자인] 탭 – [위치] 그룹 – [차트 이동]을 선택한다.

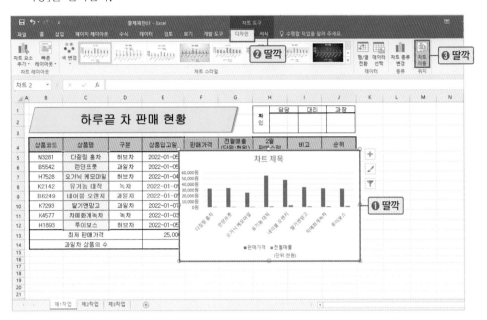

② [차트 이동] 대화상자에서 '새 시트' 선택 → 제4작업으로 입력한 후 [확인]을 클릭한다.

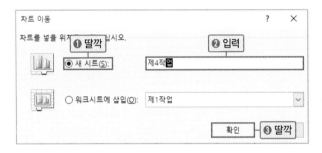

③ 맨 앞에 추가된 [제4작업] 시트를 드래그하여 [제3작업] 시트 뒤로 이동시킨다.

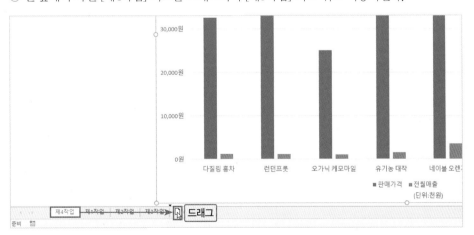

3 데이터 선택 변경하기

① 삽입된 차트에서 출력형태에 표시된 데이터만 선택하기 위해 [차트 도구] - [디자인] 탭 - [데이터] 그룹 - [데이터 선택]을 선택한다.

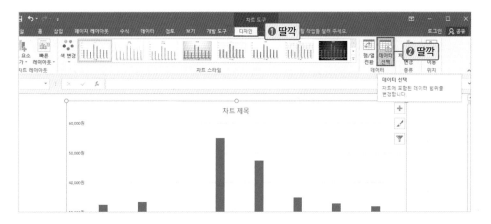

② 데이터를 제거하기 위해 [데이터 원본 선택] 대화상자에서 [행/열 전환] 선택 → 행/열이 변경되면 출력형태를 참고하여 '범례 항목(계열)'에서 필요 없는 계열인 '유기농 대작' 선택 → [제거]를 선택하여 삭제한다.

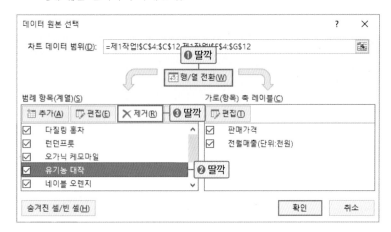

③ 같은 방법으로 '차예화개녹차'를 선택한 후 [제거]를 선택하여 삭제한다.

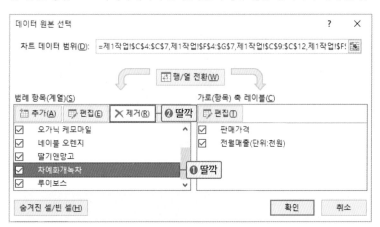

① 감점방지 TIP

데이터 제거는 '범례 항목(계열)' 칸 내에서만 가능하다. 행/열을 전환하지 않고 '가로(항목) 축 레이블'에서 체크 해제한 후 적용해도 되지만 차트에 적용되는 데이터만 다루기 위해서는 필요 없는 계열은 삭제하는 것이 좋다.

④ 다시 [행/열 전환]을 선택한 후 [확인]을 클릭한다.

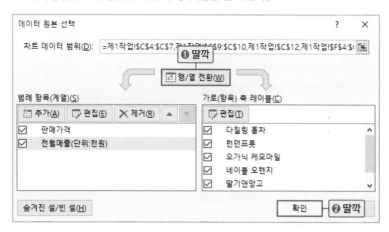

★ 알아두면 좋은 TIP

처음부터 차트 작성에 필요한 데
이터만 Ctrl 을 눌러 다중 선택할
수 있다. '유기농대작'과 '차예화개
녹차'를 제외한 영역만 드래그하
여 선택한 후 F11 을 눌러 차트를
삽입한다.

4 레이아웃 변경과 스타일 적용하기

① '차트 영역' 선택 → [차트 도구] – [디자인] 탭 – [차트 스타일] 그룹에서 '스타일 1'을 선택
한다.

⏱️ 시간절약 TIP

엑셀 2016은 '스타일 1'이 차트에
기본적으로 적용되어 있으므로
조건 에 다른 스타일을 지정하는
문제가 출제되지 않는 한 이 과정
은 생략해도 된다.

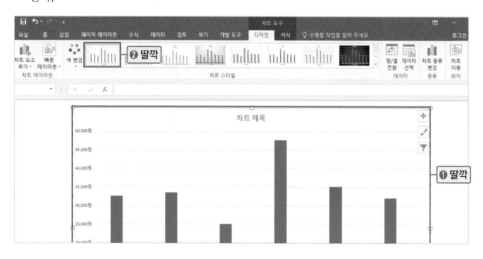

② [차트 도구] – [디자인] 탭 – [차트 레이아웃] 그룹에서 [빠른 레이아웃] – '레이아웃 3'을
선택한다.

★ 알아두면 좋은 TIP

차트 레이아웃과 스타일 지정의
작업 순서에 따라 막대 그래프 두
께가 달라질 수 있다. [레이아웃
3]을 먼저 지정하고 [스타일 1]을
지정하면 막대 그래프의 너비가
좁아지고, [스타일 1]을 먼저 지정
하고 [레이아웃 3]을 지정하면 막
대 그래프의 너비가 넓어진다. 그
러나 막대그래프의 너비는 지시사
항이 아니므로, 그래프의 형태가
달라 보여도 감점되지 않는다.

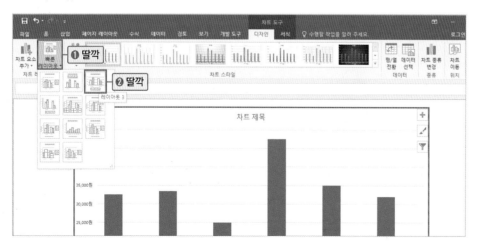

차트에서 특정 요소 빠르게 편집하기

차트에는 요소 ➕, 차트 스타일 ✎, 차트 필터 ▼가 표시된다. 이 단추를 이용해 서식과 구성 요소 추가, 데이터 편집을 손쉽게 할 수 있다.

항목 중 차트에서 빼야 할 요소가 있는 경우 차트 요소 ➕, 차트 필터 ▼를 선택하여 해당 항목에 체크 해제한 후 [적용]을 선택한다.

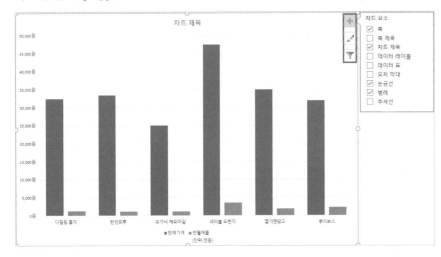

"제1작업" 시트의 데이터를 이용해 조건에 맞게 차트를 작성하시오.

출력형태

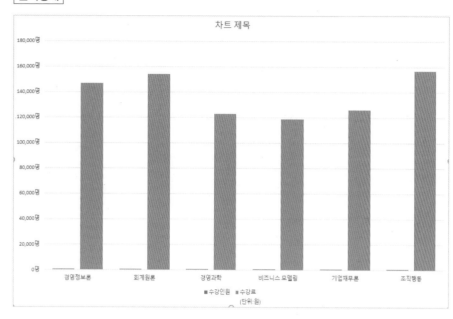

작업 파일명

C:\에듀윌_2023_ITQ엑셀\Chapter 04\연습문제\세부출제패턴_연습01_차트작성과스타일지정

정답 파일명

C:\에듀윌_2023_ITQ엑셀\Chapter 04\연습문제\정답\세부출제패턴_연습01_차트작성과스타일지정_완성

조건

(1) 차트 종류 ⇒ 〈묶은 세로 막대형〉으로 작업하시오.

(2) 데이터 범위 ⇒ "제1작업" 시트의 내용을 이용하여 작업하시오.

(3) 위치 ⇒ "새 시트"로 이동하고, "제4작업"으로 시트 이름을 바꾸시오.

(4) 차트 디자인 도구 ⇒ 레이아웃 3, 스타일 1을 선택하여 출력형태 에 맞게 작업하시오.

---

1 묶은 세로 막대형 차트 삽입하기

① [제1작업] 시트 선택 → [C4:C12] 영역 드래그 → Ctrl 을 누른 상태에서 [G4:H12] 영역을 드래그하여 범위를 선택한다.

② [삽입] 탭 – [차트] 그룹 – [세로 또는 가로 막대형 차트 삽입] 선택 → [묶은 세로 막대형]을 선택한다.

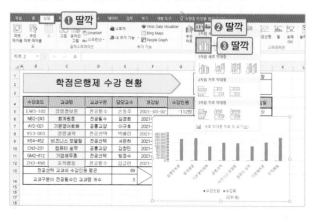

2 차트 이동하기

① [제1작업] 시트에 추가된 차트 선택 → [차트 도구] – [디자인] 탭 – [위치] 그룹 – [차트 이동]을 선택한다.

② [차트 이동] 대화상자에서 '새 시트' 선택 → 제4작업으로 입력한 후 [확인]을 클릭한다.

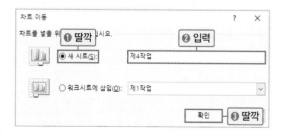

③ 맨 앞에 추가된 [제4작업] 시트를 드래그하여 [제3작업] 시트 뒤로 이동시킨다.

3 데이터 선택 변경하기

① 삽입된 차트에서 출력형태 에 표시된 데이터만 선택하기 위
해 [차트 도구] – [디자인] 탭 – [데이터] 그룹 – [데이터
선택]을 선택한다.

② [데이터 원본 선택] 대화상자에서 [행/열 전환] 선택 →
행/열이 변경되면 출력형태 를 참고하여 '범례 항목(계열)'
에서 필요 없는 계열인 '기본영어회화'와 '컴퓨터실무' 선
택 → [제거]를 선택하여 삭제한다.

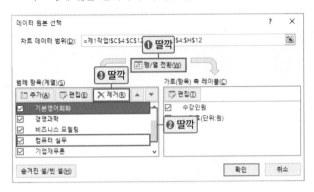

③ 다시 [행/열 전환]을 선택한 후 [확인]을 클릭한다.

4 레이아웃 변경과 스타일 적용하기

① '차트 영역' 선택 → [차트 도구] – [디자인] 탭 – [차트 스
타일] 그룹에서 '스타일 1'을 선택한다.

② [차트 도구] – [디자인] 탭 – [차트 레이아웃] 그룹에서
[빠른 레이아웃] – '레이아웃 3'을 선택한다.

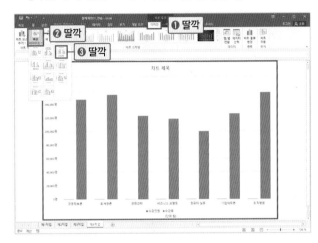

02 | 영역 서식과 제목 서식

영역 서식 지정과 제목 작성: 차트 영역의 글꼴과 질감 채우기 서식을 지정하고 제목을 작성하여 글꼴 및 도형 서식을 지정한다.

세부 출제패턴 | 영역 서식 지정과 제목 작성

다음과 같은 조건에 맞는 영역 서식과 제목 서식을 작성하시오.

출력형태

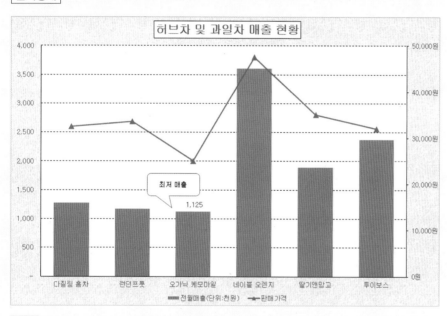

✏️ **합격 GUIDE**

영역 서식 지정은 질감과 글꼴을 지정하는 문제로, 적용되는 글꼴은 항상 굴림, 11pt이다. 질감은 분홍 박엽지 또는 파랑 박엽지가 반복 출제되지만 조건 에서 제시된 정확한 이름을 확인하여 적용해야 한다. 제목의 경우 동일한 서식으로 지정하는 문제가 출제되므로 반복해서 연습하면 감점 없이 문제를 해결할 수 있다.

조건

(5) 영역 서식 ⇒ 차트: 글꼴(굴림, 11pt), 채우기 효과(질감–파랑 박엽지)
　　　　　　　　그림: 채우기(흰색, 배경 1)

(6) 제목 서식 ⇒ 차트 제목: 글꼴(굴림, 굵게, 20pt), 채우기(흰색, 배경 1), 테두리

⬇️ **작업 파일명** C:\에듀윌_2023_ITQ엑셀\Chapter04\그대로따라하기\세부출제패턴02_영역서식과제목작성

⬇️ **정답 파일명** C:\에듀윌_2023_ITQ엑셀\Chapter04\그대로따라하기\정답\세부출제패턴02_영역서식과제목작성_완성

■1 영역 서식 지정하기

① 영역 서식을 지정하기 위해 '차트 영역' 선택 → [홈] 탭 - [글꼴] 그룹 - 글꼴을 '굴림', 글꼴 크기를 '11pt'로 지정한다.

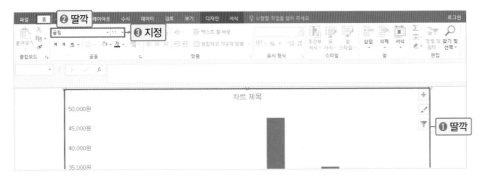

★ 알아두면 좋은 TIP

차트를 선택하면 기본적으로 '차트 영역'이 선택된다.

② [차트 도구] - [서식] 탭 - [현재 선택 영역] 그룹에서 '차트 요소'가 '차트 영역'으로 선택되어 있는지 확인 → [선택 영역 서식]을 선택한다.

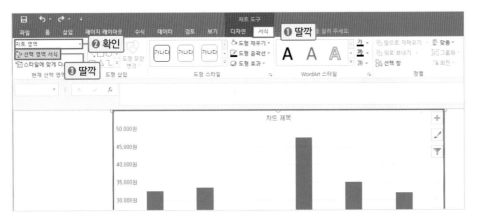

⏱ 시간절약 TIP

차트를 더블클릭하여 [차트 영역 서식] 창을 열어도 된다.

③ [차트 영역 서식] 창에서 [채우기 및 선(✎)] - [그림 또는 질감 채우기] 선택 → [질감 (▦ ▼)] 선택 → 질감 중에서 '파랑 박엽지'를 선택한다.

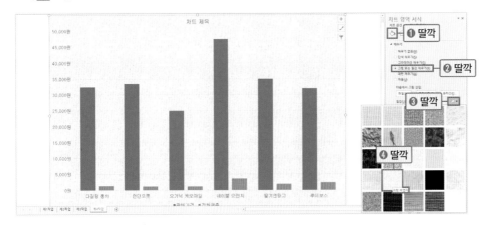

④ '그림 영역' 선택 → [그림 영역 서식] 창으로 변경되면 [채우기 및 선()] – '채우기' – '단색 채우기' 선택 → [채우기 색()]은 '흰색, 배경 1'을 선택한다.

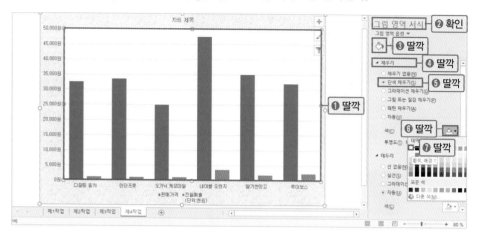

➕ 더 알아보기

차트의 구성 요소 알아보기

기본 차트인 '묶은 세로 막대형 차트'의 구성 요소이며, 차트의 구성 요소에는 차트 영역, 그림 영역, 각 계열과 요소, 범례 등이 포함되어 있다.

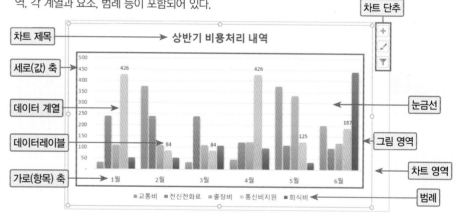

2 제목 작성과 서식 지정하기

① '차트 제목' 개체를 선택하여 제목에 커서가 나타나면 허브차 및 과일차 매출 현황을 입력한다.

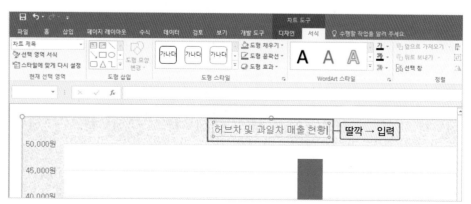

② ESC 를 눌러 '차트 제목' 개체 선택 → [홈] 탭 – [글꼴] 그룹 – 글꼴을 '굴림', 글꼴 크기를 '20pt', '굵게'로 지정한다.

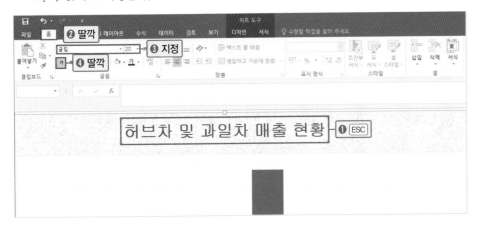

③ [차트 도구] – [서식] 탭 – [도형 스타일] 그룹 – [도형 채우기]에서 '흰색, 배경 1' 선택 → [도형 윤곽선]을 선택한 후 '검정, 텍스트 1'을 선택한다.

★ 알아두면 좋은 TIP

[도형 채우기]와 [도형 윤곽선]은 선택된 제목 위에서 마우스 오른쪽 클릭 → [차트 제목 서식]을 선택하면 오른쪽 창이 '차트 제목 서식'으로 변경된다. 여기에서 '채우기'와 '테두리'를 적용해도 된다.

다음 조건에 맞는 영역 서식과 제목 서식을 작성하시오.

출력형태

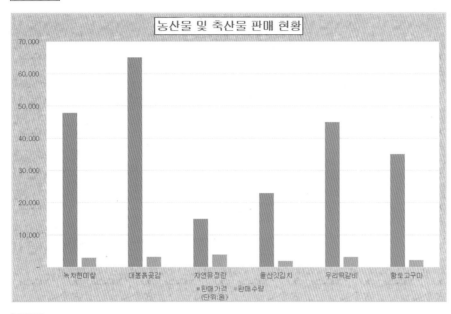

작업 파일명

C:\에듀윌_2023_ITQ엑셀\Chapter 04\연습문제\세부출제패턴_연습02_영역서식과제목작성

정답 파일명

C:\에듀윌_2023_ITQ엑셀\Chapter 04\연습문제\정답\세부출제패턴_연습02_영역서식과제목작성_완성

조건

(5) 영역 서식 ⇒ 차트: 글꼴(굴림, 11pt), 채우기 효과(질감-분홍 박엽지)
　　　　　　　　 그림: 채우기(흰색, 배경 1)
(6) 제목 서식 ⇒ 차트 제목: 글꼴(굴림, 굵게, 20pt), 채우기(흰색, 배경 1), 테두리

---

1 영역 서식 지정하기

① '차트 영역' 선택 → [홈] 탭 - [글꼴] 그룹 - 글꼴을 '굴림', 글꼴 크기를 '11pt'로 지정한다.

② [차트 도구] - [서식] 탭 - [현재 선택 영역] 그룹에서 '차트 요소'가 '차트 영역'으로 선택되어 있는지 확인 → [선택 영역 서식]을 선택한다.

③ [차트 영역 서식] 창에서 [채우기 및 선(🖤)] - '채우기' '그림 또는 질감 채우기' 선택 → [질감(🔲 ▼)] 선택 → 질감 중에서 '분홍 박엽지'를 선택한다.

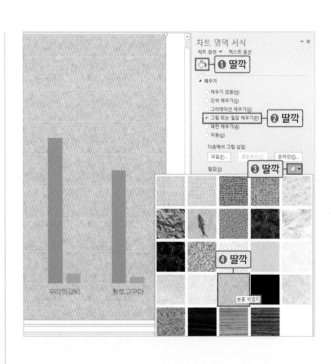

④ '그림 영역' 선택 → [그림 영역 서식] 창으로 변경되면 [채우기 및 선( )] 선택 - '채우기' - [단색 채우기] 선택 → [채우기 색(▼)]은 '흰색, 배경 1'을 선택한다.

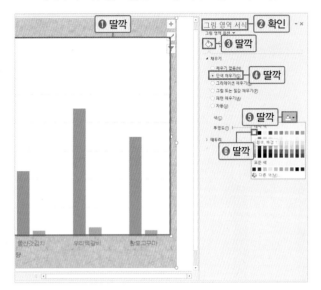

2 제목 작성과 서식 지정하기

① '차트 제목' 개체를 선택하여 제목에 커서가 나타나면 농산물 및 축산물 판매 현황 입력 → ESC 를 눌러 '차트 제목' 개체 선택 → [홈] 탭 - [글꼴] 그룹 - 글꼴을 '굴림', 글꼴 크기를 '20pt', '굵게'로 지정한다.

② [차트 도구] - [서식] 탭 - [도형 스타일] 그룹 - [도형 채우기( )]에서 '흰색, 배경 1' 선택 → [도형 윤곽선]을 선택한 후 '검정, 텍스트 1'을 선택한다.

03 | 차트 서식

차트 종류 변경과 서식 지정: 차트 종류를 콤보 차트로 바꾸고 표식, 눈금선, 레이블 값을 문제지의 출력형태 와 동일하게 표시한다.

세부 출제패턴 | **차트 종류 변경과 서식 지정**

조건과 동일하게 차트 서식을 지정하시오.

출력형태

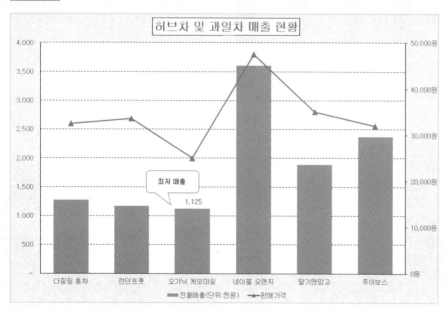

조건

(7) 서식 ⇒ 판매가격 계열의 차트 종류를 〈표식이 있는 꺾은선형〉으로 변경한 후 보조 축으로 지정하시오.

(10) 나머지 사항은 출력형태 에 맞게 작성하시오.

⬇ **작업 파일명** C:₩에듀윌_2023_ITQ엑셀₩Chapter04₩그대로따라하기₩세부출제패턴03_차트종류변경과서식지정

⬇ **정답 파일명** C:₩에듀윌_2023_ITQ엑셀₩Chapter04₩그대로따라하기₩정답₩세부출제패턴03_차트종류변경과서식지정_완성

✏ **합격 GUIDE**

차트 요소 중 계열 서식, 표식, 데이터 레이블, 눈금선, 축 서식 지정 문제가 출제된다. 차트 서식은 차트 요소를 정확하게 선택하는 것이 가장 중요하며 [서식] 창을 통해 빠르게 값을 변경할 수 있다. 축 서식의 경우 조건에 제시되지 않은 색상이나 줄 간격 등은 출력형태 를 참고하여 작성한다. 대부분 같은 패턴으로 출제가 되지만 세부적인 값은 조금씩 바뀔 수 있으니 조건을 놓치지 않도록 유의하면 쉽게 점수를 확보할 수 있다.

1 차트 종류 변경과 보조 축 사용하기

① 차트에서 '판매가격' 계열 선택 → [차트 도구] – [디자인] 탭 – [종류] 그룹에서 '차트 종류 변경'을 선택한다.

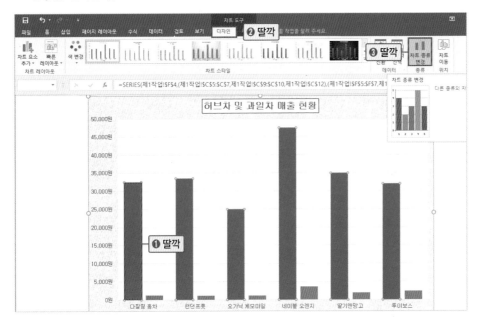

② [차트 종류 변경] 대화상자 – '콤보' 차트 선택 → '판매가격'의 차트 종류를 '표식이 있는 꺾은선형'으로 선택 → '보조 축'에 체크한 후 [확인]을 클릭한다.

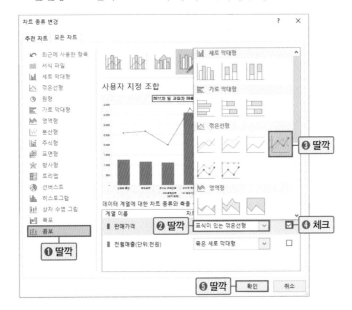

★ 알아두면 좋은 TIP

'판매가격' 계열을 선택한 후 마우스 오른쪽 클릭 – [계열 차트 종류 변경]을 선택해도 된다.

ⓘ 감점방지 TIP

만약 선택해야 하는 차트의 막대가 너무 작아서 마우스로 직접 선택이 어려운 경우에는 [차트 도구] – [서식] 탭 – [현재 선택 영역] 그룹 – '차트 요소'에서 계열을 선택하는 것이 편리하다.

③ 보조 축을 사용하는 콤보 차트가 완성된다.

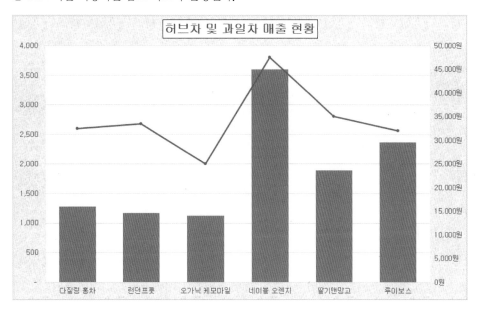

2 표식 변경과 데이터 레이블 추가하기

① [차트 도구] – [서식] 탭 – [현재 선택 영역] 그룹에서 '차트 요소'를 '계열 "판매가격"'으로 선택 → [선택 영역 서식]을 선택한다.

② 오른쪽 [데이터 계열 서식] 창이 열리면 [채우기 및 선( )] 선택 → '표식'을 선택한다.

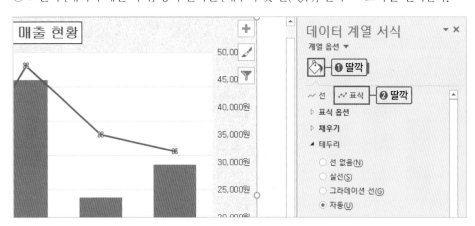

③ '표식 옵션' 선택 → '기본 제공'에서 형식을 '세모' 선택 → 크기를 10으로 입력한다.

★ 알아두면 좋은 TIP

실제 시험지는 흑백으로 제공되므로 조건에 제시되지 않은 선이나 표식의 색은 지정하지 않아도 무방하다. 만약 색을 지정하는 방법을 연습하고 싶다면 '연습문제'를 확인한다.

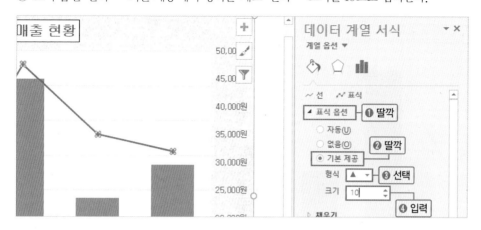

④ 막대형 차트인 '전월매출(단위:천원)' 계열 선택 → 그 중에서 '오가닉 케모마일' 요소 선택 → '차트 요소'(➕) 선택 → '데이터 레이블'에 체크한다.

⏱ 시간절약 TIP

막대형 차트는 '데이터 레이블'의 기본 위치가 '바깥쪽 끝에'로 지정되어 있으므로 위치를 선택하지 않아도 차트 위에 데이터 레이블이 추가된다.

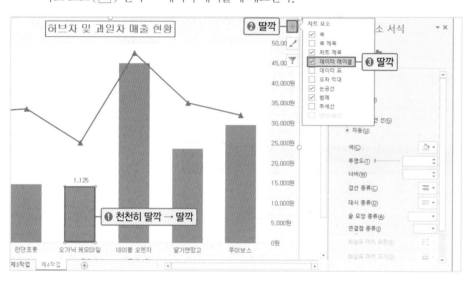

3 눈금선 변경하기

① 눈금선 서식을 변경하기 위해 차트의 '눈금선' 선택 → [주 눈금선 서식] 창으로 변경된 것을 확인한다.

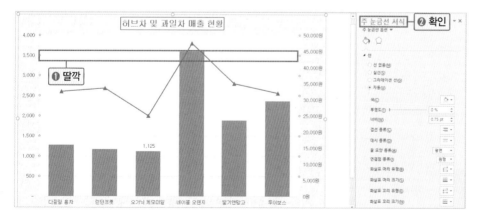

② [주 눈금선 서식] 창에서 선은 '실선', 색은 '검정, 텍스트 1', 대시 종류는 '파선'을 선택한다.

⏱ 시간절약 TIP
선을 '실선'으로 선택하면 자동으로 색이 '검정, 텍스트 1'로 적용되지만, 만약 다른 색으로 지정된다면 색을 '검정, 텍스트 1'로 바꾸어야 한다.

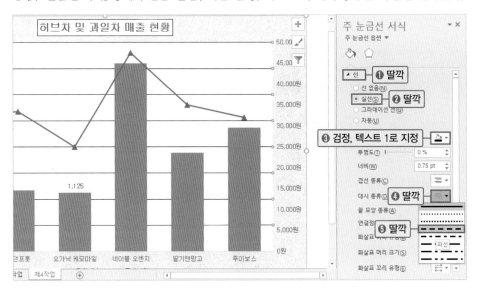

③ 눈금선의 스타일이 변경된 것을 확인한다.

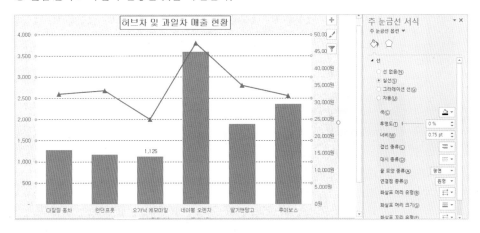

4 축 서식 설정하기

① 축의 단위를 변경하기 위해 차트의 '보조 세로 (값) 축' 선택 → [축 서식] 창에서 [축 옵션(📊)] 단추 선택 → 축 옵션의 '주 단위'를 10000으로 입력한다.

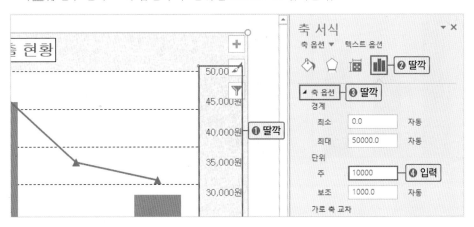

❗ 감점방지 TIP
[출력형태]를 참고하여 최대값이나 최소값도 맞는지 확인한다. 값을 변경하면 '자동'에서 '다시 설정' 단추로 변경되므로 주 단위의 단추가 '다시 설정'으로 변경되었는지도 확인한다.

노른자 강의 바로 보기

출력형태 에서 확인해야 할 축 서식

❶ **축의 윤곽선 서식**: 기본적으로 '세로 (값)축', '보조 세로 (값) 축', '가로 (항목) 축' 모두 실선으로
지정하도록 출제된다.

❷ **표시 형식**: 주로 보조 축 하단의 최소값이 '0'이면 숫자 표시 형식, '–'면 회계 표시 형식으로
지정한다.

❸ **눈금의 간격**: 눈금 간격을 출력형태 에서 확인하고 주 눈금의 단위를 변경한다.

❹ **눈금의 최대값과 최소값**: 자동으로 최소값과 최대값을 생성해서 차트에 표시되지만 값이 다르
게 보이는 경우 해당 값을 [축 옵션]에서 변경한다.

❺ **축 제목**: 최근 출제에서는 보이지 않는 요소이지만 출력형태 에 보인다면 반드시 추가한다.

② 축의 윤곽선을 지정하기 위해 '세로 (값) 축' 선택 → [축 서식] 창에서 [채우기 및 선(🖎)]
선택 → '선'을 '실선', 색을 '검정, 텍스트 1'로 선택한다.

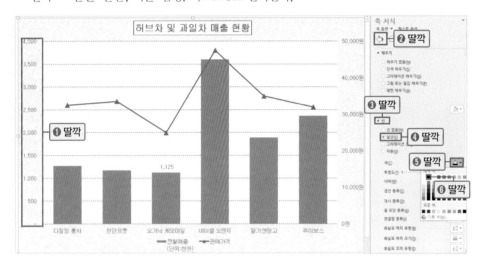

③ 같은 방법으로 '보조 세로 (값) 축', '가로 (항목) 축'도 동일하게 축 서식의 선을 '실선' 색을
'검정, 텍스트 1'으로 선택한다.

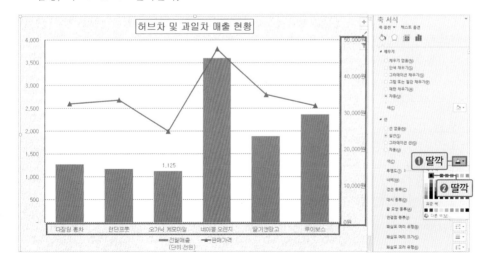

조건과 동일하게 차트 서식을 지정하시오.

출력형태

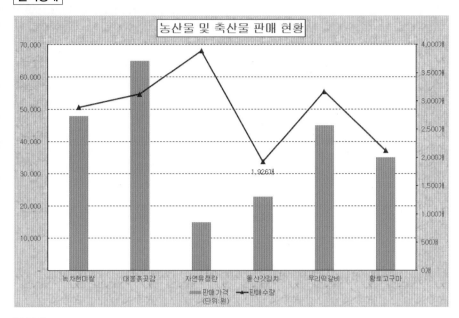

작업 파일명

C:₩에듀윌_2023_ITQ엑셀₩Chapter 04₩연습문제₩세부출제패턴_연습03_차트종류변경과서식지정

정답 파일명

C:₩에듀윌_2023_ITQ엑셀₩Chapter 04₩연습문제₩정답₩세부출제패턴_연습03_차트종류변경과서식지정_완성

조건

(7) 서식 ⇒ 판매수량 계열의 차트 종류를 〈표식이 있는 꺾은선형〉으로 변경한 후 보조 축으로 지정하시오.

　　　계열: 출력형태를 참조하여 표식(세모, 크기 10)과 레이블 값을 표시하시오.

　　　눈금선: 선 스타일–파선

　　　축: 출력형태를 참조하시오.

(10) 나머지 사항은 출력형태에 맞게 작성하시오.

1 차트 종류 변경과 보조 축 사용하기

① 차트에서 '판매수량' 계열을 선택하기 위해 [차트 도구] – [서식] 탭 – [현재 선택 영역] 그룹 – [차트 요소]에서 '계열 "판매수량"'을 선택한다.

② [차트 종류 변경] 대화상자 – '콤보' 차트 선택 → '판매수량'의 차트 종류를 '표식이 있는 꺾은선형'으로 선택 → '보조 축'에 체크한 후 [확인]을 클릭한다.

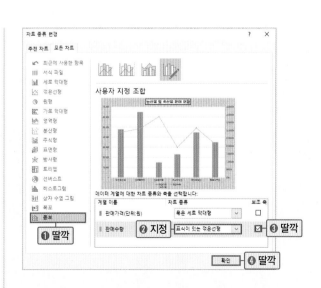

2 표식 변경과 데이터 레이블 추가하기

① [차트 도구] – [서식] 탭 – [현재 선택 영역] 그룹에서 '차트 요소'를 '계열 "판매수량"'으로 선택 → [선택 영역 서식] 선택 → 오른쪽 [데이터 계열 서식] 창에서 [채우기 및 선( )] 선택 → '선' 선택 → 선의 색을 '빨강'으로 선택한다.

② '표식' 선택 → '표식 옵션' – '기본 제공'에서 형식을 '세모' 선택 → 크기를 10으로 입력 → '채우기'에서 '단색 채우기'를 선택하고 [채우기 색( )] '빨강'으로 선택한다.

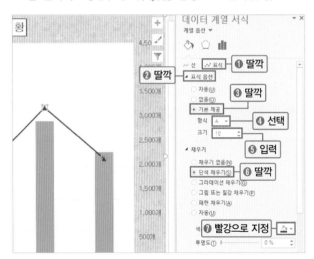

③ 꺾은선형 차트인 '판매수량' 계열 선택 → 그 중에서 '돌산갓김치' 요소 선택 → '차트 요소'( ) 선택 → '데이터 레이블'에 체크한 후 '아래쪽'을 선택한다.

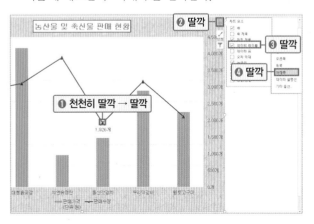

3 눈금선 변경하기

① 눈금선 서식을 변경하기 위해 차트의 '눈금선' 선택 → [주 눈금선 서식] 창에서 선은 '실선', 대시 종류는 '파선'을 선택한다.

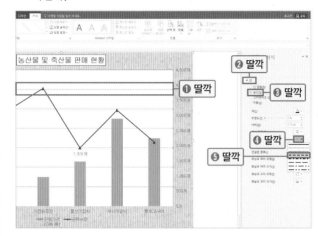

4 축 서식 설정하기

① 축의 단위를 변경하기 위해 차트의 '보조 세로 (값) 축' 선택 → [축 서식] 창에서 [축 옵션( )] 단추 선택 → '축 옵션' 선택 → '최대'를 4000으로 입력한다.

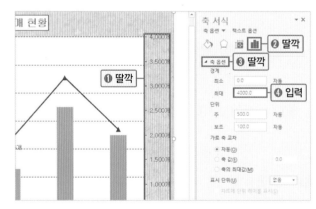

② '보조 세로 (값) 축'이 선택된 상태에서 [축 서식] 창 – [채우기 및 선( )] 선택 → '선'에서 '실선'을 선택한다.

③ 같은 방법으로 '세로 (값) 축', '가로 (항목) 축'도 동일하게 축 서식의 선을 '실선'으로 선택한다.

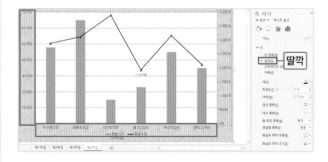

04 | 범례와 도형 작성

세부 출제패턴	범례명 변경과 도형 삽입

범례명을 변경하고 도형을 출력형태와 같이 작성하시오.

출력형태

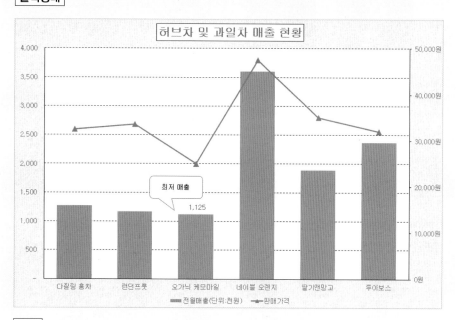

조건

(8) 범례 ⇒ 범례명을 변경하고 출력형태를 참조하시오.

(9) 도형 ⇒ '모서리가 둥근 사각형 설명선'을 삽입한 후 출력형태와 같이 내용을 입력하시오.

📥 **작업 파일명** C:₩에듀윌_2023_ITQ엑셀₩Chapter04₩그대로따라하기₩세부출제패턴04_범례명변경과도형삽입

📥 **정답 파일명** C:₩에듀윌_2023_ITQ엑셀₩Chapter04₩그대로따라하기₩정답₩세부출제패턴04_범례명변경과 도형삽입_완성

📝 합격 GUIDE

두 줄로 입력된 범례명을 다시 한 줄로 입력하는 패턴으로 출제된다. 도형 삽입 문제는 대부분 '모서리가 둥근 사각형 설명선'으로 출제되지만, 가끔 다른 도형이 출제될 수 있으니 정확한 도형을 삽입하도록 한다.

◼1 범례명 변경하기

① 범례명을 변경하기 위해 차트 선택 → [차트 도구] – [디자인] 탭 – [데이터] 그룹에서 [데이터 선택]을 선택한다.

★ 알아두면 좋은 TIP
범례명 변경은 범례를 직접 선택해서 변경할 수 없고, [데이터 선택] 창에서 편집해야 한다.

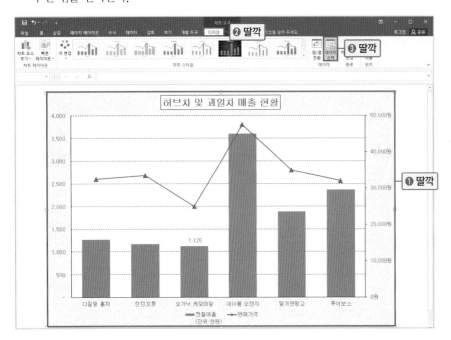

② [데이터 원본 선택] 창에서 '전월매출(단위:천원)'을 선택한 후 [편집]을 선택한다.

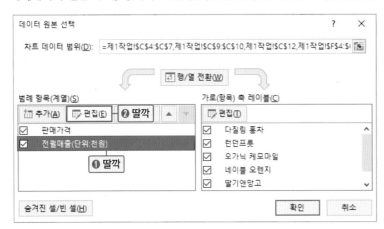

③ [계열 편집] 창에서 '계열 이름'에 전월매출(단위:천원)을 입력한 후 [확인] 클릭 → [데이터 원본 선택] 창으로 돌아오면 [확인]을 클릭한다.

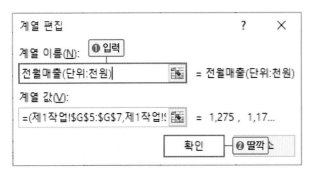

④ 차트에서 범례명이 한 줄로 수정되었는지 확인한다.

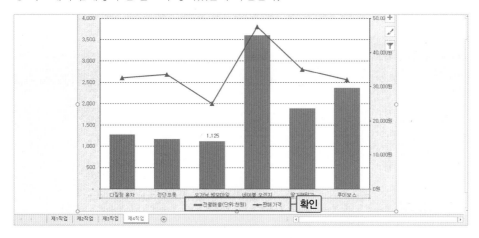

2 도형 삽입하기

① 도형을 삽입하기 위해 '차트 영역'이 선택된 상태에서 [삽입] 탭 – [일러스트레이션] 그룹
– [도형]에서 '모서리가 둥근 사각형 설명선'을 선택한다.

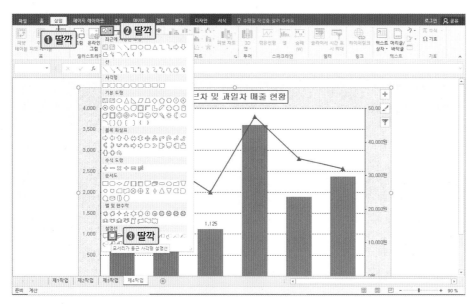

② 출력형태와 동일하게 '오가닉 케모마일' 요소 위에 드래그하여 도형을 그린 후 최저 매출을
입력한다.

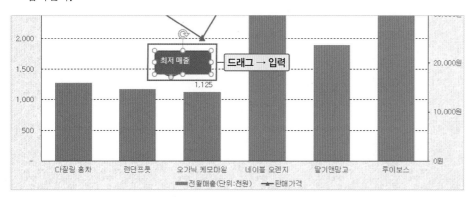

③ 도형 선택 → [홈] 탭 − [글꼴] 그룹에서 글꼴을 '굴림', 글꼴 크기를 '11pt', 글꼴 색을 '검정, 텍스트 1'로 선택 → [맞춤] 그룹에서 가로와 세로 모두 '가운데 맞춤'(,)으로 선택한다.

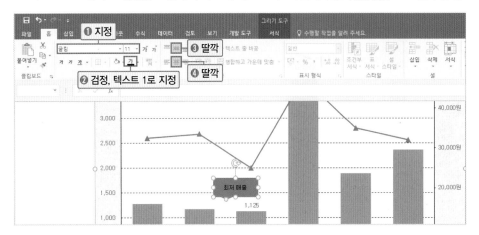

④ [그리기 도구] − [서식] 탭 − [도형 스타일] 그룹에서 [도형 채우기] − '흰색, 배경 1'을 선택한다.

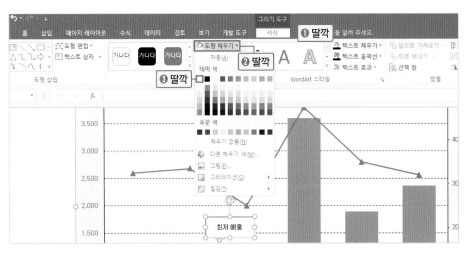

⑤ 도형의 모양 조절 핸들을 드래그하여 출력형태와 동일하게 모양을 변경한다.

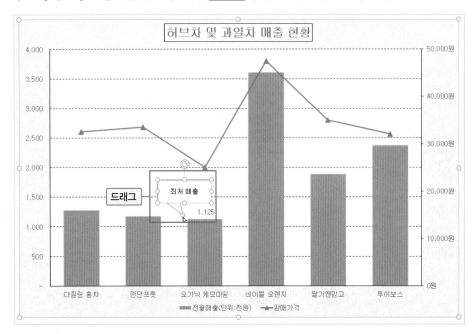

범례명을 변경하고 도형을 [출력형태] 와 같이 작성하시오.

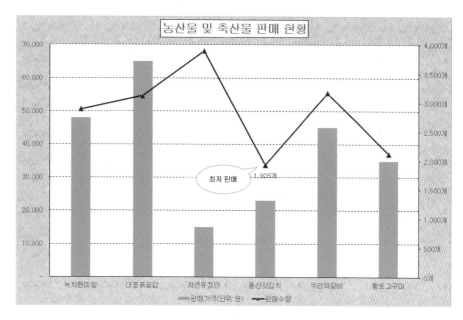

📥 작업 파일명

C:₩에듀윌_2023_ITQ엑셀₩Chapter
04₩연습문제₩세부출제패턴_연습04_
범례명변경과도형삽입

📥 정답 파일명

C:₩에듀윌_2023_ITQ엑셀₩Chapter
04₩연습문제₩정답₩세부출제패턴_
연습04_범례명변경과도형삽입_완성

조건

(8) 범례 ⇒ 범례명을 변경하고 [출력형태]를 참조하시오.

(9) 도형 ⇒ '타원형 설명선'을 삽입한 후 [출력형태]와 같이 내용을 입력하시오.

1 범례명 변경하기

① '차트 영역' 선택 → [차트 도구] – [디자인] 탭 – [데이터]
그룹에서 [데이터 선택]을 선택한다.

② [데이터 원본 선택] 창에서 '판매가격(단위:원)'을 선택한
후 [편집]을 선택한다.

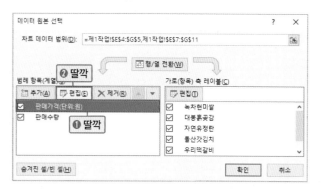

③ [계열 편집] 창에서 '계열 이름'에 판매가격(단위:원)을 입
력한 후 [확인]을 클릭한다.

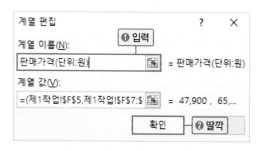

④ [데이터 원본 선택] 창으로 돌아오면 [확인] 클릭 → 차트
에서 범례명이 한 줄로 수정되었는지 확인한다.

2 도형 삽입하기

① 도형을 삽입하기 위해 '차트 영역'이 선택된 상태에서 [삽입] 탭 – [일러스트레이션] 그룹 – [도형]에서 '타원형 설명선'을 선택한다.

② 출력형태 와 동일하게 '자연유정란' 요소 위에 드래그하여 도형을 그린 후 최저 판매를 입력한다.

③ 도형 선택 → [홈] 탭 – [글꼴] 그룹에서 글꼴을 '굴림', 글꼴 크기를 '11pt', 글꼴 색을 '검정, 텍스트 1'으로 선택 → [맞춤] 그룹에서 가로와 세로 모두 '가운데 맞춤'(≡ , ≡)으로 선택한다.

④ [그리기 도구] – [서식] 탭 – [도형 스타일] 그룹에서 [도형 채우기] – '흰색, 배경 1' 선택 → 도형의 모양 조절 핸들을 드래그하여 출력형태 와 동일하게 모양을 변경한다.

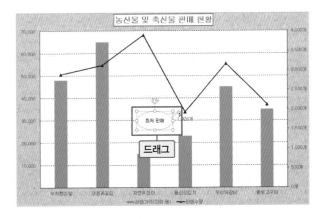

스스로 자신을 존경하면
다른 사람도 그대를 존경할 것이다.

– 공자

Step

II

쪼개어 훈련한 출제패턴을 처음부터 끝까지 연습!
함께 보는 해설로 틀린 부분 바로 점검!

기출 & 함께 보는
해설로 연습하기

⬇ 채점프로그램으로 감점 내역을 확인하세요!

EXIT 합격 서비스(exit.eduwill.net)
▶ 자료실 ▶ ITQ ▶ 엑셀 ▶ 채점 프로그램 다운로드

ⓘ 잠깐 확인!
교재에 수록된 기출문제는 채점 프로그램 내에서 실전처럼 문제풀이하고,
바로 채점할 수도 있습니다. 자세한 사항은 24쪽을 확인하세요!

수험자 유의사항

- 수험자는 문제지를 받는 즉시 문제지와 수험표상의 시험과목(프로그램)이 동일한지 반드시 확인하여야 합니다.

- 파일명은 본인의 "수험번호-성명"으로 입력하여 답안폴더(내 PC₩문서₩ITQ)에 하나의 파일로 저장해야 하며, 답안문서 파일명이 "수험번호-성명"과 일치하지 않거나, 답안파일을 전송하지 않아 미제출로 처리될 경우 실격 처리합니다(예: 12345678-홍길동.xlsx).

- 답안 작성을 마치면 파일을 저장하고, '답안 전송' 버튼을 선택하여 감독위원 PC로 답안을 전송하십시오. 수험생 정보와 저장한 파일명이 다를 경우 전송되지 않으므로 주의하시기 바랍니다.

- 답안 작성 중에도 주기적으로 저장하고, '답안 전송'하여야 문제 발생을 줄일 수 있습니다. 작업한 내용을 저장하지 않고 전송할 경우 이전에 저장된 내용이 전송되오니 이점 유의하시기 바랍니다.

- 답안문서는 지정된 경로 외의 다른 보조기억장치에 저장하는 경우, 지정된 시험 시간 외에 작성된 파일을 활용할 경우, 기타 통신수단(이메일, 메신저, 네트워크 등)을 이용하여 타인에게 전달 또는 외부 반출하는 경우는 부정 처리합니다.

- 시험 중 부주의 또는 고의로 시스템을 파손한 경우는 수험자가 변상해야 하며, 〈수험자 유의사항〉에 기재된 방법대로 이행하지 않아 생기는 불이익은 수험생 당사자의 책임임을 알려 드립니다.

- 문제의 조건은 MS오피스 2016 버전으로 설정되어 있으니 유의하시기 바랍니다.

- 시험을 완료한 수험자는 답안파일이 전송되었는지 확인한 후 감독위원의 지시에 따라 문제지를 제출하고 퇴실합니다.

답안 작성요령

- 온라인 답안 작성 절차

  수험자 등록 → 시험 시작 → 답안파일 저장 → 답안 전송 → 시험 종료

- 문제는 총 4단계, 즉 제1작업부터 제4작업까지 구성되어 있으며 반드시 제1작업부터 순서대로 작성하고 조건대로 작업하시오.

- 모든 작업시트의 A열은 열 너비 '1'로, 나머지 열은 적당하게 조절하시오.

- 모든 작업시트의 테두리는 출력형태와 같이 작업하시오.

- 해당 작업란에서는 각각 제시된 조건에 따라 출력형태와 같이 작업하시오.

- 답안 시트 이름은 "제1작업", "제2작업", "제3작업", "제4작업"이어야 하며 답안 시트 이외의 것은 감점 처리됩니다.

- 각 시트를 파일로 나누어 작업해서 저장할 경우 실격 처리됩니다.

제1회 정보기술자격(ITQ) 시험

과목	코드	문제유형	시험시간	수험번호	성명
한글엑셀	1122	A	60분		

제1작업 | 표 서식 작성 및 값 계산 | 240점

다음은 '데이터분석 교육 온라인 신청 현황'에 대한 자료이다. 자료를 입력하고 조건에 맞도록 작업하시오.

출력형태

	B	C	D	E	F	G	H	I	J
							확인	담당	팀장	부장
4	과목코드	강좌명	강사명	분류	개강일	신청인원	수강료(단위:원)	수강기간	신청인원순위
5	A-1431	R 머신러닝	김혜지	데이터사이언스	2022-06-01	670	260,000	(1)	(2)
6	C-3315	엑셀 통계	박정우	통계분석	2022-02-01	2,325	160,000	(1)	(2)
7	P-2421	빅데이터기사 필기	강석원	자격증	2022-04-01	550	280,000	(1)	(2)
8	T-1341	파이썬 딥러닝	홍길순	데이터사이언스	2022-03-02	1,455	380,000	(1)	(2)
9	S-2432	빅데이터기사 실기	이경호	자격증	2022-03-02	458	300,000	(1)	(2)
10	M-3145	다층선형모델분석	이덕수	통계분석	2022-05-02	125	420,000	(1)	(2)
11	D-2514	R 데이터분석	임홍우	데이터사이언스	2022-07-01	450	275,000	(1)	(2)
12	G-3234	시계열분석	정유진	통계분석	2022-05-02	1,280	350,000	(1)	(2)
13	자격증 강좌 개수			(3)			최대 수강료(단위:원)		(5)
14	데이터사이언스 강좌의 신청인원 합계			(4)			강좌명	R 머신러닝	신청인원	(6)

조건

○ 모든 데이터의 서식에는 글꼴(굴림, 11pt), 정렬은 숫자 및 회계 서식은 오른쪽 정렬, 나머지 서식은 가운데 정렬로 작성하며 예외적인 것은 출력형태를 참조하시오.

○ 제 목 ⇒ 도형(십자형)과 그림자(오프셋 위쪽)를 이용하여 작성하고 "데이터분석 교육 온라인 신청 현황"을 입력한 후 다음 서식을 적용하시오(글꼴-굴림, 24pt, 검정, 굵게, 채우기-노랑).

○ 임의의 셀에 결재란을 작성하여 그림으로 복사 기능을 이용하여 붙이기 하시오(단, 원본 삭제).

○ 「B4:J4, G14, I14」 영역은 '주황'으로 채우기 하시오.

○ 유효성 검사를 이용하여 「H14」 셀에 강좌명(「C5:C12」 영역)이 선택 표시되도록 하시오.

○ 셀 서식 ⇒ 「G5:G12」 영역에 셀 서식을 이용하여 숫자 뒤에 '명'을 표시하시오(예: 670명).

○ 「H5:H12」 영역에 대해 '수강료'로 이름정의를 하시오.

(1)~(6) 셀은 반드시 주어진 함수를 이용하여 값을 구하시오(결과값을 직접 입력하면 해당 셀은 0점 처리됨).

(1) 수강기간 ⇒ 과목코드 세 번째 글자가 1이면 '240일', 2이면 '120일', 3이면 '90일'로 구하시오(CHOOSE, MID 함수).

(2) 신청인원 순위 ⇒ 내림차순 순위를 구한 결과에 '위'를 붙이시오(RANK.EQ 함수, & 연산자)(예: 1위).

(3) 자격증 강좌 개수 ⇒ (COUNTIF 함수)

(4) 데이터사이언스 강좌의 신청인원 합계 ⇒ 반올림하여 십명 단위까지 구하시오. 단, 조건은 입력데이터를 이용하시오 (ROUND, DSUM 함수)(예: 5,327 → 5,330).

(5) 최대 수강료(단위:원) ⇒ 정의된 이름(수강료)을 이용하여 구하시오(LARGE 함수).

(6) 신청인원 ⇒ 「H14」 셀에서 선택한 강좌명에 대한 신청인원을 구하시오(VLOOKUP 함수).

(7) 조건부 서식의 수식을 이용하여 신청인원이 '1,000' 이상인 행 전체에 다음의 서식을 적용하시오(글꼴: 파랑, 굵게).

| 제2작업 | **목표값 찾기 및 필터** | 80점 |

"제1작업" 시트의 「B4:H12」 영역을 복사하여 "제2작업" 시트의 「B2」 셀부터 모두 붙여넣기를 한 후 다음의 조건과 같이 작업하시오.

조건

(1) 목표값 찾기 – 「B11:G11」 셀을 병합하여 "데이터사이언스의 수강료(단위:원) 평균"을 입력한 후 「H11」 셀에 데이터사이언스의 수강료(단위:원) 평균을 구하시오. 단, 조건은 입력데이터를 이용하시오(DAVERAGE 함수, 테두리, 가운데 맞춤).

　　　　　　　　– '데이터사이언스의 수강료(단위:원) 평균'이 '310,000'이 되려면 R 머신러닝의 수강료(단위:원)가 얼마가 되어야 하는지 목표값을 구하시오.

(2) 고급 필터 – 분류가 '통계분석'이거나 수강료(단위:원)가 '350,000' 이상인 자료의 데이터만 추출하시오.

　　　　　　　– 조건 범위: 「B14」 셀부터 입력하시오.

　　　　　　　– 복사 위치: 「B18」 셀부터 나타나도록 하시오.

| 제3작업 | **정렬 및 부분합** | 80점 |

"제1작업" 시트의 「B4:H12」 영역을 복사하여 "제3작업" 시트의 「B2」 셀부터 모두 붙여넣기를 한 후 다음의 조건과 같이 작업하시오.

조건

(1) 부분합 – 출력형태 처럼 정렬하고, 강좌명의 개수와 신청인원의 평균을 구하시오.

(2) 윤곽 – 지우시오.

(3) 나머지 사항은 출력형태 에 맞게 작성하시오.

출력형태

	B	C	D	E	F	G	H
2	과목코드	강좌명	강사명	분류	개강일	신청인원	수강료 (단위:원)
3	C-3315	엑셀 통계	박정우	통계분석	2022-02-01	2,325명	160,000
4	M-3145	다층선형모델분석	이덕수	통계분석	2022-05-02	125명	420,000
5	G-3234	시계열분석	정유진	통계분석	2022-05-02	1,280명	350,000
6				통계분석 평균		1,243명	
7		3		통계분석 개수			
8	P-2421	빅데이터기사 필기	강석원	자격증	2022-04-01	550명	280,000
9	S-2432	빅데이터기사 실기	이경호	자격증	2022-03-02	458명	300,000
10				자격증 평균		504명	
11		2		자격증 개수			
12	A-1431	R 머신러닝	김혜지	데이터사이언스	2022-06-01	670명	260,000
13	T-1341	파이썬 딥러닝	홍길순	데이터사이언스	2022-03-02	1,455명	380,000
14	D-2514	R 데이터분석	임홍우	데이터사이언스	2022-07-01	450명	275,000
15				데이터사이언스 평균		858명	
16		3		데이터사이언스 개수			
17				전체 평균		914명	
18		8		전체 개수			

"제1작업" 시트를 이용하여 조건에 따라 출력형태와 같이 작업하시오.

조건

(1) **차트 종류** ⇒ 〈묶은 세로 막대형〉으로 작업하시오.

(2) **데이터 범위** ⇒ "제1작업" 시트의 내용을 이용하여 작업하시오.

(3) **위치** ⇒ "새 시트"로 이동하고, "제4작업"으로 시트 이름을 바꾸시오.

(4) **차트 디자인 도구** ⇒ 레이아웃 3, 스타일 1을 선택하여 출력형태에 맞게 작업하시오.

(5) **영역 서식** ⇒ 차트: 글꼴(굴림, 11pt), 채우기 효과(질감-분홍 박엽지), 그림: 채우기(흰색, 배경 1)

(6) **제목 서식** ⇒ 차트 제목: 글꼴(굴림, 굵게, 20pt), 채우기(흰색, 배경 1), 테두리

(7) **서식** ⇒ 신청인원 계열의 차트 종류를 〈표식이 있는 꺾은선형〉으로 변경한 후 보조 축으로 지정하시오.

   계열: 출력형태를 참조하여 표식(세모, 크기 10)과 레이블 값을 표시하시오.

   눈금선: 선 스타일-파선

   축: 출력형태를 참조하시오.

(8) **범례** ⇒ 범례명을 변경하고 출력형태를 참조하시오.

(9) **도형** ⇒ '모서리가 둥근 사각형 설명선'을 삽입한 후 출력형태와 같이 내용을 입력하시오.

(10) 나머지 사항은 출력형태에 맞게 작성하시오.

출력형태

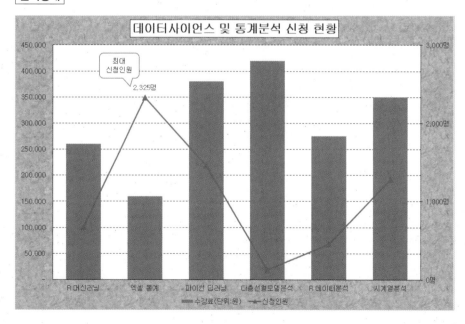

⊗ **주의** 시트명 순서가 차례대로 "제1작업", "제2작업", "제3작업", "제4작업"이 되도록 할 것.

함께 보는 상세해설

노른자 강의
바로 보기

제1작업
240점

1 데이터 입력 및 서식 지정

(1) 데이터 입력하기

① [A] 열의 너비는 '1'로 조절 → 시트의 글꼴을 '굴림'으로 지정 → [Sheet1] 시트를 복사하여 [제1작업], [제2작업], [제3작업]으로 이름을 변경한다.

② [B4:J4] 영역에 제목을 입력하기 위해 [B4] 셀에 과목코드 입력 → Tab 을 눌러 다음 데이터를 차례로 입력한다.

③ [H4] 셀의 데이터는 2줄로 입력하기 위해 수강료 입력 → Alt + Enter 를 누른 후 2번째 줄에 (단위:원) 입력 → [J4] 셀에는 신청인원 입력 → Alt + Enter → 순위를 입력한다.

④ 각 항목별로 데이터 입력 → [B13], [B14], [G13] 셀처럼 이후에 셀 병합을 해야 하는 데이터는 시작 셀에 데이터를 입력한다.

(2) 셀 병합과 데이터 정렬하기

① 출력형태 와 동일하게 셀을 병합하기 위해 [B13:D13] 영역 드래그 → Ctrl 을 누른 상태에서 [B14:D14], [F13:F14], [G13:I13] 영역 드래그 → [홈] 탭 – [맞춤] 그룹 – '병합하고 가운데 맞춤'( )을 선택한다.

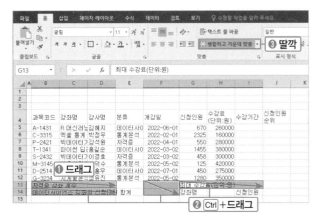

② 데이터 전체 영역인 [B4:J14] 영역 드래그 → [홈] 탭 – [맞춤] 그룹에서 '가운데 맞춤'( ) 선택 → 숫자에 해당하는 [G5:H12] 영역 드래그 → '오른쪽 맞춤'( )을 선택한다.

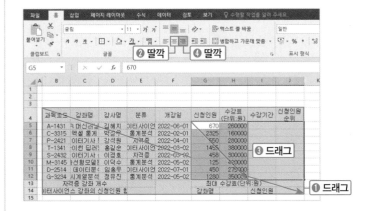

(3) 열 너비와 채우기 색 지정하기

① 입력된 데이터가 잘 보이도록 출력형태 와 동일하게 행과 열 너비를 조절한다.

② 채우기 서식을 지정하기 위해 [B4:J4] 영역 드래그 → Ctrl을 누른 상태에서 [G14], [I14] 셀 선택 → [홈] 탭 − [글꼴] 그룹 − [채우기 색]에서 '주황'을 선택한다.

(4) 표 테두리 지정하기

① 테두리를 지정하기 위해 [B4:J4] 영역 드래그 → Ctrl을 누른 상태에서 [B5:J12], [B13:J14] 영역을 드래그하여 선택한다.

② [홈] 탭 − [글꼴] 그룹 − [테두리] − '모든 테두리'(⊞)를 선택한다.

③ 이어서 [홈] 탭 − [글꼴] 그룹 − [테두리] − '굵은 바깥쪽 테두리'(⊡)를 선택한다.

④ [F13] 셀 선택 → [홈] 탭 − [글꼴] 그룹 − [테두리] − '다른 테두리'(⊞) 선택 → [셀 서식] 대화상자가 열리면 [테두리] 탭 − 선 스타일에서 '가는 실선' 선택 → '상향 대각선'과 '하향 대각선' 선택 → [확인]을 클릭한다.

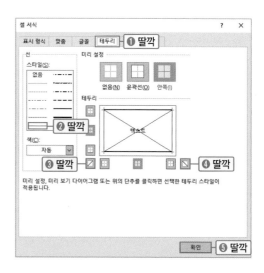

(5) 사용자 지정 표시 형식 지정하기

① 출력형태와 동일하게 서식을 지정하기 위해 [H5:H12] 영역 드래그 → [홈] 탭 − [표시 형식] 그룹에서 '쉼표 스타일'(,)을 선택한다.

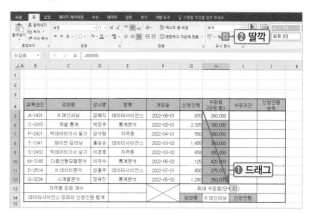

② [G5:G12] 영역 드래그 → [홈] 탭 − [표시 형식] 그룹 − [표시 형식]에서 '기타 표시 형식'을 선택한다.

③ [셀 서식] 대화상자 −'사용자 지정' 범주 선택 → '형식'에서 '#,##0' 선택 → #,##0 뒤에 "명"을 추가로 입력 → [확인]을 클릭한다.

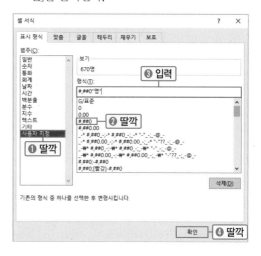

2 도형 작성과 서식

(1) 도형으로 제목 작성하기

① 제목을 작성하기 위해 [삽입] 탭 – [일러스트레이션] 그룹 – [도형] – '기본 도형'에서 '십자형' 선택 → 제목이 위치할 [B1:G3] 영역 사이에 드래그하여 도형을 그린 후 데이터분석 교육 온라인 신청 현황을 입력한다.

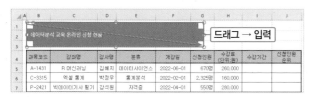

(2) 도형 서식 지정하기

① 도형 선택 → [홈] 탭 – [글꼴] 그룹 – 글꼴을 '굴림', 글꼴 크기를 '24pt', '굵게', 글꼴 색을 '검정, 텍스트 1'로 선택 → [맞춤] 그룹에서 가로와 세로 모두 '가운데 맞춤'(≡, ≡)을 선택한다.

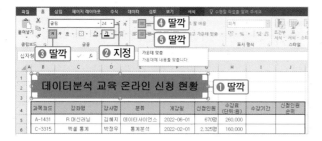

> **⊘ 감점방지 TIP**
> 문제의 조건에서 제시되지 않았더라도 도형의 가로와 세로 맞춤 기능은 문제에서 제시된 모양대로 지정한다.

② [그리기 도구] – [서식] 탭 – [도형 채우기]에서 '노랑' 선택 → [도형 효과] – [그림자] – '오프셋 위쪽'을 선택한다.

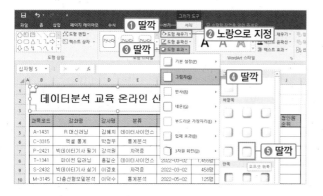

3 결재란 작성

(1) 결재란 입력하기

① 결재란을 작성하기 위해 [L16] 셀부터 결재란 내용 입력 → [L16:L17] 영역 드래그 → [홈] 탭 – [맞춤] 그룹 – '병합하고 가운데 맞춤'(⊟)을 선택한다.

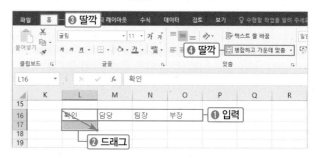

> **⊘ 감점방지 TIP**
> [제1작업] 시트에 입력된 자료에 영향을 주지 않기 위해 결재란은 행과 열 모두 문제가 없는 위치에서 작성한다.

② [L16] 셀 선택 → [홈] 탭 – [맞춤] 그룹 – [방향] – '세로 쓰기' 선택 → [L16:O17] 영역 드래그 → [홈] 탭 – [맞춤] 그룹 – '가운데 맞춤'(≡)을 선택한다.

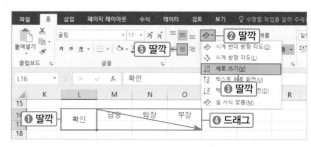

③ 행 높이와 열 너비 조절 → [L16:O17] 영역 드래그 → [홈] 탭 – [글꼴] 그룹 – [테두리] – '모든 테두리'(⊞)를 선택한다.

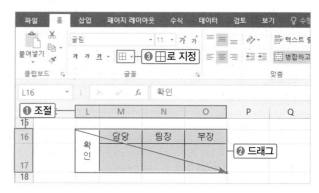

(2) 결재란 복사하기

① 작성된 결재란 영역 [L16:O17] 드래그 → Ctrl+C를 눌러 복사한다.

② [H1] 셀 선택 → Ctrl+V를 눌러 붙여넣기 → [붙여넣기 옵션] 단추 선택 → '그림'을 선택한다.

③ 결재란의 위치와 크기는 출력형태와 동일하게 [H1:J3] 영역 안에서 조절 → [L16:O17] 영역 드래그 → [홈] 탭 – [셀] 그룹 – [삭제]를 선택한다.

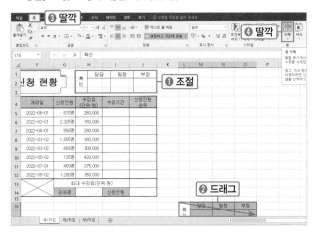

4 유효성 검사와 이름 정의

(1) 유효성 검사로 목록 표시하기

① 유효성 검사를 하기 위해 [H14] 셀 선택 → [데이터] 탭 – [데이터 도구] 그룹 – [데이터 유효성 검사]를 선택한다.

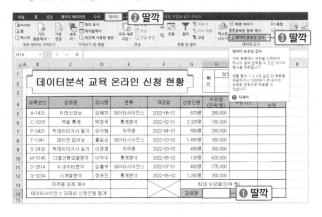

② [데이터 유효성] 대화상자 – [설정] 탭 – 유효성 조건의 [제한 대상]을 '목록'으로 선택 → [원본] 입력란 선택 → '강좌명' 영역인 [C5:C12] 영역을 드래그하여 입력한 후 [확인]을 클릭한다.

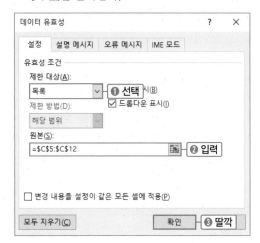

③ [H14] 셀 선택 → 출력형태와 동일하게 목록 중 'R 머신러닝'을 선택한다.

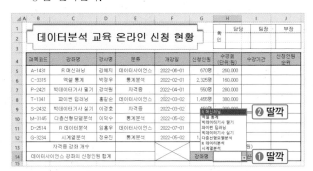

(2) 이름 정의하기

① [H5:H12] 영역 드래그 → [수식] 탭 – [정의된 이름] 그룹 – [이름 정의] 선택 → [새 이름] 대화상자에서 '이름'을 수강료로 입력한 후 [확인]을 클릭한다.

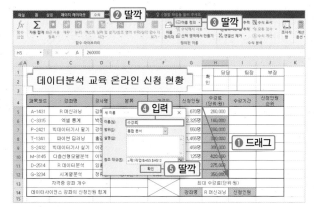

> ⏱ **시간절약 TIP**
>
> 이름 정의는 [H5:H12] 영역을 드래그하여 선택한 후 [이름 상자]에 직접 '수강료'로 입력해도 된다.

5 함수

(1) 수강기간 구하기(CHOOSE, MID 함수)

① [I5] 셀에 =CHOOSE(입력 → Ctrl+A를 눌러 [함수 인수] 대화상자를 실행한다.

② 과목코드의 세 번째 글자를 추출하기 위해 'Index_num' 인수에 MID(B5,3,1) 입력 → 'Value1' 인수에는 "240일" 입력 → 'Value2' 인수에는 "120일" 입력 → 'Value3' 인수에는 "90일"을 입력한 후 [확인]을 클릭한다.

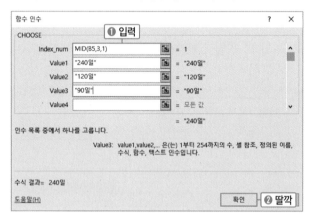

✏️ 입력 함수 해설

=CHOOSE(MID(B5,3,1),"240일","120일","90일")

❶ MID(B5,3,1): '과목코드' 필드에서 과목코드의 세 번째 문자부터 한 글자를 구한다.

❷ CHOOSE(❶,"240일","120일","90일"): ❶에서 구한 값이 1이면 '240일', 2이면 '120일', 3이면 '90일'로 값을 구한다.

③ [I5] 셀의 '자동 채우기 핸들'을 드래그하여 [I12] 셀까지 수식 복사 → '자동 채우기 옵션'(📋) 단추 선택 → '서식 없이 채우기'를 선택한다.

(2) 신청인원 순위 구하기(RANK.EQ 함수, & 연산자)

① [J5] 셀에 =RANK.EQ(입력 → Ctrl+A를 눌러 [함수 인수] 대화상자를 실행한다.

② 'Number' 인수에 신청인원 값인 [G5] 셀을 선택하여 입력 → 'Ref' 인수에는 [G5:G12] 영역을 드래그하여 입력 → F4를 눌러 $G$5:$G$12로 참조 변경 → 'Order' 인수에는 0을 입력한 후 [확인]을 클릭한다.

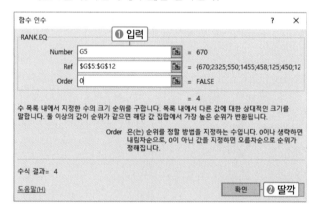

③ 수식 입력줄의 수식 맨 끝을 클릭 → &"위"를 추가로 입력한 후 Enter를 누른다.

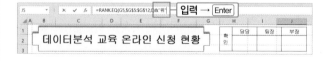

✏️ 입력 함수 해설

=RANK.EQ(G5,$G$5:$G$12,0)&"위"

❶ RANK.EQ(G5,$G$5:$G$12,0): '신청인원' 필드의 순위를 내림차순으로 구한다.

❷ ❶&"위": ❶에서 구한 값 뒤에 "위"를 표시한다.

④ [J5] 셀의 '자동 채우기 핸들'을 드래그하여 [J12] 셀까지 수식 복사 → '자동 채우기 옵션'(🖹) 단추 선택 → '서식 없이 채우기'를 선택한다.

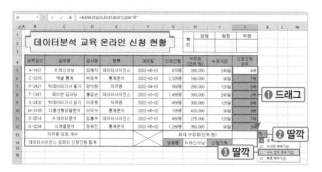

(3) 자격증 강좌 개수 구하기(COUNTIF 함수)

① [E13] 셀에 =COUNTIF(입력 → Ctrl+A를 눌러 [함수 인수] 대화상자를 실행한다.

② 'Range' 인수에 [E5:E12] 영역을 드래그하여 입력 → 'Criteria' 인수에는 "자격증"을 입력한 후 [확인]을 클릭한다.

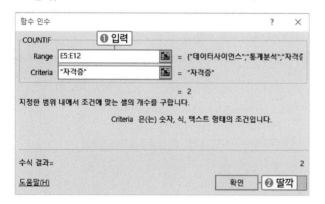

✏️ 입력 함수 해설

=COUNTIF(E5:E12,"자격증")

'분류' 필드에서 '자격증'을 찾아 그 개수를 구한다.

(4) 데이터사이언스 강좌의 신청인원 합계 구하기(ROUND, DSUM 함수)

① [E14] 셀에 =ROUND(입력 → Ctrl+A를 눌러 [함수 인수] 대화상자를 실행한다.

② 'Number' 인수에 DSUM(B4:J12,6,E4:E5) 입력 → 'Num_ digits' 인수에는 −1을 입력한 후 [확인]을 클릭한다.

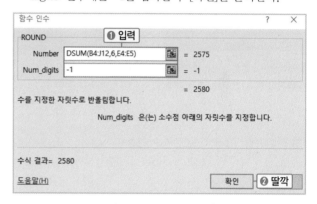

✏️ 입력 함수 해설

=ROUND(DSUM(B4:J12,6,E4:E5),−1)

❶ DSUM(B4:J12,6,E4:E5): B4:J12 범위에서 분류가 '데이터사이언스'인 조건을 찾아 여섯 번째 열인 '신청인원' 필드에서 합계를 구한다.

❷ ROUND(❶,−1): ❶에서 구한 값을 일의 자리에서 반올림하여 십의 자리로 구한다.

(5) 최대 수강료(단위:원) 구하기(LARGE 함수)

① [J13] 셀에 =LARGE(입력 → Ctrl+A를 눌러 [함수 인수] 대화상자를 실행한다.

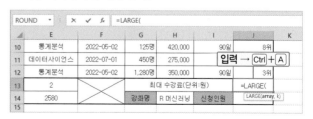

② 'Array' 인수에 수강료 입력 → 'K' 인수에는 1을 입력한 후 [확인]을 클릭한다.

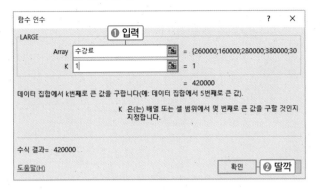

=LARGE(수강료,1)

정의된 이름 '수강료' 영역 중에서 첫 번째로 큰 값을 구한다.

(6) 신청인원 구하기(VLOOKUP 함수)

① [J14] 셀에 =VLOOKUP(입력 → Ctrl+A를 눌러 [함수 인수] 대화상자를 실행한다.

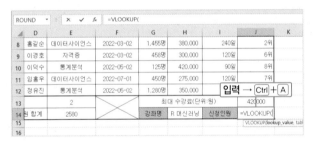

② 'Lookup_value' 인수에 찾는 값인 [H14] 셀 입력 → 'Table_array' 인수에는 강좌명부터 데이터 전체 범위인 [C5:J12] 영역을 드래그하여 입력 → 'Col_index_num' 인수에는 계산할 열인 신청인원의 열 번호 5 입력 → 'Range_lookup' 인수에는 'False'의 숫자 값인 0을 입력한 후 [확인]을 클릭한다.

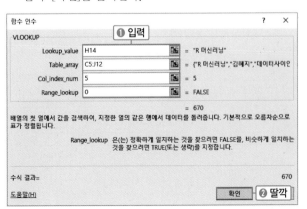

=VLOOKUP(H14,C5:J12,5,0)

H14 셀의 값인 'R 머신러닝'을 '강좌명' 필드에서 찾아 참조 테이블로 지정한 C5:J12 범위의 다섯 번째 열에 있는 '신청인원'을 값으로 구한다.

③ 계산 결과 확인 → [E13:E14] 영역 드래그 → Ctrl을 눌러 [J13:J14] 영역 드래그 → [홈] 탭 - [표시 형식] 그룹 - '쉼표 스타일'(,)을 선택하여 완성한다.

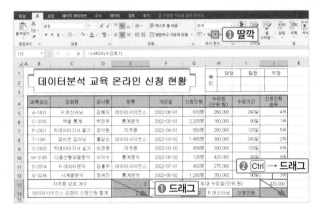

6 조건부 서식

(1) 조건부 서식 지정하기

① [B5:J12] 영역 드래그 → [홈] 탭 - [스타일] 그룹 - [조건부 서식] - [새 규칙]을 선택한다.

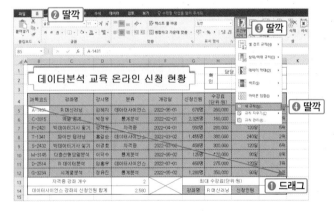

② [새 서식 규칙] 대화상자에서 규칙 유형 선택은 '수식을 사용하여 서식을 지정할 셀 결정' 선택 → '다음 수식이 참인 값의 서식 지정'에 =$G5>=1000 입력 → [서식]을 선택한다.

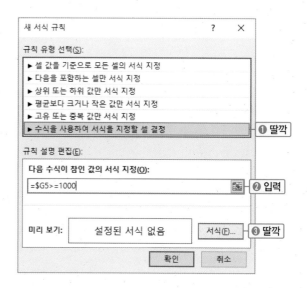

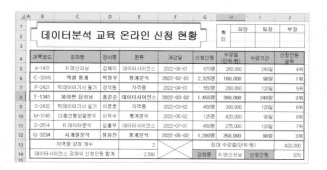

③ [셀 서식] 대화상자 – [글꼴] 탭에서 글꼴 스타일을 '굵게',
글꼴 색을 '파랑'으로 선택 → [확인]을 클릭한다.

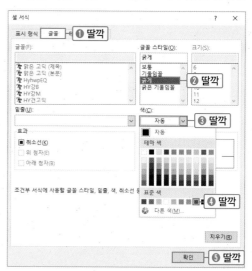

④ 다시 [새 서식 규칙] 대화상자로 돌아오면 [확인]을 클릭
하고 조건부 서식의 결과를 확인한다.

제2작업   80점

1 목표값 찾기

(1) 데이터 복사하고 붙여넣기

① 데이터를 복사하기 위해 [제1작업] 시트 선택 → [B4:H12]
영역 드래그 → Ctrl + C 를 눌러 복사한다.

② [제2작업] 시트의 [B2] 셀 선택 → Ctrl + V 를 눌러 데이터
를 붙여넣기 한다.

③ 열 너비를 복사하기 위해 [홈] 탭 – [클립보드] 그룹 –
[붙여넣기] 내림단추 선택 → [선택하여 붙여넣기]를 선
택한다.

④ [제1작업] 시트의 열 너비와 동일하게 지정하기 위해 [선
택하여 붙여넣기] 대화상자 – '열 너비'를 선택한 후 [확
인]을 클릭한다.

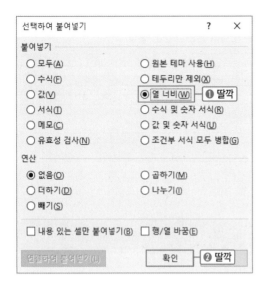

(2) 셀 병합하고 수식셀 작성하기

① [B11:G11] 영역 드래그 → [홈] 탭 - [맞춤] 그룹 - '병합
하고 가운데 맞춤'( )을 선택한다.

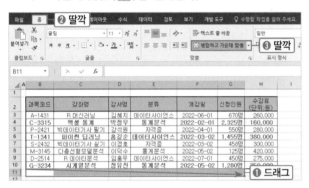

② 병합된 셀에 데이터사이언스의 수강료(단위:원) 평균을
입력한다.

③ [H11] 셀에 =DAVERAGE(입력 → Ctrl + A 를 눌러 [함수
인수] 대화상자를 실행한다.

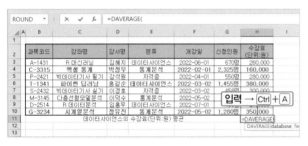

④ [함수 인수] 대화상자의 'Database' 인수에 [B2:H10] 영
역을 드래그하여 입력 → 'Field' 인수에는 '수강료'의 열
번호인 7 입력 → 'Criteria' 인수에는 [E2:E3] 영역을 드
래그하여 입력한 후 [확인]을 클릭한다.

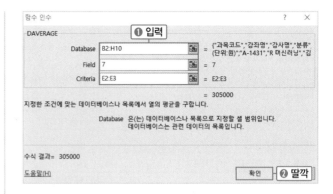

(3) 서식 지정하기

① [H11] 셀 선택 → [표시 형식] 그룹에서 '쉼표 스타일'(,)
을 선택한다.

② [B11:H11] 영역 드래그 → [홈] 탭 - [글꼴] 그룹- [테두
리]의 내림단추(▼)를 선택한 후 '모든 테두리'( )를
선택한다.

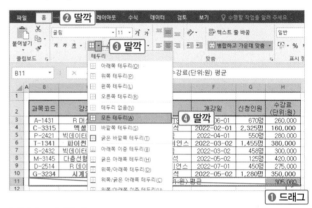

(4) 목표값 찾기

① 평균값이 입력된 [H11] 셀 선택 → [데이터] 탭 - [예측]
그룹에서 [가상분석] - [목표값 찾기]를 선택한다.

② [목표값 찾기] 대화상자의 '수식 셀'에 'H11'이 입력되어 있
는지 확인 → '찾는 값'에는 310000 입력 → '값을 바꿀 셀'
에는 [H3] 셀을 선택하여 입력한 후 [확인]을 클릭한다.

③ '목표값 찾기' 결과가 나타나면 [H11] 셀의 값이 '305,000'에서 '310,000'으로 변경된 것을 확인 → [H3] 셀의 값이 '260,000'에서 '275,000'으로 변경된 것을 확인 → [목표값 찾기 상태] 대화상자에서 [확인]을 클릭한다.

2 고급 필터로 데이터 추출

(1) 고급 필터 조건식 작성하기

① 조건식의 필드로 작성할 필드 제목인 '분류(E2)' 셀 선택 → Ctrl 을 눌러 선택 '수강료(단위:원)(H2)' 셀을 Ctrl 을 눌러 선택 → Ctrl + C 를 눌러 데이터를 복사한다.

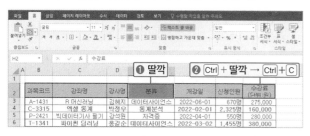

② [B14] 셀 선택 → Ctrl + V 를 눌러 데이터를 붙여넣기 한다.

③ 분류와 수강료(단위:원) 조건 중 하나 이상 만족하면 되므로 [B15] 셀에 통계분석 입력 → [C16] 셀에는 >=350000을 입력하여 OR 조건으로 작성한다.

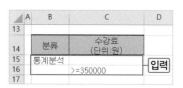

! 감점방지 TIP

서로 다른 조건식을 OR 조건으로 지정하려면 각각의 조건을 다른 행에 입력해야 한다.

(2) 고급 필터 실행하기

① 데이터 범위인 [B2:H10] 영역 드래그 → [데이터] 탭 – [정렬 및 필터] 그룹 – [고급]을 선택한다.

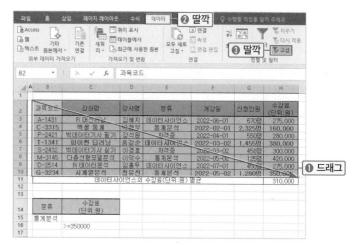

② [고급 필터] 대화상자의 '목록 범위'에 현재 선택한 데이터 범위가 입력되어 있는지 확인 → '조건 범위'에는 [B14:C16] 영역을 드래그하여 입력 → '다른 장소에 복사' 선택 → '복사 위치'에 [B18] 셀을 선택하여 입력한 후 [확인]을 클릭한다.

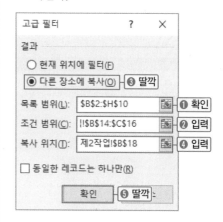

③ 결과를 확인한다.

1 데이터 복사와 정렬

(1) 데이터 복사하고 붙여넣기

① 데이터를 복사하기 위해 [제1작업] 시트 선택 → [B4:H12]
영역 드래그 → Ctrl+C를 눌러 복사한다.

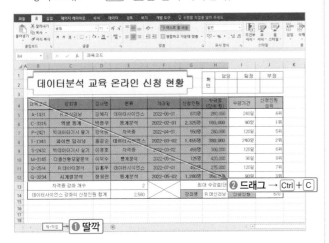

② [제3작업] 시트의 [B2] 셀 선택 → Ctrl+V를 눌러 데이터
를 붙여넣기 한다.

③ 열 너비를 복사하기 위해 [홈] 탭 - [클립보드] 그룹 - [붙여
넣기] 내림단추 선택 → [선택하여 붙여넣기]를 선택한다.

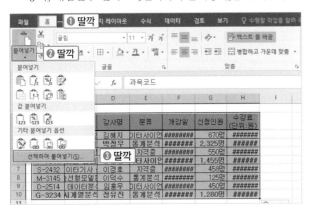

④ [제1작업] 시트의 열 너비와 동일하게 지정하기 위해 [선
택하여 붙여넣기] 대화상자 - '열 너비'를 선택한 후 [확
인]을 클릭한다.

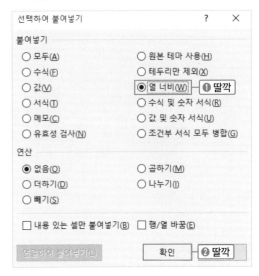

(2) 데이터 정렬하기

① 출력형태를 보면 '분류' 필드에 내림차순 정렬이 지정되어
있으므로 '분류' 필드에서 임의의 셀 선택 → [데이터] 탭
- [정렬 및 필터] 그룹 - [텍스트 내림차순 정렬]을 선택
한다.

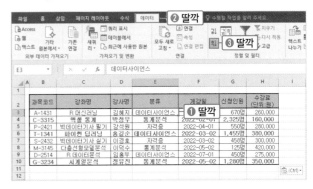

② 결과를 확인한다.

2 부분합 작성과 윤곽 지우기

(1) 부분합 구하기

① [B2:H10] 영역 안에서 임의의 셀 선택 → [데이터] 탭 – [윤곽선] 그룹 – [부분합]을 선택한다.

② [부분합] 대화상자에서 '그룹화할 항목'을 '분류'로 선택 → '사용할 함수'는 '개수'로 선택 → '부분합 계산 항목'에서 '강좌명'에 체크하고 '수강료(단위:원)'에 체크 해제 → [확인]을 클릭한다.

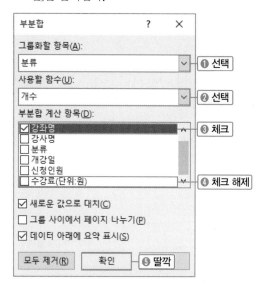

③ 부분합의 결과가 나오면 두 번째 부분합을 구하기 위해 다시 [B2:H12] 영역 안에서 임의의 셀 선택 → [데이터] 탭 – [윤곽선] 그룹 – [부분합]을 선택한다.

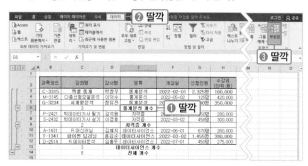

④ 다시 [부분합] 대화상자에서 '그룹화할 항목'을 '분류'로 선택 → '사용할 함수'는 '평균' 선택 → '부분합 계산 항목'에서 '강좌명'에 체크 해제하고 '신청인원'에 체크 → '새로운 값으로 대치'에 체크 해제한 후 [확인]을 클릭한다.

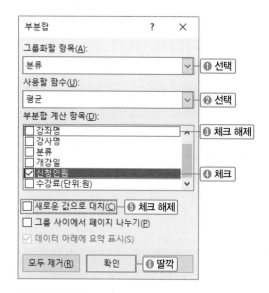

> ⚠️ **감점방지 TIP**

> '새로운 값으로 대치'를 체크 해제하지 않으면 첫 번째 부분합으로 지정했던 '강좌명'의 개수가 취소되고, '신청인원'의 평균으로 부분합이 변경되어 오답 처리되니 주의해야 한다.

⑤ 결과를 확인한다.

(2) 윤곽 지우기

① 부분합에 적용된 윤곽을 지우기 위해 데이터 안에서 임의의 셀 선택 → [데이터] 탭 – [윤곽선] 그룹 – [그룹 해제]의 내림단추 선택 → [윤곽 지우기]를 선택한다.

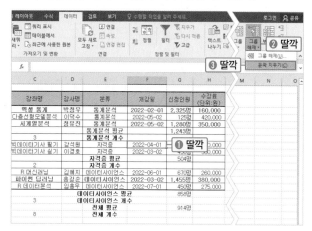

② 열너비를 조절하고 결과를 확인한다.

	A	B	C	D	E	F	G	H
1								
2		과목코드	강좌명	강사명	분류	개강일	신청인원	수강료 (단위:원)
3		C-3315	엑셀 통계	박정우	통계분석	2022-02-01	2,325명	160,000
4		M-3145	다출선형모델분석	이덕수	통계분석	2022-05-02	125명	420,000
5		G-3234	시계열분석	정유진	통계분석	2022-05-02	1,280명	350,000
6			3		통계분석 평균			1,243명
7					통계분석 개수			
8		P-2421	빅데이터기사 필기	강석원	자격증	2022-04-01	555명	280,000
9		S-2432	빅데이터기사 실기	이경호	자격증	2022-03-02	458명	300,000
10					자격증 평균			504명
11			2		자격증 개수			
12		A-1431	R 머신러닝	김혜지	데이터사이언스	2022-06-01	670명	260,000
13		T-1341	파이썬 딥러닝	홍길순	데이터사이언스	2022-03-02	1,455명	380,000
14		D-2514	R 데이터분석	임홍우	데이터사이언스	2022-07-01	450명	275,000
15					데이터사이언스 평균			858명
16			3		데이터사이언스 개수			
17					전체 평균			914명
18			8		전체 개수			

제4작업   100점

1 차트 작성과 스타일 지정

(1) 묶은 세로 막대형 차트 삽입하기

① 차트로 삽입할 데이터를 선택하기 위해 [제1작업] 시트 선택 → [C4:C12] 영역 드래그 → Ctrl을 누른 상태에서 [G4:H12] 영역을 드래그하여 범위를 선택한다.

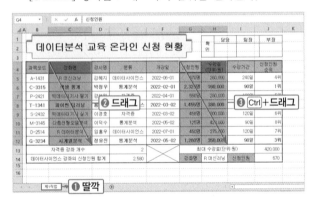

② [삽입] 탭 – [차트] 그룹 – [세로 또는 가로 막대형 차트 삽입] 선택 → [묶은 세로 막대형]을 선택한다.

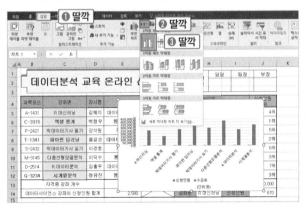

(2) 차트 이동하기

① [제1작업] 시트에 추가된 차트 선택 → [차트 도구] – [디자인] 탭 – [위치] 그룹 – [차트 이동]을 선택한다.

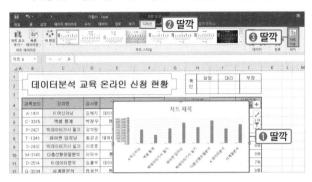

② [차트 이동] 대화상자에서 '새 시트' 선택 → 제4작업으로 입력한 후 [확인]을 클릭한다.

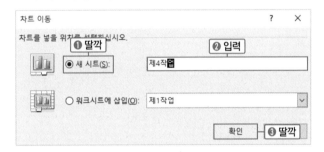

③ 맨 앞에 추가된 [제4작업] 시트를 드래그하여 [제3작업] 시트 뒤로 이동시킨다.

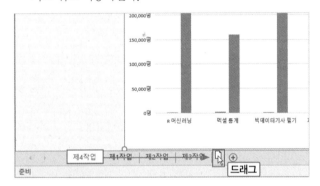

🕐 시간절약 TIP

단축키 F11을 사용하면 새 시트에 기본 차트를 바로 삽입할 수 있다. 데이터를 드래그한 후 F11을 눌러 새 시트에 차트를 추가하고 시트 이름을 '제4작업'으로 변경하면 더 쉽고 빠르게 조건을 처리할 수 있다.

(3) 데이터 선택 변경하기

① 삽입된 차트에서 출력형태 에 표시된 데이터만 선택하기 위해 [차트 도구] – [디자인] 탭 – [데이터] 그룹 – [데이터 선택]을 선택한다.

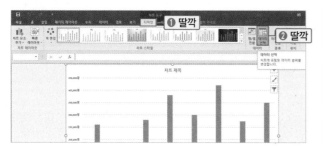

② 데이터를 제거하기 위해 [데이터 원본 선택] 대화상자에서 [행/열 전환] 선택 → 행/열이 변경되면 출력형태 를 참고하여 '범례 항목(계열)'에서 필요 없는 계열인 '빅데이터기사 필기'와 '빅데이터기사 실기' 선택 → [제거]를 선택하여 삭제한다.

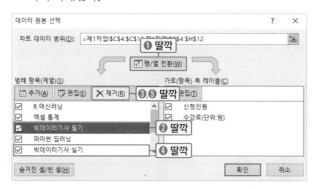

③ 다시 [행/열 전환]을 선택한 후 [확인]을 클릭한다.

(4) 레이아웃 변경과 스타일 적용하기

① '차트 영역' 선택 → [차트 도구] – [디자인] 탭 – [차트 스타일] 그룹에서 '스타일 1'을 선택한다.

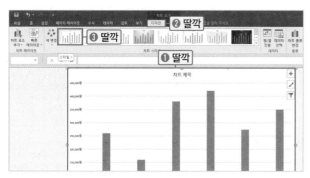

② [차트 도구] – [디자인] 탭 – [차트 레이아웃] 그룹에서 [빠른 레이아웃] – '레이아웃 3'을 선택한다.

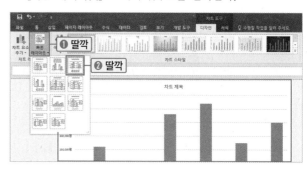

2 영역 서식 지정과 제목 작성

(1) 영역 서식 지정하기

① 영역 서식을 지정하기 위해 '차트 영역' 선택 → [홈] 탭 – [글꼴] 그룹 – 글꼴을 '굴림', 글꼴 크기를 '11pt'로 지정한다.

② [차트 도구] – [서식] 탭 – [현재 선택 영역] 그룹에서 '차트 요소'가 '차트 영역'으로 선택되어 있는지 확인 → [선택 영역 서식]을 선택한다.

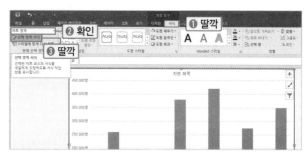

③ [차트 영역 서식] 창에서 [채우기 및 선( )] – '채우기' – '그림 또는 질감 채우기' 선택 → [질감(▼)] 선택 → 질감 중에서 '분홍 박엽지'를 선택한다.

④ '그림 영역' 선택 → [그림 영역 서식] 창으로 변경되면 [채우기 및 선(🖌)] – '채우기' – '단색 채우기' 선택 → [채우기 색(🖌 ▼)]은 '흰색, 배경 1'을 선택한다.

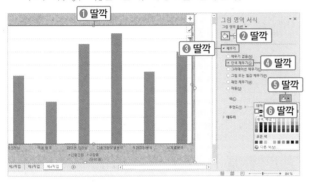

(2) 제목 작성과 서식 지정하기

① '차트 제목' 개체를 선택하여 제목에 커서가 나타나면 데이터사이언스 및 통계분석 신청 현황을 입력한다.

② ESC 를 눌러 '차트 제목' 개체 선택 → [홈] 탭 – [글꼴] 그룹 – 글꼴을 '굴림', 글꼴 크기를 '20pt', '굵게'로 지정한다.

③ [차트 도구] – [서식] 탭 – [도형 스타일] 그룹 – [도형 채우기]에서 '흰색, 배경 1' 선택 → [도형 윤곽선]을 선택한 후 '검정, 텍스트 1'을 선택한다.

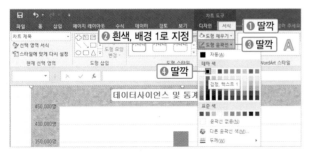

3 차트 종류 변경과 서식 지정

(1) 차트 종류 변경과 보조 축 사용하기

① 차트에서 '신청인원' 계열을 선택하기 위해 [차트 도구] – [서식] 탭 – [현재 선택 영역] 그룹 – [차트 요소]에서 '계열 "신청인원"'을 선택한다.

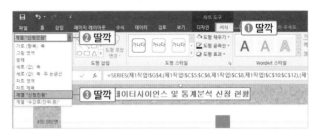

⏱️ 시간절약 TIP

'신청인원' 계열처럼 막대가 너무 작아서 마우스로 직접 선택이 어려운 경우에는 '차트 요소'에서 선택하는 것이 편리하다.

② [차트 도구] – [디자인] 탭 – [종류] 그룹에서 '차트 종류 변경'을 선택한다.

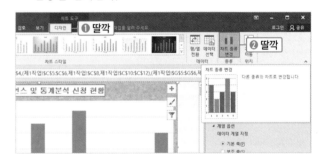

③ [차트 종류 변경] 대화상자 – '콤보' 차트 선택 → '신청인원'의 차트 종류를 '표식이 있는 꺾은선형'으로 선택 → '보조 축'에 체크한 후 [확인]을 클릭한다.

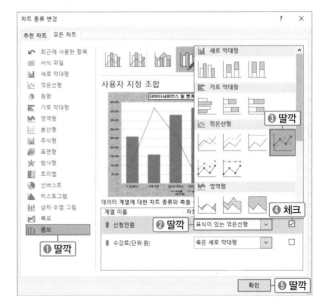

④ 보조 축을 사용하는 콤보 차트가 완성된다.

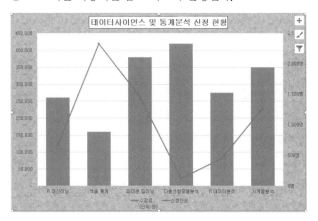

(2) 표식 변경과 데이터 레이블 추가하기

① [차트 도구] – [서식] 탭 – [현재 선택 영역] 그룹에서 '차트 요소'를 '계열 "신청인원"'으로 선택 → [선택 영역 서식] 선택 → 오른쪽 [데이터 계열 서식] 창에서 [채우기 및 선(🖌)] 선택 → '표식'을 선택한다.

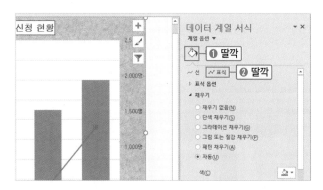

② '표식 옵션' 선택 → '기본 제공'에서 형식을 '세모' 선택 → 크기를 10으로 입력한다.

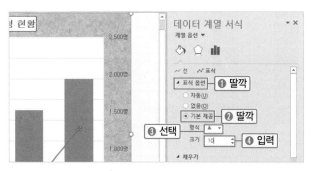

③ 꺾은선형 차트인 '신청인원' 계열 선택 → 그 중에서 '엑셀 통계' 요소 선택 → '차트 요소'(➕) 선택 → '데이터 레이블'에 체크한 후 '위쪽'을 선택한다.

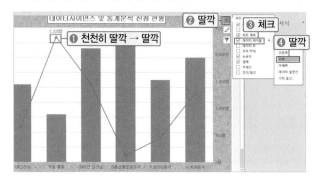

(3) 눈금선 변경하기

① 눈금선 서식을 변경하기 위해 차트의 '눈금선' 선택 → [주 눈금선 서식] 창에서 선은 '실선', 대시 종류는 '파선'을 선택한다.

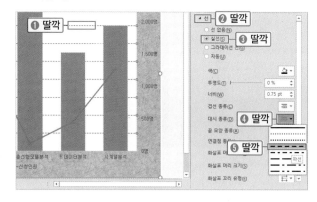

(4) 축 서식 설정하기

① 축의 단위를 변경하기 위해 차트의 '보조 세로 (값) 축' 선택 → [축 서식] 창에서 [축 옵션(📊)] 단추 선택 → '축 옵션' 선택 → '주 단위'를 1000으로 입력한다.

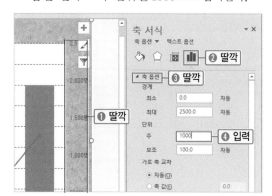

> **❗ 감점방지 TIP**
>
> 출력형태를 참고하여 최대값이나 최소값도 일치하는지 확인한다.

② 축의 윤곽선을 지정하기 위해 '보조 세로 (값) 축'이 선택된 상태에서 [축 서식] 창 – [채우기 및 선(◆)] 선택 → '선'에서 '실선'을 선택한다.

🕐 시간절약 TIP

'채우기 및 선(◆)'에서 '선'을 '실선'으로 선택하면 기본 색상이 '검정'으로 지정되므로 따로 색상을 변경하지 않아도 된다.

③ 같은 방법으로 '세로 (값) 축', '가로 (항목) 축'도 동일하게 축 서식의 선을 '실선'으로 선택한다.

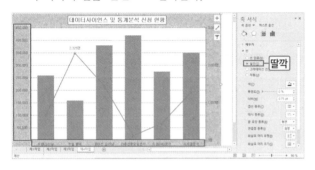

4 범례명 변경과 도형 삽입

(1) 범례명 변경하기

① 범례명을 변경하기 위해 '차트 영역' 선택 → [차트 도구] – [디자인] 탭 – [데이터] 그룹에서 [데이터 선택]을 선택한다.

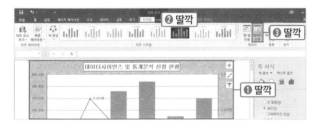

② [데이터 원본 선택] 창에서 '수강료(단위:원)'을 선택한 후 [편집]을 선택한다.

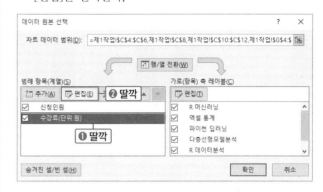

③ [계열 편집] 창에서 '계열 이름'에 수강료(단위:원)을 입력한 후 [확인] 클릭 → [데이터 원본 선택] 창으로 돌아오면 [확인]을 클릭한다.

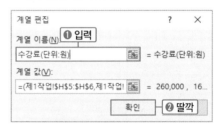

④ 차트에서 범례명이 한 줄로 수정되었는지 확인한다.

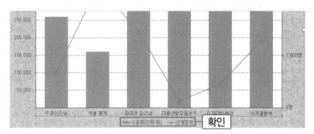

(2) 도형 삽입하기

① 도형을 삽입하기 위해 '차트 영역'이 선택된 상태에서 [삽입] 탭 – [일러스트레이션] 그룹 – [도형]에서 '모서리가 둥근 사각형 설명선'을 선택한다.

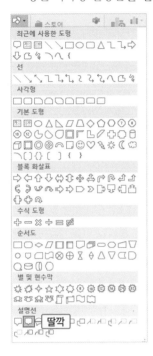

② 출력형태 와 동일하게 '엑셀 통계' 요소 위에 드래그하여 도형을 그린 후 최대 입력 → Enter 를 눌러 다음 줄에 신청인원을 입력한다.

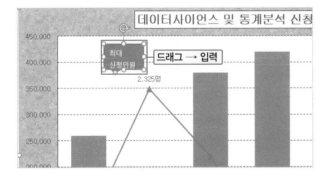

③ 도형 선택 → [홈] 탭 – [글꼴] 그룹에서 글꼴을 '굴림', 글꼴 크기를 '11pt', 글꼴 색을 '검정, 텍스트 1'로 선택 → [맞춤] 그룹에서 가로와 세로 모두 '가운데 맞춤'(☰, ☰)을 선택한다.

④ [그리기 도구] – [서식] 탭 – [도형 스타일] 그룹에서 [도형 채우기] – '흰색, 배경 1' 선택 → 도형의 모양 조절 핸들을 드래그하여 출력형태 와 동일하게 모양을 변경한다.

제2회 정보기술자격(ITQ) 시험

과목	코드	문제유형	시험시간	수험번호	성명
한글엑셀	1122	C	60분		

제1작업 표 서식 작성 및 값 계산 240점

다음은 '천곡중학교 캠프 참가 현황'에 대한 자료이다. 자료를 입력하고 조건에 맞도록 작업하시오.

출력형태

천곡중학교 캠프 참가 현황

결재	담당	대리	과장

관리번호	캠프명	과정	담당자	시작일	신청인원	비용 (단위:원)	캠프 장소	시작월
T65-1	지질탐구	과학	김은지	2022-06-01	32	385,000	(1)	(2)
S79-2	우주과학	과학	송은하	2022-05-05	41	370,000	(1)	(2)
N65-2	낙농체험	체험	방성준	2022-05-13	29	200,000	(1)	(2)
S45-1	휴머노이드	과학	박준금	2022-04-05	25	220,000	(1)	(2)
R17-1	프레젠테이션	리더십	고혜진	2022-05-26	18	230,000	(1)	(2)
S38-3	스피치	리더십	정유희	2022-05-29	34	190,000	(1)	(2)
F25-2	진로진학	체험	김민정	2022-06-08	43	295,000	(1)	(2)
N42-3	인성개발	리더십	윤지혜	2022-04-01	15	150,000	(1)	(2)
과학 과정 신청인원 평균			(3)		최저 비용(단위:원)			(5)
리더십 과정 총 신청인원			(4)		관리번호	T65-1	담당자	(6)

조건

- 모든 데이터의 서식에는 글꼴(굴림, 11pt), 정렬은 숫자 및 회계 서식은 오른쪽 정렬, 나머지 서식은 가운데 정렬로 작성하며 예외적인 것은 출력형태를 참조하시오.
- 제 목 ⇒ 도형(평행 사변형)과 그림자(오프셋 오른쪽)를 이용하여 작성하고 "천곡중학교 캠프 참가 현황"을 입력한 후 다음 서식을 적용하시오(글꼴-굴림, 24pt, 검정, 굵게, 채우기-노랑).
- 임의의 셀에 결재란을 작성하여 그림으로 복사 기능을 이용하여 붙이기 하시오(단, 원본 삭제).
- 「B4:J4, G14, I14」 영역은 '주황'으로 채우기 하시오.
- 유효성 검사를 이용하여 「H14」 셀에 관리번호(「B5:B12」 영역)가 선택 표시되도록 하시오.
- 셀 서식 ⇒ 「G5:G12」 영역에 셀 서식을 이용하여 숫자 뒤에 '명'을 표시하시오(예: 32명).
- 「H5:H12」 영역에 대해 '비용'으로 이름정의를 하시오.

(1)~(6) 셀은 반드시 주어진 함수를 이용하여 값을 구하시오(결과값을 직접 입력하면 해당 셀은 0점 처리됨).

(1) **캠프 장소** ⇒ 관리번호의 마지막 글자가 1이면 '경기도', 2이면 '대전', 3이면 '서울'로 구하시오(CHOOSE, RIGHT 함수).

(2) **시작월** ⇒ 시작일의 월을 추출하여 '월'을 붙이시오(MONTH 함수, & 연산자)(예: 2022-06-01 → 6월).

(3) **과학 과정 신청인원 평균** ⇒ 반올림하여 정수로 구하되, 조건은 입력데이터를 이용하시오(ROUND, DAVERAGE 함수) (예: 12.3 → 12).

(4) **리더십 과정 총 신청인원** ⇒ (SUMIF 함수)

(5) 최저 비용(단위:원) ⇒ 정의된 이름(비용)을 이용하여 구하시오(MIN 함수).

(6) 담당자 ⇒ 「H14」 셀에서 선택한 관리번호에 대한 담당자를 구하시오(VLOOKUP 함수).

(7) 조건부 서식의 수식을 이용하여 비용(단위: 원)이 '200,000' 이하인 행 전체에 다음의 서식을 적용하시오(글꼴: 파랑, 굵게).

제2작업   필터 및 서식   80점

"제1작업" 시트의 「B4:H12」 영역을 복사하여 "제2작업" 시트의 「B2」 셀부터 모두 붙여넣기를 한 후 다음의 조건과 같이 작업하시오.

조건

(1) 고급 필터   – 과정이 '체험'이 아니면서 신청인원이 '30' 이상인 자료의 관리번호, 캠프명 , 시작일, 비용(단위: 원) 데이터만 추출하시오.

         – 조건 범위: 「B14」 셀부터 입력하시오.

         – 복사 위치: 「B18」 셀부터 나타나도록 하시오.

(2) 표 서식   – 고급 필터의 결과 셀을 채우기 없음으로 설정한 후 '표 스타일 보통 7'의 서식을 적용하시오.

         – 머리글 행, 줄무늬 행을 적용하시오.

제3작업   피벗 테이블   80점

"제1작업" 시트를 이용하여 "제3작업" 시트에 조건에 따라 출력형태 와 같이 작업하시오.

조건

(1) 신청인원 및 과정별 캠프명의 개수와 비용(단위: 원)의 평균을 구하시오.

(2) 신청인원을 그룹화하고, 과정을 출력형태 와 같이 정렬하시오.

(3) 레이블이 있는 셀 병합 및 가운데 맞춤 적용 및 빈 셀은 '***'로 표시하시오.

(4) 행의 총합계는 지우고, 나머지 사항은 출력형태 에 맞게 작성하시오.

출력형태

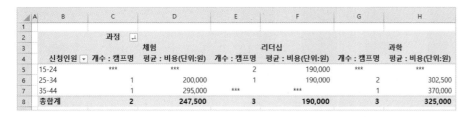

신청인원	개수 : 캠프명 (체험)	평균 : 비용(단위:원) (체험)	개수 : 캠프명 (리더십)	평균 : 비용(단위:원) (리더십)	개수 : 캠프명 (과학)	평균 : 비용(단위:원) (과학)
15-24	***	***	2	190,000	***	***
25-34	1	200,000	1	190,000	2	302,500
35-44	1	295,000	***	***	1	370,000
총합계	2	247,500	3	190,000	3	325,000

"제1작업" 시트를 이용하여 조건에 따라 [출력형태]와 같이 작업하시오.

[조건]

(1) **차트 종류** ⇒ 〈묶은 세로 막대형〉으로 작업하시오.

(2) **데이터 범위** ⇒ "제1작업" 시트의 내용을 이용하여 작업하시오.

(3) **위치** ⇒ "새 시트"로 이동하고, "제4작업"으로 시트 이름을 바꾸시오.

(4) **차트 디자인 도구** ⇒ 레이아웃 3, 스타일 1을 선택하여 [출력형태]에 맞게 작업하시오.

(5) **영역 서식** ⇒ 차트: 글꼴(굴림, 11pt), 채우기 효과(질감-파랑 박엽지), 그림: 채우기(흰색, 배경 1)

(6) **제목 서식** ⇒ 차트 제목: 글꼴(굴림, 굵게, 20pt), 채우기(흰색, 배경 1), 테두리

(7) **서식** ⇒ 신청인원 계열의 차트 종류를 〈표식이 있는 꺾은선형〉으로 변경한 후 보조 축으로 지정하시오.

　　　　계열: [출력형태]를 참조하여 표식(마름모, 크기 10)과 레이블 값을 표시하시오.

　　　　눈금선: 선 스타일-파선

　　　　축: [출력형태]를 참조하시오.

(8) **범례** ⇒ 범례명을 변경하고 [출력형태]를 참조하시오.

(9) **도형** ⇒ '모서리가 둥근 사각형 설명선'을 삽입한 후 [출력형태]와 같이 내용을 입력하시오.

(10) 나머지 사항은 [출력형태]에 맞게 작성하시오.

[출력형태]

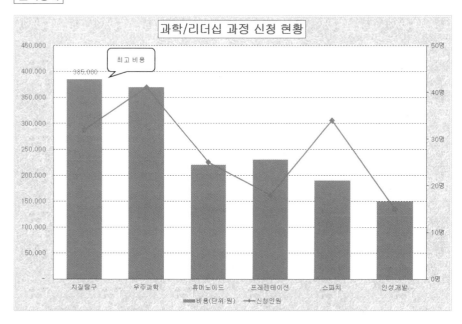

❗ **주의** 시트명 순서가 차례대로 "제1작업", "제2작업", "제3작업", "제4작업"이 되도록 할 것.

함께 보는 상세해설

제1작업　240점

1 데이터 입력 및 서식 지정

(1) 데이터 입력하기

① [A] 열의 너비는 '1'로 조절 → 시트의 글꼴을 '굴림'으로 지정 → [Sheet1] 시트를 복사하여 [제1작업], [제2작업], [제3작업]으로 이름을 변경한다.

② [B4:J4] 영역에 제목을 입력하기 위해 [B4] 셀에 관리번호 입력 → Tab을 눌러 다음 데이터를 차례로 입력한다.

③ [H4] 셀의 데이터는 2줄로 입력하기 위해 비용 입력 → Alt + Enter를 누른 후 2번째 줄에 (단위:원) 입력 → [I4] 셀에는 캠프 입력 → Alt + Enter → 장소를 입력한다.

④ 각 항목별로 데이터 입력 → [B13], [B14], [G13] 셀처럼 이후에 셀 병합을 해야 하는 데이터는 시작 셀에 데이터를 입력한다.

(2) 셀 병합과 데이터 정렬하기

① 출력형태와 동일하게 셀을 병합하기 위해 [B13:D13] 영역 드래그 → Ctrl을 누른 상태에서 [B14:D14], [F13:F14], [G13:I13] 영역 드래그 → [홈] 탭 – [맞춤] 그룹 – '병합하고 가운데 맞춤'(🔲)을 선택한다.

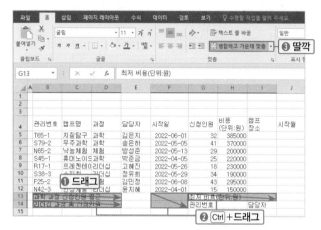

② 데이터 전체 영역인 [B4:J14] 영역 드래그 → [홈] 탭 – [맞춤] 그룹에서 '가운데 맞춤'(☰) 선택 → 숫자에 해당하는 [G5:H12] 영역 드래그 → '오른쪽 맞춤'(☰)을 선택한다.

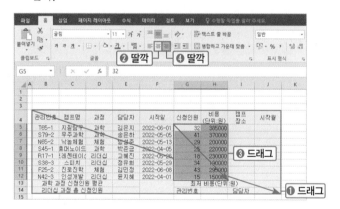

(3) 열 너비와 채우기 색 지정하기

① 입력된 데이터가 잘 보이도록 출력형태와 동일하게 행과 열 너비를 조절한다.

② 채우기 서식을 지정하기 위해 [B4:J4] 영역 드래그 → Ctrl을 누른 상태에서 [G14], [I14] 셀 선택 → [홈] 탭 - [글꼴] 그룹 - [채우기 색]에서 '주황'을 선택한다.

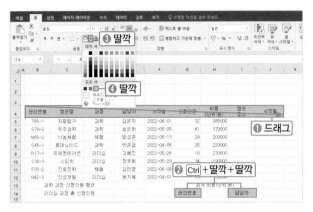

(4) 표 테두리 지정하기

① 테두리를 지정하기 위해 [B4:J4] 영역 드래그 → Ctrl을 누른 상태에서 [B5:J12], [B13:J14] 영역을 드래그하여 선택한다.

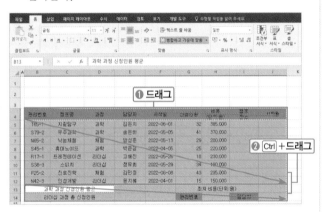

② [홈] 탭 - [글꼴] 그룹 - [테두리] - '모든 테두리'(⊞)를 선택한다.

③ 이어서 [홈] 탭 - [글꼴] 그룹 - [테두리] - '굵은 바깥쪽 테두리'(⊞)를 선택한다.

④ [F13] 셀 선택 → [홈] 탭 - [글꼴] 그룹 - [테두리] - '다른 테두리'(⊞) 선택 → [셀 서식] 대화상자가 열리면 [테두리] 탭 - 선 스타일에서 '가는 실선' 선택 → '상향 대각선' 과 '하향 대각선' 선택 → [확인]을 클릭한다.

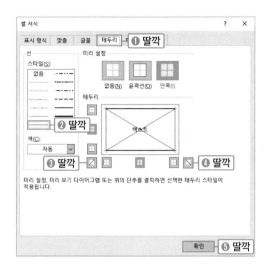

(5) 사용자 지정 표시 형식 지정하기

① 출력형태와 동일하게 서식을 지정하기 위해 [H5:H12] 영역 드래그 → [홈] 탭 - [표시 형식] 그룹에서 '쉼표 스타일'(•)을 선택한다.

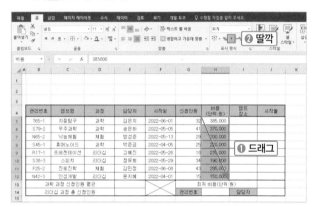

② [G5:G12] 영역 드래그 → [홈] 탭 - [표시 형식] 그룹 - [표시 형식]에서 '기타 표시 형식'을 선택한다.

③ [셀 서식] 대화상자 -'사용자 지정' 범주 선택 → '형식'에 서 '#,##0' 선택 → #,##0 뒤에 "명"을 추가로 입력 → [확인]을 클릭한다.

2 도형 작성과 서식

(1) 도형으로 제목 작성하기

① 제목을 작성하기 위해 [삽입] 탭 − [일러스트레이션] 그룹 − [도형] − '기본 도형'에서 '평행 사변형' 선택 → 제목이 위치할 [B1:G3] 영역 사이에 드래그하여 도형을 그린 후 천곡중학교 캠프 참가 현황을 입력한다.

(2) 도형 서식 지정하기

① 도형 선택 → [홈] 탭 − [글꼴] 그룹 − '글꼴'을 '굴림', 글꼴 크기를 '24pt', '굵게', 글꼴 색을 '검정, 텍스트 1'로 선택 → [맞춤] 그룹에서 가로와 세로 모두 '가운데 맞춤'(三 , 三)을 선택한다.

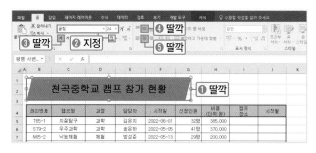

② [그리기 도구] − [서식] 탭 − [도형 채우기]에서 '노랑' 선택 → [도형 효과] − [그림자] − '오프셋 오른쪽'을 선택한다.

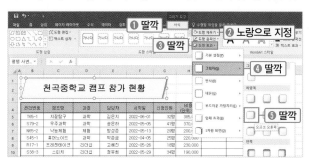

3 결재란 작성

(1) 결재란 입력하기

① 결재란을 작성하기 위해 [L16] 셀부터 결재란 내용 입력 → [L16:L17] 영역 드래그 → [홈] 탭 − [맞춤] 그룹 − '병합하고 가운데 맞춤'(囯)을 선택한다.

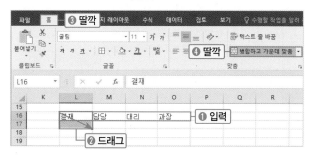

② [L16] 셀 선택 → [홈] 탭 − [맞춤] 그룹 − [방향] − '세로 쓰기' 선택 → [L16:O17] 영역 드래그 → [홈] 탭 − [맞춤] 그룹 − '가운데 맞춤'(三)을 선택한다.

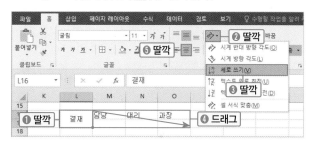

③ 행 높이와 열 너비 조절 → [L16:O17] 영역 드래그 → [홈] 탭 − [글꼴] 그룹 − [테두리] − '모든 테두리'(田)를 선택한다.

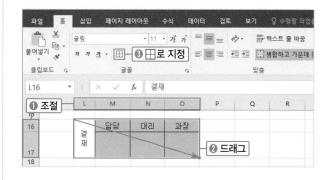

(2) 결재란 복사하기

① 작성된 결재란 영역 [L16:O17] 드래그 → Ctrl+C를 눌러 복사한다.

② [H1] 셀 선택 → Ctrl+V를 눌러 붙여넣기 → [붙여넣기 옵션] 단추 선택 → '그림'을 선택한다.

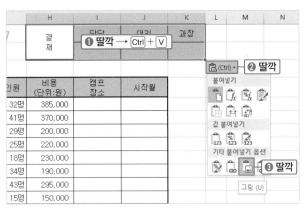

③ 결재란의 위치와 크기는 출력형태와 동일하게 [H1:J3] 영역 안에서 조절 → [L16:O17] 영역 드래그 → [홈] 탭 – [셀] 그룹 – [삭제]를 선택한다.

4 유효성 검사와 이름 정의

(1) 유효성 검사로 목록 표시하기

① 유효성 검사를 하기 위해 [H14] 셀 선택 → [데이터] 탭 – [데이터 도구] 그룹 – [데이터 유효성 검사]를 선택한다.

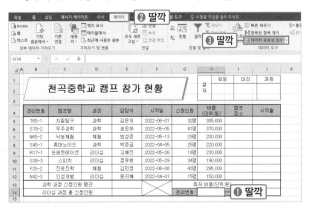

② [데이터 유효성] 대화상자 – [설정] 탭 – 유효성 조건의 [제한 대상]을 '목록'으로 선택 → [원본] 입력란 선택 → '관리번호' 영역인 [B5:B12] 영역을 드래그하여 입력한 후 [확인]을 클릭한다.

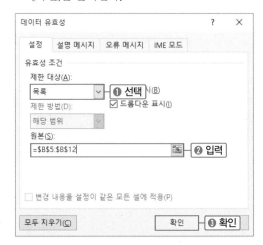

③ [H14] 셀 선택 → 출력형태와 동일하게 목록 중 'T65-1'을 선택한다.

(2) 이름 정의하기

① [H5:H12] 영역 드래그 → [수식] 탭 – [정의된 이름] 그룹 – [이름 정의] 선택 → [새 이름] 대화상자에서 '이름'을 비용으로 입력한 후 [확인]을 클릭한다.

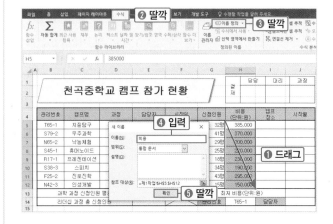

5 함수

(1) 캠프 장소 구하기(CHOOSE, RIGHT 함수)

① [I5] 셀에 =CHOOSE(입력 → Ctrl+A를 눌러 [함수 인수] 대화상자를 실행한다.

② 관리번호의 끝 글자를 추출하기 위해 'Index_num' 인수에 RIGHT(B5,1) 입력 → 'Value1' 인수에는 "경기도" 입력 → 'Value2' 인수에는 "대전" 입력 → 'Value3' 인수에는 "서울"을 입력한 후 [확인]을 클릭한다.

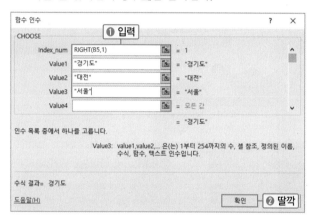

③ [I5] 셀의 '자동 채우기 핸들'을 드래그하여 [I12] 셀까지 수식 복사 → '자동 채우기 옵션'(🔳) 단추 선택 → '서식 없이 채우기'를 선택한다.

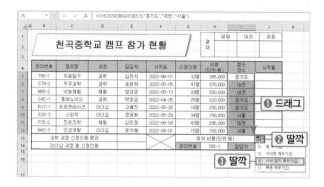

(2) 시작월 구하기(MONTH 함수, & 연산자)

① [J5] 셀에 =MONTH(F5) 입력 → &"월"을 추가로 입력한 후 Enter를 누른다.

② [J5] 셀의 '자동 채우기 핸들'을 드래그하여 [J12] 셀까지 수식 복사 → '자동 채우기 옵션'(🔳) 단추 선택 → '서식 없이 채우기'를 선택한다.

(3) 과학 과정 신청인원 평균 구하기(ROUND, DAVERAGE 함수)

① [E13] 셀에 =ROUND(입력 → Ctrl+A를 눌러 [함수 인수] 대화상자를 실행한다.

② 'Number' 인수에 DAVERAGE(B4:J12,6,D4:D5) 입력 → 'Num_digits' 인수에는 0을 입력한 후 [확인]을 클릭한다.

(4) 리더십 과정 총 신청인원 구하기(SUMIF 함수)

① [E14] 셀에 =SUMIF(입력 → Ctrl+A를 눌러 [함수 인수] 대화상자를 실행한다.

② 'Range' 인수에 [D5:D12] 영역을 드래그하여 입력 → 'Criteria' 인수에는 [D9] 셀을 선택하여 입력 → 'Sum_range' 인수에는 [G5:G12] 영역을 드래그하여 입력한 후 [확인]을 클릭한다.

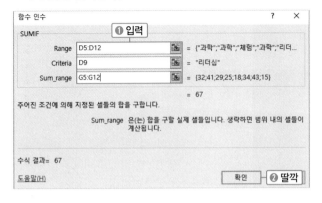

(5) 최저 비용(단위:원) 구하기(MIN 함수)

① [J13] 셀에 =MIN(비용)을 입력한 후 Enter를 누른다.

(6) 담당자 구하기(VLOOKUP 함수)

① [J14] 셀에 =VLOOKUP(입력 → Ctrl+A를 눌러 [함수 인수] 대화상자를 실행한다.

② 'Lookup_value' 인수에 찾는 값인 [H14] 셀을 선택하여 입력 → 'Table_array' 인수에는 데이터 전체 범위인 [B5:J12] 영역을 드래그하여 입력 → 'Col_index_num' 인수에는 계산할 열인 담당자 이름의 열 번호 4 입력 → 'Range_lookup' 인수에는 'False'의 숫자 값인 0을 입력한 후 [확인]을 클릭한다.

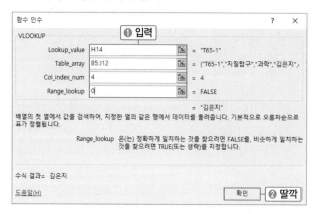

✏️ **입력 함수 해설**

=VLOOKUP(H14,B5:J12,4,0)

H14 셀의 값인 'T65-1'을 '관리번호' 필드에서 찾아 참조 테이블로 지정한 B5:J12 범위의 네 번째 열에 있는 '담당자'를 값으로 구한다.

③ 계산 결과 확인 → [E13:E14] 영역 드래그 → Ctrl 을 눌러 [J13] 셀 선택 → [홈] 탭 – [표시 형식] 그룹 – '쉼표 스타일'(,)을 선택하여 완성한다.

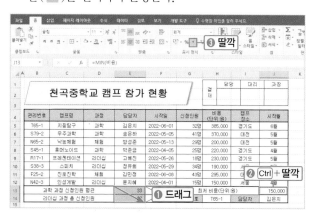

6 조건부 서식

(1) 조건부 서식 지정하기

① [B5:J12] 영역 드래그 → [홈] 탭 – [스타일] 그룹 – [조건부 서식] – [새 규칙]을 선택한다.

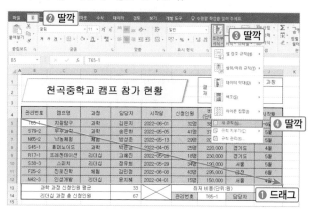

② [새 서식 규칙] 대화상자에서 규칙 유형 선택은 '수식을 사용하여 서식을 지정할 셀 결정' 선택 → '다음 수식이 참인 값의 서식 지정'에 =$H5<=200000 입력 → [서식]을 선택한다.

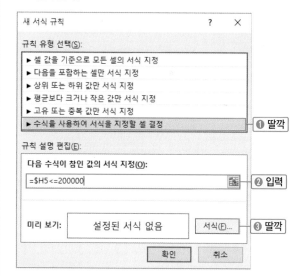

⚠️ **감점방지 TIP**

수식을 작성할 때 참조 셀(H5)을 선택한 후 F4 를 눌러 참조를 변경한다.

③ [셀 서식] 대화상자 – [글꼴] 탭에서 글꼴 스타일을 '굵게', 글꼴 색을 '파랑'으로 선택 → [확인]을 클릭한다.

④ 다시 [새 서식 규칙] 대화상자로 돌아오면 [확인]을 클릭하고 조건부 서식의 결과를 확인한다.

제2작업   80점

1 고급 필터로 데이터 추출

(1) 데이터 복사하고 붙여넣기

① 데이터를 복사하기 위해 [제1작업] 시트 선택 → [B4:H12] 영역 드래그 → Ctrl+C를 눌러 복사한다.

② [제2작업] 시트의 [B2] 셀 선택 → Ctrl+V를 눌러 데이터를 붙여넣기 한다.

③ 열 너비를 복사하기 위해 [홈] 탭 – [클립보드] 그룹 – [붙여넣기] 내림단추 선택 → [선택하여 붙여넣기]를 선택한다.

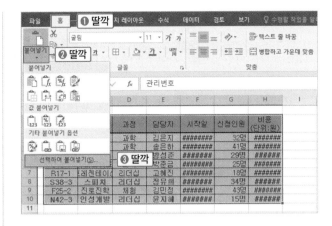

④ [제1작업] 시트의 열 너비와 동일하게 지정하기 위해 [선택하여 붙여넣기] 대화상자 – '열 너비'를 선택한 후 [확인]을 클릭한다.

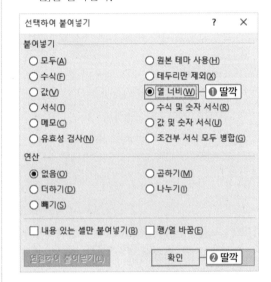

(2) 고급 필터 조건식 작성하기

① 조건식의 필드로 작성할 필드 제목인 '과정(D2)' 셀 선택 → Ctrl을 눌러 '신청인원(G2)' 셀 선택 → Ctrl+C를 눌러 복사한다.

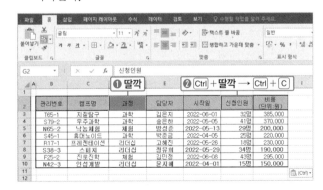

② [B14] 셀 선택 → Ctrl + V 를 눌러 데이터를 붙여넣기 한다.

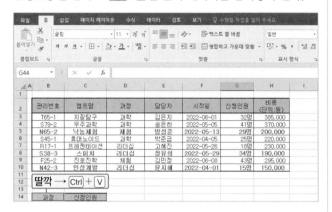

③ 과정과 신청인원 조건을 모두 만족해야 하므로 [B15] 셀에 <>체험 입력 → [C15] 셀에는 >=30을 입력하여 AND 조건으로 작성한다.

	A	B	C	D
13				
14		과정	신청인원	
15		<>체험	>=30	─입력
16				

⚠ **감점방지 TIP**

'체험'이 아닌 조건은 '<>' 연산자를 사용하여 작성한다.

④ 고급 필터의 결과를 추출할 [B2:C2] 영역 드래그 → Ctrl 을 누른 상태에서 [F2], [H2] 셀 선택 → Ctrl + C 를 눌러 복사 → [B18] 셀 선택→ Ctrl + V 를 눌러 붙여넣기 한다.

(3) 고급 필터 실행하기

① 데이터 범위인 [B2:H10] 영역 드래그 → [데이터] 탭 – [정렬 및 필터] 그룹 – [고급]을 선택한다.

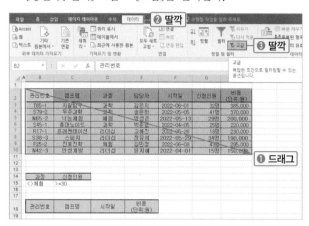

② [고급 필터] 대화상자의 '목록 범위'에 현재 선택한 데이터 범위가 입력되어 있는지 확인 → '조건 범위'에는 [B14:C15] 영역을 드래그하여 입력 → '다른 장소에 복사' 선택 → '복사 위치'에 [B18:E18] 영역을 드래그하여 입력한 후 [확인]을 클릭한다.

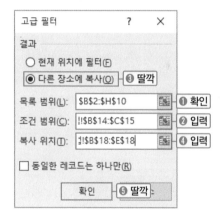

③ 결과를 확인한다.

2 표 서식 적용

(1) 표 서식 지정하기

① 고급 필터의 결과 셀이 복사된 [B18:E21] 영역 드래그 →
   [홈] 탭 – [글꼴] 그룹 – [채우기 색]의 내림단추 선택 →
   '채우기 없음'을 선택한다.

② [홈] 탭 – [스타일] 그룹 – [표 서식]을 선택한 후 '표 스타
   일 보통 7'을 선택한다.

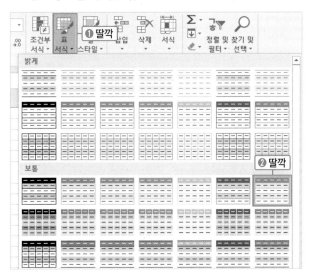

③ [표 서식] 대화상자에서 표 서식을 적용할 데이터 범위인
   [B18:E21] 영역이 지정되었는지 확인 → '머리글 포함'에 체
   크되어 있는지 확인 → [확인]을 클릭한다.

④ 표 서식이 적용되면 [표 도구] – [디자인] 탭 – [표 스타일
   옵션] 그룹에서 '머리글 행'과 '줄무늬 행'에 체크가 되어
   있는지 확인한다.

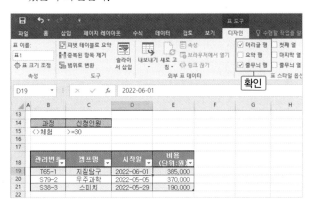

---

1 피벗 테이블 작성

(1) 피벗 테이블 삽입하기

① 피벗 테이블로 삽입할 데이터를 선택하기 위해 [제1작업]
   시트 선택 → [B4:H12] 영역 드래그 → [삽입] 탭 – [표]
   그룹 – [피벗 테이블]을 선택한다.

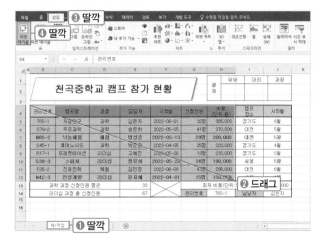

② [피벗 테이블 만들기] 대화상자의 '표/범위'에 [제1작업]
   시트에서 선택한 [B4:H12] 영역이 입력되어 있는지 확인
   → '피벗 테이블 보고서를 넣을 위치'는 '기존 워크시트'
   선택 → '위치'에는 [제3작업] 시트의 [B2] 셀을 선택하여
   입력한 후 [확인]을 클릭한다.

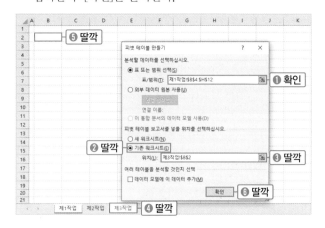

(2) 피벗 테이블로 집계하기

① [피벗 테이블 필드] 창에서 '신청인원' 필드는 '행' 영역으
   로 드래그 → '과정' 필드는 '열' 영역으로 드래그 → '캠프
   명' 필드와 '비용(단위:원)' 필드는 출력형태 와 동일한 순서
   로 '값' 영역으로 드래그한다.

(3) 값 필드 설정으로 함수 변경하기

① '값' 영역에 삽입된 '합계 : 비용(단위:원)' 필드 선택 → 목록에서 '값 필드 설정'을 선택한다.

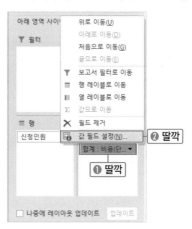

② [값 필드 설정] 대화상자에서 '값 필드 요약 기준'을 '평균'으로 선택 → [확인]을 클릭한다.

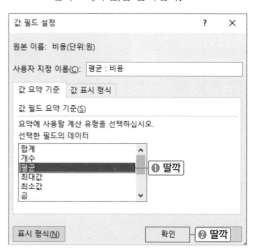

2 그룹화와 정렬

(1) 신청인원별로 그룹화하기

① 작성된 피벗 테이블의 행 레이블 중 임의의 셀 선택 → 마우스 오른쪽 클릭 → [그룹]을 선택한다.

② [그룹화] 대화상자에서 '단위'에 10을 입력한 후 [확인]을 클릭한다.

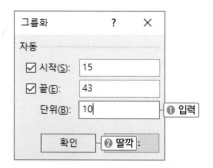

(2) 정렬하고 필드명 변경하기

① 피벗 테이블의 '열 레이블' 필터 단추 선택 → [텍스트 내림차순 정렬]을 선택한다.

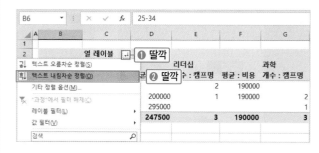

② 출력형태와 동일하게 필드명을 변경하기 위해 [C2] 셀은 과정으로 입력 → [B4] 셀은 신청인원으로 입력 → [D4] 셀은 평균 : 비용(단위:원)으로 입력한다.

3 피벗 테이블 옵션과 셀 서식 지정

(1) 피벗 테이블 옵션 지정하기

① 피벗 테이블 안의 임의의 셀 선택 → [피벗 테이블 도구] – [분석] 탭 – [피벗 테이블] 그룹에서 [옵션]을 선택한다.

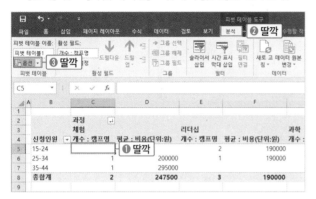

② [피벗 테이블 옵션] 대화상자 – [레이아웃 및 서식] 탭 – [레이아웃]에서 '레이블이 있는 셀 병합 및 가운데 맞춤'에 체크 → [서식] – '빈 셀 표시'에 ∗∗∗를 입력한다.

③ [요약 및 필터] 탭 – [총합계]에서 '행 총합계 표시'를 체크 해제한 후 [확인]을 클릭한다.

(2) 셀 서식 지정하기

① 피벗 테이블의 값 영역을 모두 드래그하여 선택 → [홈] 탭 – [맞춤] 그룹에서 '가운데 맞춤'(≡) 선택 → [표시 형식] 그룹에서 '쉼표 스타일'(，)을 선택한다.

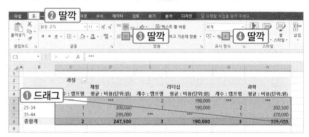

② 결과를 확인한다.

1 차트 작성과 스타일 지정

(1) 묶은 세로 막대형 차트 삽입하기

① 차트로 삽입할 데이터를 선택하기 위해 [제1작업] 시트 선택 → [C4:C12] 영역 드래그 → Ctrl을 누른 상태에서 [G4:H12] 영역을 드래그하여 범위를 선택한다.

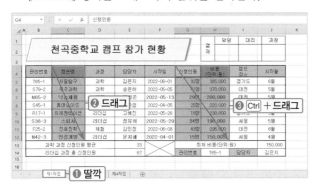

② [삽입] 탭 – [차트] 그룹 – [세로 또는 가로 막대형 차트 삽입] 선택 → [묶은 세로 막대형]을 선택한다.

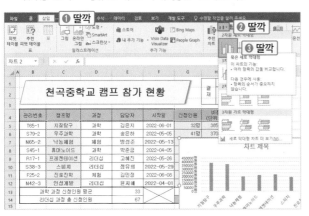

(2) 차트 이동하기

① [제1작업] 시트에 추가된 차트 선택 → [차트 도구] – [디자인] 탭 – [위치] 그룹 – [차트 이동]을 선택한다.

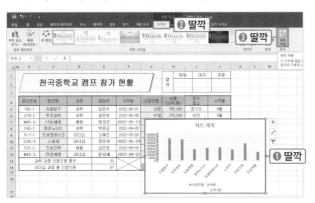

② [차트 이동] 대화상자에서 '새 시트' 선택 → 제4작업으로 입력한 후 [확인]을 클릭한다.

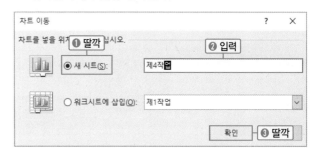

③ 맨 앞에 추가된 [제4작업] 시트를 드래그하여 [제3작업] 시트 뒤로 이동시킨다.

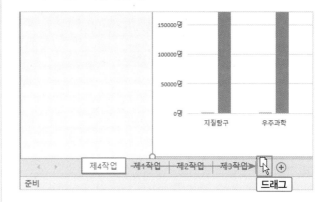

(3) 데이터 선택 변경하기

① 삽입된 차트에서 출력형태에 표시된 데이터만 선택하기 위해 [차트 도구] – [디자인] 탭 – [데이터] 그룹 – [데이터 선택]을 선택한다.

② 데이터를 제거하기 위해 [데이터 원본 선택] 대화상자에서 [행/열 전환] 선택 → 행/열이 변경되면 출력형태를 참고하여 '범례 항목(계열)'에서 필요 없는 계열인 '낙농체험'과 '진로진학' 선택 → [제거]를 선택하여 삭제한다.

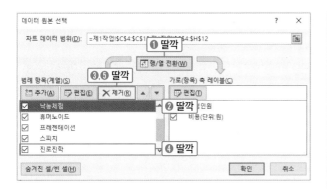

③ 다시 [행/열 전환]을 선택한 후 [확인]을 클릭한다.

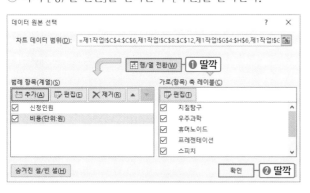

(4) 레이아웃 변경과 스타일 적용하기

① '차트 영역' 선택 → [차트 도구] – [디자인] 탭 – [차트 스타일] 그룹에서 '스타일 1'을 선택한다.

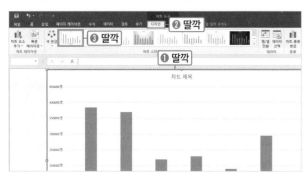

② [차트 도구] – [디자인] 탭 – [차트 레이아웃] 그룹에서 [빠른 레이아웃] – '레이아웃 3'을 선택한다.

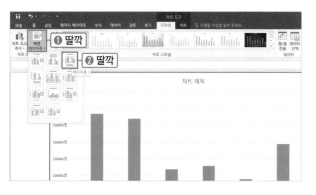

2 영역 서식 지정과 제목 작성

(1) 영역 서식 지정하기

① 영역 서식을 지정하기 위해 '차트 영역' 선택 → [홈] 탭 – [글꼴] 그룹 – 글꼴을 '굴림', 글꼴 크기를 '11pt'로 지정한다.

② [차트 도구] – [서식] 탭 – [현재 선택 영역] 그룹에서 '차트 요소'가 '차트 영역'으로 선택되어 있는지 확인 → [선택 영역 서식]을 선택한다.

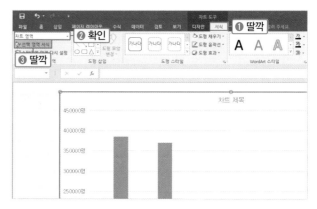

③ [차트 영역 서식] 창에서 [채우기 및 선(🖌)] – '채우기' – '그림 또는 질감 채우기' 선택 → [질감(▦ ▼)] 선택 → 질감 중에서 '파랑 박엽지'를 선택한다.

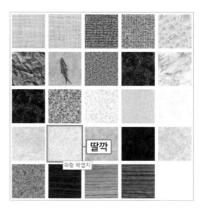

④ '그림 영역' 선택 → [그림 영역 서식] 창으로 변경되면 [채우기 및 선(🖌)] – '채우기' – '단색 채우기' 선택 → [채우기 색(🖌 ▼)]은 '흰색, 배경 1'을 선택한다.

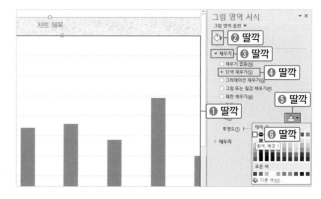

(2) 제목 작성과 서식 지정하기

① '차트 제목' 개체를 선택하여 제목에 커서가 나타나면 과학/리더십 과정 신청 현황을 입력한다.

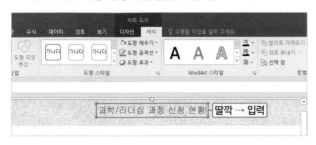

② ESC를 눌러 '차트 제목' 개체 선택 → [홈] 탭 – [글꼴] 그룹 – 글꼴을 '굴림', 글꼴 크기를 '20pt', '굵게'로 지정한다.

③ [차트 도구] – [서식] 탭 – [도형 스타일] 그룹 – [도형 채우기]에서 '흰색, 배경 1' 선택 → [도형 윤곽선]을 선택한 후 '검정, 텍스트 1'을 선택한다.

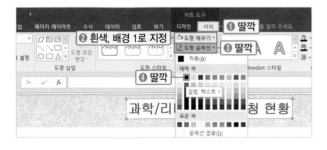

3 차트 종류 변경과 서식 지정

(1) 차트 종류 변경과 보조 축 사용하기

① 차트에서 '신청인원' 계열을 선택하기 위해 [차트 도구] – [서식] 탭 – [현재 선택 영역] 그룹 – [차트 요소]에서 '계열 "신청인원"'을 선택한다.

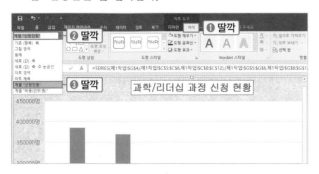

② [차트 도구] – [디자인] 탭 – [종류] 그룹에서 '차트 종류 변경'을 선택한다.

③ [차트 종류 변경] 대화상자 – '콤보' 차트 선택 → '신청인원'의 차트 종류를 '표식이 있는 꺾은선형'으로 선택 → '보조 축'에 체크한 후 [확인]을 클릭한다.

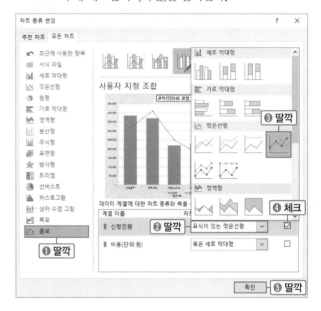

④ 보조 축을 사용하는 콤보 차트가 완성된다.

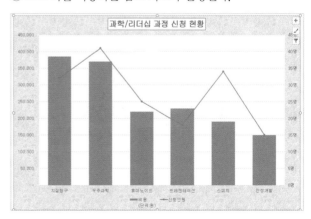

(2) 표식 변경과 데이터 레이블 추가하기

① [차트 도구] – [서식] 탭 – [현재 선택 영역] 그룹에서 '차
트 요소'를 '계열 "신청인원"'으로 선택 → [선택 영역 서
식] 선택 → 오른쪽 [데이터 계열 서식] 창에서 [채우기 및
선(🖌)] 선택 → '표식'을 선택한다.

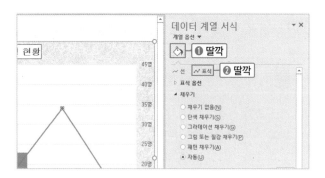

② '표식 옵션' 선택 → '기본 제공'에서 형식을 '마름모' 선택
→ 크기를 10으로 입력한다.

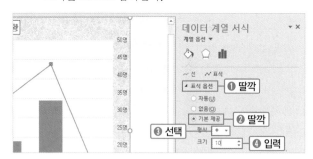

③ 막대형 차트인 '비용(단위:원)' 계열 선택 → 그 중에서 '지
질탐구' 요소 선택 → '차트 요소'(➕) 선택 → '데이터 레
이블'에 체크한다.

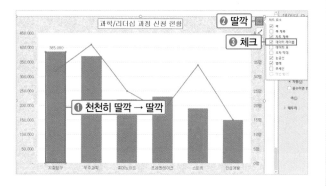

(3) 눈금선 변경하기

① 눈금선 서식을 변경하기 위해 차트의 '눈금선' 선택 → [주
눈금선 서식] 창에서 선은 '실선', 대시 종류는 '파선'을 선
택한다.

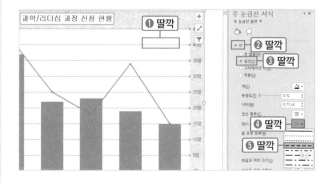

(4) 축 서식 설정하기

① 축의 단위를 변경하기 위해 차트의 '보조 세로 (값) 축' 선
택 → [축 서식] 창에서 [축 옵션(▮▮)] 단추 선택 → '축
옵션' 선택 → '주 단위'를 10으로 입력한다.

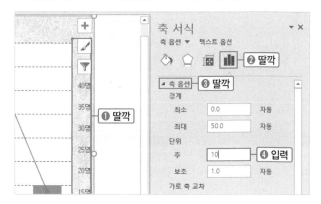

② 축의 윤곽선을 지정하기 위해 '보조 세로 (값) 축'이 선택된
상태에서 [축 서식] 창 – [채우기 및 선(🖌)] 선택 → '선'
에서 '실선'을 선택한다.

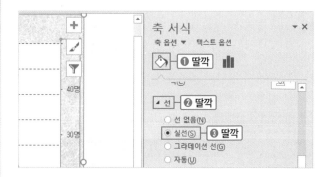

③ 같은 방법으로 '세로 (값) 축', '가로 (항목) 축'도 동일하게
축 서식의 선을 '실선'으로 선택한다.

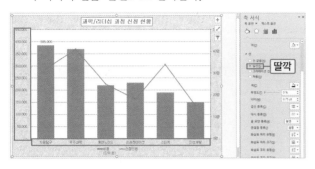

4 범례명 변경과 도형 삽입

(1) 범례명 변경하기

① 범례명을 변경하기 위해 '차트 영역' 선택 → [차트 도구]
– [디자인] 탭 – [데이터] 그룹에서 [데이터 선택]을 선택
한다.

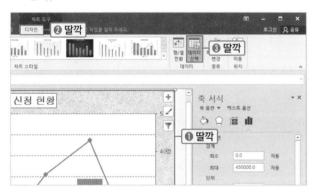

② [데이터 원본 선택] 창에서 '비용(단위:원)'을 선택한 후
[편집]을 선택한다.

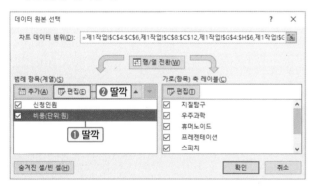

③ [계열 편집] 창에서 '계열 이름'에 비용(단위:원)을 입력한
후 [확인] 클릭 → [데이터 원본 선택] 창으로 돌아오면
[확인]을 클릭한다.

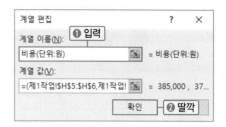

④ 차트에서 범례명이 한 줄로 수정되었는지 확인한다.

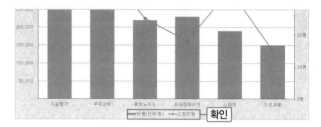

(2) 도형 삽입하기

① 도형을 삽입하기 위해 '차트 영역'이 선택된 상태에서 [삽
입] 탭 – [일러스트레이션] 그룹 – [도형]에서 '모서리가
둥근 사각형 설명선'을 선택한다.

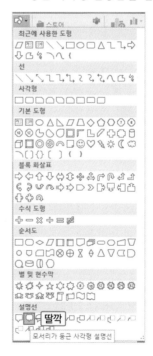

② 출력형태와 동일하게 '지질탐구' 요소 위에 드래그하여 도
형을 그린 후 최고 비용을 입력한다.

③ 도형 선택 → [홈] 탭 – [글꼴] 그룹에서 글꼴을 '굴림', 글
꼴 크기를 '11pt', 글꼴 색을 '검정, 텍스트 1'로 선택 →
[맞춤] 그룹에서 가로와 세로 모두 '가운데 맞춤'(≡, ≡)
을 선택한다.

④ [그리기 도구] – [서식] 탭 – [도형 스타일] 그룹에서 [도
형 채우기] – '흰색, 배경 1' 선택 → 도형의 모양 조절 핸
들을 드래그하여 출력형태와 동일하게 모양을 변경한다.

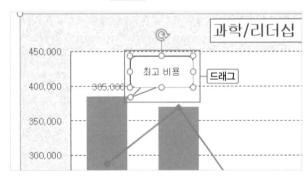

제3회 정보기술자격(ITQ) 시험

과목	코드	문제유형	시험시간	수험번호	성명
한글엑셀	1122	B	60분		

제1작업   표 서식 작성 및 값 계산   240점

다음은 '푸른길 작은 도서관 대출 현황'에 대한 자료이다. 자료를 입력하고 조건에 맞도록 작업하시오.

출력형태

관리코드	대출도서	대출자	학교명	대출일	누적 대출권수	도서 포인트	출판사	포인트 순위
				결재	담당	대리	부장	
3127-P	바다 목욕탕	전수민	월계초등학교	2022-05-03	1,024	224	(1)	(2)
3861-K	땅콩 동그라미	박지현	산월초등학교	2022-05-08	954	194	(1)	(2)
3738-G	모치모치 나무	김종환	수문초등학교	2022-05-02	205	121	(1)	(2)
3928-G	해리포터	이지은	산월초등학교	2022-05-07	1,238	250	(1)	(2)
3131-P	책 읽는 도깨비	정찬호	월계초등학교	2022-05-09	367	122	(1)	(2)
3955-P	꼬마 지빠귀	권제인	수문초등학교	2022-05-11	107	160	(1)	(2)
3219-K	퀴즈 과학상식	김승희	월계초등학교	2022-05-02	1,501	315	(1)	(2)
3713-P	아기 고등 두마리	유인혜	산월초등학교	2022-05-07	886	154	(1)	(2)
최대 도서 포인트			(3)		월계초등학교 학생의 도서 포인트 합계			(5)
수문초등학교 학생의 누적 대출권수 평균			(4)		대출도서	바다 목욕탕	대출자	(6)

조건

○ 모든 데이터의 서식에는 글꼴(굴림, 11pt), 정렬은 숫자 및 회계 서식은 오른쪽 정렬, 나머지 서식은 가운데 정렬로 작성하며 예외적인 것은 **출력형태**를 참조하시오.

○ 제 목 ⇒ 도형(십자형)과 그림자(오프셋 오른쪽)를 이용하여 작성하고 "푸른길 작은 도서관 대출 현황"을 입력한 후 다음 서식을 적용하시오(글꼴-굴림, 24pt, 검정, 굵게, 채우기-노랑).

○ 임의의 셀에 결재란을 작성하여 그림으로 복사 기능을 이용하여 붙이기 하시오(단, 원본 삭제).

○ 「B4:J4, G14, I14」 영역은 '주황'으로 채우기 하시오.

○ 유효성 검사를 이용하여 「H14」 셀에 대출도서(「C5:C12」 영역)가 선택 표시되도록 하시오.

○ 셀 서식 ⇒ 「G5:G12」 영역에 셀 서식을 이용하여 숫자 뒤에 '권'을 표시하시오(예: 1,024권).

○ 「E5:E12」 영역에 대해 '학교명'으로 이름정의를 하시오 .

(1)~(6) 셀은 반드시 주어진 함수를 이용하여 값을 구하시오(결과값을 직접 입력하면 해당 셀은 0점 처리됨).

(1) 출판사 ⇒ 관리코드의 마지막 글자가 P이면 '풀잎', G이면 '가람', 그 외에는 '글송이'로 구하시오(IF, RIGHT 함수).

(2) 포인트 순위 ⇒ 도서 포인트의 내림차순 순위를 구한 결과값에 '위'를 붙이시오(RANK.EQ 함수, & 연산자)(예: 1위).

(3) 최대 도서 포인트 ⇒ (MAX 함수)

(4) 수문초등학교 학생의 누적대출권수 평균 ⇒ 정의된 이름(학교명)을 이용하여 구하시오(SUMIF, COUNTIF 함수).

(5) 월계초등학교 학생의 도서 포인트 합계 ⇒ 조건은 입력데이터를 이용하시오(DSUM 함수).

(6) 대출자 ⇒ 「H14」 셀에서 선택한 대출도서에 대한 대출자를 구하시오(VLOOKUP 함수).

(7) 조건부 서식의 수식을 이용하여 누적대출권수가 '1,000' 이상인 행 전체에 다음의 서식을 적용하시오(글꼴: 파랑, 굵게).

제2작업　목표값 찾기 및 필터　　　　　　　　　　　　　　　　　　　　　　80점

"제1작업" 시트의 「B4:H12」 영역을 복사하여 "제2작업" 시트의 「B2」 셀부터 모두 붙여넣기를 한 후 다음의 조건과 같이 작업하시오.

조건

(1) **목표값 찾기** – 「B11:G11」 셀을 병합하여 "월계초등학교 학생의 누적대출권수 평균"을 입력한 후 「H11」 셀에 월계초등학교 학생의 누적대출권수 평균을 구하시오. 단, 조건은 입력데이터를 이용하시오(DAVERAGE 함수, 테두리, 가운데 맞춤).

　　　　　　– '월계초등학교 학생의 누적대출권수 평균'이 '970'이 되려면 전수민의 누적대출권수가 얼마가 되어야 하는지 목표값을 구하시오.

(2) **고급 필터** – 학교명이 '수문초등학교'이거나, 누적대출권수가 '1,200' 이상인 자료의 데이터만 추출하시오.

　　　　　　– 조건 범위: 「B14」 셀부터 입력하시오.

　　　　　　– 복사 위치: 「B18」 셀부터 나타나도록 하시오.

제3작업　정렬 및 부분합　　　　　　　　　　　　　　　　　　　　　　　　80점

"제1작업" 시트의 「B4:H12」 영역을 복사하여 "제3작업" 시트의 「B2」 셀부터 모두 붙여넣기를 한 후 다음의 조건과 같이 작업하시오.

조건

(1) **부분합** – 출력형태처럼 정렬하고, 대출자의 개수와 누적대출권수의 평균을 구하시오.

(2) **윤곽** – 지우시오.

(3) 나머지 사항은 출력형태에 맞게 작성하시오.

출력형태

	B	C	D	E	F	G	H	I
1								
2	관리코드	대출도서	대출자	학교명	대출일	누적 대출권수	도서 포인트	
3	3127-P	바다 목욕탕	전수민	월계초등학교	2022-05-03	1,024권	224	
4	3131-P	책 읽는 도깨비	정찬호	월계초등학교	2022-05-09	367권	122	
5	3219-K	퀴즈 과학상식	김승희	월계초등학교	2022-05-02	1,501권	315	
6				월계초등학교 평균		964권		
7			3	월계초등학교 개수				
8	3738-G	모치모치 나무	김종환	수문초등학교	2022-05-02	205권	121	
9	3955-P	꼬마 지빠귀	권제인	수문초등학교	2022-05-11	107권	160	
10				수문초등학교 평균		156권		
11			2	수문초등학교 개수				
12	3861-K	땅콩 동그라미	박지현	산월초등학교	2022-05-08	954권	194	
13	3928-G	해리포터	이지은	산월초등학교	2022-05-07	1,238권	250	
14	3713-P	아기 고동 두마리	유인혜	산월초등학교	2022-05-07	886권	154	
15				산월초등학교 평균		1,026권		
16			3	산월초등학교 개수				
17				전체 평균		785권		
18			8	전체 개수				
19								

"제1작업" 시트를 이용하여 조건에 따라 출력형태와 같이 작업하시오.

조건

(1) 차트 종류 ⇒ 〈묶은 세로 막대형〉으로 작업하시오.

(2) 데이터 범위 ⇒ "제1작업" 시트의 내용을 이용하여 작업하시오.

(3) 위치 ⇒ "새 시트"로 이동하고, "제4작업"으로 시트 이름을 바꾸시오.

(4) 차트 디자인 도구 ⇒ 레이아웃 3, 스타일 1을 선택하여 출력형태에 맞게 작업하시오.

(5) 영역 서식 ⇒ 차트: 글꼴(굴림, 11pt), 채우기 효과(질감-분홍 박엽지), 그림: 채우기(흰색, 배경 1)

(6) 제목 서식 ⇒ 차트 제목: 글꼴(굴림, 굵게, 20pt), 채우기(흰색, 배경 1), 테두리

(7) 서식 ⇒ 누적대출권수 계열의 차트 종류를 〈표식이 있는 꺾은선형〉으로 변경한 후 보조 축으로 지정하시오.

   계열: 출력형태를 참조하여 표식(세모, 크기 10)과 레이블 값을 표시하시오.

   눈금선: 선 스타일-파선

   축: 출력형태를 참조하시오.

(8) 범례 ⇒ 범례명을 변경하고 출력형태를 참조하시오.

(9) 도형 ⇒ '모서리가 둥근 사각형 설명선'을 삽입한 후 출력형태와 같이 내용을 입력하시오.

(10) 나머지 사항은 출력형태에 맞게 작성하시오.

출력형태

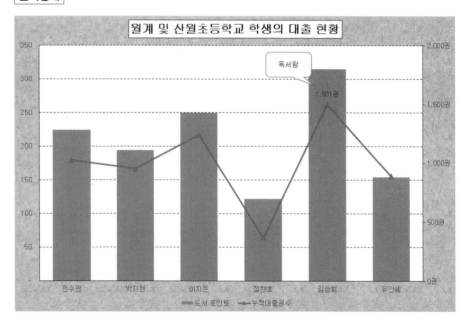

● 주의 시트명 순서가 차례대로 "제1작업", "제2작업", "제3작업", "제4작업"이 되도록 할 것.

함께 보는 간단해설

제1작업   240점

1 데이터 입력 및 서식 지정

(1) 데이터 입력하기

① [A] 열의 너비는 '1'로 조절 → 시트의 글꼴을 '굴림'으로 지정 → [Sheet1] 시트를 복사하여 [제1작업], [제2작업], [제3작업]으로 이름을 변경한다.

② [B4:J14] 영역에 데이터를 입력하고 데이터가 문제지의 출력형태 와 동일한지 비교한다.

(2) 셀 병합과 데이터 정렬하기

① Ctrl을 눌러 [B13:D13], [B14:D14], [F13:F14], [G13:I13] 영역 드래그 → [홈] 탭 – [맞춤] 그룹 – '병합하고 가운데 맞춤(⊞)'을 선택한다.

② 데이터 전체 영역인 [B4:J14] 영역 드래그 → '가운데 맞춤(≡)' 선택 → 숫자에 해당하는 [G5:H12] 영역 드래그 → '오른쪽 맞춤(≡)'을 선택한다.

(3) 열 너비와 채우기 색 지정하기

① 입력된 데이터가 잘 보이도록 출력형태 와 동일하게 행과 열 너비를 조절한다.

② [B4:J4] 영역 드래그 → Ctrl을 누른 상태에서 [G14], [I14] 셀 선택 → [홈] 탭 – [글꼴] 그룹 – [채우기 색]에서 '주황'을 선택한다.

(4) 표 테두리 지정하기

① [B4:J4] 영역 드래그 → Ctrl을 누른 상태에서 [B5:J12], [B13:J14] 영역 드래그 → [홈] 탭 – [글꼴] 그룹 – [테두리] – '모든 테두리(⊞)', '굵은 바깥쪽 테두리(⊡)'를 선택한다.

② [F13] 셀 선택 → [홈] 탭 – [글꼴] 그룹 – [테두리] – '다른 테두리(⊞)' 선택 → [셀 서식] 대화상자가 열리면 [테두리] 탭 – 선 스타일에서 '가는 실선' 선택 → '상향 대각선'과 '하향 대각선'을 선택하고 [확인]을 클릭한다.

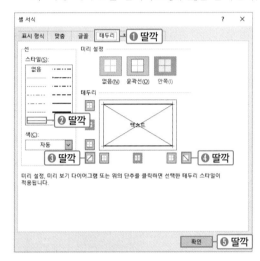

(5) 사용자 지정 표시 형식 지정하기

① [H5:H12] 영역 드래그 → [홈] 탭 – [표시 형식] 그룹에서 '쉼표 스타일(,)'을 선택한다.

② [G5:G12] 영역 드래그 → [홈] 탭 – [표시 형식] 그룹 – [표시 형식]에서 '기타 표시 형식'을 선택한다.

③ [셀 서식] 대화상자 – '사용자 지정' 범주 선택 → '형식'에서 '#,##0' 선택 → 뒤에 "권"을 추가로 입력한 후 [확인]을 클릭한다.

2 도형 작성과 서식

(1) 도형으로 제목 작성하기

① [삽입] 탭 – [일러스트레이션] 그룹 – [도형] – '기본 도형'에서 '십자형' 선택 → 제목이 위치할 [B1:G3] 영역 사이에 드래그하여 도형을 그린 후 푸른길 작은 도서관 대출 현황을 입력한다.

(2) 도형 서식 지정하기

① 도형 선택 → [홈] 탭 – [글꼴] 그룹 – 글꼴을 '굴림', 글꼴 크기를 '24pt', '굵게', 글꼴 색을 '검정, 텍스트 1'로 선택 → [맞춤] 그룹에서 가로와 세로 모두 '가운데 맞춤'(≡, ≡)을 선택한다.

② [그리기 도구] – [서식] 탭 – [도형 채우기]에서 '노랑' 선택 → [도형 효과] – [그림자] – '오프셋 오른쪽'을 선택한다.

3 결재란 작성

(1) 결재란 입력하기

① [L16] 셀부터 결재란 내용 입력 → [L16:L17] 영역 드래그 → [홈] 탭 – [맞춤] 그룹 – '병합하고 가운데 맞춤'(⊟)을 선택한다.

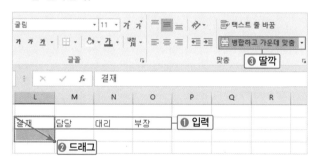

② 모든 셀의 맞춤을 '가운데 맞춤'(≡)으로 선택 → 병합된 '결재' 셀 선택 → [홈] 탭 – [맞춤] 그룹 – [방향]에서 '세로 쓰기'를 선택한다.

③ 행 높이와 열 너비 조절 → [L16:O17] 영역 드래그 → [홈] 탭 – [글꼴] 그룹 – [테두리] – '모든 테두리'(⊞)를 선택한다.

(2) 결재란 복사하기

① 작성된 결재란 영역 [L16:O17] 드래그 → Ctrl + C를 눌러 복사한다.

② [H1] 셀 선택 → Ctrl + V를 눌러 붙여넣기 → [붙여넣기 옵션] 단추 선택 → '그림'을 선택한다.

③ 결재란의 위치와 크기는 출력형태와 동일하게 [H1:J3] 영역 안에서 조절 → [L16:O17] 영역 드래그 → [홈] 탭 – [셀] 그룹 – [삭제]를 선택한다.

4 유효성 검사와 이름 정의

(1) 유효성 검사로 목록 표시하기

① [H14] 셀 선택 → [데이터] 탭 – [데이터 도구] 그룹 – [데이터 유효성 검사]를 선택한다.

② [데이터 유효성] 대화상자 – [설정] 탭 – 유효성 조건의 [제한 대상]을 '목록'으로 선택 → [원본] 입력란 선택 → '대출도서' 영역인 [C5:C12] 영역을 드래그하여 입력한 후 [확인]을 클릭한다.

③ [H14] 셀 선택 → 출력형태와 동일하게 목록 중 '바다 목욕탕'을 선택한다.

(2) 이름 정의하기

① [E5:E12] 영역 드래그 → [수식] 탭 – [정의된 이름] 그룹 – [이름 정의] 선택 → [새 이름] 대화상자에서 '이름'을 학교명으로 입력한 후 [확인]을 클릭한다.

5 함수

(1) 출판사 구하기(IF, RIGHT 함수)

① [I5] 셀에 =IF(입력 → Ctrl + A를 눌러 [함수 인수] 대화상자에 아래 그림과 같이 인수 입력 → 수식 입력줄에서 중첩된 IF를 선택한다.

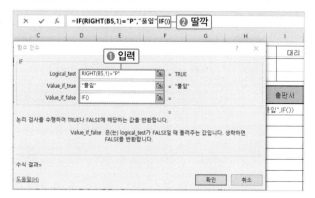

② 중첩 IF 함수의 [함수 인수] 대화상자가 열리면 아래 그림과 같이 인수를 입력한 후 [확인]을 클릭한다.

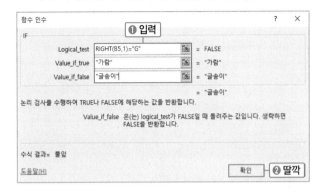

=IF(RIGHT(B5,1)="P","풀잎",IF(RIGHT(B5,1)="G","가람","글송이"))

❶ IF(RIGHT(B5,1)="P","풀잎",❷): '관리코드' 필드에서 관리코드의 오른쪽 끝 한 글자를 추출하여 그 문자가 "P"이면 "풀잎"으로 값을 구하고, 그렇지 않으면 ❷를 수행한다.

❷ IF(RIGHT(B5,1)="G","가람","글송이"): '관리코드' 필드에서 관리코드의 오른쪽 끝 1글자를 추출하여 그 문자가 "G"이면 "가람"으로 값을 구하고, 그렇지 않으면 "글송이"로 값을 구한다.

③ [I5] 셀의 '자동 채우기 핸들'을 드래그하여 [I12] 셀까지 수식 복사 → '자동 채우기 옵션'(⊞) 단추 선택 → '서식 없이 채우기'를 선택한다.

(2) 포인트 순위 구하기(RANK.EQ 함수, & 연산자)

① [J5] 셀에 =RANK.EQ(입력 → Ctrl+A를 눌러 [함수 인수] 대화상자에 아래 그림과 같이 인수를 입력한 후 [확인]을 클릭한다.

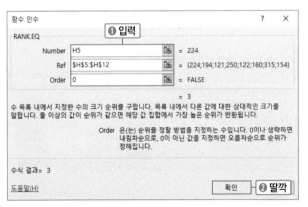

② 수식 입력줄의 수식 맨 끝을 클릭 → &"위"를 추가한 후 Enter를 누른다.

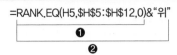

=RANK.EQ(H5,$H$5:$H$12,0)&"위"

❶ RANK.EQ(H5,$H$5:$H$12,0): '도서 포인트' 필드에서 순위를 내림차순으로 구한다.

❷ ❶&"위": ❶에서 구한 값 뒤에 "위"를 표시한다.

③ [J5] 셀의 '자동 채우기 핸들'을 드래그하여 [J12] 셀까지 수식 복사 → '자동 채우기 옵션'(⊞) 단추 선택 → '서식 없이 채우기'를 선택한다.

(3) 최대 도서 포인트 구하기(MAX 함수)

① [E13] 셀에 =MAX(H5:H12)를 입력한 후 Enter를 누른다.

=MAX(H5:H12)

'도서 포인트' 필드 중에서 최대값을 구한다.

(4) 수문초등학교 학생의 누적대출권수 평균 구하기
(SUMIF, COUNTIF 함수)

① [E14] 셀에 =SUMIF(입력 → Ctrl+A를 눌러 [함수 인수] 대화상자에 아래 그림과 같이 인수를 입력한 후 [확인]을 클릭한다.

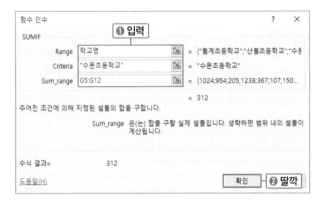

② 수식 입력줄의 수식 맨 끝을 클릭 → / 추가 → 이어서 COUNTIF(입력 → Ctrl+A를 눌러 [함수 인수] 대화상자에 아래 그림과 같이 인수를 입력한 후 [확인]을 클릭한다.

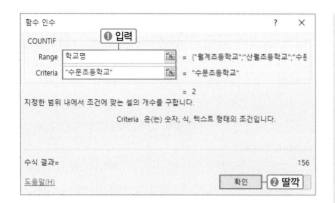

(6) 대출자 구하기(VLOOKUP 함수)

(6) 대출자 구하기(VLOOKUP 함수)

① [J14] 셀에 =VLOOKUP(입력 → Ctrl+A를 눌러 [함수 인수] 대화상자에 아래 그림과 같이 인수를 입력한 후 [확인]을 클릭한다.

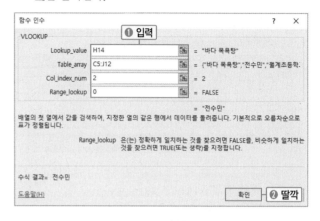

✎ 입력 함수 해설

=VLOOKUP(H14,C5:J12,2,0)

H14 셀의 값인 '바다 목욕탕'을 '대출도서' 필드에서 찾아 참조 테이블로 지정한 C5:J12 범위의 2번째 열에 있는 '대출자'를 값으로 구한다.

✎ 입력 함수 해설

=SUMIF(학교명,"수문초등학교",G5:G12)/COUNTIF(학교명,"수문초등학교")

①❶ SUMIF(학교명,"수문초등학교",G5:G12): 정의된 이름 '학교명' 영역에서 '수문초등학교'를 찾아 '누적대출권수' 필드의 합계를 구한다.
❷ COUNTIF(학교명,"수문초등학교"): 정의된 이름 '학교명' 영역에서 '수문초등학교'를 찾아 그 개수를 구한다.
❸ ❶/❷: 수문초등학교의 누적대출권수 필드의 합계를 수문초등학교 수로 나눠 평균을 구한다.

(5) 월계초등학교 학생의 도서 포인트 합계 구하기 (DSUM 함수)

① [J13] 셀에 =DSUM(입력 → Ctrl+A를 눌러 [함수 인수] 대화상자에 아래 그림과 같이 인수를 입력한 후 [확인]을 클릭한다.

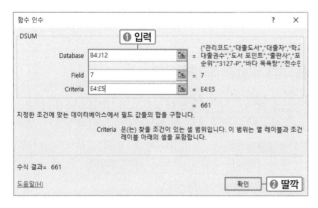

✎ 입력 함수 해설

=DSUM(B4:J12,7,E4:E5)

B4:J12 범위에서 '학교명'이 '월계초등학교'인 조건을 찾아 일곱 번째 열인 '도서 포인트' 필드에서 합계를 구한다.

6 조건부 서식

(1) 조건부 서식 지정하기

① [B5:J12] 영역 드래그 → [홈] 탭 – [스타일] 그룹 – [조건부 서식] – [새 규칙]을 선택한다.
② [새 서식 규칙] 대화상자에서 규칙 유형 선택은 '수식을 사용하여 서식을 지정할 셀 결정' 선택 → '다음 수식이 참인 값의 서식 지정'에 =$G5>=1000 입력 → [서식]을 선택한다.

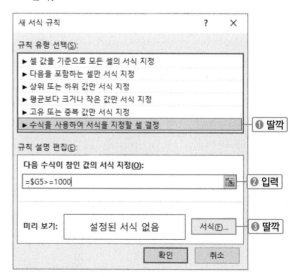

③ [셀 서식] 대화상자 – [글꼴] 탭에서 글꼴 스타일을 '굵게', 글꼴 색을 '파랑'으로 선택 → [확인]을 클릭한다.

④ 다시 [새 서식 규칙] 대화상자로 돌아오면 [확인]을 클릭하고 조건부 서식의 결과를 확인한다.

제2작업   80점

1 목표값 찾기

(1) 데이터 복사하고 붙여넣기

① [제1작업] 시트 선택 → [B4:H12] 영역을 드래그한 후 Ctrl+C를 눌러 복사 → [제2작업] 시트의 [B2] 셀 선택 → Ctrl+V를 눌러 붙여넣기 한다.

② 열 너비를 복사하기 위해 [홈] 탭 – [클립보드] 그룹 – [붙여넣기] 내림단추 선택 → [선택하여 붙여넣기]를 선택한다.

③ [제1작업] 시트의 열 너비와 동일하게 지정하기 위해 [선택하여 붙여넣기] 대화상자 – '열 너비'를 선택한 후 [확인]을 클릭한다.

(2) 셀 병합하고 수식셀 작성하기

① [B11:G11] 영역 드래그 → [홈] 탭 – [맞춤] 그룹 – '병합하고 가운데 맞춤'(🔳) 선택 → 병합된 셀에 월계초등학교 학생의 누적대출권수 평균을 입력한다.

② [H11] 셀에 =DAVERAGE(입력 → Ctrl+A를 눌러 [함수 인수] 대화상자에 아래 그림과 같이 인수를 입력한 후 [확인]을 클릭한다.

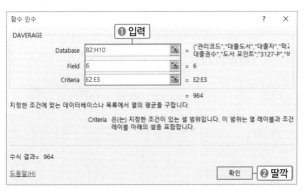

(3) 서식 지정하기

① [H11] 셀 선택 → [홈] 탭 – [맞춤] 그룹 – '가운데 맞춤'(☰) 선택 → [표시 형식] 그룹에서 '쉼표 스타일'(,)을 선택한다.

② [B11:H11] 영역 드래그 → [홈] 탭 – [글꼴] 그룹 – [테두리] – '모든 테두리'(⊞)를 선택한다.

(4) 목표값 찾기

① 평균값이 입력된 [H11] 셀 선택 → [데이터] 탭 – [예측] 그룹에서 [가상분석] – [목표값 찾기]를 선택한다.

② [목표값 찾기] 대화상자의 '수식 셀'에 'H11'이 입력되어 있는지 확인 → '찾는 값'에는 970 입력 → '값을 바꿀 셀'에는 [G3] 셀을 선택하여 입력한 후 [확인]을 클릭한다.

③ '목표값 찾기' 결과가 나타나면 [H11] 셀의 값이 '964'에서 '970'으로 변경된 것을 확인 → [G3] 셀의 값이 '1,024권'에서 '1,042권'으로 변경된 것을 확인 → [목표값 찾기 상태] 대화상자에서 [확인]을 클릭한다.

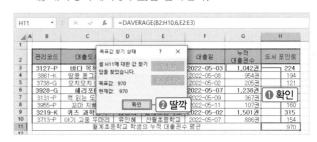

2 고급 필터로 데이터 추출

(1) 고급 필터 조건식 작성하기

① 조건식의 필드로 작성할 필드 제목인 '학교명(E2)' 셀과 '누적대출권수(G2)' 셀을 Ctrl을 눌러 선택 → Ctrl+C를 눌러 복사 → [B14] 셀을 선택한 후 Ctrl+V를 눌러 데이터를 붙여넣기 한다.

② 학교명과 누적대출권수 조건 중 하나 이상 만족하면 되므로 [B15] 셀에 수문초등학교 입력 → [C16] 셀에는 >=1200을 입력하여 OR 조건으로 작성한다.

(2) 고급 필터 실행하기

① 데이터 범위인 [B2:H10] 영역 드래그 → [데이터] 탭 – [정렬 및 필터] 그룹 – [고급]을 선택한다.

② [고급 필터] 대화상자의 '목록 범위'에 현재 선택한 데이터 범위가 입력되어 있는지 확인 → '조건 범위'에는 [B14:C16] 영역을 드래그하여 입력 → '다른 장소에 복사' 선택 → '복사 위치'에는 [B18] 셀을 선택하여 입력한 후 [확인]을 클릭한다.

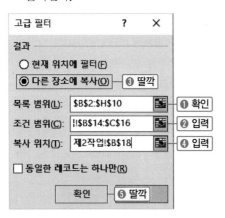

③ 결과를 확인한다.

1 데이터 복사와 정렬

(1) 데이터 복사하고 붙여넣기

① [제1작업] 시트 선택 → [B4:H12] 영역을 드래그한 후 Ctrl+C를 눌러 복사 → [제3작업] 시트의 [B2] 셀 선택 → Ctrl+V를 눌러 데이터를 붙여넣기 한다.

② 열 너비를 복사하기 위해 [홈] 탭 – [클립보드] 그룹 – [붙여넣기] 내림단추 선택 → [선택하여 붙여넣기]를 선택한다.

③ [제1작업] 시트의 열 너비와 동일하게 지정하기 위해 [선택하여 붙여넣기] 대화상자 – '열 너비'를 선택한 후 [확인]을 클릭한다.

(2) 데이터 정렬하기

① 출력형태를 보면 '학교명' 필드에 내림차순 정렬이 지정되어 있으므로 '학교명' 필드에서 임의의 셀 선택 → [데이터] 탭 – [정렬 및 필터] 그룹 – [텍스트 내림차순 정렬]을 선택한다.

2 부분합 작성과 윤곽 지우기

(1) 부분합 구하기

① [B2:H10] 영역 안에서 임의의 셀 선택 → [데이터] 탭 – [윤곽선] 그룹 – [부분합]을 선택한다.

② [부분합] 대화상자에서 '그룹화할 항목'을 '학교명'으로 선택 → '사용할 함수'는 '개수'로 선택 → '부분합 계산 항목'에서 '대출자'에 체크하고 '도서 포인트'에 체크 해제 → [확인]을 클릭한다.

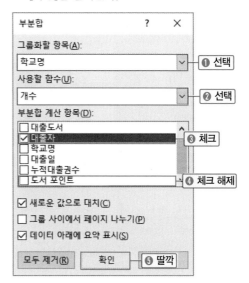

③ 부분합의 결과가 나오면 두 번째 부분합을 구하기 위해 다시 [B2:H12] 영역 안에서 임의의 셀 선택 → [데이터] 탭 - [윤곽선] 그룹 - [부분합]을 선택한다.

④ 다시 [부분합] 대화상자에서 '그룹화할 항목'을 '학교명'으로 선택 → '사용할 함수'는 '평균' 선택 → '부분합 계산 항목'에서 '대출자'에 체크 해제하고 '누적대출권수'에 체크 → '새로운 값으로 대치'에 체크 해제한 후 [확인]을 클릭한다.

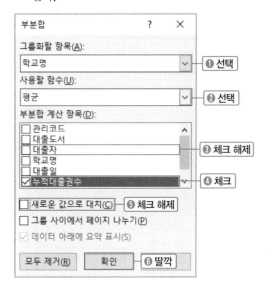

(2) 윤곽 지우기

① 데이터 안에서 임의의 셀 선택 → [데이터] 탭 - [윤곽선] 그룹 - [그룹 해제]의 내림단추 선택 → [윤곽 지우기]를 선택한다.

제4작업   100점

1 차트 작성과 스타일 지정

(1) 묶은 세로 막대형 차트 삽입하기

① [제1작업] 시트 선택 → [D4:D12] 영역 드래그 → Ctrl을 누른 상태에서 [G4:H12] 영역을 드래그하여 범위를 선택한다.

② [삽입] 탭 - [차트] 그룹 - [세로 또는 가로 막대형 차트 삽입] 선택 → [묶은 세로 막대형]을 선택한다.

(2) 차트 이동하기

① [제1작업] 시트에 추가된 차트 선택 → [차트 도구] - [디자인] 탭 - [위치] 그룹 - [차트 이동]을 선택한다.

② [차트 이동] 대화상자에서 '새 시트' 선택 → 제4작업으로 입력한 후 [확인]을 클릭한다.

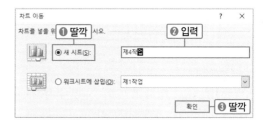

③ 맨 앞에 추가된 [제4작업] 시트를 드래그하여 [제3작업] 시트 뒤로 이동시킨다.

(3) 데이터 선택 변경하기

① 삽입된 차트에서 출력형태에 표시된 데이터만 선택하기 위해 [차트 도구] - [디자인] 탭 - [데이터] 그룹 - [데이터 선택]을 선택한다.

② [데이터 원본 선택] 대화상자에서 [행/열 전환] 선택 → 행/열이 변경되면 출력형태를 참고하여 '범례 항목(계열)'에서 필요 없는 계열인 '김종환'과 '권제인' 선택 → [제거]를 선택하여 삭제한다.

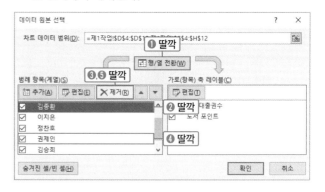

③ 다시 [행/열 전환]을 선택한 후 [확인]을 클릭한다.

(4) 레이아웃 변경과 스타일 적용하기

① '차트 영역' 선택 → [차트 도구] - [디자인] 탭 - [차트 스타일] 그룹에서 '스타일 1'을 선택한다.

② [차트 도구] - [디자인] 탭 - [차트 레이아웃] 그룹에서 [빠른 레이아웃] - '레이아웃 3'을 선택한다.

2 영역 서식 지정과 제목 작성

(1) 영역 서식 지정하기

① '차트 영역' 선택 → [홈] 탭 - [글꼴] 그룹 - 글꼴을 '굴림', 글꼴 크기를 '11pt'로 지정한다.

② [차트 도구] - [서식] 탭 - [현재 선택 영역] 그룹에서 '차트 요소'가 '차트 영역'으로 선택되어 있는지 확인 → [선택 영역 서식]을 선택한다.

③ [차트 영역 서식] 창에서 [채우기 및 선(✏️)] – '채우기' – '그림 또는 질감 채우기' 선택 → [질감(🔳 ▼)] 선택 → 질감 중에서 '분홍 박엽지'를 선택한다.

④ '그림 영역' 선택 → [그림 영역 서식] 창으로 변경되면 [채우기 및 선(✏️)] – '채우기'– '단색 채우기' 선택 → [채우기 색(🎨 ▼)]은 '흰색, 배경 1'을 선택한다.

(2) 제목 작성과 서식 지정하기

① '차트 제목' 개체를 선택하여 제목에 커서가 나타나면 월계 및 산월초등학교 학생의 대출 현황 입력 → ESC 를 눌러 '차트 제목' 개체 선택 → [홈] 탭 – [글꼴] 그룹 – 글꼴을 '굴림', 글꼴 크기를 '20pt', '굵게'로 지정한다.

② [차트 도구] – [서식] 탭 – [도형 스타일] 그룹 – [도형 채우기]에서 '흰색, 배경 1' 선택 → [도형 윤곽선]을 선택한 후 '검정, 텍스트 1'을 선택한다.

3 차트 종류 변경과 서식 지정

(1) 차트 종류 변경과 보조 축 사용하기

① 차트에서 '누적대출권수' 계열을 선택하기 위해 [차트 도구] – [서식] 탭 – [현재 선택 영역] 그룹 – [차트 요소]에서 '계열 "누적대출권수"'를 선택한다.

② [차트 도구] – [디자인] 탭 – [종류] 그룹에서 '차트 종류 변경'을 선택한다.

③ [차트 종류 변경] 대화상자 – '콤보' 차트 선택 → '누적대출권수'의 차트 종류를 '표식이 있는 꺾은선형'으로 선택 → '보조 축'에 체크한 후 [확인]을 클릭한다.

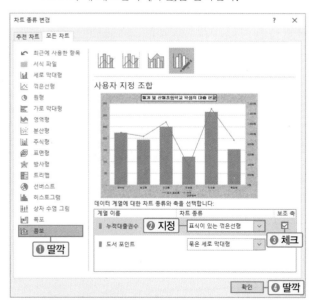

(2) 표식 변경과 데이터 레이블 추가하기

① [차트 도구] – [서식] 탭 – [현재 선택 영역] 그룹에서 '차트 요소'를 '계열 "누적대출권수"'로 선택 → [선택 영역 서식] 선택 → 오른쪽 [데이터 계열 서식] 창에서 [채우기 및 선(✏️)] 선택 → '표식'을 선택한다.

② '표식 옵션' 선택 → '기본 제공'에서 형식을 '세모' 선택 → 크기를 10으로 입력한다.

③ 꺾은선형 차트인 '누적대출권수' 계열 선택 → 그 중에서 '김승희' 요소 선택 → '차트 요소'(➕) 선택 → '데이터 레이블'에 체크한 후 '위쪽'을 선택한다.

(3) 눈금선 변경하기

① 눈금선 서식을 변경하기 위해 차트의 '눈금선' 선택 → [주 눈금선 서식] 창에서 선은 '실선', 대시 종류는 '파선'을 선택한다.

(4) 축 서식 설정하기

① 차트의 '보조 세로 (값) 축' 선택 → [축 서식] 창에서 [축 옵션(📊)] 단추 선택 → '축 옵션' 선택 → '최대'를 2000, '주 단위'를 500으로 입력한다.

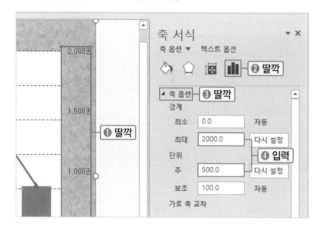

② '보조 세로 (값) 축'이 선택된 상태에서 [축 서식] 창 – [채우기 및 선(✏️)] 선택 → '선'에서 '실선'을 선택한다.

③ 같은 방법으로 '세로 (값) 축', '가로 (항목) 축'도 동일하게 축 서식의 선을 '실선'으로 선택한다.

4 범례명 변경과 도형 삽입

(1) 범례명 변경하기

① '차트 영역' 선택 → [차트 도구] – [디자인] 탭 – [데이터] 그룹에서 [데이터 선택]을 선택한다.

② [데이터 원본 선택] 창에서 '누적대출권수'를 선택한 후 [편집]을 선택한다.

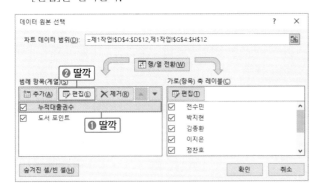

③ [계열 편집] 창에서 '계열 이름'에 누적대출권수를 입력한 후 [확인] 클릭 → [데이터 원본 선택] 창으로 돌아오면 [확인] 클릭 → 차트에서 범례명이 한 줄로 수정되었는지 확인한다.

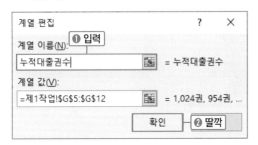

(2) 도형 삽입하기

① '차트 영역' 선택 → [삽입] 탭 – [일러스트레이션] 그룹 – [도형]에서 '모서리가 둥근 사각형 설명선'을 선택한다.

② 출력형태 와 동일하게 '김승희' 요소 위에 드래그하여 도형을 그린 후 독서왕을 입력한다.

③ 도형 선택 → [홈] 탭 – [글꼴] 그룹에서 글꼴을 '굴림', 글꼴 크기를 '11pt', 글꼴 색을 '검정, 텍스트 1'로 선택 → [맞춤] 그룹에서 가로와 세로 모두 '가운데 맞춤'(≡, ≡)으로 선택한다.

④ [그리기 도구] – [서식] 탭 – [도형 스타일] 그룹에서 [도형 채우기] – '흰색, 배경 1' 선택 → 도형의 모양 조절 핸들을 드래그하여 출력형태 와 동일하게 모양을 변경한다.

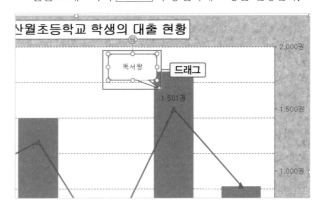

제4회 정보기술자격(ITQ) 시험

과목	코드	문제유형	시험시간	수험번호	성명
한글엑셀	1122	A	60분		

제1작업 | 표 서식 작성 및 값 계산 | 240점

다음은 '우드크리닝 4월 작업 현황'에 대한 자료이다. 자료를 입력하고 조건에 맞도록 작업하시오.

출력형태

관리번호	고객명	구분	작업	작업일	파견인원	비용 (단위:원)	지역	작업 요일
H01-1	임동진	홈크리닝	입주청소	2022-04-11	3	450,000	(1)	(2)
F01-2	고인돌	사무실크리닝	인테리어청소	2022-04-27	2	520,000	(1)	(2)
S01-1	김나래	특수크리닝	전산실청소	2022-04-23	5	1,030,000	(1)	(2)
F02-1	이철수	사무실크리닝	계단청소	2022-04-14	4	330,000	(1)	(2)
H02-2	나영희	홈크리닝	에어컨청소	2022-04-19	1	150,000	(1)	(2)
H03-1	박달재	홈크리닝	줄눈시공	2022-04-09	3	240,000	(1)	(2)
S02-2	한우주	특수크리닝	건물외벽청소	2022-04-23	4	1,250,000	(1)	(2)
F03-1	최고봉	사무실크리닝	바닥왁스작업	2022-04-29	2	400,000	(1)	(2)
홈크리닝 비용(단위:원) 합계			(3)			가장 빠른 작업일		(5)
사무실크리닝 작업 개수			(4)		관리번호	H01-1	파견인원	(6)

제목 위에 "우드크리닝 4월 작업 현황" / 결재 담당 팀장 부장

조건

○ 모든 데이터의 서식에는 글꼴(굴림, 11pt), 정렬은 숫자 및 회계 서식은 오른쪽 정렬, 나머지 서식은 가운데 정렬로 작성하며 예외적인 것은 출력형태를 참조하시오.

○ 제 목 ⇒ 도형(십자형)과 그림자(오프셋 오른쪽)를 이용하여 작성하고 "우드크리닝 4월 작업 현황"을 입력한 후 다음 서식을 적용하시오(글꼴-굴림, 24pt, 검정, 굵게, 채우기-노랑).

○ 임의의 셀에 결재란을 작성하여 그림으로 복사 기능을 이용하여 붙이기 하시오(단, 원본 삭제).

○ 「B4:J4, G14, I14」 영역은 '주황'으로 채우기 하시오.

○ 유효성 검사를 이용하여 「H14」 셀에 관리번호(「B5:B12」 영역)가 선택 표시되도록 하시오.

○ 셀 서식 ⇒ 「G5:G12」 영역에 셀 서식을 이용하여 숫자 뒤에 '명'을 표시하시오(예 : 3명).

○ 「F5:F12」 영역에 대해 '작업일'로 이름정의를 하시오.

(1)~(6) 셀은 반드시 주어진 함수를 이용하여 값을 구하시오(결과값을 직접 입력하면 해당 셀은 0점 처리됨).

(1) 지역 ⇒ 관리번호의 마지막 글자가 1이면 '서울', 그 외에는 '경기/인천'으로 표시하시오(IF, RIGHT 함수).

(2) 작업 요일 ⇒ 작업일의 요일을 구하시오(CHOOSE, WEEKDAY 함수)(예 : 월요일).

(3) 홈크리닝 비용(단위:원) 합계 ⇒ 조건은 입력데이터를 이용하시오(DSUM 함수).

(4) 사무실크리닝 작업 개수 ⇒ 결과값에 '개'를 붙이시오(COUNTIF 함수, & 연산자)(예 : 1 개).

(5) 가장 빠른 작업일 ⇒ 정의된 이름(작업일)을 이용하여 구하시오(MIN 함수)(예 : 2022-04-01).

(6) 파견인원 ⇒ 「H14」 셀에서 선택한 관리번호에 대한 파견인원을 구하시오(VLOOKUP 함수).

(7) 조건부 서식의 수식을 이용하여 비용(단위:원)이 '1,000,000' 이상인 행 전체에 다음의 서식을 적용하시오(글꼴: 파랑, 굵게).

제2작업 | 필터 및 서식 　　　　　　　　　　　　　　　　　　　　　　　80점

"제1작업" 시트의 「B4:H12」 영역을 복사하여 "제2작업" 시트의 「B2」 셀부터 모두 붙여넣기를 한 후 다음의 조건과 같이 작업하시오.

조건

(1) 고급 필터 　－ 구분이 '특수크리닝'이 아니면서 비용(단위:원)이 '400,000' 이상인 자료의 관리번호, 고객명, 작업, 작업일 데이터만 추출하시오.
　　　　　　　　－ 조건 범위: 「B14」 셀부터 입력하시오.
　　　　　　　　－ 복사 위치: 「B18」 셀부터 나타나도록 하시오.
(2) 표 서식 　　－ 고급 필터의 결과 셀을 채우기 없음으로 설정한 후 '표 스타일 보통 7'의 서식을 적용하시오.
　　　　　　　　－ 머리글 행, 줄무늬 행을 적용하시오.

제3작업 | 피벗 테이블 　　　　　　　　　　　　　　　　　　　　　　　80점

"제1작업" 시트를 이용하여 "제3작업" 시트에 조건에 따라 출력형태 와 같이 작업하시오.

조건

(1) 작업일 및 구분별 고객명의 개수와 비용(단위:원)의 평균을 구하시오.

(2) 작업일을 그룹화하고, 구분을 출력형태 와 같이 정렬하시오.

(3) 레이블이 있는 셀 병합 및 가운데 맞춤 적용 및 빈 셀은 '***'로 표시하시오.

(4) 행의 총합계는 지우고, 나머지 사항은 출력형태 에 맞게 작성하시오.

출력형태

"제1작업" 시트를 이용하여 조건에 따라 출력형태 와 같이 작업하시오.

조건

(1) **차트 종류** ⇒ 〈묶은 세로 막대형〉으로 작업하시오.

(2) **데이터 범위** ⇒ "제1작업" 시트의 내용을 이용하여 작업하시오.

(3) **위치** ⇒ "새 시트"로 이동하고, "제4작업"으로 시트 이름을 바꾸시오.

(4) **차트 디자인 도구** ⇒ 레이아웃 3, 스타일 1을 선택하여 출력형태 에 맞게 작업하시오.

(5) **영역 서식** ⇒ 차트: 글꼴(굴림, 11pt), 채우기 효과(질감–파랑 박엽지), 그림: 채우기(흰색, 배경 1)

(6) **제목 서식** ⇒ 차트 제목: 글꼴(굴림, 굵게, 20pt), 채우기(흰색, 배경 1), 테두리

(7) **서식** ⇒ 파견인원 계열의 차트 종류를 〈표식이 있는 꺾은선형〉으로 변경한 후 보조 축으로 지정하시오.

　　　 계열: 출력형태 를 참조하여 표식(마름모, 크기 10)과 레이블 값을 표시하시오.

　　　 눈금선: 선 스타일–파선

　　　 축: 출력형태 를 참조하시오.

(8) **범례** ⇒ 범례명을 변경하고 출력형태 를 참조하시오.

(9) **도형** ⇒ '모서리가 둥근 사각형 설명선'을 삽입한 후 출력형태 와 같이 내용을 입력하시오.

(10) 나머지 사항은 출력형태 에 맞게 작성하시오.

출력형태

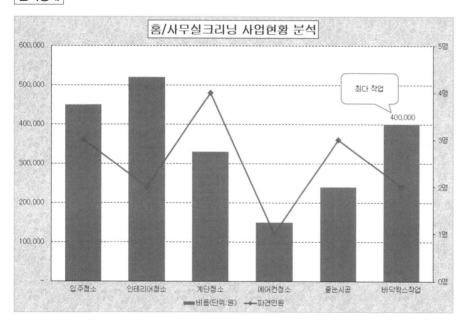

❗ 주의 **시트명 순서가 차례대로 "제1작업", "제2작업", "제3작업", "제4작업"이 되도록 할 것.**

함께 보는 간단해설

제1작업 240점

1 데이터 입력 및 서식 지정

(1) 데이터 입력하기

① [A] 열의 너비는 '1'로 조절 → 시트의 글꼴을 '굴림'으로 지정 → [Sheet1] 시트를 복사하여 [제1작업], [제2작업], [제3작업]으로 이름을 변경한다.

② [B4:J14] 영역에 데이터를 입력하고 데이터가 문제지의 출력형태 와 동일한지 비교한다.

(2) 셀 병합과 데이터 정렬하기

① Ctrl 을 눌러 [B13:D13], [B14:D14], [F13:F14], [G13:I13] 영역 드래그 → [홈] 탭 – [맞춤] 그룹 – '병합하고 가운데 맞춤'(目)을 선택한다.

② 데이터 전체 영역인 [B4:J14] 영역 드래그 → '가운데 맞춤'(目) 선택 → 숫자에 해당하는 [G5:H12] 영역 드래그 → '오른쪽 맞춤'(目)을 선택한다.

(3) 열 너비와 채우기 색 지정하기

① 입력된 데이터가 잘 보이도록 출력형태 와 동일하게 행과 열 너비를 조절한다.

② [B4:J4] 영역 드래그 → Ctrl 을 누른 상태에서 [G14], [I14] 셀 선택 → [홈] 탭 – [글꼴] 그룹 – [채우기 색]에서 '주황'을 선택한다.

(4) 표 테두리 지정하기

① [B4:J4] 영역 드래그 → Ctrl 을 누른 상태에서 [B5:J12], [B13:J14] 영역 드래그 → [홈] 탭 – [글꼴] 그룹 – [테두리] – '모든 테두리'(田), '굵은 바깥쪽 테두리'(囗)를 선택한다.

② [F13] 셀 선택 → [홈] 탭 – [글꼴] 그룹 – [테두리] – '다른 테두리'(田) 선택 → [셀 서식] 대화상자가 열리면 [테두리] 탭 – 선 스타일에서 '가는 실선' 선택 → '상향 대각선'과 '하향 대각선'을 선택하고 [확인]을 클릭한다.

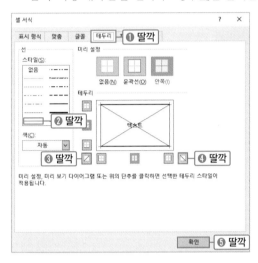

(5) 사용자 지정 표시 형식 지정하기

① [H5:H12] 영역 드래그 → [홈] 탭 – [표시 형식] 그룹에서 '쉼표 스타일'(,)을 선택한다.

② [G5:G12] 영역 드래그 → [홈] 탭 – [표시 형식] 그룹 – [표시 형식]에서 '기타 표시 형식'을 선택한다.

③ [셀 서식] 대화상자 – '사용자 지정' 범주 선택 → '형식'에서 '#,##0' 선택 → 뒤에 "명"을 추가로 입력한 후 [확인]을 클릭한다.

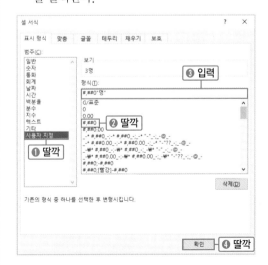

2 도형 작성과 서식

(1) 도형으로 제목 작성하기
① [삽입] 탭 – [일러스트레이션] 그룹 – [도형] – '기본 도형'에서 '십자형' 선택 → 제목이 위치할 [B1:G3] 영역 사이에 드래그하여 도형을 그린 후 우드크리닝 4월 작업 현황을 입력한다.

(2) 도형 서식 지정하기
① 도형 선택 → [홈] 탭 – [글꼴] 그룹 – 글꼴을 '굴림', 글꼴 크기를 '24pt', '굵게', 글꼴 색을 '검정, 텍스트 1'로 선택 → [맞춤] 그룹에서 가로와 세로 모두 '가운데 맞춤'(≡, ≡)을 선택한다.
② [그리기 도구] – [서식] 탭 – [도형 채우기]에서 '노랑' 선택 → [도형 효과] – [그림자] – '오프셋 오른쪽'을 선택한다.

3 결재란 작성

(1) 결재란 입력하기
① [L16] 셀부터 결재란 내용 입력 → [L16:L17] 영역 드래그 → [홈] 탭 – [맞춤] 그룹 – '병합하고 가운데 맞춤'(⊟)을 선택한다.

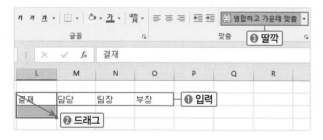

② 모든 셀의 맞춤을 '가운데 맞춤'(≡)으로 선택 → 병합된 '결재' 셀 선택 → [홈] 탭 – [맞춤] 그룹 – [방향]에서 '세로 쓰기'를 선택한다.
③ 행 높이와 열 너비 조절 → [L16:O17] 영역 드래그 → [홈] 탭 – [글꼴] 그룹 – [테두리] – '모든 테두리'(⊞)를 선택한다.

(2) 결재란 복사하기
① 작성된 결재란 영역 [L16:O17] 드래그 → Ctrl + C를 눌러 복사한다.
② [H1] 셀 선택 → Ctrl + V를 눌러 붙여넣기 → [붙여넣기 옵션] 단추 선택 → '그림'을 선택한다.
③ 결재란의 위치와 크기는 출력형태와 동일하게 [H1:J3] 영역 안에서 조절 → [L16:O17] 영역 드래그 → [홈] 탭 – [셀] 그룹 – [삭제]를 선택한다.

4 유효성 검사와 이름 정의

(1) 유효성 검사로 목록 표시하기
① [H14] 셀 선택 → [데이터] 탭 – [데이터 도구] 그룹 – [데이터 유효성 검사]를 선택한다.
② [데이터 유효성] 대화상자 – [설정] 탭 – 유효성 조건의 [제한 대상]을 '목록'으로 선택 → [원본] 입력란 선택 → '관리번호' 영역인 [B5:B12] 영역을 드래그하여 입력한 후 [확인]을 클릭한다.

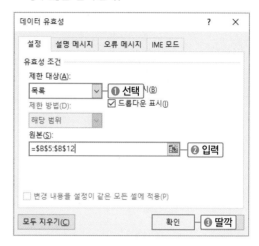

③ [H14] 셀 선택 → 출력형태와 동일하게 목록 중 'H01-1'을 선택한다.

(2) 이름 정의하기
① [F5:F12] 영역 드래그 → [수식] 탭 – [정의된 이름] 그룹 – [이름 정의] 선택 → [새 이름] 대화상자에서 '이름'을 작업일로 입력한 후 [확인]을 클릭한다.

5 함수

(1) 지역 구하기(IF, RIGHT 함수)
① [I5] 셀에 =IF(입력 → Ctrl + A를 눌러 [함수 인수] 대화상자에 아래 그림과 같이 인수를 입력한 후 [확인]을 클릭한다.

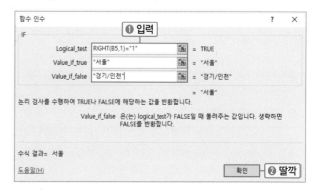

=IF(RIGHT(B5,1)="1","서울","경기/인천")

❶ RIGHT(B5,1)="1": '관리번호' 필드에서 관리번호의 오른쪽 끝 한 글자를 추출하여 그 문자가 "1"이면 'TRUE'로 값을 구한다.

❷ IF(❶,"서울","경기/인천"): ❶의 결과가 'TRUE'이면 "서울", 'FALSE'이면 "경기/인천"으로 값을 구한다.

② [I5] 셀의 '자동 채우기 핸들'을 드래그하여 [I12] 셀까지 수식 복사 → '자동 채우기 옵션'(▦) 단추 선택 → '서식 없이 채우기'를 선택한다.

(2) 작업요일 구하기(CHOOSE, WEEKDAY 함수)

① [J5] 셀에 =CHOOSE(입력 → Ctrl+A를 눌러 [함수 인수] 대화상자를 실행한다.

② 'Index_num' 인수에 작업일의 요일을 계산하는 값인 WEEKDAY(F5) 입력 → 'Value1' 인수에는 "일요일" 입력 → 'Value2' 인수에는 "월요일" 입력 → ···· 'Value7' 인수에는 "토요일"까지 아래 그림을 참고하여 입력한 후 [확인]을 클릭한다.

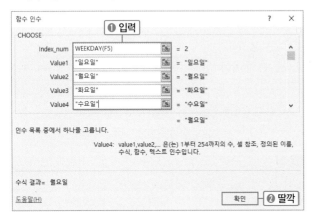

=CHOOSE(WEEKDAY(F5),"일요일","월요일","화요일","수요일","목요일","금요일","토요일")

❶ WEEKDAY(F5): '작업일' 필드의 요일 번호를 나타내는 숫자를 구한다.

❷ CHOOSE(❶,"일요일","월요일","화요일","수요일","목요일","금요일","토요일"): ❶에서 구한 값이 1이면 '일요일', 2이면 '월요일', 3이면 '화요일', 4이면 '수요일', 5이면 '목요일', 6이면 '금요일', 7이면 '토요일'로 값을 구한다.

③ [J5] 셀의 '자동 채우기 핸들'을 드래그하여 [J12] 셀까지 수식 복사 → '자동 채우기 옵션'(▦) 단추 선택 → '서식 없이 채우기'를 선택한다.

(3) 홈크리닝 비용(단위:원) 합계 구하기(DSUM 함수)

① [E13] 셀에 =DSUM(입력 → Ctrl+A를 눌러 [함수 인수] 대화상자에 아래 그림과 같이 인수를 입력한 후 [확인]을 클릭한다.

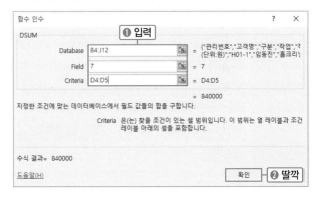

=DSUM(B4:J12,7,D4:D5)

B4:J12 범위에서 '구분'이 '홈크리닝'인 조건을 찾아 일곱 번째 열인 '비용(단위:원)' 필드에서 합계를 구한다.

(4) 사무실크리닝 작업 개수 구하기(COUNTIF 함수, & 연산자)

① [E14] 셀에 =COUNTIF(입력 → Ctrl+A를 눌러 [함수 인수] 대화상자에 아래 그림과 같이 인수를 입력한 후 [확인]을 클릭한다.

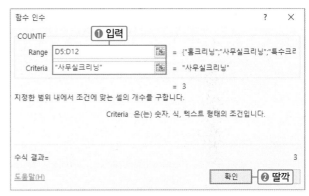

② 수식 입력줄의 수식 맨 끝을 클릭 → &"개"를 추가로 입력한 후 Enter를 누른다.

✏️ 입력 함수 해설

=COUNTIF(D5:D12,"사무실크리닝")&"개"

❶
❷

❶ COUNTIF(D5:D12,"사무실크리닝"): '구분' 필드에서 '사무실크리닝'의 개수를 구한다.
❷ ❶&"개": ❶에서 구한 값 뒤에 "개"를 표시한다.

(5) 가장 빠른 작업일 구하기(MIN 함수)

① [J13] 셀에 =MIN(작업일) 입력 → [홈] 탭 – [표시 형식] 그룹 – [표시 형식]에서 '간단한 날짜'를 선택한다.

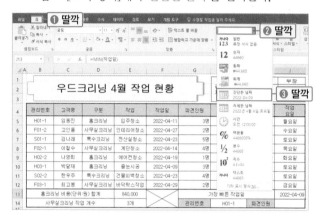

✏️ 입력 함수 해설

=MIN(작업일)

정의된 이름 '작업일' 영역 중에서 최소값을 구한다.

(6) 파견인원 구하기(VLOOKUP 함수)

① [J14] 셀에 =VLOOKUP(입력 → Ctrl+A를 눌러 [함수 인수] 대화상자에 아래 그림과 같이 인수를 입력한 후 [확인]을 클릭한다.

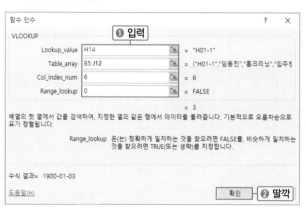

✏️ 입력 함수 해설

=VLOOKUP(H14,B5:J12,6,0)

H14 셀의 값인 'H01-1'을 '관리번호' 필드에서 찾아 참조 테이블로 지정한 B5:J12 범위의 여섯 번째 열에 있는 '파견인원'을 값으로 구한다.

6 조건부 서식

(1) 조건부 서식 지정하기

① [B5:J12] 영역 드래그 → [홈] 탭 – [스타일] 그룹 – [조건부 서식] – [새 규칙]을 선택한다.
② [새 서식 규칙] 대화상자에서 규칙 유형 선택은 '수식을 사용하여 서식을 지정할 셀 결정' 선택 → '다음 수식이 참인 값의 서식 지정'에 =$H5>=1000000 입력 → [서식]을 선택한다.

③ [셀 서식] 대화상자 – [글꼴] 탭에서 글꼴 스타일을 '굵게', 글꼴 색을 '파랑'으로 선택 → [확인]을 클릭한다.
④ 다시 [새 서식 규칙] 대화상자로 돌아오면 [확인]을 클릭하고 조건부 서식의 결과를 확인한다.

1 고급 필터로 데이터 추출

(1) 데이터 복사하고 붙여넣기

① [제1작업] 시트 선택 → [B4:H12] 영역을 드래그한 후 Ctrl + C를 눌러 복사 → [제2작업] 시트의 [B2] 셀 선택 → Ctrl + V를 눌러 붙여넣기 한다.

② 열 너비를 복사하기 위해 [홈] 탭 - [클립보드] 그룹 - [붙여넣기] 내림단추 선택 → [선택하여 붙여넣기]를 선택한다.

③ [제1작업] 시트의 열 너비와 동일하게 지정하기 위해 [선택하여 붙여넣기] 대화상자 - '열 너비'를 선택한 후 [확인]을 클릭한다.

(2) 고급 필터 조건식 작성하기

① 조건식의 필드로 작성할 필드 제목인 '구분(D2)' 셀과 '비용(단위:원)(H2)' 셀을 Ctrl을 눌러 선택 → Ctrl + C를 눌러 복사 → [B14] 셀을 선택한 후 Ctrl + V를 눌러 데이터를 붙여넣기 한다.

② 구분과 비용(단위:원) 조건을 모두 만족해야 하므로 [B15] 셀에 <>특수크리닝 입력 → [C15] 셀에 >=400000을 입력하여 AND 조건으로 작성한다.

③ 고급 필터의 결과로 추출할 필드인 [B2:C2], [E2:F2] 영역을 Ctrl를 눌러 드래그 → Ctrl + C를 눌러 복사 → [B18] 셀 선택 → Ctrl + V를 눌러 붙여넣기 한다.

(3) 고급 필터 실행하기

① 데이터 범위인 [B2:H10] 영역 드래그 → [데이터] 탭 - [정렬 및 필터] 그룹 - [고급]을 선택한다.

② [고급 필터] 대화상자의 '목록 범위'에 현재 선택한 데이터 범위가 입력되어 있는지 확인 → '조건 범위'에는 [B14:C15] 영역을 드래그하여 입력 → '다른 장소에 복사' 선택 →

'복사 위치'에는 [B18:E18] 영역을 드래그하여 입력한 후 [확인]을 클릭한다.

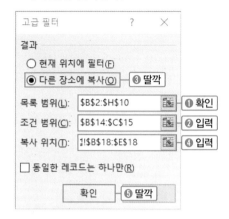

2 표 서식 적용

(1) 표 서식 지정하기

① 고급 필터의 결과 셀이 복사된 [B18:E21] 영역 드래그 → [홈] 탭 - [글꼴] 그룹 - [채우기 색]의 내림단추 선택 → '채우기 없음'을 선택한다.

② [홈] 탭 - [스타일] 그룹 - [표 서식]을 선택한 후 '표 스타일 보통 7'을 선택한다.

③ [표 서식] 대화상자에서 표 서식을 적용할 데이터 범위인 [B18:E21] 영역이 지정되었는지 확인 → '머리글 포함'에 체크되어있는지 확인 → [확인]을 클릭한다.

④ 표 서식이 적용되면 [표 도구] - [디자인] 탭 - [표 스타일 옵션] 그룹에서 '머리글 행'과 '줄무늬 행'에 체크가 되어 있는지 확인한다.

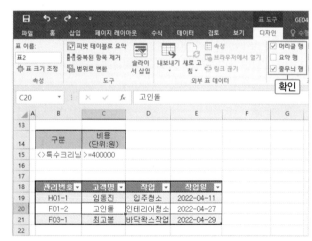

제3작업 80점

1 피벗 테이블 작성

(1) 피벗 테이블 삽입하기
① [제1작업] 시트의 [B4:H12] 영역 드래그 → [삽입] 탭 – [표] 그룹 – [피벗 테이블]을 선택한다.
② [피벗 테이블 만들기] 대화상자의 '표/범위'에 [제1작업] 시트에서 선택한 [B4:H12] 영역이 입력되어 있는지 확인 → '피벗 테이블 보고서를 넣을 위치'는 '기존 워크시트' 선택 → '위치'에는 [제3작업] 시트의 [B2] 셀을 선택하여 입력한 후 [확인]을 클릭한다.

(2) 피벗 테이블로 집계하기
① [피벗 테이블 필드] 창에서 '작업일' 필드는 '행' 영역으로 드래그 → '구분' 필드는 '열' 영역으로 드래그 → '고객명' 필드와 '비용(단위:원)' 필드는 출력형태와 동일한 순서로 '값' 영역으로 드래그한다.

(3) 값 필드 설정으로 함수 변경하기
① '값' 영역에 삽입된 '합계 : 비용(단위:원)' 필드 선택 → 목록에서 '값 필드 설정'을 선택한다.
② [값 필드 설정] 대화상자 – '값 필드 요약 기준'을 '평균'으로 선택 → [확인]을 클릭한다.

2 그룹화와 정렬

(1) 작업일별로 그룹화하기
① 작성된 피벗 테이블의 행 레이블 중 임의의 셀 선택 → 마우스 오른쪽 클릭 → [그룹]을 선택한다.
② [그룹화] 대화상자에서 '시작'에 2022-04-01 입력 → 단위에서 '일'을 체크하고 '월'을 체크 해제 → '날짜 수'는 10으로 입력한 후 [확인]을 클릭한다.

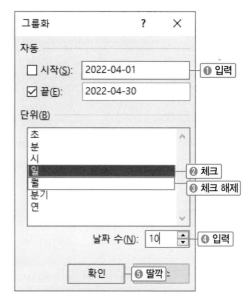

(2) 정렬하고 필드명 변경하기
① 피벗 테이블의 '열 레이블' 필터 단추 선택 → [텍스트 내림차순 정렬]을 선택한다.
② 출력형태와 동일하게 필드명을 변경하기 위해 [C2] 셀은 구분으로 입력 → [B4] 셀은 작업일로 입력 → [D4] 셀은 평균 : 비용(단위:원)으로 입력한다.

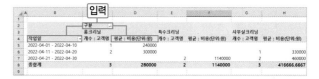

3 피벗 테이블 옵션과 셀 서식 지정

(1) 피벗 테이블 옵션 지정하기

① 피벗 테이블 안의 임의의 셀 선택 → [피벗 테이블 도구] −
[분석] 탭 − [피벗 테이블] 그룹에서 [옵션]을 선택한다.

② [피벗 테이블 옵션] 대화상자 − [레이아웃 및 서식] 탭 −
[레이아웃]에서 '레이블이 있는 셀 병합 및 가운데 맞춤'에
체크 → [서식] − '빈 셀 표시'에 ✱✱✱를 입력한다.

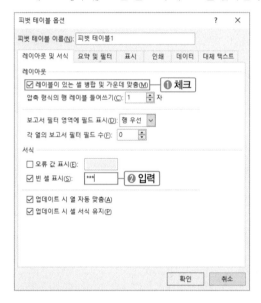

③ [요약 및 필터] 탭 − [총합계]에서 '행 총합계 표시'를 체크
해제한 후 [확인]을 클릭한다.

(2) 셀 서식 지정하기

① 피벗 테이블의 값 영역을 모두 드래그하여 선택 → [홈]
탭 − [맞춤] 그룹에서 '가운데 맞춤'(≡) 선택 → [표시
형식] 그룹에서 '쉼표 스타일'(,)을 선택한다.

제4작업　　　　　100점

1 차트 작성과 스타일 지정

(1) 묶은 세로 막대형 차트 삽입하기

① [제1작업] 시트 선택 → [E4:E12] 영역 드래그 → Ctrl 을
누른 상태에서 [G4:H12] 영역을 드래그하여 범위를 선택
한다.

② [삽입] 탭 − [차트] 그룹 − [세로 또는 가로 막대형 차트
삽입] 선택 → [묶은 세로 막대형]을 선택한다.

(2) 차트 이동하기

① [제1작업] 시트에 추가된 차트 선택 → [차트 도구] − [디
자인] 탭 − [위치] 그룹 − [차트 이동]을 선택한다.

② [차트 이동] 대화상자에서 '새 시트' 선택 → 제4작업으로
입력한 후 [확인]을 클릭한다.

③ 맨 앞에 추가된 [제4작업] 시트를 드래그하여 [제3작업]
시트 뒤로 이동시킨다.

(3) 데이터 선택 변경하기

① 삽입된 차트에서 출력형태 에 표시된 데이터만 선택하기 위
해 [차트 도구] − [디자인] 탭 − [데이터] 그룹 − [데이터
선택]을 선택한다.

② [데이터 원본 선택] 대화상자에서 [행/열 전환] 선택 →
행/열이 변경되면 출력형태 를 참고하여 '범례 항목(계열)'
에서 필요 없는 계열인 '전산실청소'와 '건물외벽청소' 선
택 → [제거]를 선택하여 삭제한다.

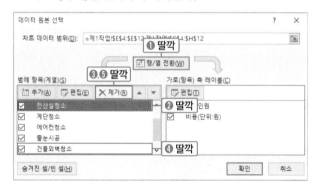

③ 다시 [행/열 전환]을 선택한 후 [확인]을 클릭한다.

(4) 레이아웃 변경과 스타일 적용하기

① '차트 영역' 선택 → [차트 도구] − [디자인] 탭 − [차트 스
타일] 그룹에서 '스타일 1'을 선택한다.

② [차트 도구] − [디자인] 탭 − [차트 레이아웃] 그룹에서
[빠른 레이아웃] − '레이아웃 3'을 선택한다.

2 영역 서식 지정과 제목 작성

(1) 영역 서식 지정하기

① '차트 영역' 선택 → [홈] 탭 − [글꼴] 그룹 − 글꼴을 '굴
림', 글꼴 크기를 '11pt'로 지정한다.

② [차트 도구] − [서식] 탭 − [현재 선택 영역] 그룹에서 '차
트 요소'가 '차트 영역'으로 선택되어 있는지 확인 → [선
택 영역 서식]을 선택한다.

③ [차트 영역 서식] 창에서 [채우기 및 선(🖊)] – '채우기'
– '그림 또는 질감 채우기' 선택 → [질감(▦▼)] 선택 →
질감 중에서 '파랑 박엽지'를 선택한다.

④ '그림 영역' 선택 → [그림 영역 서식] 창으로 변경되면 [채
우기 및 선(🖊)] – '채우기'– '단색 채우기' 선택 → [채
우기 색(🖊▼)]은 '흰색, 배경 1'을 선택한다.

(2) 제목 작성과 서식 지정하기

① '차트 제목' 개체를 선택하여 제목에 커서가 나타나면 홈/
사무실크리닝 사업현황 분석 입력 → ESC를 눌러 '차트
제목' 개체 선택 → [홈] 탭 – [글꼴] 그룹 – 글꼴을 '굴
림', 글꼴 크기를 '20pt', '굵게'로 지정한다.

② [차트 도구] – [서식] 탭 – [도형 스타일] 그룹 – [도형 채
우기]에서 '흰색, 배경 1' 선택 → [도형 윤곽선]을 선택한
후 '검정, 텍스트 1'을 선택한다.

3 차트 종류 변경과 서식 지정

(1) 차트 종류 변경과 보조 축 사용하기

① 차트에서 '파견인원' 계열을 선택하기 위해 [차트 도구] –
[서식] 탭 – [현재 선택 영역] 그룹 – [차트 요소]에서 '계
열 "파견인원"'을 선택한다.

② [차트 도구] – [디자인] 탭 – [종류] 그룹에서 '차트 종류
변경'을 선택한다.

③ [차트 종류 변경] 대화상자 – '콤보' 차트 선택 → '파견인
원'의 차트 종류를 '표식이 있는 꺾은선형'으로 선택 →
'보조 축'에 체크한 후 [확인]을 클릭한다.

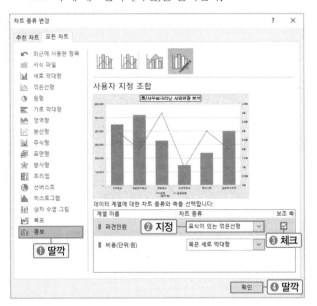

(2) 표식 변경과 데이터 레이블 추가하기

① [차트 도구] – [서식] 탭 – [현재 선택 영역] 그룹에서 '차
트 요소'를 '계열 "파견인원"'으로 선택 → [선택 영역 서
식] 선택 → 오른쪽 [데이터 계열 서식] 창에서 [채우기 및
선(🖊)] 선택 → '표식'을 선택한다.

② '표식 옵션' 선택 → '기본 제공'에서 형식을 '마름모' 선택
→ 크기를 10으로 입력한다.

③ 막대형 차트인 '비용(단위:원)' 계열 선택 → 그 중에서 '바
닥왁스작업' 요소 선택 → '차트 요소'(➕) 선택 → '데이
터 레이블'에 체크한다.

(3) 눈금선 변경하기

① 눈금선 서식을 변경하기 위해 차트의 '눈금선' 선택 → [주
눈금선 서식] 창에서 선은 '실선', 대시 종류는 '파선'을 선
택한다.

(4) 축 서식 설정하기

① 차트의 '보조 세로 (값) 축' 선택 → [축 서식] 창에서 [축
옵션(▥)] 단추 선택 → '축 옵션' 선택 → '주 단위'를 1로
입력한다.

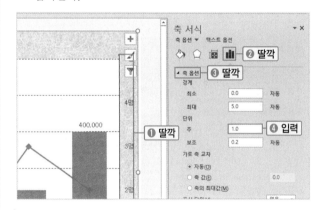

② '보조 세로 (값) 축'이 선택된 상태에서 [축 서식] 창 – [채우
기 및 선(🖊)] 선택 → '선'에서 '실선'을 선택한다.

③ 같은 방법으로 '세로 (값) 축', '가로 (항목) 축'도 동일하게
축 서식의 선을 '실선'으로 선택한다.

4 범례명 변경과 도형 삽입

(1) 범례명 변경하기

① '차트 영역' 선택 → [차트 도구] - [디자인] 탭 - [데이터] 그룹에서 [데이터 선택]을 선택한다.

② [데이터 원본 선택] 창에서 '비용(단위:원)'을 선택한 후 [편집]을 선택한다.

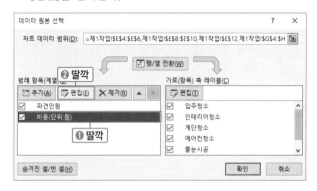

③ [계열 편집] 창에서 '계열 이름'에 비용(단위:원)을 입력한 후 [확인] 클릭 → [데이터 원본 선택] 창으로 돌아오면 [확인] 클릭 → 차트에서 범례명이 한 줄로 수정되었는지 확인한다.

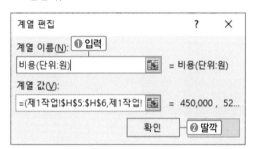

(2) 도형 삽입하기

① '차트 영역' 선택 → [삽입] 탭 - [일러스트레이션] 그룹 - [도형]에서 '모서리가 둥근 사각형 설명선'을 선택한다.

② 출력형태 와 동일하게 '바닥왁스작업' 요소 위에 드래그하여 도형을 그린 후 최다 작업을 입력한다.

③ 도형 선택 → [홈] 탭 - [글꼴] 그룹에서 글꼴을 '굴림', 글꼴 크기를 '11pt', 글꼴 색을 '검정, 텍스트 1'로 선택 → [맞춤] 그룹에서 가로와 세로 모두 '가운데 맞춤'(≡, ≡)으로 선택한다.

④ [그리기 도구] - [서식] 탭 - [도형 스타일] 그룹에서 [도형 채우기] -'흰색, 배경 1' 선택 → 도형의 모양 조절 핸들을 드래그하여 출력형태 와 동일하게 모양을 변경한다.

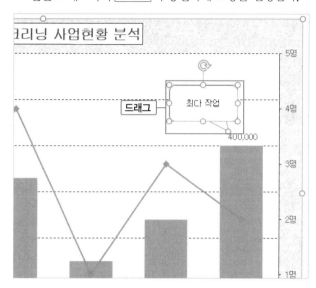

제5회 정보기술자격(ITQ) 시험

과목	코드	문제유형	시험시간	수험번호	성명
한글엑셀	1122	B	60분		

제1작업   표 서식 작성 및 값 계산   240점

다음은 '온라인 게임 수익 현황'에 대한 자료이다. 자료를 입력하고 조건에 맞도록 작업하시오.

출력형태

관리코드	게임명	분류	개발사	수익금(백만 달러)	만족도	서비스 시작일	서비스 순서	시작연도
C14-9	하스스톤	역할수행	블리자드	219	4.4	2014-01-14	(1)	(2)
S81-2	피파 온라인	아케이드	스피어헤드	163	4.2	2012-12-18	(1)	(2)
F57-1	크로스파이어	아케이드	스마일게이트	1,400	4.8	2007-05-03	(1)	(2)
M32-2	림월드	시뮬레이션	루데온스튜디오	179	4.5	2013-11-04	(1)	(2)
M29-1	리그 오브 레전드	시뮬레이션	라이엇게임즈	2,120	4.3	2009-10-27	(1)	(2)
M62-9	월드 오브 탱크	아케이드	워게이밍넷	471	4.9	2010-08-12	(1)	(2)
R55-5	던전 앤 파이터	역할수행	네오플	1,600	4.2	2005-08-10	(1)	(2)
M43-4	메이플스토리	역할수행	위젯스튜디오	284	4.6	2003-04-29	(1)	(2)
최고 수익금(백만 달러)			(3)			역할수행 게임의 만족도 합계		(5)
아케이드 게임의 평균 수익금(백만 달러)			(4)			관리코드	C14-9 개발사	(6)

제목 결재 담당 대리 팀장 / 온라인 게임 수익 현황

조건

○ 모든 데이터의 서식에는 글꼴(굴림, 11pt), 정렬은 숫자 및 회계 서식은 오른쪽 정렬, 나머지 서식은 가운데 정렬로 작성하며 예외적인 것은 **출력형태**를 참조하시오.

○ 제 목 ⇒ 도형(육각형)과 그림자(오프셋 오른쪽)를 이용하여 작성하고 "온라인 게임 수익 현황"을 입력한 후 다음 서식을 적용하시오(글꼴-굴림, 24pt, 검정, 굵게, 채우기-노랑).

○ 임의의 셀에 결재란을 작성하여 그림으로 복사 기능을 이용하여 붙이기 하시오(단, 원본 삭제).

○ 「B4:J4, G14, I14」 영역은 '주황'으로 채우기 하시오.

○ 유효성 검사를 이용하여 「H14」 셀에 관리코드(「B5:B12」 영역)가 선택 표시되도록 하시오.

○ 셀 서식 ⇒ 「G5:G12」 영역에 셀 서식을 이용하여 숫자 뒤에 '점'을 표시하시오(예: 4.4점).

○ 「D5:D12」 영역에 대해 '분류'로 이름정의를 하시오.

(1)~(6) 셀은 반드시 주어진 함수를 이용하여 값을 구하시오(결과값을 직접 입력하면 해당 셀은 0점 처리됨).

(1) 서비스 순서 ⇒ 서비스 시작일을 기준으로 오름차순 순위를 1~3까지만 구하고 그 외에는 공백으로 표시하시오(IF, RANK.EQ 함수).

(2) 시작연도 ⇒ 서비스 시작일의 연도를 구한 값에 '년'을 붙이시오(YEAR 함수, & 연산자)(예: 2014년).

(3) 최고 수익금(백만 달러) ⇒ (MAX 함수)

(4) 아케이드 게임의 평균 수익금(백만 달러) ⇒ 정의된 이름(분류)을 이용하여 구하시오(SUMIF, COUNTIF 함수).

(5) 역할수행 게임의 만족도 합계 ⇒ 조건은 입력데이터를 이용하시오(DSUM 함수).

(6) 개발사 ⇒ 「H14」 셀에서 선택한 관리코드에 대한 개발사를 구하시오(VLOOKUP 함수).

(7) 조건부 서식의 수식을 이용하여 수익금(백만 달러)이 '1,000' 이상인 행 전체에 다음의 서식을 적용하시오(글꼴: 파랑, 굵게).

제2작업 **필터 및 서식** 80점

"제1작업" 시트의 「B4:H12」 영역을 복사하여 "제2작업" 시트의 「B2」 셀부터 모두 붙여넣기를 한 후 다음의 조건과 같이 작업하시오.

조건

(1) 고급 필터 – 분류가 '시뮬레이션'이 아니면서 수익금(백만 달러)이 '1,000' 이상인 자료의 관리코드, 게임명, 수익금(백만 달러), 서비스 시작일 데이터만 추출하시오.
  – 조건 범위: 「B14」 셀부터 입력하시오.
  – 복사 위치: 「B18」 셀부터 나타나도록 하시오.

(2) 표 서식 – 고급 필터의 결과 셀을 채우기 없음으로 설정한 후 '표 스타일 보통 7'의 서식을 적용하시오.
  – 머리글 행, 줄무늬 행을 적용하시오.

제3작업 **피벗 테이블** 80점

"제1작업" 시트를 이용하여 "제3작업" 시트에 조건에 따라 출력형태 와 같이 작업하시오.

조건

(1) 만족도 및 분류별 게임명의 개수와 수익금(백만 달러)의 평균을 구하시오.

(2) 만족도를 그룹화하고, 분류를 출력형태 와 같이 정렬하시오.

(3) 레이블이 있는 셀 병합 및 가운데 맞춤 적용 및 빈 셀은 '***'로 표시하시오.

(4) 행의 총합계는 지우고, 나머지 사항은 출력형태 에 맞게 작성하시오.

출력형태

만족도	분류 역할수행 개수 : 게임명	평균 : 수익금(백만 달러)	아케이드 개수 : 게임명	평균 : 수익금(백만 달러)	시뮬레이션 개수 : 게임명	평균 : 수익금(백만 달러)
4.1-4.4	1	1,600	1	163	1	2,120
4.4-4.7	2	252	***	***	1	179
4.7-5	***	***	2	936	***	***
총합계	3	701	3	678	2	1,150

"제1작업" 시트를 이용하여 조건에 따라 출력형태와 같이 작업하시오.

조건

(1) **차트 종류** ⇒ 〈묶은 세로 막대형〉으로 작업하시오.

(2) **데이터 범위** ⇒ "제1작업" 시트의 내용을 이용하여 작업하시오.

(3) **위치** ⇒ "새 시트"로 이동하고, "제4작업"으로 시트 이름을 바꾸시오.

(4) **차트 디자인** 도구 ⇒ 레이아웃 3, 스타일 1을 선택하여 출력형태에 맞게 작업하시오.

(5) **영역 서식** ⇒ 차트: 글꼴(굴림, 11pt), 채우기 효과(질감-파랑 박엽지), 그림: 채우기(흰색, 배경 1)

(6) **제목 서식** ⇒ 차트 제목: 글꼴(굴림, 굵게, 20pt), 채우기(흰색, 배경 1), 테두리

(7) **서식** ⇒ 수익금(백만 달러) 계열의 차트 종류를 〈표식이 있는 꺾은선형〉으로 변경한 후 보조 축으로 지정하시오.

　　　　　계열: 출력형태를 참조하여 표식(마름모, 크기 10)과 레이블 값을 표시하시오.

　　　　　눈금선: 선 스타일-파선

　　　　　축: 출력형태를 참조하시오.

(8) **범례** ⇒ 범례명을 변경하고 출력형태를 참조하시오.

(9) **도형** ⇒ '모서리가 둥근 사각형 설명선'을 삽입한 후 출력형태와 같이 내용을 입력하시오.

(10) 나머지 사항은 출력형태에 맞게 작성하시오.

출력형태

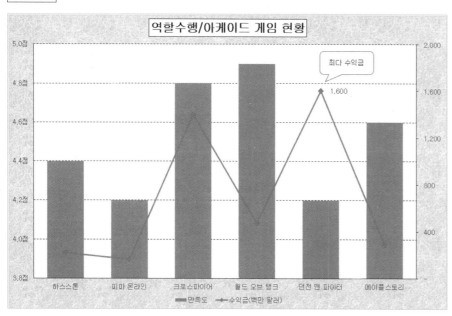

❗ **주의** 시트명 순서가 차례대로 "제1작업", "제2작업", "제3작업", "제4작업"이 되도록 할 것.

함께 보는 간단해설

제1작업   240점

1 데이터 입력 및 서식 지정

(1) 데이터 입력하기

① [A] 열의 너비는 '1'로 조절 → 시트의 글꼴을 '굴림'으로 지정 → [Sheet1] 시트를 복사하여 [제1작업], [제2작업], [제3작업]으로 이름을 변경한다.

② [B4:J14] 영역에 데이터를 입력하고 데이터가 문제지의 출력형태 와 동일한지 비교한다.

(2) 셀 병합과 데이터 정렬하기

① Ctrl을 눌러 [B13:D13], [B14:D14], [F13:F14], [G13:I13] 영역 드래그 → [홈] 탭 - [맞춤] 그룹 - '병합하고 가운데 맞춤'(🔲)을 선택한다.

② 데이터 전체 영역인 [B4:J14] 영역 드래그 → '가운데 맞춤'(🔲) 선택 → 숫자에 해당하는 [F5:G12] 영역 드래그 → '오른쪽 맞춤'(🔲)을 선택한다.

(3) 열 너비와 채우기 색 지정하기

① 입력된 데이터가 잘 보이도록 출력형태 와 동일하게 행과 열 너비를 조절한다.

② [B4:J4] 영역 드래그 → Ctrl을 누른 상태에서 [G14], [I14] 셀 선택 → [홈] 탭 - [글꼴] 그룹 - [채우기 색]에서 '주황'을 선택한다.

(4) 표 테두리 지정하기

① [B4:J4] 영역 드래그 → Ctrl을 누른 상태에서 [B5:J12], [B13:J14] 영역 드래그 → [홈] 탭 - [글꼴] 그룹 - [테두리] - '모든 테두리'(田), '굵은 바깥쪽 테두리'(🔲)를 선택한다.

② [F13] 셀 선택 → [홈] 탭 - [글꼴] 그룹 - [테두리] - '다른 테두리'(田) 선택 → [셀 서식] 대화상자가 열리면 [테두리] 탭 - 선 스타일에서 '가는 실선' 선택 → '상향 대각선'과 '하향 대각선'을 선택하고 [확인]을 클릭한다.

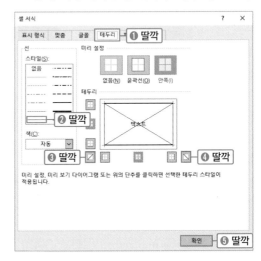

(5) 사용자 지정 표시 형식 지정하기

① [F5:F12] 영역 드래그 → [홈] 탭 - [표시 형식] 그룹에서 '쉼표 스타일'(,)을 선택한다.

② [G5:G12] 영역 드래그 → [홈] 탭 - [표시 형식] 그룹 - [표시 형식]에서 '기타 표시 형식'을 선택한다.

③ [셀 서식] 대화상자 - '사용자 지정' 범주 선택 → '형식'에서 0.0"점" 입력 → [확인]을 클릭한다.

2 도형 작성과 서식

(1) 도형으로 제목 작성하기

① [삽입] 탭 – [일러스트레이션] 그룹 – [도형] – '기본 도형'에서 '육각형' 선택 → 제목이 위치할 [B1:G3] 영역 사이에 드래그하여 도형을 그린 후 온라인 게임 수익 현황을 입력한다.

(2) 도형 서식 지정하기

① 도형 선택 → [홈] 탭 – [글꼴] 그룹 – 글꼴을 '굴림', 글꼴 크기를 '24pt', '굵게', 글꼴 색을 '검정, 텍스트 1'로 선택 → [맞춤] 그룹에서 가로와 세로 모두 '가운데 맞춤'(≡, ≡)을 선택한다.

② [그리기 도구] – [서식] 탭 – [도형 채우기]에서 '노랑' 선택 → [도형 효과] – [그림자] – '오프셋 오른쪽'을 선택한다.

3 결재란 작성

(1) 결재란 입력하기

① [L16] 셀부터 결재란 내용 입력 → [L16:L17] 영역 드래그 → [홈] 탭 – [맞춤] 그룹– '병합하고 가운데 맞춤'(🔲)을 선택한다.

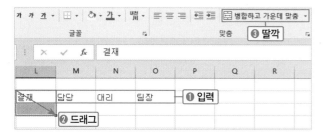

② 모든 셀의 맞춤을 '가운데 맞춤'(≡)으로 선택 → 병합된 '결재' 셀 선택 → [홈] 탭 – [맞춤] 그룹 – [방향]에서 '세로 쓰기'를 선택한다.

③ 행 높이와 열 너비 조절 → [L16:O17] 영역 드래그 → [홈] 탭 – [글꼴] 그룹 – [테두리] – '모든 테두리'(🔳)를 선택한다.

(2) 결재란 복사하기

① 작성된 결재란 영역 [L16:O17] 드래그 → Ctrl+C를 눌러 복사한다.

② [H1] 셀 선택 → Ctrl+V를 눌러 붙여넣기 → [붙여넣기 옵션] 단추 선택 → '그림'을 선택한다.

③ 결재란의 위치와 크기는 출력형태와 동일하게 [H1:J3] 영역 안에서 조절 → [L16:O17] 영역 드래그 → [홈] 탭 – [셀] 그룹 – [삭제]를 선택한다.

4 유효성 검사와 이름 정의

(1) 유효성 검사로 목록 표시하기

① [H14] 셀 선택 → [데이터] 탭 – [데이터 도구] 그룹 – [데이터 유효성 검사]를 선택한다.

② [데이터 유효성] 대화상자 – [설정] 탭 – 유효성 조건의 [제한 대상]을 '목록'으로 선택 → [원본] 입력란 선택 → '관리코드' 영역인 [B5:B12] 영역을 드래그하여 입력한 후 [확인]을 클릭한다.

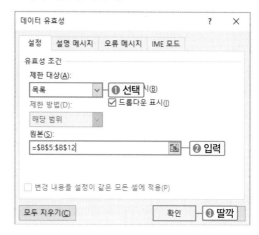

③ [H14] 셀 선택 → 출력형태와 동일하게 목록 중 'C14-9'을 선택한다.

(2) 이름 정의하기

① [D5:D12] 영역 드래그 → [수식] 탭 – [정의된 이름] 그룹 – [이름 정의] 선택 → [새 이름] 대화상자에서 '이름'을 분류로 입력한 후 [확인]을 클릭한다.

5 함수

(1) 서비스 순서 구하기(IF, RANK.EQ 함수)

① [I5] 셀에 =IF(입력 → Ctrl+A를 눌러 [함수 인수] 대화상자에 아래 그림과 같이 인수를 입력한다.

② 'Logical_test' 인수에 RANK.EQ(H5,$H$5:$H$12,1)<4 입력 → 'Value_if_true' 인수에는 RANK.EQ(H5,$H$5:$H$12,1) 입력 → 'Value_if_false' 인수에는 ""를 입력한 후 [확인]을 클릭한다.

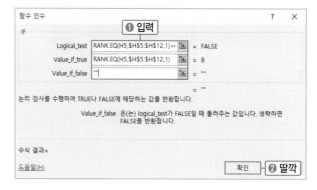

✏ 입력 함수 해설

=IF(RANK.EQ(H5,$H$5:$H$12,1)⟨4,RANK.EQ(H5,$H$5:$H$12,1),"")

❶

❷

❶ RANK.EQ(H5,$H$5:$H$12,1)⟨4: '서비스 시작일' 필드에서 H5 셀의 순위를 오름차순으로 계산하여 그 값이 4위 보다 작으면 'TRUE'를 값으로 구한다.

❷ IF(❶,RANK.EQ(H5,$H$5:$H$12,1),""): ❶의 결과가 'TRUE' 이면 해당 순위를 값으로 구하고 'FALSE'이면 공백을 값으로 구한다.

③ [I5] 셀의 '자동 채우기 핸들'을 드래그하여 [I12] 셀까지 수식 복사 → '자동 채우기 옵션'( ) 단추 선택 → '서식 없이 채우기'를 선택한다.

(2) 시작연도 구하기(YEAR 함수, & 연산자)

① [J5] 셀에 =YEAR(H5)&"년"을 입력한 후 Enter 를 누른다.

✏ 입력 함수 해설

=YEAR(H5)&"년"

❶

❷

❶ YEAR(H5): '서비스 시작일' 필드에서 연도를 구한다.

❷ ❶&"년": ❶에서 구한 값 뒤에 "년"을 표시한다.

② [J5] 셀의 '자동 채우기 핸들'을 드래그하여 [J12] 셀까지 수식 복사 → '자동 채우기 옵션'( ) 단추 선택 → '서식 없이 채우기'를 선택한다.

(3) 최고 수익금(백만 달러) 구하기(MAX 함수)

① [E13] 셀에 =MAX(F5:F12)을 입력한 후 Enter 를 누른다.

✏ 입력 함수 해설

=MAX(F5:F12)

'수익금(백만 달러)' 필드 중에서 최대값을 구한다.

(4) 아케이드 게임의 평균 수익금(백만 달러) 구하기 (SUMIF, COUNTIF 함수)

① [E14] 셀에 =SUMIF(입력 → Ctrl + A 를 눌러 [함수 인수] 대화상자에 아래 그림과 같이 인수를 입력한 후 [확인]을 클릭한다.

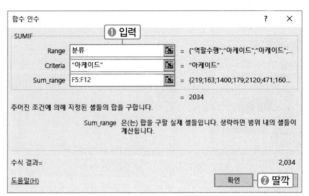

② 수식 입력줄의 수식 맨 끝을 클릭 → / 추가 → 이어서 COUNTIF(입력 → Ctrl + A 를 눌러 [함수 인수] 대화상자에 아래 그림과 같이 인수를 입력한 후 [확인]을 클릭한다.

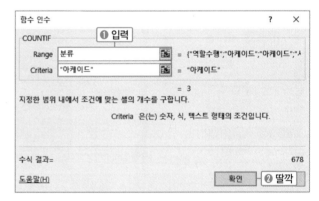

✏ 입력 함수 해설

=SUMIF(분류,"아케이드",F5:F12)/COUNTIF(분류,"아케이드")

❶

❷

❸

❶ SUMIF(분류,"아케이드",F5:F12): 정의된 이름 '분류' 영역에서 '아케이드'를 찾아 '수익금(백만 달러)' 필드의 합계를 구한다.

❷ COUNTIF(분류,"아케이드"): 정의된 이름 '분류' 영역에서 '아케이드'를 찾아 그 개수를 구한다.

❸ ❶/❷: 아케이드의 수익금(백만 달러) 필드의 합계를 아케이드의 개수로 나눠 평균을 구한다.

(5) 역할수행 게임의 만족도 합계 구하기(DSUM 함수)

① [J13] 셀에 =DSUM(입력 → Ctrl+A를 눌러 [함수 인수] 대화상자에 아래 그림과 같이 인수를 입력한 후 [확인]을 클릭한다.

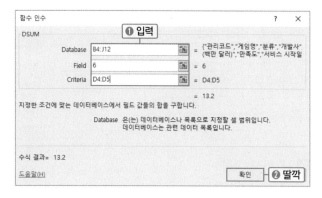

✏️ 입력 함수 해설

=DSUM(B4:J12,6,D4:D5)

B4:J12 범위에서 '분류'가 '역할수행'인 조건을 찾아 여섯 번째 인 '만족도' 필드에서 합계를 구한다.

(6) 개발사 구하기(VLOOKUP 함수)

① [J14] 셀에 =VLOOKUP(입력 → Ctrl+A를 눌러 [함수 인수] 대화상자에 아래 그림과 같이 인수를 입력한 후 [확인]을 클릭한다.

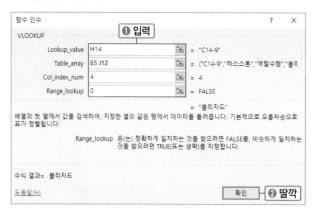

✏️ 입력 함수 해설

=VLOOKUP(H14,B5:J12,4,0)

H14 셀의 값인 'C14-9'를 '관리코드' 필드에서 찾아 참조 테이블로 지정한 B5:J12 범위의 네 번째 열에 있는 '개발사'를 값으로 구한다.

6 조건부 서식

(1) 조건부 서식 지정하기

① [B5:J12] 영역 드래그 → [홈] 탭 – [스타일] 그룹 – [조건부 서식] – [새 규칙]을 선택한다.

② [새 서식 규칙] 대화상자에서 규칙 유형 선택은 '수식을 사용하여 서식을 지정할 셀 결정' 선택 → '다음 수식이 참인 값의 서식 지정'에 =$F5>=1000 입력 → [서식]을 선택한다.

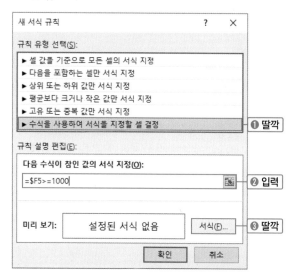

③ [셀 서식] 대화상자 – [글꼴] 탭에서 글꼴 스타일을 '굵게', 글꼴 색을 '파랑'으로 선택 → [확인]을 클릭한다.

④ 다시 [새 서식 규칙] 대화상자로 돌아오면 [확인]을 클릭하고 조건부 서식의 결과를 확인한다.

관리코드	게임명	분류	개발사	수익금 (백만 달러)	만족도	서비스 시작일	서비스 순서	시작연도
C14-9	하스스톤	역할수행	블리자드	219	4.4점	2014-01-14		2014년
S81-2	미파 온라인	아케이드	스미어헤드	163	4.2점	2012-12-18		2012년
F57-1	크로스파이어	아케이드	스마일게이트	1,400	4.8점	2007-05-03	3	2007년
M32-2	밀월드	시뮬레이션	투데온스튜디오	179	4.5점	2013-11-04		2013년
M29-1	리그 오브 레전드	시뮬레이션	라이엇게임즈	2,120	4.3점	2009-10-27		2009년
M62-9	월드 오브 탱크	아케이드	워게이밍넷	471	4.3점	2010-08-12		2010년
R55-5	던전 앤 파이터	역할수행	네오플	1,600	4.2점	2005-08-10	2	2005년
M43-4	메이플스토리	역할수행	위젯스튜디오	264	4.6점	2003-04-29	1	2003년

온라인 게임 수익 현황

제2작업 80점

1 고급 필터로 데이터 추출

(1) 데이터 복사하고 붙여넣기

① [제1작업] 시트 선택 → [B4:H12] 영역을 드래그한 후 Ctrl+C를 눌러 복사 → [제2작업] 시트의 [B2] 셀 선택 → Ctrl+V를 눌러 붙여넣기 한다.

② 열 너비를 복사하기 위해 [홈] 탭 – [클립보드] 그룹 – [붙여넣기] 내림단추 선택 → [선택하여 붙여넣기]를 선택한다.

③ [제1작업] 시트의 열 너비와 동일하게 지정하기 위해 [선택하여 붙여넣기] 대화상자 – '열 너비'를 선택한 후 [확인]을 클릭한다.

(2) 고급 필터 조건식 작성하기

① 조건식의 필드로 작성할 필드 제목인 '분류(D2)' 셀과 '수익금(백만 달러)(F2)' 셀을 Ctrl을 눌러 선택 → Ctrl+C를 눌러 복사 → [B14] 셀을 선택한 후 Ctrl+V를 눌러 데이터를 붙여넣기 한다.

② 분류와 수익금(백만 달러) 조건을 모두 만족해야 하므로 [B15] 셀에 <>시뮬레이션 입력 → [C15] 셀에 >=1000 을 입력하여 AND 조건으로 작성한다.

③ 고급 필터의 결과로 추출할 필드인 [B2:C2], [F2], [H2] 셀을 Ctrl을 눌러 선택 → Ctrl+C를 눌러 복사 → [B18] 셀 선택 → Ctrl+V를 눌러 붙여넣기 한다.

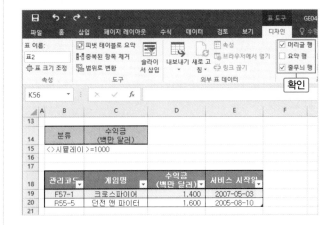

(3) 고급 필터 실행하기

① 데이터 범위인 [B2:H10] 영역 드래그 → [데이터] 탭 – [정렬 및 필터] 그룹 – [고급]을 선택한다.

② [고급 필터] 대화상자의 '목록 범위'에 현재 선택한 데이터 범위가 입력되어 있는지 확인 → '조건 범위'에는 [B14:C15] 영역을 드래그하여 입력 → '다른 장소에 복사' 선택 → '복사 위치'에는 [B18:E18] 영역을 드래그하여 입력한 후 [확인]을 클릭한다.

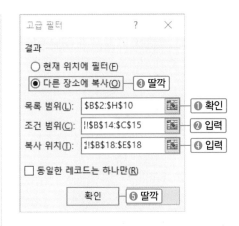

2 표 서식 적용

(1) 표 서식 지정하기

① 고급 필터의 결과 셀이 복사된 [B18:E20] 영역 드래그 → [홈] 탭 – [글꼴] 그룹 – [채우기 색]의 내림단추 선택 → '채우기 없음'을 선택한다.

② [홈] 탭 – [스타일] 그룹 – [표 서식]을 선택한 후 '표 스타일 보통 7'을 선택한다.

③ [표 서식] 대화상자에서 표 서식을 적용할 데이터 범위인 [B18:E20] 영역이 지정되었는지 확인 → '머리글 포함'에 체크되어있는지 확인 → [확인]을 클릭한다.

④ 표 서식이 적용되면 [표 도구] – [디자인] 탭 – [표 스타일 옵션] 그룹에서 '머리글 행'과 '줄무늬 행'에 체크가 되어 있는지 확인한다.

제3작업   80점

1 피벗 테이블 작성

(1) 피벗 테이블 삽입하기

① [제1작업] 시트의 [B4:H12] 영역 드래그 → [삽입] 탭 –
   [표] 그룹 – [피벗 테이블]을 선택한다.

② [피벗 테이블 만들기] 대화상자의 '표/범위'에 [제1작업]
   시트에서 선택한 [B4:H12] 영역이 입력되어 있는지 확인
   → '피벗 테이블 보고서를 넣을 위치'는 '기존 워크시트'
   선택 → '위치'에는 [제3작업] 시트의 [B2] 셀을 선택하여
   입력한 후 [확인]을 클릭한다.

(2) 피벗 테이블로 집계하기

① [피벗 테이블 필드] 창에서 '만족도' 필드는 '행' 영역으로
   드래그 → '분류' 필드는 '열' 영역으로 드래그 → '게임명'
   필드와 '수익금(백만 달러)' 필드는 출력형태 와 동일한 순
   서로 '값' 영역으로 드래그한다.

(3) 값 필드 설정으로 함수 변경하기

① '값' 영역에 삽입된 '합계 : 수익금(백만 달러)' 필드 선택
   → 목록에서 '값 필드 설정'을 선택한다.

② [값 필드 설정] 대화상자 – '값 필드 요약 기준'을 '평균'으
   로 선택 → [확인]을 클릭한다.

2 그룹화와 정렬

(1) 만족도별로 그룹화하기

① 작성된 피벗 테이블의 행 레이블 중 임의의 셀 선택 → 마
   우스 오른쪽 클릭 → [그룹]을 선택한다.

② [그룹화] 대화상자에서 '시작'에 4.1 입력 → '끝'에는 5 입
   력 → '단위'에는 0.3을 입력한 후 [확인]을 클릭한다.

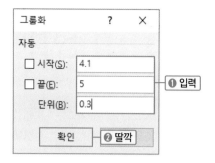

(2) 정렬하고 필드명 변경하기

① 피벗 테이블의 '열 레이블' 필터 단추 선택 → [텍스트 내
   림차순 정렬]을 선택한다.

② 출력형태 와 동일하게 필드명을 변경하기 위해 [C2] 셀은
   분류로 입력 → [B4] 셀은 만족도로 입력 → [D4] 셀은 평
   균 : 수익금(백만 달러)로 입력한다.

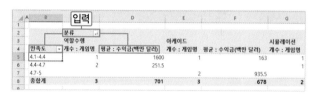

3 피벗 테이블 옵션과 셀 서식 지정

(1) 피벗 테이블 옵션 지정하기

① 피벗 테이블 안의 임의의 셀 선택 → [피벗 테이블 도구] –
   [분석] 탭 – [피벗 테이블] 그룹에서 [옵션]을 선택한다.

② [피벗 테이블 옵션] 대화상자 – [레이아웃 및 서식] 탭 –
   [레이아웃]에서 '레이블이 있는 셀 병합 및 가운데 맞춤'에
   체크 → [서식] – '빈 셀 표시'에 ***를 입력한다.

③ [요약 및 필터] 탭 – [총합계]에서 '행 총합계 표시'를 체크
   해제한 후 [확인]을 클릭한다.

(2) 셀 서식 지정하기

① 피벗 테이블의 값 영역을 모두 드래그하여 선택 → [홈]
   탭 – [맞춤] 그룹에서 '가운데 맞춤'(☰) 선택 → [표시
   형식] 그룹에서 '쉼표 스타일'(,)을 선택한다.

1 차트 작성과 스타일 지정

(1) 묶은 세로 막대형 차트 삽입하기

① [제1작업] 시트 선택 → [C4:C12] 영역 드래그 → Ctrl을 누른 상태에서 [F4:G12] 영역을 드래그하여 범위를 선택한다.

② [삽입] 탭 – [차트] 그룹 – [세로 또는 가로 막대형 차트 삽입] 선택 → [묶은 세로 막대형]을 선택한다.

(2) 차트 이동하기

① [제1작업] 시트에 추가된 차트 선택 → [차트 도구] – [디자인] 탭 – [위치] 그룹 – [차트 이동]을 선택한다.

② [차트 이동] 대화상자에서 '새 시트' 선택 → 제4작업으로 입력한 후 [확인]을 클릭한다.

③ 맨 앞에 추가된 [제4작업] 시트를 드래그하여 [제3작업] 시트 뒤로 이동시킨다.

(3) 데이터 선택 변경하기

① 삽입된 차트에서 출력형태 에 표시된 데이터만 선택하기 위해 [차트 도구] – [디자인] 탭 – [데이터] 그룹 – [데이터 선택]을 선택한다.

② [데이터 원본 선택] 대화상자에서 [행/열 전환] 선택 → 행/열이 변경되면 출력형태 를 참고하여 '범례 항목(계열)'에서 필요 없는 계열인 '림월드'와 '리그오브레전드' 선택 → [제거]를 선택하여 삭제한다.

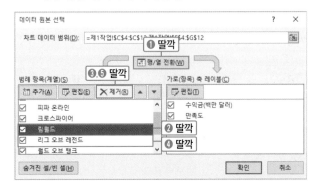

③ 다시 [행/열 전환]을 선택한 후 [확인]을 클릭한다.

(4) 레이아웃 변경과 스타일 적용하기

① '차트 영역' 선택 → [차트 도구] – [디자인] 탭 – [차트 스타일] 그룹에서 '스타일 1'을 선택한다.

② [차트 도구] – [디자인] 탭 – [차트 레이아웃] 그룹에서 [빠른 레이아웃] – '레이아웃 3'을 선택한다.

2 영역 서식 지정과 제목 작성

(1) 영역 서식 지정하기

① '차트 영역' 선택 → [홈] 탭 – [글꼴] 그룹 – 글꼴을 '굴림', 글꼴 크기를 '11pt'로 지정한다.

② [차트 도구] – [서식] 탭 – [현재 선택 영역] 그룹에서 '차트 요소'가 '차트 영역'으로 선택되어 있는지 확인 → [선택 영역 서식]을 선택한다.

③ [차트 영역 서식] 창에서 [채우기 및 선(🖌)] – '채우기' – '그림 또는 질감 채우기' 선택 → [질감(▦ ▼)] 선택 → 질감 중에서 '파랑 박엽지'를 선택한다.

④ '그림 영역' 선택 → [그림 영역 서식] 창으로 변경되면 [채우기 및 선(🖌)] – '채우기'– '단색 채우기' 선택 → [채우기 색(🖌 ▼)]은 '흰색, 배경 1'을 선택한다.

(2) 제목 작성과 서식 지정하기

① '차트 제목' 개체를 선택하여 제목에 커서가 나타나면 역할수행/아케이드 게임 현황 입력 → ESC를 눌러 '차트 제목' 개체 선택 → [홈] 탭 – [글꼴] 그룹 – 글꼴을 '굴림', 글꼴 크기를 '20pt', '굵게'로 지정한다.

② [차트 도구] – [서식] 탭 – [도형 스타일] 그룹 –[도형 채우기]에서 '흰색, 배경 1' 선택 → [도형 윤곽선]을 선택한 후 '검정, 텍스트 1'을 선택한다.

3 차트 종류 변경과 서식 지정

(1) 차트 종류 변경과 보조 축 사용하기

① 차트에서 '수익금(백만 달러)' 계열을 선택하기 위해 [차트 도구] – [서식] 탭 – [현재 선택 영역] 그룹 – [차트 요소]에서 '계열 "수익금(백만 달러)"'를 선택한다.

② [차트 도구] – [디자인] 탭 – [종류] 그룹에서 '차트 종류 변경'을 선택한다.

③ [차트 종류 변경] 대화상자 – '콤보' 차트 선택 → '수익금(백만 달러)'의 차트 종류를 '표식이 있는 꺾은선형'으로 선택 → '보조 축'에 체크한 후 [확인]을 클릭한다.

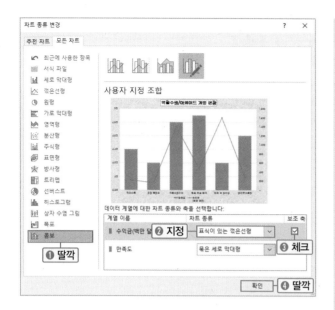

(2) 표식 변경과 데이터 레이블 추가하기

① [차트 도구] − [서식] 탭 − [현재 선택 영역] 그룹에서 '차트 요소'를 '계열 "수익금(백만 달러)"'로 선택 → [선택 영역 서식] 선택 → 오른쪽 [데이터 계열 서식] 창에서 [채우기 및 선(🖌)] 선택 → '표식'을 선택한다.

② '표식 옵션' 선택 → '기본 제공'에서 형식을 '마름모' 선택 → 크기를 10으로 입력한다.

③ 꺾은선형 차트인 '수익금(백만 달러)' 계열 선택 → 그 중에서 '던전 앤 파이터' 요소 선택 → '차트 요소'(➕) 선택 → '데이터 레이블'에 체크한 후 '오른쪽'을 선택한다.

(3) 눈금선 변경하기

① 눈금선 서식을 변경하기 위해 차트의 '눈금선' 선택 → [주 눈금선 서식] 창에서 선은 '실선', 대시 종류는 '파선'을 선택한다.

(4) 축 서식 설정하기

① 차트의 '보조 세로 (값) 축' 선택 → [축 서식] 창에서 [축 옵션(📊)] 단추 선택 → '축 옵션' 선택 → '최대'를 2000, '주 단위'를 400으로 입력한다.

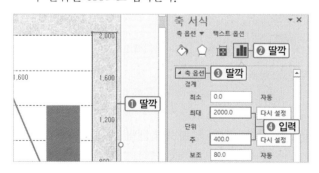

② '보조 세로 (값) 축'이 선택된 상태에서 [축 서식] 창 − [채우기 및 선(🖌)] 선택 → '선'에서 '실선'을 선택한다.

③ 같은 방법으로 '세로 (값) 축', '가로 (항목) 축'도 동일하게 축 서식의 선을 '실선'으로 선택한다.

4 범례명 변경과 도형 삽입

(1) 범례명 변경하기

① '차트 영역' 선택 → [차트 도구] − [디자인] 탭 − [데이터] 그룹에서 [데이터 선택]을 선택한다.

② [데이터 원본 선택] 창에서 '수익금(백만 달러)'를 선택한 후 [편집]을 선택한다.

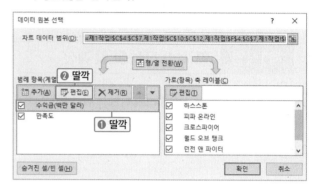

③ [계열 편집] 창에서 '계열 이름'에 수익금(백만 달러)을 입력한 후 [확인] 클릭 → [데이터 원본 선택] 창으로 돌아오면 [확인] 클릭 → 차트에서 범례명이 한 줄로 수정되었는지 확인한다.

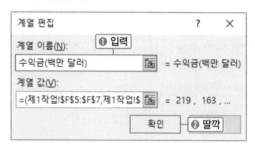

(2) 도형 삽입하기

① '차트 영역' 선택 → [삽입] 탭 − [일러스트레이션] 그룹 − [도형]에서 '모서리가 둥근 사각형 설명선'을 선택한다.

② 출력형태와 동일하게 '던전 앤 파이터' 요소 위에 드래그하여 도형을 그린 후 최다 수익금을 입력한다.

③ 도형 선택 → [홈] 탭 − [글꼴] 그룹에서 글꼴을 '굴림', 글꼴 크기를 '11pt', 글꼴 색을 '검정, 텍스트 1'로 선택 → [맞춤] 그룹에서 가로와 세로 모두 '가운데 맞춤'(≡, ≡)으로 선택한다.

④ [그리기 도구] − [서식] 탭 − [도형 스타일] 그룹에서 [도형 채우기] − '흰색, 배경 1' 선택 → 도형의 모양 조절 핸들을 드래그하여 출력형태와 동일하게 모양을 변경한다.

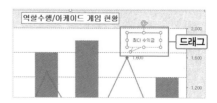

제6회 정보기술자격(ITQ) 시험

과목	코드	문제유형	시험시간	수험번호	성명
한글엑셀	1122	A	60분		

제1작업 표 서식 작성 및 값 계산 240점

다음은 '인기 빔 프로젝터 판매 정보'에 대한 자료이다. 자료를 입력하고 조건에 맞도록 작업하시오.

출력형태

조건

○ 모든 데이터의 서식에는 글꼴(굴림, 11pt), 정렬은 숫자 및 회계 서식은 오른쪽 정렬, 나머지 서식은 가운데 정렬로 작성하며 예외적인 것은 **출력형태**를 참조하시오.

○ 제 목 ⇒ 도형(양쪽 모서리가 잘린 사각형)과 그림자(오프셋 오른쪽)를 이용하여 작성하고 "인기 빔 프로젝터 판매 정보"를 입력한 후 다음 서식을 적용하시오(글꼴-굴림, 24pt, 검정, 굵게, 채우기-노랑).

○ 임의의 셀에 결재란을 작성하여 그림으로 복사 기능을 이용하여 붙이기 하시오(단, 원본 삭제).

○ 「B4:J4, G14, I14」 영역은 '주황'으로 채우기 하시오.

○ 유효성 검사를 이용하여 「H14」 셀에 제품코드(「B5:B12」 영역)가 선택 표시되도록 하시오.

○ 셀 서식 ⇒ 「G5:G12」 영역에 셀 서식을 이용하여 숫자 뒤에 'kg'을 표시하시오(예: 2.5kg).

○ 「D5:D12」 영역에 대해 '해상도'로 이름정의를 하시오.

(1)~(6) 셀은 반드시 주어진 함수를 이용하여 값을 구하시오(결과값을 직접 입력하면 해당 셀은 0점 처리됨).

(1) 밝기 순위 ⇒ 밝기(안시루멘)의 내림차순 순위를 구한 결과에 '위'를 붙이시오(RANK.EQ 함수, & 연산자)(예: 1위).

(2) 배송방법 ⇒ 제품코드의 세 번째 글자가 1이면 '해외배송', 2이면 '직배송', 그 외에는 '기타'로 구하시오(IF, MID 함수).

(3) 해상도 HD 제품의 소비자가(원) 평균 ⇒ 정의된 이름(해상도)를 이용하여 구하시오(SUMIF, COUNTIF 함수).

(4) 게임모드 제품 중 최소 무게 ⇒ 부가기능이 게임모드인 제품 중 최소 무게를 구하시오. 단, 조건은 입력데이터를 이용하시오 (DMIN 함수).

(5) 두 번째로 높은 소비자가(원) ⇒ (LARGE 함수).

(6) 밝기(안시루멘) ⇒ 「H14」 셀에서 선택한 제품코드에 대한 밝기(안시루멘)를 구하시오(VLOOKUP 함수).

(7) 조건부 서식의 수식을 이용하여 무게가 '1.0' 이하인 행 전체에 다음의 서식을 적용하시오(글꼴: 파랑, 굵게).

제2작업	**목표값 찾기 및 필터**	80점

"제1작업" 시트의 「B4:H12」 영역을 복사하여 "제2작업" 시트의 「B2」 셀부터 모두 붙여넣기를 한 후 다음의 조건과 같이 작업하시오.

보기 **조건**

(1) 목표값 찾기 – 「B11:G11」 셀을 병합하여 "해상도 FHD 제품의 무게 평균"을 입력한 후 「H11」 셀에 해상도 FHD 제품의 무게 평균을 구하시오. 단, 조건은 입력데이터를 이용하시오(DAVERAGE 함수, 테두리, 가운데 맞춤).
  – '해상도 FHD 제품의 무게 평균'이 '1.6'이 되려면 뷰소닉피제이의 무게가 얼마가 되어야 하는지 목표값을 구하시오.

(2) 고급 필터 – 제품코드가 'L'로 시작하거나 소비자가(원)가 '300,000' 이하인 자료의 제품명, 해상도, 소비자가(원), 밝기(안시루멘) 데이터만 추출하시오.
  – 조건 범위: 「B14」 셀부터 입력하시오.
  – 복사 위치: 「B18」 셀부터 나타나도록 하시오.

제3작업	**정렬 및 부분합**	80점

"제1작업" 시트의 「B4:H12」 영역을 복사하여 "제3작업" 시트의 「B2」 셀부터 모두 붙여넣기를 한 후 다음의 조건과 같이 작업하시오.

보기 **조건**

(1) 부분합 – 출력형태 처럼 정렬하고, 제품명의 개수와 소비자가(원)의 평균을 구하시오.

(2) 윤곽 – 지우시오.

(3) 나머지 사항은 출력형태 에 맞게 작성하시오.

보기 **출력형태**

	제품코드	제품명	해상도	부가기능	소비자가 (원)	무게	밝기 (안시루멘)	
	LV1-054	레베타이포	HD	내장스피커	199,000	1.0kg	180	
	LG3-003	시네빔피에치	HD	키스톤보정	392,800	0.7kg	550	
			HD 평균		295,900			
		2	HD 개수					
	VS4-101	뷰소닉피제이	FHD	게임모드	679,150	2.5kg	3,800	
	LG2-002	시네빔오공케이	FHD	HDTV수신	575,990	1.0kg	600	
	PJ2-002	프로젝트매니아	FHD	내장스피커	385,900	0.3kg	700	
	EP2-006	엡손이에치	FHD	게임모드	747,990	2.7kg	3,300	
			FHD 평균		597,258			
		4	FHD 개수					
	SH1-102	샤오미엠프로	4K UHD	키스톤보정	234,970	2.3kg	220	
	VQ4-001	벤큐더불유	4K UHD	게임모드	938,870	4.2kg	3,000	
			4K UHD 평균		586,920			
		2	4K UHD 개수					
			전체 평균		519,334			
		8	전체 개수					

"제1작업" 시트를 이용하여 조건에 따라 출력형태 와 같이 작업하시오.

조건

(1) **차트 종류** ⇒ 〈묶은 세로 막대형〉으로 작업하시오.

(2) **데이터 범위** ⇒ "제1작업" 시트의 내용을 이용하여 작업하시오.

(3) **위치** ⇒ "새 시트"로 이동하고, "제4작업"으로 시트 이름을 바꾸시오.

(4) **차트 디자인 도구** ⇒ 레이아웃 3, 스타일 1을 선택하여 출력형태 에 맞게 작업하시오.

(5) **영역 서식** ⇒ 차트: 글꼴(굴림, 11pt), 채우기 효과(질감–파랑 박엽지), 그림: 채우기(흰색, 배경 1)

(6) **제목 서식** ⇒ 차트 제목: 글꼴(굴림, 굵게, 20pt), 채우기(흰색, 배경 1), 테두리

(7) **서식** ⇒ 무게 계열의 차트 종류를 〈표식이 있는 꺾은선형〉으로 변경한 후 보조 축으로 지정하시오.

　　　　　계열: 출력형태 를 참조하여 표식(세모, 크기 10)과 레이블 값을 표시하시오.

　　　　　눈금선: 선 스타일–파선

　　　　　축: 출력형태 를 참조하시오.

(8) **범례** ⇒ 범례명을 변경하고 출력형태 를 참조하시오.

(9) **도형** ⇒ '모서리가 둥근 사각형 설명선'을 삽입한 후 출력형태 와 같이 내용을 입력하시오.

(10) 나머지 사항은 출력형태 에 맞게 작성하시오.

출력형태

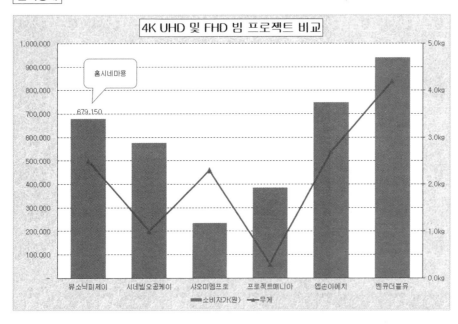

❶ 주의 **시트명 순서가 차례대로 "제1작업", "제2작업", "제3작업", "제4작업"이 되도록 할 것.**

함께 보는 간단해설

제1작업   240점

1 데이터 입력 및 서식 지정

(1) 데이터 입력하기

① [A] 열의 너비는 '1'로 조절 → 시트의 글꼴을 '굴림'으로 지정 → [Sheet1] 시트를 복사하여 [제1작업], [제2작업], [제3작업]으로 이름을 변경한다.

② [B4:J14] 영역에 데이터를 입력하고 데이터가 문제지의 [출력형태]와 동일한지 비교한다.

(2) 셀 병합과 데이터 정렬하기

① [Ctrl]을 눌러 [B13:D13], [B14:D14], [F13:F14], [G13:I13] 영역 드래그 → [홈] 탭 − [맞춤] 그룹 − '병합하고 가운데 맞춤'(🔲)을 선택한다.

② 데이터 전체 영역인 [B4:J14] 영역 드래그 → '가운데 맞춤'(≡) 선택 → 숫자에 해당하는 [F5:H12] 영역 드래그 → '오른쪽 맞춤'(≡)을 선택한다.

(3) 열 너비와 채우기 색 지정하기

① 입력된 데이터가 잘 보이도록 [출력형태]와 동일하게 행과 열 너비를 조절한다.

② [B4:J4] 영역 드래그 → [Ctrl]을 누른 상태에서 [G14], [I14] 셀 선택 → [홈] 탭 − [글꼴] 그룹 − [채우기 색]에서 '주황'을 선택한다.

(4) 표 테두리 지정하기

① [B4:J4] 영역 드래그 → [Ctrl]을 누른 상태에서 [B5:J12], [B13:J14] 영역 드래그 → [홈] 탭 − [글꼴] 그룹 − [테두리] − '모든 테두리'(⊞), '굵은 바깥쪽 테두리'(🔲)를 선택한다.

② [F13] 셀 선택 → [홈] 탭 − [글꼴] 그룹 − [테두리] − '다른 테두리'(⊞) 선택 → [셀 서식] 대화상자가 열리면 [테두리] 탭 − 선 스타일에서 '가는 실선' 선택 → '상향 대각선'과 '하향 대각선'을 선택하고 [확인]을 클릭한다.

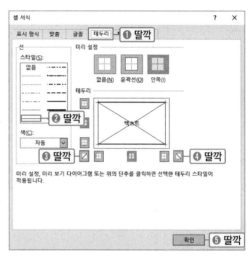

(5) 사용자 지정 표시 형식 지정하기

① [Ctrl]을 눌러 [F5:F12], [H5:H12] 영역 드래그 → [홈] 탭 − [표시 형식] 그룹에서 '쉼표 스타일'(,)을 선택한다.

② [G5:G12] 영역 드래그 → [홈] 탭 − [표시 형식] 그룹 − [표시 형식]에서 '기타 표시 형식'을 선택한다.

③ [셀 서식] 대화상자 −'사용자 지정' 범주 선택 → '형식'에서 0.0"kg" 입력 → [확인]을 클릭한다.

2 도형 작성과 서식

(1) 도형으로 제목 작성하기

① [삽입] 탭 – [일러스트레이션] 그룹 – [도형] – '사각형'에서 '양쪽 모서리가 잘린 사각형' 선택 → 제목이 위치할 [B1:G3] 영역 사이에 드래그하여 도형을 그린 후 인기 빔 프로젝터 판매 정보를 입력한다.

(2) 도형 서식 지정하기

① 도형 선택 → [홈] 탭 – [글꼴] 그룹 – 글꼴을 '굴림', 글꼴 크기를 '24pt', '굵게', 글꼴 색을 '검정, 텍스트 1'로 선택 → [맞춤] 그룹에서 가로와 세로 모두 '가운데 맞춤'(,)을 선택한다.

② [그리기 도구] – [서식] 탭 – [도형 채우기]에서 '노랑' 선택 → [도형 효과] – [그림자] – '오프셋 오른쪽'을 선택한다.

3 결재란 작성

(1) 결재란 입력하기

① [L16] 셀부터 결재란 내용 입력 → [L16:L17] 영역 드래그 → [홈] 탭 – [맞춤] 그룹 – '병합하고 가운데 맞춤'( )을 선택한다.

② 모든 셀의 맞춤을 '가운데 맞춤'( )으로 선택 → 병합된 '결재' 셀 선택 → [홈] 탭 – [맞춤] 그룹 – [방향]에서 '세로 쓰기'를 선택한다.

③ 행 높이와 열 너비 조절 → [L16:O17] 영역 드래그 → [홈] 탭 – [글꼴] 그룹 – [테두리] – '모든 테두리'( )를 선택한다.

(2) 결재란 복사하기

① 작성된 결재란 영역 [L16:O17] 드래그 → Ctrl + C를 눌러 복사한다.

② [H1] 셀 선택 → Ctrl + V를 눌러 붙여넣기 → [붙여넣기 옵션] 단추 선택 → '그림'을 선택한다.

③ 결재란의 위치와 크기는 출력형태와 동일하게 [H1:J3] 영역 안에서 조절 → [L16:O17] 영역 드래그 → [홈] 탭 – [셀] 그룹 – [삭제]를 선택한다.

4 유효성 검사와 이름 정의

(1) 유효성 검사로 목록 표시하기

① [H14] 셀 선택 – [데이터] 탭 – [데이터 도구] 그룹 – [데이터 유효성 검사]를 선택한다.

② [데이터 유효성] 대화상자 – [설정] 탭 – 유효성 조건의 [제한 대상]을 '목록'으로 선택 → [원본] 입력란 선택 → '제품코드' 영역인 [B5:B12] 영역을 드래그하여 입력한 후 [확인]을 클릭한다.

③ [H14] 셀 선택 → 출력형태와 동일하게 목록 중 'VS4-101'을 선택한다.

(2) 이름 정의하기

① [D5:D12] 영역 드래그 → [수식] 탭 – [정의된 이름] 그룹 – [이름 정의] 선택 → [새 이름] 대화상자에서 '이름'을 해상도로 입력한 후 [확인]을 클릭한다.

5 함수

(1) 밝기 순위 구하기(RANK.EQ 함수, & 연산자)

① [I5] 셀에 =RANK.EQ(입력 → Ctrl + A를 눌러 [함수 인수] 대화상자에 아래 그림과 같이 인수를 입력한 후 [확인]을 클릭한다.

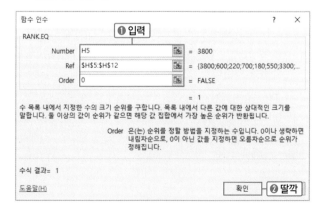

② 수식 입력줄의 수식 맨 끝을 클릭 → &"위"를 추가한 후 Enter를 누른다.

=RANK.EQ(H5,$H$5:$H$12,0)&"위"

❶
❷

- ❶ RANK.EQ(H5,$H$5:$H$12,0): '밝기(안시루멘)' 필드에서 순위를 내림차순으로 구한다.
- ❷ ❶&"위": ❶에서 구한 값 뒤에 "위"를 표시한다.

③ [I5] 셀의 '자동 채우기 핸들'을 드래그하여 [I12] 셀까지 수식 복사 → '자동 채우기 옵션'(⊞) 단추 선택 → '서식 없이 채우기'를 선택한다.

(2) 배송방법 구하기(IF, MID 함수)

① [J5] 셀에 =IF(입력 → Ctrl+A를 눌러 [함수 인수] 대화상자에 아래 그림과 같이 인수 입력 → 수식 입력줄에서 중첩된 IF를 선택한다.

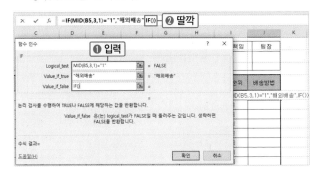

② 중첩 IF 함수의 [함수 인수] 대화상자가 열리면 아래 그림과 같이 인수를 입력한 후 [확인]을 클릭한다.

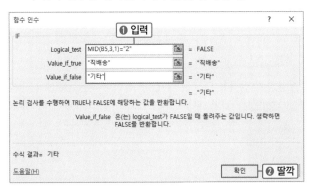

=IF(MID(B5,3,1)="1","해외배송",IF(MID(B5,3,1)="2","직배송","기타"))

❷
❶

- ❶ IF(MID(B5,3,1)="1","해외배송",❷): '제품코드' 필드에서 제품 코드의 세 번째 문자부터 한 글자를 추출하여 그 문자가 "1"이면 "해외배송"으로 값을 구하고, 그렇지 않으면 ❷를 수행한다.
- ❷ IF(MID(B5,3,1)="2","직배송","기타"): '제품코드' 필드에서 제품 코드의 세 번째 문자부터 한 글자를 추출하여 그 문자가 "2"이면 "직배송"으로 값을 구하고, 그렇지 않으면 "기타"로 값을 구한다.

③ [J5] 셀의 '자동 채우기 핸들'을 드래그하여 [J12] 셀까지 수식 복사 → '자동 채우기 옵션'(⊞) 단추 선택→ '서식 없이 채우기'를 선택한다.

(3) 해상도 HD 제품의 소비자가(원) 평균 구하기 (SUMIF, COUNTIF 함수)

① [E13] 셀에 =SUMIF(입력 → Ctrl+A를 눌러 [함수 인수] 대화상자에 아래 그림과 같이 인수를 입력한 후 [확인]을 클릭한다.

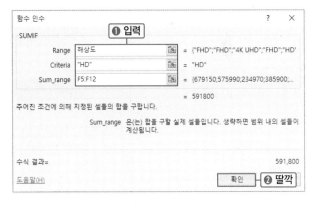

② 수식 입력줄의 수식 맨 끝을 클릭 → / 추가 → 이어서 COUNTIF(입력 → Ctrl+A를 눌러 [함수 인수] 대화상자에 아래 그림과 같이 인수를 입력한 후 [확인]을 클릭한다.

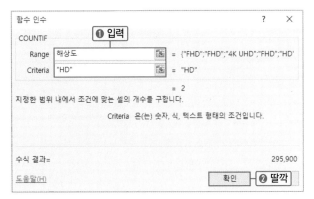

✏ 입력 함수 해설

=SUMIF(해상도,"HD",F5:F12)/COUNTIF(해상도,"HD")

❶   ❷

❸

❶ SUMIF(해상도,"HD",F5:F12): 정의된 이름 '해상도' 영역에서 'HD'를 찾아 '소비자가(원)'의 합계를 구한다.
❷ COUNTIF(해상도,"HD"): 정의된 이름 '해상도' 영역에서 'HD'를 찾아 그 개수를 구한다.
❸ ❶/❷: 'HD' 해상도의 합계를 HD의 개수로 나눠 평균을 구한다.

(4) 게임모드 제품 중 최소 무게 구하기(DMIN 함수)

① [E14] 셀에 =DMIN(입력 → Ctrl+A를 눌러 [함수 인수] 대화상자에 아래 그림과 같이 인수를 입력한 후 [확인]을 클릭한다.

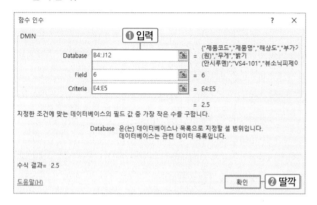

✏ 입력 함수 해설

=DMIN(B4:J12,6,E4:E5)

B4:J12 범위에서 부가기능이 '게임모드'인 조건을 찾아 여섯 번째 열에서 최소값을 구한다.

(5) 두 번째로 높은 소비자가(원)(LARGE 함수)

① [J13] 셀에 =LARGE(입력 → Ctrl+A를 눌러 [함수 인수] 대화상자에 아래 그림과 같이 인수를 입력한 후 [확인]을 클릭한다.

✏ 입력 함수 해설

=LARGE(F5:F12,2)

'소비자가(원)' 필드 중에서 두 번째로 높은 값을 구한다.

(6) 밝기(안시루멘) 구하기(VLOOKUP 함수)

① [J14] 셀에 =VLOOKUP(입력 → Ctrl+A를 눌러 [함수 인수] 대화상자에 아래 그림과 같이 인수를 입력한 후 [확인]을 클릭한다.

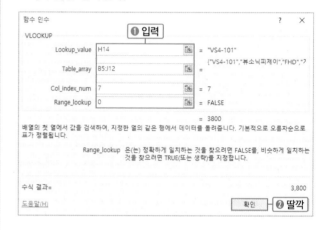

✏ 입력 함수 해설

=VLOOKUP(H14,B5:J12,7,0)

H14 셀의 값인 'VS4-101'을 '제품코드' 필드에서 찾아 참조 테이블로 지정한 B5:J12 범위의 일곱 번째 열에 있는 '밝기(안시루멘)'를 값으로 구한다.

6 조건부 서식

(1) 조건부 서식 지정하기

① [B5:J12] 영역 드래그 → [홈] 탭 - [스타일] 그룹 - [조건부 서식] - [새 규칙]을 선택한다.
② [새 서식 규칙] 대화상자에서 규칙 유형 선택은 '수식을 사용하여 서식을 지정할 셀 결정' 선택 → '다음 수식이 참인 값의 서식 지정'에 =$G5<=1.0 입력 → [서식]을 선택한다.

③ [셀 서식] 대화상자 – [글꼴] 탭에서 글꼴 스타일을 '굵게', 글꼴 색을 '파랑'으로 선택 → [확인]을 클릭한다.

④ 다시 [새 서식 규칙] 대화상자로 돌아오면 [확인]을 클릭하고 조건부 서식의 결과를 확인한다.

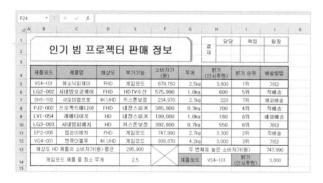

제2작업   80점

1 목표값 찾기

(1) 데이터 복사하고 붙여넣기

① [제1작업] 시트 선택 → [B4:H12] 영역을 드래그한 후 Ctrl+C를 눌러 복사 → [제2작업] 시트의 [B2] 셀 선택 → Ctrl+V를 눌러 붙여넣기 한다.

② 열 너비를 복사하기 위해 [홈] 탭 – [클립보드] 그룹 – [붙여넣기] 내림단추 선택 → [선택하여 붙여넣기]를 선택한다.

③ [제1작업] 시트의 열 너비와 동일하게 지정하기 위해 [선택하여 붙여넣기] 대화상자 – '열 너비'를 선택한 후 [확인]을 클릭한다.

(2) 셀 병합하고 수식셀 작성하기

① [B11:G11] 영역 드래그 → [홈] 탭 – [맞춤] 그룹 – '병합

하고 가운데 맞춤'( ) 선택 → 병합된 셀에 해상도 FHD 제품의 무게 평균을 입력한다.

② [H11] 셀에 =DAVERAGE(입력 → Ctrl+A를 눌러 [함수 인수] 대화상자에 아래 그림과 같이 인수를 입력한 후 [확인]을 클릭한다.

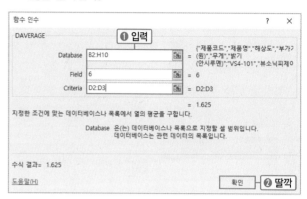

(3) 서식 지정하기

① [H11] 셀 선택 → [홈] 탭 – [맞춤] 그룹 – '가운데 맞춤'( )을 선택한다.

② [B11:H11] 영역 드래그 → [홈] 탭 – [글꼴] 그룹 – [테두리] – '모든 테두리'( )를 선택한다.

(4) 목표값 찾기

① 평균값이 입력된 [H11] 셀 선택 → [데이터] 탭 – [예측] 그룹에서 [가상분석] – [목표값 찾기]를 선택한다.

② [목표값 찾기] 대화상자의 '수식 셀'에 'H11'이 입력되어 있는지 확인 → '찾는 값'에는 1.6 입력 → '값을 바꿀 셀'에는 [G3] 셀을 선택하여 입력한 후 [확인]을 클릭한다.

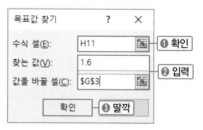

③ '목표값 찾기' 결과가 나타나면 [H11] 셀의 값이 '1.625'에서 '1.6'으로 변경된 것을 확인 → [G3] 셀의 값이 '2.5kg'에서 '2.4kg'으로 변경된 것을 확인 → [목표값 찾기 상태] 대화상자에서 [확인]을 클릭한다.

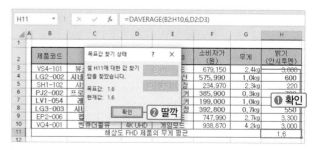

2 고급 필터로 데이터 추출

(1) 고급 필터 조건식 작성하기

① 조건식의 필드로 작성할 필드 제목인 '제품코드(B2)'와
'소비자가(원)(F2)' 셀을 Ctrl을 눌러 선택 → Ctrl+C를
눌러 복사 → [B14] 셀을 선택한 후 Ctrl+V를 눌러 데이
터를 붙여넣기 한다.

② 제품코드와 소비자가(원) 조건 중 하나 이상 만족하면 되
므로 [B15] 셀에 L* 입력 → [C16] 셀에는 <=300000을
입력하여 OR 조건으로 작성한다.

③ 고급 필터의 결과로 추출할 필드인 [C2:D2] 영역과 [F2],
[H2] 셀을 Ctrl을 눌러 선택 → Ctrl+C를 눌러 복사 →
[B18] 셀 선택 → Ctrl+V를 눌러 붙여넣기 한다.

(2) 고급 필터 실행하기

① 데이터 범위인 [B2:H10] 영역 드래그 → [데이터] 탭 –
[정렬 및 필터] 그룹 – [고급]을 선택한다.

② [고급 필터] 대화상자의 '목록 범위'에 현재 선택한 데이
터 범위가 입력되어 있는지 확인 → '조건 범위'에는
[B14:C16] 영역을 드래그하여 입력 → '다른 장소에 복
사' 선택 → '복사 위치'에는 [B18:E18] 영역을 드래그하
여 입력한 후 [확인]을 클릭한다.

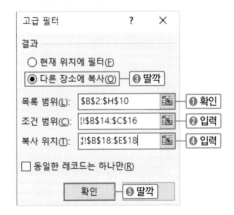

③ 결과를 확인한다.

제3작업　　　　　　　　　　80점

1 데이터 복사와 정렬

(1) 데이터 복사하고 붙여넣기

① [제1작업] 시트 선택 → [B4:H12] 영역을 드래그한 후
Ctrl+C를 눌러 복사 → [제3작업] 시트의 [B2] 셀 선택
→ Ctrl+V를 눌러 데이터를 붙여넣기 한다.

② 열 너비를 복사하기 위해 [홈] 탭 – [클립보드] 그룹 – [붙
여넣기] 내림단추 선택 → [선택하여 붙여넣기]를 선택
한다.

③ [제1작업] 시트의 열 너비와 동일하게 지정하기 위해 [선
택하여 붙여넣기] 대화상자 – '열 너비'를 선택한 후 [확
인]을 클릭한다.

(2) 데이터 정렬하기

① 출력형태를 보면 '해상도' 필드에 내림차순 정렬이 지정되
어 있으므로 '해상도' 필드에서 임의의 셀 선택 → [데이
터] 탭 – [정렬 및 필터] 그룹 – [텍스트 내림차순 정렬]
을 선택한다.

2 부분합 작성과 윤곽 지우기

(1) 부분합 구하기

① [B2:H10] 영역 안에서 임의의 셀 선택 → [데이터] 탭 –
[윤곽선] 그룹 – [부분합]을 선택한다.

② [부분합] 대화상자에서 '그룹화할 항목'을 '해상도'로 선택
→ '사용할 함수'는 '개수'로 선택 → '부분합 계산 항목'에
서 '제품명'에 체크하고 '밝기(안시루멘)'에 체크 해제 →
[확인]을 클릭한다.

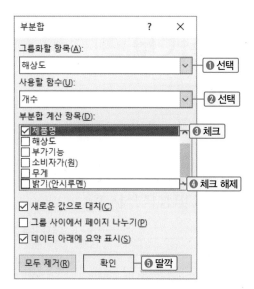

③ 부분합의 결과가 나오면 두 번째 부분합을 구하기 위해 다시 [B2:H12] 영역 안에서 임의의 셀 선택 → [데이터] 탭 – [윤곽선] 그룹 – [부분합]을 선택한다.

④ 다시 [부분합] 대화상자에서 '그룹화할 항목'을 '해상도'로 선택 → '사용할 함수'는 '평균' 선택 → '부분합 계산 항목'에서 '제품명'에 체크 해제하고 '소비자가(원)'에 체크 → '새로운 값으로 대치'에 체크 해제한 후 [확인]을 클릭한다.

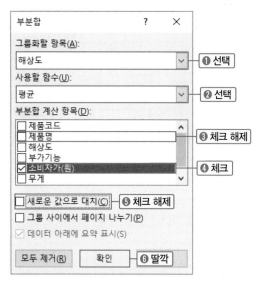

(2) 윤곽 지우기

① 데이터 안에서 임의의 셀 선택 → [데이터] 탭 – [윤곽선] 그룹 – [그룹 해제]의 내림단추 선택 → [윤곽 지우기]를 선택한다.

제4작업 100점

1 차트 작성과 스타일 지정

(1) 묶은 세로 막대형 차트 삽입하기

① [제1작업] 시트 선택 → [C4:C12] 영역 드래그 → Ctrl을 누른 상태에서 [F4:G12] 영역을 드래그하여 범위를 선택한다.

② [삽입] 탭 – [차트] 그룹 – [세로 또는 가로 막대형 차트 삽입] 선택 → [묶은 세로 막대형]을 선택한다.

(2) 차트 이동하기

① [제1작업] 시트에 추가된 차트 선택 → [차트 도구] – [디자인] 탭 – [위치] 그룹 – [차트 이동]을 선택한다.

② [차트 이동] 대화상자에서 '새 시트' 선택 → 제4작업으로 입력한 후 [확인]을 클릭한다.

③ 맨 앞에 추가된 [제4작업] 시트를 드래그하여 [제3작업] 시트 뒤로 이동시킨다.

(3) 데이터 선택 변경하기

① 삽입된 차트에서 출력형태에 표시된 데이터만 선택하기 위해 [차트 도구] – [디자인] 탭 – [데이터] 그룹 – [데이터 선택]을 선택한다.

② [데이터 원본 선택] 대화상자에서 [행/열 전환] 선택 → 행/열이 변경되면 출력형태를 참고하여 '범례 항목(계열)'에서 필요 없는 계열인 '레베타이포'와 '시네빔피에이치' 선택 → [제거]를 선택하여 삭제한다.

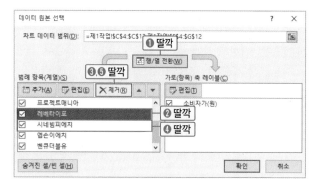

③ 다시 [행/열 전환]을 선택한 후 [확인]을 클릭한다.

(4) 레이아웃 변경과 스타일 적용하기

① '차트 영역' 선택 → [차트 도구] – [디자인] 탭 – [차트 스타일] 그룹에서 '스타일 1'을 선택한다.

② [차트 도구] – [디자인] 탭 – [차트 레이아웃] 그룹에서 [빠른 레이아웃] – '레이아웃 3'을 선택한다.

2 영역 서식 지정과 제목 작성

(1) 영역 서식 지정하기

① '차트 영역' 선택 → [홈] 탭 – [글꼴] 그룹 – 글꼴을 '굴림', 글꼴 크기를 '11pt'로 지정한다.

② [차트 도구] – [서식] 탭 – [현재 선택 영역] 그룹에서 '차트 요소'가 '차트 영역'으로 선택되어 있는지 확인 → [선택 영역 서식]을 선택한다.

③ [차트 영역 서식] 창에서 [채우기 및 선(🖌)] – '채우기' – '그림 또는 질감 채우기' 선택 → [질감(▦ ▼)] 선택 → 질감 중에서 '파랑 박엽지'를 선택한다.

④ '그림 영역' 선택 → [그림 영역 서식] 창으로 변경되면 [채우기 및 선(🖌)] – '채우기'– '단색 채우기' 선택 → [채우기 색(🖌 ▼)]은 '흰색, 배경 1'을 선택한다.

(2) 제목 작성과 서식 지정하기

① '차트 제목' 개체를 선택하여 제목에 커서가 나타나면 4K UHD 및 FHD 빔 프로젝트 비교 입력 → [ESC]를 눌러 '차트 제목' 개체 선택 → [홈] 탭 – [글꼴] 그룹 – 글꼴을 '굴림', 글꼴 크기를 '20pt', '굵게'로 지정한다.

② [차트 도구] – [서식] 탭 – [도형 스타일] 그룹 – [도형 채우기]에서 '흰색, 배경 1' 선택 → [도형 윤곽선]을 선택한 후 '검정, 텍스트 1'을 선택한다.

3 차트 종류 변경과 서식 지정

(1) 차트 종류 변경과 보조 축 사용하기

① 차트에서 '무게' 계열을 선택하기 위해 [차트 도구] – [서식] 탭 – [현재 선택 영역] 그룹 – [차트 요소]에서 '계열 "무게"'를 선택한다.

② [차트 도구] – [디자인] 탭 – [종류] 그룹에서 '차트 종류 변경'을 선택한다.

③ [차트 종류 변경] 대화상자 – '콤보' 차트 선택 → '무게'의 차트 종류를 '표식이 있는 꺾은선형'으로 선택 – '보조 축'에 체크한 후 [확인]을 클릭한다.

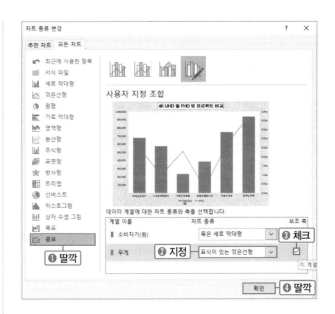

(2) 표식 변경과 데이터 레이블 추가하기

① [차트 도구] – [서식] 탭 – [현재 선택 영역] 그룹에서 '차트 요소'를 '계열 "무게"'로 선택 → [선택 영역 서식] 선택 → 오른쪽 [데이터 계열 서식] 창에서 [채우기 및 선(🖌)] 선택 → '표식'을 선택한다.

② '표식 옵션' 선택 → '기본 제공'에서 형식을 '세모' 선택 → 크기를 10으로 입력한다.

③ 막대형 차트인 '소비자가(원)' 계열 선택 → 그 중에서 '뷰소닉피제어' 요소 선택 → '차트 요소(➕)' 선택 → '데이터 레이블'에 체크한다.

(3) 눈금선 변경하기

① 눈금선 서식을 변경하기 위해 차트의 '눈금선' 선택 → [주 눈금선 서식] 창에서 선은 '실선', 대시 종류는 '파선'을 선택한다.

(4) 축 서식 설정하기

① 차트의 '보조 세로 (값) 축' 선택 → [축 서식] 창에서 [축 옵션(📊)] 단추 선택 → '축 옵션' 선택 → '최대'를 5, '주 단위'를 1로 입력한다.

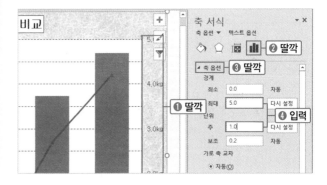

② '보조 세로 (값) 축'이 선택된 상태에서 [축 서식] 창 – [채우기 및 선(🖌)] 선택 → '선'에서 '실선'을 선택한다.

③ 같은 방법으로 '세로 (값) 축', '가로 (항목) 축'도 동일하게 축 서식의 선을 '실선'으로 선택한다.

4 범례명 변경과 도형 삽입

(1) 범례명 변경하기

① '차트 영역' 선택 → [차트 도구] – [디자인] 탭 – [데이터] 그룹에서 [데이터 선택]을 선택한다.

② [데이터 원본 선택] 창에서 '소비자가(원)'을 선택한 후 [편집]을 선택한다.

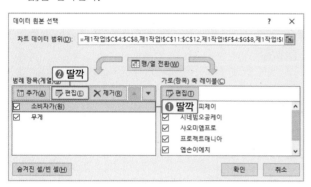

③ [계열 편집] 창에서 '계열 이름'에 소비자가(원)을 입력한 후 [확인] 클릭 → [데이터 원본 선택] 창으로 돌아오면 [확인] 클릭 → 차트에서 범례명이 한 줄로 수정되었는지 확인한다.

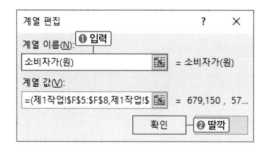

(2) 도형 삽입하기

① '차트 영역' 선택 → [삽입] 탭 – [일러스트레이션] 그룹 – [도형]에서 '모서리가 둥근 사각형 설명선'을 선택한다.

② 출력형태 와 동일하게 '뷰소닉피제이' 요소 위에 드래그하여 도형을 그린 후 홈시네마용을 입력한다.

③ 도형 선택 → [홈] 탭 – [글꼴] 그룹에서 글꼴을 '굴림', 글꼴 크기를 '11pt', 글꼴 색을 '검정, 텍스트 1'로 선택 → [맞춤] 그룹에서 가로와 세로 모두 '가운데 맞춤'(≡, ≡) 으로 선택한다.

④ [그리기 도구] – [서식] 탭 – [도형 스타일] 그룹에서 [도형 채우기] – '흰색, 배경 1' 선택 → 도형의 모양 조절 핸들을 드래그하여 출력형태 와 동일하게 모양을 변경한다.

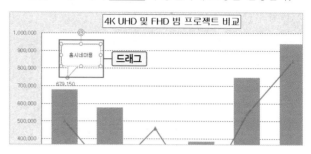

제7회 정보기술자격(ITQ) 시험

과목	코드	문제유형	시험시간	수험번호	성명
한글엑셀	1122	C	60분		

제1작업　표 서식 작성 및 값 계산　　240점

다음은 'ICT 기반 스마트 팜 현황'에 대한 자료이다. 자료를 입력하고 조건에 맞도록 작업하시오.

출력형태

관리코드	품목명	ICT 제어수준	시공업체	운영기간(년)	시공비(단위:천원)	농가면적	순위	도입연도
					ICT 기반 스마트 팜 현황			
SW4-118	수박	관수제어	JUM	4.1	1,580	6,800	(1)	(2)
PZ3-124	감귤	관수제어	GRN	1.7	3,250	12,500	(1)	(2)
HG7-521	포도	관수/병해충제어	GRN	1.5	3,150	11,500	(1)	(2)
LM6-119	망고	병해충제어	JUM	3.1	1,600	7,550	(1)	(2)
KB8-518	딸기	관수/병해충제어	SEON	4.2	1,850	8,250	(1)	(2)
PA5-918	사과	관수제어	GRN	4.2	1,550	5,250	(1)	(2)
PE2-422	복숭아	병해충제어	JUM	2.5	1,200	3,200	(1)	(2)
LS6-719	배	관수/병해충제어	SEON	3.2	2,000	8,500	(1)	(2)
관수제어 시공비(단위:천원)의 합계			(3)		최대 농가면적			(5)
병해충제어 농가면적 평균			(4)		관리코드	SW4-118	시공비(단위:천원)	(6)

결재　담당　팀장　센터장

조건

○ 모든 데이터의 서식에는 글꼴(굴림, 11pt), 정렬은 숫자 및 회계 서식은 오른쪽 정렬, 나머지 서식은 가운데 정렬로 작성하며 예외적인 것은 **출력형태**를 참조하시오.

○ 제 목 ⇒ 도형(가로로 말린 두루마리 모양)과 그림자(오프셋 오른쪽)를 이용하여 작성하고 "ICT 기반 스마트 팜 현황"을 입력한 후 다음 서식을 적용하시오(글꼴-굴림, 24pt, 검정, 굵게, 채우기-노랑).

○ 임의의 셀에 결재란을 작성하여 그림으로 복사 기능을 이용하여 붙이기 하시오(단, 원본 삭제).

○ 「B4:J4, G14, I14」 영역은 '주황'으로 채우기 하시오.

○ 유효성 검사를 이용하여 「H14」 셀에 관리코드(「B5:B12」 영역)가 선택 표시되도록 하시오.

○ 셀 서식 ⇒ 「H5:H12」 영역에 셀 서식을 이용하여 숫자 뒤에 '평'을 표시하시오(예: 6,800평).

○ 「H5:H12」 영역에 대해 '농가면적'으로 이름정의를 하시오.

(1)~(6) 셀은 반드시 주어진 함수를 이용하여 값을 구하시오(결과값을 직접 입력하면 해당 셀은 0점 처리됨).

(1) 순위 ⇒ 시공비(단위:천원)의 내림차순 순위를 1~3까지만 구하고 그 외에는 공백으로 표현하시오(IF, RANK.EQ 함수).

(2) 도입연도 ⇒ 「관리코드의 마지막 두 글자 +2,000」으로 구한 후 결과값에 '년'을 붙이시오(RIGHT 함수, & 연산자)(예: 2022 년).

(3) 관수제어 시공비(단위:천원)의 합계 ⇒ 조건은 입력데이터를 이용하시오(DSUM 함수).

(4) 병해충제어 농가면적 평균 ⇒ 정의된 이름 (농가면적)을 이용하여 구하시오(SUMIF, COUNTIF 함수).

(5) 최대 농가면적 ⇒ (LARGE 함수)

(6) **시공비(단위:천원)** ⇒ 「H14」 셀에서 선택한 관리코드에 대한 시공비(단위:천원)를 구하시오(VLOOKUP 함수).

(7) 조건부 서식의 수식을 이용하여 시공비(단위:천원)가 '3,000' 이상인 행 전체에 다음의 서식을 적용하시오(글꼴: 파랑 , 굵게).

| 제2작업 | **목표값 찾기 및 필터** | 80점 |

"제1작업" 시트의 「B4:H12」 영역을 복사하여 "제2작업" 시트의 「B2」 셀부터 모두 붙여넣기를 한 후 다음의 조건과 같이 작업하시오.

조건

(1) **목표값 찾기** – 「B11:G11」 셀을 병합하여 "시공업체 JUM 품목의 시공비(단위:천원) 평균"을 입력한 후 「H11」 셀에 JUM 품목의 시공비(단위:천원) 평균을 구하시오. 단, 조건은 입력데이터를 이용하시오(DAVERAGE 함수, 테두리, 가운데 맞춤).

– '시공업체 JUM 품목의 시공비(단위:천원) 평균'이 '1,500'이 되려면 수박의 시공비(단위:천원)가 얼마가 되어야 하는지 목표값을 구하시오.

(2) **고급 필터** – 관리코드가 'L'로 시작하거나 농가면적이 '5,000' 이하인 자료의 품목명, 운영기간(년), 시공비(단위:천원), 농가면적 데이터만 추출하시오.

– 조건 범위: 「B14」 셀부터 입력하시오.

– 복사 위치: 「B18」 셀부터 나타나도록 하시오.

| 제3작업 | **정렬 및 부분합** | 80점 |

"제1작업" 시트의 「B4:H12」 영역을 복사하여 "제3작업" 시트의 「B2」 셀부터 모두 붙여넣기를 한 후 다음의 조건과 같이 작업하시오.

조건

(1) **부분합** – 출력형태 처럼 정렬하고, 품목명의 개수와 시공비(단위:천원)의 평균을 구하시오.

(2) **윤곽** – 지우시오.

(3) 나머지 사항은 출력형태 에 맞게 작성하시오.

출력형태

A	B	C	D	E	F	G	H	I
1								
2	관리코드	품목명	ICT 제어수준	시공업체	운영기간(년)	시공비(단위:천원)	농가면적	
3	KB8-518	딸기	관수/병해충제어	SEON	4.2	1,850	8,250평	
4	LS6-719	배	관수/병해충제어	SEON	3.2	2,000	8,500평	
5				SEON 평균		1,925		
6		2		SEON 개수				
7	SW4-118	수박	관수제어	JUM	4.1	1,580	6,800평	
8	LM6-119	망고	병해충제어	JUM	3.1	1,600	7,550평	
9	PE2-422	복숭아	병해충제어	JUM	2.5	1,200	3,200평	
10				JUM 평균		1,460		
11		3		JUM 개수				
12	PZ3-124	감귤	관수제어	GRN	1.7	3,250	12,500평	
13	HG7-521	포도	관수/병해충제어	GRN	1.5	3,150	11,500평	
14	PA5-918	사과	관수제어	GRN	4.2	1,550	5,250평	
15				GRN 평균		2,650		
16		3		GRN 개수				
17				전체 평균		2,023		
18		8		전체 개수				
19								

"제1작업" 시트를 이용하여 조건에 따라 출력형태 와 같이 작업하시오.

조건

(1) **차트 종류** ⇒ 〈묶은 세로 막대형〉으로 작업하시오.

(2) **데이터 범위** ⇒ "제1작업" 시트의 내용을 이용하여 작업하시오.

(3) **위치** ⇒ "새 시트"로 이동하고, "제4작업"으로 시트 이름을 바꾸시오.

(4) **차트 디자인 도구** ⇒ 레이아웃 3, 스타일 1을 선택하여 출력형태 에 맞게 작업하시오.

(5) **영역 서식** ⇒ 차트: 글꼴(굴림, 11pt), 채우기 효과(질감−파랑 박엽지), 그림: 채우기(흰색, 배경 1)

(6) **제목 서식** ⇒ 차트 제목: 글꼴(굴림, 굵게, 20pt), 채우기(흰색, 배경 1), 테두리

(7) **서식** ⇒ 농가면적 계열의 차트 종류를 〈표식이 있는 꺾은선형〉으로 변경한 후 보조 축으로 지정하시오.

　　　계열: 출력형태 를 참조하여 표식(세모, 크기 10)과 레이블 값을 표시하시오.

　　　눈금선: 선 스타일−파선

　　　축: 출력형태 를 참조하시오.

(8) **범례** ⇒ 범례명을 변경하고 출력형태 를 참조하시오.

(9) **도형** ⇒ '모서리가 둥근 사각형 설명선'을 삽입한 후 출력형태 와 같이 내용을 입력하시오.

(10) 나머지 사항은 출력형태 에 맞게 작성하시오.

출력형태

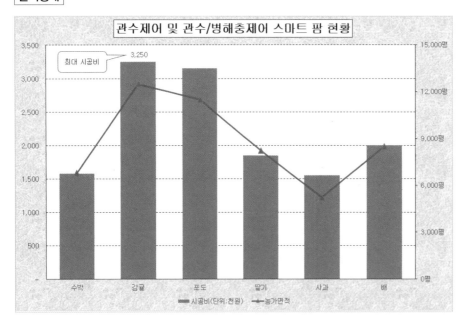

❗ 주의　**시트명 순서가 차례대로 "제1작업", "제2작업", "제3작업", "제4작업"이 되도록 할 것.**

함께 보는 간단해설

제1작업   240점

1 데이터 입력 및 서식 지정

(1) 데이터 입력하기

① [A] 열의 너비는 '1'로 조절 → 시트의 글꼴을 '굴림'으로 지정 → [Sheet1] 시트를 복사하여 [제1작업], [제2작업], [제3작업]으로 이름을 변경한다.

② [B4:J14] 영역에 데이터를 입력하고 데이터가 문제지의 출력형태와 동일한지 비교한다.

(2) 셀 병합과 데이터 정렬하기

① Ctrl을 눌러 [B13:D13], [B14:D14], [F13:F14], [G13:I13] 영역 드래그 → [홈] 탭 – [맞춤] 그룹 – '병합하고 가운데 맞춤'(🔁)을 선택한다.

② 데이터 전체 영역인 [B4:J14] 영역 드래그 → '가운데 맞춤'(🔳) 선택 → 숫자에 해당하는 [F5:H12] 영역 드래그 → '오른쪽 맞춤'(🔳)을 선택한다.

(3) 열 너비와 채우기 색 지정하기

① 입력된 데이터가 잘 보이도록 출력형태와 동일하게 행과 열 너비를 조절한다.

② [B4:J4] 영역 드래그 → Ctrl을 누른 상태에서 [G14], [I14] 셀 선택 → [홈] 탭 – [글꼴] 그룹 – [채우기 색]에서 '주황'을 선택한다.

(4) 표 테두리 지정하기

① [B4:J4] 영역 드래그 → Ctrl을 누른 상태에서 [B5:J12], [B13:J14] 영역 드래그 → [홈] 탭 – [글꼴] 그룹 – [테두리] – '모든 테두리'(⊞), '굵은 바깥쪽 테두리'(▢)를 선택한다.

② [F13] 셀 선택 → [홈] 탭 – [글꼴] 그룹 – [테두리] – '다른 테두리'(⊞) 선택 → [셀 서식] 대화상자가 열리면 [테두리] 탭 – 선 스타일에서 '가는 실선' 선택 → '상향 대각선'과 '하향 대각선'을 선택하고 [확인]을 클릭한다.

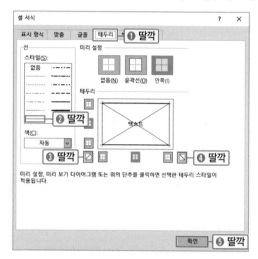

(5) 사용자 지정 표시 형식 지정하기

① [G5:G12] 영역 드래그 → [홈] 탭 – [표시 형식] 그룹에서 '쉼표 스타일(,)'을 선택한다.

② [H5:H12] 영역 드래그 → [홈] 탭 – [표시 형식] 그룹 – [표시 형식]에서 '기타 표시 형식'을 선택한다.

③ [셀 서식] 대화상자 –'사용자 지정' 범주 선택 → '형식'에서 '#,##0' 선택 → 뒤에 "평"을 추가로 입력한 후 [확인]을 클릭한다.

2 도형 작성과 서식

(1) 도형으로 제목 작성하기

① [삽입] 탭 – [일러스트레이션] 그룹 – [도형] – '별 및 현수막'에서 '가로로 말린 두루마리 모양' 선택 → 제목이 위치할 [B1:G3] 영역 사이에 드래그하여 도형을 그린 후 ICT 기반 스마트 팜 현황을 입력한다.

(2) 도형 서식 지정하기

① 도형 선택 → [홈] 탭 – [글꼴] 그룹 – 글꼴을 '굴림', 글꼴 크기를 '24pt', '굵게', 글꼴 색을 '검정, 텍스트 1'로 선택 → [맞춤] 그룹에서 가로와 세로 모두 '가운데 맞춤'(≡, ≡)을 선택한다.

② [그리기 도구] – [서식] 탭 – [도형 채우기]에서 '노랑' 선택 → [도형 효과] – [그림자] – '오프셋 오른쪽'을 선택한다.

3 결재란 작성

(1) 결재란 입력하기

① [L16] 셀부터 결재란 내용 입력 → [L16:L17] 영역 드래그 → [홈] 탭 – [맞춤] 그룹 – '병합하고 가운데 맞춤'(⊟)을 선택한다.

② 모든 셀의 맞춤을 '가운데 맞춤'(≡)으로 선택 → 병합된 '결재' 셀 선택 → [홈] 탭 – [맞춤] 그룹 – [방향]에서 '세로 쓰기'를 선택한다.

③ 행 높이와 열 너비 조절 → [L16:O17] 영역 드래그 → [홈] 탭 – [글꼴] 그룹 – [테두리] – '모든 테두리'(⊞)를 선택한다.

(2) 결재란 복사하기

① 작성된 결재란 영역 [L16:O17] 드래그 → Ctrl+C를 눌러 복사한다.

② [H1] 셀 선택 → Ctrl+V를 눌러 붙여넣기 → [붙여넣기 옵션] 단추 선택 → '그림'을 선택한다.

③ 결재란의 위치와 크기는 출력형태와 동일하게 [H1:J3] 영역 안에서 조절 → [L16:O17] 영역 드래그 → [홈] 탭 – [셀] 그룹 – [삭제]를 선택한다.

4 유효성 검사와 이름 정의

(1) 유효성 검사로 목록 표시하기

① [H14] 셀 선택 → [데이터] 탭 – [데이터 도구] 그룹 – [데이터 유효성 검사]를 선택한다.

② [데이터 유효성] 대화상자 – [설정] 탭 – 유효성 조건의 [제한 대상]을 '목록'으로 선택 → [원본] 입력란 선택 → '관리코드' 영역인 [B5:B12] 영역을 드래그하여 입력한 후 [확인]을 클릭한다.

③ [H14] 셀 선택 → 출력형태와 동일하게 목록 중 'SW4-118'을 선택한다.

(2) 이름 정의하기

① [H5:H12] 영역 드래그 → [수식] 탭 – [정의된 이름] 그룹 – [이름 정의] 선택 → [새 이름] 대화상자에서 '이름'을 농가면적으로 입력한 후 [확인]을 클릭한다.

5 함수

(1) 순위 구하기(IF, RANK.EQ 함수)

① [I5] 셀에 =IF(입력 → Ctrl+A를 눌러 [함수 인수] 대화상자의 'Logical_test' 인수에 RANK.EQ(G5,\$G\$5:\$G\$12,0)<=3 입력 → 'Value_if_true' 인수에는 RANK.EQ(G5,\$G\$5:\$G\$12,0) 입력 → 'Value_if_false' 인수에는 ""를 입력한 후 [확인]을 클릭한다.

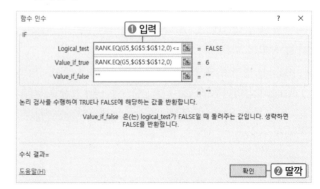

✏️ 입력 함수 해설

=IF(RANK.EQ(G5,$G$5:$G$12,0)<=3,RANK.EQ(G5,$G$5:$G$12,0),"")
          ❶
          ❷

❶ RANK.EQ(G5,$G$5:$G$12,0)<=3: '시공비(단위:천원)' 필드
에서 G5 셀의 순위를 내림차순으로 계산하여 그 값이 3위 이
내이면 'TRUE'로 값을 구한다

❷ IF(❶,RANK.EQ(G5,$G$5:$G$12,0),""): ❶의 결과가 'TRUE'이
면 해당 순위를 값으로 구하고, 'False'이면 공백을 값으로 구
한다.

② [I5] 셀의 '자동 채우기 핸들'을 드래그하여 [I12] 셀까지
수식 복사 → '자동 채우기 옵션' 단추(📋) 선택 → '서식
없이 채우기'를 선택한다.

(2) 도입연도 구하기(RIGHT 함수, & 연산자)

① [J5] 셀에 =RIGHT(입력 → Ctrl+A를 눌러 [함수 인수]
대화상자에 아래 그림과 같이 인수를 입력한 후 [확인]을
클릭한다.

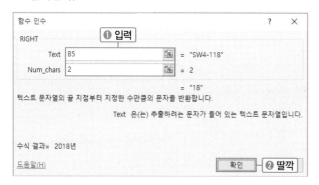

② 수식 입력줄의 수식 맨 끝을 클릭 → +2000&"년"을 추가
한 후 Enter를 누른다.

✏️ 입력 함수 해설

=RIGHT(B5,2)+2000&"년"
    ❶
      ❷

❶ RIGHT(B5,2): '관리코드' 필드에서 관리코드의 오른쪽 끝 두
글자를 구한다.

❷ ❶+2000&"년": ❶에서 구한 값에 2000을 더한 후 뒤에 "년"
을 표시한다.

---

③ [J5] 셀의 '자동 채우기 핸들'을 드래그하여 [J12] 셀까지
수식 복사 → '자동 채우기 옵션'(📋) 단추 선택 → '서식
없이 채우기'를 선택한다.

(3) 관수제어 시공비(단위:천원)의 합계 구하기(DSUM 함수)

① [E13] 셀에 =DSUM(입력 → Ctrl+A를 눌러 [함수 인수]
대화상자에 아래 그림과 같이 인수를 입력한 후 [확인]을
클릭한다.

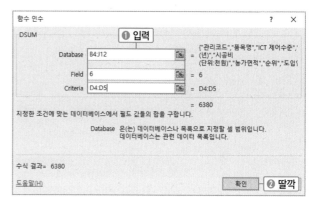

✏️ 입력 함수 해설

=DSUM(B4:J12,6,D4:D5)

B4:J12 범위에서 'ICT 제어수준'이 '관수제어'인 조건을 찾아 6
번째 열인 '시공비(단위:천원)' 필드에서 합계를 구한다.

(4) 병해충제어 농가면적 평균 구하기(SUMIF, COUNTIF 함수)

① [E14] 셀에 =SUMIF(입력 → Ctrl+A를 눌러 [함수 인
수] 대화상자에 아래 그림과 같이 인수를 입력한 후 [확
인]을 클릭한다.

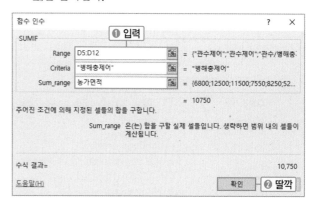

② 수식 입력줄의 수식 맨 끝을 클릭 → / 추가 → 이어서 COUNTIF(입력 → Ctrl+A를 눌러 [함수 인수] 대화상자에 아래 그림과 같이 인수를 입력한 후 [확인]을 클릭한다.

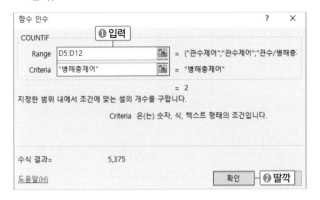

입력 함수 해설

=SUMIF(D5:D12,"병해충제어",농가면적)/COUNTIF(D5:D12,"병해충제어")
　　　　　❶　　　　　　　　　　❷
　　　　　　　　　　❸

❶ SUMIF(D5:D12,"병해충제어",농가면적): 'ICT 제어수준' 필드에서 '병해충제어'를 찾아 정의된 이름 '농가면적' 영역의 합계를 구한다.

❷ COUNTIF(D5:D12,"병해충제어"): 'ICT 제어수준' 필드에서 '병해충제어'를 찾아 그 개수를 구한다.

❸ ❶/❷: '병해충제어' 필드의 농가면적의 합계를 병해충제어의 개수로 나눠 평균을 구한다.

(5) 최대 농가면적 구하기(LARGE 함수)

① [J13] 셀에 =LARGE(입력 → Ctrl+A를 눌러 [함수 인수] 대화상자에 아래 그림과 같이 인수를 입력한 후 [확인]을 클릭한다.

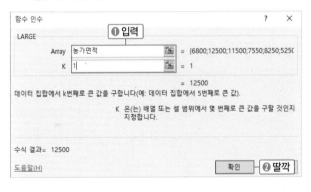

입력 함수 해설

=LARGE(농가면적,1)

'농가면적' 필드 중에서 첫 번째로 큰 값을 구한다.

(6) 시공비(단위:천원) 구하기(VLOOKUP 함수)

① [J14] 셀에 =VLOOKUP(입력 → Ctrl+A를 눌러 [함수 인수] 대화상자에 아래 그림과 같이 인수를 입력한 후 [확인]을 클릭한다.

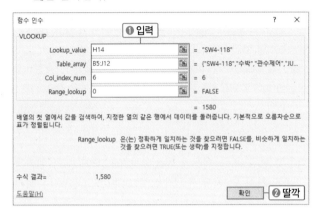

입력 함수 해설

=VLOOKUP(H14,B5:J12,6,0)

H14 셀의 값인 'SW4-118'을 '관리코드' 필드에서 찾아 참조 테이블로 지정한 B5:J12 범위의 여섯 번째 열에 있는 '시공비(단위:천원)'를 값으로 구한다.

6 조건부 서식

(1) 조건부 서식 지정하기

① [B5:J12] 영역 드래그 → [홈] 탭 - [스타일] 그룹 - [조건부 서식] - [새 규칙]을 선택한다.

② [새 서식 규칙] 대화상자에서 규칙 유형 선택은 '수식을 사용하여 서식을 지정할 셀 결정' 선택 → '다음 수식이 참인 값의 서식 지정'에 =$G5>=3000 입력 → [서식]을 선택한다.

③ [셀 서식] 대화상자 – [글꼴] 탭에서 글꼴 스타일을 '굵게', 글꼴 색을 '파랑'으로 선택 → [확인]을 클릭한다.

④ 다시 [새 서식 규칙] 대화상자로 돌아오면 [확인]을 클릭하고 조건부 서식의 결과를 확인한다.

제2작업   80점

1 목표값 찾기

(1) 데이터 복사하고 붙여넣기

① [제1작업] 시트 선택 → [B4:H12] 영역을 드래그한 후 Ctrl+C를 눌러 복사 → [제2작업] 시트의 [B2] 셀 선택 → Ctrl+V를 눌러 붙여넣기 한다.

② 열 너비를 복사하기 위해 [홈] 탭 – [클립보드] 그룹 – [붙여넣기] 내림단추 선택 → [선택하여 붙여넣기]를 선택한다.

③ [제1작업] 시트의 열 너비와 동일하게 지정하기 위해 [선택하여 붙여넣기] 대화상자 – '열 너비'를 선택한 후 [확인]을 클릭한다.

(2) 셀 병합하고 수식셀 작성하기

① [B11:G11] 영역 드래그 → [홈] 탭 – [맞춤] 그룹 – '병합하고 가운데 맞춤'(🔁) 선택 → 병합된 셀에 시공업체 JUM 품목의 시공비(단위:천원) 평균을 입력한다.

② [H11] 셀에 =DAVERAGE(입력 → Ctrl+A를 눌러 [함수 인수] 대화상자에 아래 그림과 같이 인수를 입력한 후 [확인]을 클릭한다.

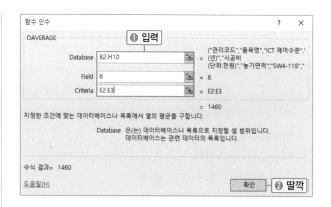

(3) 서식 지정하기

① [H11] 셀 선택 → [홈] 탭 – [맞춤] 그룹 – '가운데 맞춤'(🔳)을 선택한다.

② [B11:H11] 영역 드래그 → [홈] 탭 – [글꼴] 그룹 – [테두리] – '모든 테두리'(⊞)를 선택한다.

(4) 목표값 찾기

① 평균값이 입력된 [H11] 셀 선택 → [데이터] 탭 – [예측] 그룹에서 [가상분석] – [목표값 찾기]를 선택한다.

② [목표값 찾기] 대화상자의 '수식 셀'에 'H11'이 입력되어 있는지 확인 → '찾는 값'에는 1500 입력 → '값을 바꿀 셀'에는 [G3] 셀을 선택하여 입력한 후 [확인]을 클릭한다.

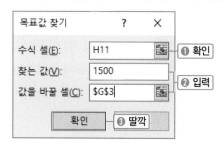

③ '목표값 찾기' 결과가 나타나면 [H11] 셀의 값이 '1460'에서 '1500'으로 변경된 것을 확인 → [G3] 셀의 값이 '1,580'에서 '1,700'으로 변경된 것을 확인 → [목표값 찾기 상태] 대화상자에서 [확인]을 클릭한다.

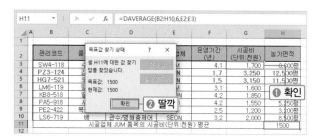

2 고급 필터로 데이터 추출

(1) 고급 필터 조건식 작성하기

① 조건식의 필드로 작성할 필드 제목인 '관리코드(B2)' 셀과 '농가면적(H2)' 셀을 Ctrl을 눌러 선택 → Ctrl+C를 눌러 복사 → [B14] 셀을 선택한 후 Ctrl+V를 눌러 데이터를 붙여넣기 한다.

② 관리코드와 농가면적 조건 중 하나 이상 만족하면 되므로 [B15] 셀에 L* 입력 → [C16] 셀에는 <=5000을 입력하여 OR 조건으로 작성한다.

	A	B	C	D
13				
14		관리코드	농가면적	
15		L*		입력
16			<=5000	
17				

③ 고급 필터의 결과로 추출할 필드인 [C2] 셀과 [F2:H2] 영역을 Ctrl을 눌러 선택 → Ctrl+C를 눌러 복사 → [B18] 셀 선택 → Ctrl+V를 눌러 데이터를 붙여넣기 한다.

(2) 고급 필터 실행하기

① 데이터 범위인 [B2:H10] 영역 드래그 → [데이터] 탭 – [정렬 및 필터] 그룹 – [고급]을 선택한다.

② [고급 필터] 대화상자의 '목록 범위'에 현재 선택한 데이터 범위가 입력되어 있는지 확인 → '조건 범위'에는 [B14:C16] 영역을 드래그하여 입력 → '다른 장소에 복사' 선택 → '복사 위치'에는 [B18:E18] 영역을 드래그하여 입력한 후 [확인]을 클릭한다.

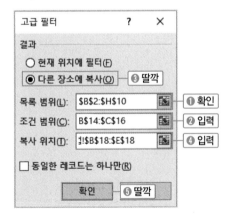

③ 결과를 확인한다.

	A	B	C	D	E	F	G	H
1								
2		관리코드	품목명	ICT 제어수준	시공업체	운영기간(년)	시공비(단위:천원)	농가면적
3		SW4-118	수박	관수제어	JUM	4.1	1,700	6,800평
4		PZ3-124	감귤	관수제어	GRN	1.7	3,250	12,500평
5		HG7-521	포도	관수/병해충제어	GRN	1.5	3,150	11,500평
6		LM6-119	망고	병해충제어	JUM	3.1	1,600	7,550평
7		KB8-518	딸기	관수/병해충제어	SEON	4.2	1,850	8,250평
8		PA5-918	사과	관수제어	GRN	4.2	1,550	5,250평
9		PE2-422	복숭아	병해충제어	JUM	2.5	1,200	3,200평
10		LS6-719	배	관수/병해충제어	SEON	3.2	2,000	8,500평
11		시공업체 JUM 품목의 시공비(단위:천원) 평균						1500
12								
13								
14		관리코드	농가면적					
15		L*						
16			<=5000					
17								
18		품목명	운영기간(년)	시공비(단위:천원)	농가면적			
19		망고	3.1	1,600	7,550평	확인		
20		복숭아	2.5	1,200	3,200평			
21		배	3.2	2,000	8,500평			

제3작업 80점

1 데이터 복사와 정렬

(1) 데이터 복사하고 붙여넣기

① [제1작업] 시트 선택 → [B4:H12] 영역을 드래그한 후 Ctrl+C를 눌러 복사 → [제3작업] 시트의 [B2] 셀 선택 → Ctrl+V를 눌러 데이터를 붙여넣기 한다.

② 열 너비를 복사하기 위해 [홈] 탭 – [클립보드] 그룹 – [붙여넣기] 내림단추 선택 → [선택하여 붙여넣기]를 선택한다.

③ [제1작업] 시트의 열 너비와 동일하게 지정하기 위해 [선택하여 붙여넣기] 대화상자 – '열 너비'를 선택한 후 [확인]을 클릭한다.

(2) 데이터 정렬하기

① 출력형태를 보면 '시공업체' 필드에 내림차순 정렬이 지정되어 있으므로 '시공업체' 필드에서 임의의 셀 선택 → [데이터] 탭 – [정렬 및 필터] 그룹 – [텍스트 내림차순 정렬]을 선택한다.

2 부분합 작성과 윤곽 지우기

(1) 부분합 구하기

① [B2:H10] 영역 안에서 임의의 셀 선택 → [데이터] 탭 – [윤곽선] 그룹 – [부분합]을 선택한다.

② [부분합] 대화상자에서 '그룹화할 항목'을 '시공업체'로 선택 → '사용할 함수'는 '개수'로 선택 → '부분합 계산 항목'에서 '품목명'에 체크하고 '농가면적'에 체크 해제 → [확인]을 클릭한다.

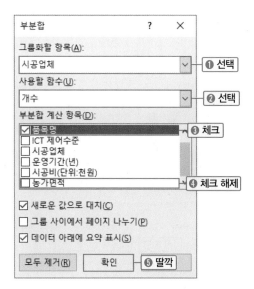

③ 부분합의 결과가 나오면 두 번째 부분합을 구하기 위해
　　다시 [B2:H12] 영역 안에서 임의의 셀 선택 → [데이터]
　　탭 - [윤곽선] 그룹 - [부분합]을 선택한다.

④ 다시 [부분합] 대화상자에서 '그룹화할 항목'을 '시공업체'
　　로 선택 → '사용할 함수'는 '평균' 선택 → '부분합 계산 항
　　목'에서 '품목명'에 체크 해제하고 '시공비(단위:천원)'에
　　체크 → '새로운 값으로 대치'에 체크 해제한 후 [확인]을
　　클릭한다.

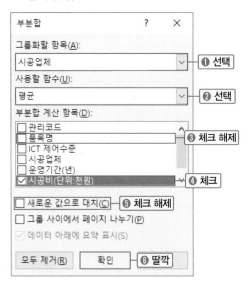

(2) 윤곽 지우기

① 데이터 안에서 임의의 셀 선택 → [데이터] 탭 - [윤곽선]
　　그룹 - [그룹 해제]의 내림단추 선택 → [윤곽 지우기]를
　　선택한다.

1 차트 작성과 스타일 지정

(1) 묶은 세로 막대형 차트 삽입하기

① [제1작업] 시트 선택 → [C4:C12] 영역 드래그 → Ctrl 을
　　누른 상태에서 [G4:H12] 영역을 드래그하여 범위를 선택
　　한다.

② [삽입] 탭 - [차트] 그룹 - [세로 또는 가로 막대형 차트
　　삽입] 선택 → [묶은 세로 막대형]을 선택한다.

(2) 차트 이동하기

① [제1작업] 시트에 추가된 차트 선택 → [차트 도구] - [디
　　자인] 탭 - [위치] 그룹 - [차트 이동]을 선택한다.

② [차트 이동] 대화상자에서 '새 시트' 선택 → 제4작업으로
　　입력한 후 [확인]을 클릭한다.

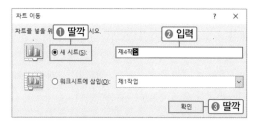

③ 맨 앞에 추가된 [제4작업] 시트를 드래그하여 [제3작업]
　　시트 뒤로 이동시킨다.

(3) 데이터 선택 변경하기

① 삽입된 차트에서 출력형태 에 표시된 데이터만 선택하기 위
　　해 [차트 도구] - [디자인] 탭 - [데이터] 그룹 - [데이터
　　선택]을 선택한다.

② [데이터 원본 선택] 대화상자에서 [행/열 전환] 선택 →
　　행/열이 변경되면 출력형태 를 참고하여 '범례 항목(계열)'
　　에서 필요 없는 계열인 '망고'와 '복숭아' 선택 → [제거]를
　　선택하여 삭제한다.

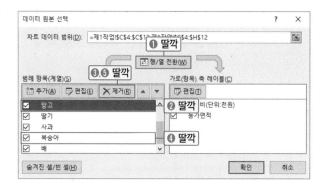

③ 다시 [행/열 전환]을 선택한 후 [확인]을 클릭한다.

(4) 레이아웃 변경과 스타일 적용하기

① '차트 영역' 선택 → [차트 도구] – [디자인] 탭 – [차트 스타일] 그룹에서 '스타일 1'을 선택한다.

② [차트 도구] – [디자인] 탭 – [차트 레이아웃] 그룹에서 [빠른 레이아웃] – '레이아웃 3'을 선택한다.

2 영역 서식 지정과 제목 작성

(1) 영역 서식 지정하기

① '차트 영역' 선택 → [홈] 탭 – [글꼴] 그룹 – 글꼴을 '굴림', 글꼴 크기를 '11pt'로 지정한다.

② [차트 도구] – [서식] 탭 – [현재 선택 영역] 그룹에서 '차트 요소'가 '차트 영역'으로 선택되어 있는지 확인 → [선택 영역 서식]을 선택한다.

③ [차트 영역 서식] 창에서 [채우기 및 선(⬦)] – '채우기' – '그림 또는 질감 채우기' 선택 → [질감(▦ ▼)] 선택 → 질감 중에서 '파랑 박엽지'를 선택한다.

④ '그림 영역' 선택 → [그림 영역 서식] 창으로 변경되면 [채우기 및 선(⬦)] – '채우기' – '단색 채우기' 선택 → [채우기 색(⬦ ▼)]은 '흰색, 배경 1'을 선택한다.

(2) 제목 작성과 서식 지정하기

① '차트 제목' 개체를 선택하여 제목에 커서가 나타나면 관수제어 및 관수/병해충제어 스마트 팜 현황 입력 → [ESC]를 눌러 '차트 제목' 개체 선택 → [홈] 탭 – [글꼴] 그룹 – 글꼴을 '굴림', 글꼴 크기를 '20pt', '굵게'로 지정한다.

② [차트 도구] – [서식] 탭 – [도형 스타일] 그룹 – [도형 채우기]에서 '흰색, 배경 1' 선택 → [도형 윤곽선]을 선택한 후 '검정, 텍스트 1'을 선택한다.

3 차트 종류 변경과 서식 지정

(1) 차트 종류 변경과 보조 축 사용하기

① 차트에서 '농가면적' 계열을 선택하기 위해 [차트 도구] – [서식] 탭 – [현재 선택 영역] 그룹 – [차트 요소]에서 '계열 "농가면적"'을 선택한다.

② [차트 도구] – [디자인] 탭 – [종류] 그룹에서 '차트 종류 변경'을 선택한다.

③ [차트 종류 변경] 대화상자 – '콤보' 차트 선택 → '농가면적'의 차트 종류를 '표식이 있는 꺾은선형'으로 선택 → '보조 축'에 체크한 후 [확인]을 클릭한다.

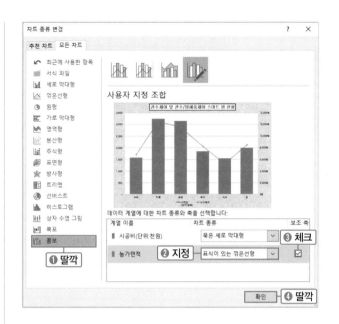

(2) 표식 변경과 데이터 레이블 추가하기

① [차트 도구] – [서식] 탭 – [현재 선택 영역] 그룹에서 '차트 요소'를 '계열 "농가 면적"'으로 선택 → [선택 영역 서식] 선택 → 오른쪽 [데이터 계열 서식] 창에서 [채우기 및 선(⬦)] 선택 → '표식'을 선택한다.

② '표식 옵션' 선택 → '기본 제공'에서 형식을 '세모' 선택 → 크기를 10으로 입력한다.

③ 막대형 차트인 '시공비(단위:천원)' 계열 선택 → 그 중에서 '감귤' 요소 선택 → '차트 요소'(➕) 선택 → '데이터 레이블'에 체크한다.

(3) 눈금선 변경하기

① 눈금선 서식을 변경하기 위해 차트의 '눈금선' 선택 → [주 눈금선 서식] 창에서 선은 '실선', 대시 종류는 '파선'을 선택한다.

(4) 축 서식 설정하기

① 차트의 '보조 세로 (값) 축' 선택 → [축 서식] 창에서 [축 옵션(▥)] 단추 선택 → '축 옵션' 선택 → '최대'를 15000, '주 단위'를 3000으로 입력한다.

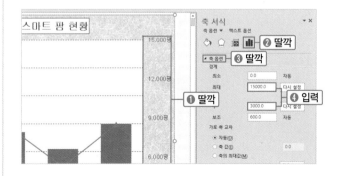

② '보조 세로 (값) 축'이 선택된 상태에서 [축 서식] 창 – [채우기 및 선(◇)] 선택 → '선'에서 '실선'을 선택한다.

③ 같은 방법으로 '세로 (값) 축', '가로 (항목) 축'도 동일하게 축 서식의 선을 '실선'으로 선택한다.

4 범례명 변경과 도형 삽입

(1) 범례명 변경하기

① '차트 영역' 선택 → [차트 도구] – [디자인] 탭 – [데이터] 그룹에서 [데이터 선택]을 선택한다.

② [데이터 원본 선택] 창에서 '시공비(단위:천원)'을 선택한 후 [편집]을 선택한다.

③ [계열 편집] 창에서 '계열 이름'에 시공비(단위:천원)을 입력한 후 [확인] 클릭 → [데이터 원본 선택] 창으로 돌아오면 [확인] 클릭 → 차트에서 범례명이 한 줄로 수정되었는지 확인한다.

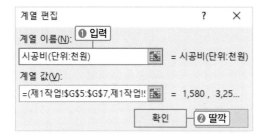

(2) 도형 삽입하기

① '차트 영역' 선택 → [삽입] 탭 – [일러스트레이션] 그룹 – [도형]에서 '모서리가 둥근 사각형 설명선'을 선택한다.

② 출력형태 와 동일하게 '감귤' 요소 위에 드래그하여 도형을 그린 후 최대 시공비를 입력한다.

③ 도형 선택 → [홈] 탭 – [글꼴] 그룹에서 글꼴을 '굴림', 글꼴 크기를 '11pt', 글꼴 색을 '검정, 텍스트 1'로 선택 → [맞춤] 그룹에서 가로와 세로 모두 '가운데 맞춤'(≡, ≡)으로 선택한다.

④ [그리기 도구] – [서식] 탭 – [도형 스타일] 그룹에서 [도형 채우기] – '흰색, 배경 1' 선택 → 도형의 모양 조절 핸들을 드래그하여 출력형태 와 동일하게 모양을 변경한다.

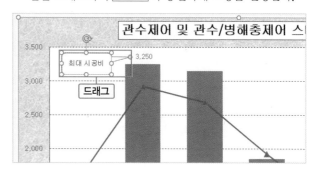

제8회 정보기술자격(ITQ) 시험

과목	코드	문제유형	시험시간	수험번호	성명
한글엑셀	1122	A	60분		

제1작업　표 서식 작성 및 값 계산　240점

다음은 '20평형 제습기 추천 모델'에 대한 자료이다. 자료를 입력하고 조건에 맞도록 작업하시오.

출력형태

제품코드	제품명	제조사	가격	사용면적 (제곱미터)	소비전력 (W)	등록일자	판매사	비고
DQ-115	회오리디큐	엘큐전자	482,880	83	333	2020-03-05	(1)	(2)
QN-316	뽀송디엔	큐니스	322,140	70	270	2019-01-10	(1)	(2)
DQ-114	회오리디큐16	엘큐전자	444,610	66	215	2020-03-10	(1)	(2)
QX-215	뽀송디엑스2	큐니스	353,270	73	300	2019-04-01	(1)	(2)
YC-225	클라윈드와이2	커리어	222,030	65	290	2021-04-10	(1)	(2)
QX-413	뽀송디엑스4	큐니스	541,030	81	330	2021-04-01	(1)	(2)
YC-221	클라윈드와이	커리어	250,960	75	365	2020-07-01	(1)	(2)
DQ-315	회오리디큐20	엘큐전자	453,380	83	330	2020-02-10	(1)	(2)
엘큐전자의 제품 개수			(3)			최대 사용면적(제곱미터)		(5)
2020년 이후 등록 제품의 소비전력(W) 평균			(4)			제품코드	DQ-115	(6)

제목 위: 확인 / 담당 / 팀장 / 부장

조건

○ 모든 데이터의 서식에는 글꼴(굴림, 11pt), 정렬은 숫자 및 회계 서식은 오른쪽 정렬, 나머지 서식은 가운데 정렬로 작성하며 예외적인 것은 **출력형태**를 참조하시오.

○ 제 목 ⇒ 도형(육각형)과 그림자(오프셋 오른쪽)를 이용하여 작성하고 "20평형 제습기 추천 모델"을 입력한 후 다음 서식을 적용하시오(글꼴 - 굴림, 24pt, 검정, 굵게, 채우기 - 노랑).

○ 임의의 셀에 결재란을 작성하여 그림으로 복사 기능을 이용하여 붙이기 하시오(단, 원본 삭제).

○ 「B4:J4, G14, I14」 영역은 '주황'으로 채우기 하시오.

○ 유효성 검사를 이용하여 「H14」 셀에 제품코드(「B5:B12」 영역)가 선택 표시되도록 하시오.

○ 셀 서식 ⇒ 「E5:E12」 영역에 셀 서식을 이용하여 숫자 뒤에 '원'을 표시하시오(예: 482,880원).

○ 「H5:H12」 영역에 대해 '등록일자'로 이름정의를 하시오.

(1)~(6) 셀은 반드시 주어진 함수를 이용하여 값을 구하시오(결과값을 직접 입력하면 해당 셀은 0점 처리됨).

(1) **판매사** ⇒ 제품코드의 네 번째 글자가 1이면 '한국 ', 2이면 '대한', 그 외에는 '온라인'으로 구하시오(IF, MID 함수).

(2) **비고** ⇒ 소비전력(W)의 오름차순 순위를 구하시오(RANK.EQ 함수).

(3) **엘큐전자의 제품 개수** ⇒ 결과값에 '개'를 붙이시오. 단, 조건은 입력데이터를 이용하시오(DCOUNTA 함수, & 연산자)(예: 1개).

(4) **2020년 이후 등록 제품의 소비전력 (W) 평균** ⇒ 등록일자가 '2020-01-01' 이후 (해당일 포함)인 제품의 소비전력(W) 평균을 구하시오. 단, 정의된 이름(등록일자)을 이용하여 구하시오(SUMIF, COUNTIF 함수).

(5) **최대 사용면적(제곱미터)** ⇒ (MAX 함수)

(6) 가격 ⇒ 「H14」 셀에서 선택한 제품코드에 대한 가격을 구하시오(VLOOKUP 함수).

(7) 조건부 서식의 수식을 이용하여 사용면적(제곱미터)이 '80' 이상인 행 전체에 다음의 서식을 적용하시오(글꼴: 파랑, 굵게).

제2작업 　 필터 및 서식 　　　　　　　　　　　　　　　　　　　　　　　　80점

"제1작업" 시트의 「B4:H12」 영역을 복사하여 "제2작업" 시트의 「B2」 셀부터 모두 붙여넣기를 한 후 다음의 조건과 같이 작업하시오.

`조건`

(1) 고급 필터 　 – 제품 코드가 'Y'로 시작하거나, 소비전력(W)이 '300' 이하인 자료의 제품명, 제조사, 가격, 사용면적(제곱미터)
　　　　　　　　　데이터만 추출하시오.
　　　　　　　– 조건 범위: 「B14」 셀부터 입력하시오.
　　　　　　　– 복사 위치: 「B18」 셀부터 나타나도록 하시오.
(2) 표 서식 　　 – 고급 필터의 결과 셀을 채우기 없음으로 설정한 후 '표 스타일 보통 6'의 서식을 적용하시오.
　　　　　　　– 머리글 행, 줄무늬 행을 적용하시오.

제3작업 　 피벗 테이블 　　　　　　　　　　　　　　　　　　　　　　　　80점

"제1작업" 시트를 이용하여 "제3작업" 시트에 조건에 따라 `출력형태`와 같이 작업하시오.

`조건`

(1) 소비전력(W) 및 제조사별 제품명의 개수와 사용면적(제곱미터)의 평균을 구하시오.

(2) 소비전력(W)을 그룹화하고, 제조사를 `출력형태`와 같이 정렬하시오.

(3) 레이블이 있는 셀 병합 및 가운데 맞춤 적용 및 빈 셀은 '**'로 표시하시오.

(4) 행의 총합계는 지우고, 나머지 사항은 `출력형태`에 맞게 작성하시오.

`출력형태`

소비전력(W)	개수 : 제품명	평균 : 사용면적(제곱미터)	개수 : 제품명	평균 : 사용면적(제곱미터)	개수 : 제품명	평균 : 사용면적(제곱미터)
	큐니스		커리어		엘큐전자	
201-270	1	70	**	**	1	66
271-340	2	77	1	65	2	83
341-410	**	**	1	75	**	**
총합계	**3**	**75**	**2**	**70**	**3**	**77**

"제1작업" 시트를 이용하여 조건에 따라 출력형태 와 같이 작업하시오.

조건

(1) **차트 종류** ⇒ 〈묶은 세로 막대형〉으로 작업하시오.

(2) **데이터 범위** ⇒ "제1작업" 시트의 내용을 이용하여 작업하시오.

(3) **위치** ⇒ "새 시트"로 이동하고, "제4작업"으로 시트 이름을 바꾸시오.

(4) **차트 디자인 도구** ⇒ 레이아웃 3, 스타일 1을 선택하여 출력형태 에 맞게 작업하시오.

(5) **영역 서식** ⇒ 차트: 글꼴(굴림, 11pt), 채우기 효과(질감−분홍 박엽지), 그림: 채우기(흰색, 배경 1)

(6) **제목 서식** ⇒ 차트 제목: 글꼴(굴림, 굵게, 20pt), 채우기(흰색, 배경 1), 테두리

(7) **서식** ⇒ 가격 계열의 차트 종류를 〈표식이 있는 꺾은선형〉으로 변경한 후 보조 축으로 지정하시오.

       계열: 출력형태 를 참조하여 표식(세모, 크기 10)과 레이블 값을 표시하시오.

       눈금선: 선 스타일−파선

       축: 출력형태 를 참조하시오.

(8) **범례** ⇒ 범례명을 변경하고 출력형태 를 참조하시오.

(9) **도형** ⇒ '모서리가 둥근 사각형 설명선'을 삽입한 후 출력형태 와 같이 내용을 입력하시오.

(10) 나머지 사항은 출력형태 에 맞게 작성하시오.

출력형태

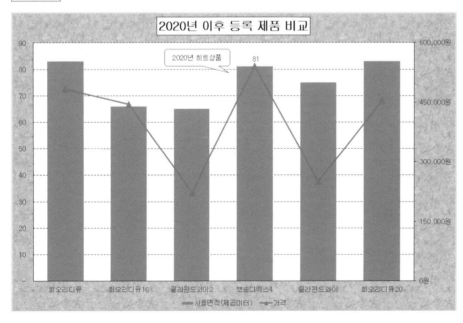

❗ 주의 시트명 순서가 차례대로 "제1작업", "제2작업", "제3작업", "제4작업"이 되도록 할 것.

함께 보는 간단해설

제1작업 240점

1 데이터 입력 및 서식 지정

(1) 데이터 입력하기

① [A] 열의 너비는 '1'로 조절 → 시트의 글꼴을 '굴림'으로 지정 → [Sheet1] 시트를 복사하여 [제1작업], [제2작업], [제3작업]으로 이름을 변경한다.

② [B4:J14] 영역에 데이터를 입력하고 데이터가 문제지의 출력형태와 동일한지 비교한다.

(2) 셀 병합과 데이터 정렬하기

① Ctrl을 눌러 [B13:D13], [B14:D14], [F13:F14], [G13:I13] 영역 드래그 → [홈] 탭 – [맞춤] 그룹 – '병합하고 가운데 맞춤'(🔛)을 선택한다.

② 데이터 전체 영역인 [B4:J14] 영역 드래그 → '가운데 맞춤'(≡) 선택 → 숫자에 해당하는 [E5:G12] 영역 드래그 → '오른쪽 맞춤'(≡)을 선택한다.

(3) 열 너비와 채우기 색 지정하기

① 입력된 데이터가 잘 보이도록 출력형태와 동일하게 행과 열 너비를 조절한다.

② [B4:J4] 영역 드래그 → Ctrl을 누른 상태에서 [G14], [I14] 셀 선택 → [홈] 탭 – [글꼴] 그룹 – [채우기 색]에서 '주황'을 선택한다.

(4) 표 테두리 지정하기

① [B4:J4] 영역 드래그 → Ctrl을 누른 상태에서 [B5:J12], [B13:J14] 영역 드래그 → [홈] 탭 – [글꼴] 그룹 – [테두리] – '모든 테두리'(⊞), '굵은 바깥쪽 테두리'(⊡)를 선택한다.

② [F13] 셀 선택 → [홈] 탭 – [글꼴] 그룹 – [테두리] – '다른 테두리'(⊞) 선택 → [셀 서식] 대화상자가 열리면 [테두리] 탭 – 선 스타일에서 '가는 실선' 선택 → '상향 대각선'과 '하향 대각선'을 선택하고 [확인]을 클릭한다.

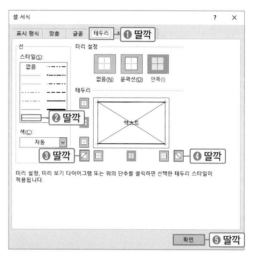

(5) 사용자 지정 표시 형식 지정하기

① [F5:G12] 영역 드래그 → [홈] 탭 – [표시 형식] 그룹에서 '쉼표 스타일'(,)을 선택한다.

② [E5:E12] 영역 드래그 → [홈] 탭 – [표시 형식] 그룹 – [표시 형식]에서 '기타 표시 형식'을 선택한다.

③ [셀 서식] 대화상자 –'사용자 지정' 범주 선택 → '형식'에서 '#,##0' 선택 → 뒤에 "원"을 추가로 입력한 후 [확인]을 클릭한다.

2 도형 작성과 서식

(1) 도형으로 제목 작성하기

① [삽입] 탭 – [일러스트레이션] 그룹 – [도형] – '기본 도형'에서 '육각형' 선택 → 제목이 위치할 [B1:G3] 영역 사이에 드래그하여 도형을 그린 후 20평형 제습기 추천 모델을 입력한다.

(2) 도형 서식 지정하기

① 도형 선택 → [홈] 탭 – [글꼴] 그룹 – 글꼴을 '굴림', 글꼴 크기를 '24pt', '굵게', 글꼴 색을 '검정, 텍스트 1'로 선택 → [맞춤] 그룹에서 가로와 세로 모두 '가운데 맞춤'(≡, ≡)을 선택한다.

② [그리기 도구] – [서식] 탭 – [도형 채우기]에서 '노랑' 선택 → [도형 효과] – [그림자] – '오프셋 오른쪽'을 선택한다.

3 결재란 작성

(1) 결재란 입력하기

① [L16] 셀부터 결재란 내용 입력 → [L16:L17] 영역 드래그 → [홈] 탭 – [맞춤] 그룹 – '병합하고 가운데 맞춤'(⊟)을 선택한다.

② 모든 셀의 맞춤을 '가운데 맞춤'(≡)으로 선택 → 병합된 '확인' 셀 선택 → [홈] 탭 – [맞춤] 그룹 – [방향]에서 '세로 쓰기'를 선택한다.

③ 행 높이와 열 너비 조절 → [L16:O17] 영역 드래그 → [홈] 탭 – [글꼴] 그룹 – [테두리] – '모든 테두리'(⊞)를 선택한다.

(2) 결재란 복사하기

① 작성된 결재란 영역 [L16:O17] 드래그 → Ctrl+C를 눌러 복사한다.

② [H1] 셀 선택 → Ctrl+V를 눌러 붙여넣기 → [붙여넣기 옵션] 단추 선택 → '그림'을 선택한다.

③ 결재란의 위치와 크기는 출력형태와 동일하게 [H1:J3] 영역 안에서 조절 → [L16:O17] 영역 드래그 → [홈] 탭 – [셀] 그룹 – [삭제]를 선택한다.

4 유효성 검사와 이름 정의

(1) 유효성 검사로 목록 표시하기

① [H14] 셀 선택 → [데이터] 탭 – [데이터 도구] 그룹 – [데이터 유효성 검사]를 선택한다.

② [데이터 유효성] 대화상자 – [설정] 탭 – 유효성 조건의 [제한 대상]을 '목록'으로 선택 → [원본] 입력란 선택 → '제품코드' 영역인 [B5:B12] 영역을 드래그하여 입력한 후 [확인]을 클릭한다.

③ [H14] 셀 선택 → 출력형태와 동일하게 목록 중 'DQ-115'를 선택한다.

(2) 이름 정의하기

① [H5:H12] 영역 드래그 → [수식] 탭 – [정의된 이름] 그룹 – [이름 정의] 선택 → [새 이름] 대화상자에서 '이름'을 등록일자로 입력한 후 [확인]을 클릭한다.

5 함수

(1) 판매사 구하기(IF, MID 함수)

① [I5] 셀에 =IF(입력 → Ctrl+A를 눌러 [함수 인수] 대화상자에 아래 그림과 같이 인수 입력 → 수식 입력줄에서 중첩된 IF를 선택한다.

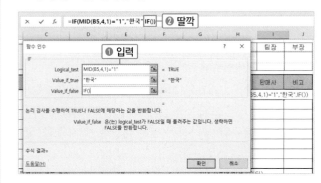

② 중첩 IF 함수의 [함수 인수] 대화상자가 열리면 아래 그림과 같이 인수를 입력한 후 [확인]을 클릭한다.

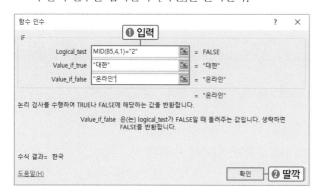

✏️ 입력 함수 해설

=IF(MID(B5,4,1)="1","한국",IF(MID(B5,4,1)="2","대한","온라인"))

❶ IF(MID(B5,4,1)="1","한국",❷): '제품코드' 필드에서 제품코드의 네 번째 문자부터 한 글자를 추출하여 그 문자가 "1"이면 "한국"을 값으로 구하고, 그렇지 않으면 ❷를 수행한다.

❷ IF(MID(B5,4,1)="2","대한","온라인"): '제품코드' 필드에서 제품코드의 네 번째 문자부터 한 글자를 추출하여 그 문자가 "2"이면 "대한"을 값으로 구하고, 그렇지 않으면 "온라인"을 값으로 구한다.

③ [I5] 셀의 '자동 채우기 핸들'을 드래그하여 [I12] 셀까지 수식 복사 → '자동 채우기 옵션'(🔳) 단추 선택 → '서식 없이 채우기'를 선택한다.

(2) 비고 구하기(RANK.EQ 함수)

① [J5] 셀에 =RANK.EQ(입력 → Ctrl + A 를 눌러 [함수 인수] 대화상자에 아래 그림과 같이 인수를 입력한 후 [확인]을 클릭한다.

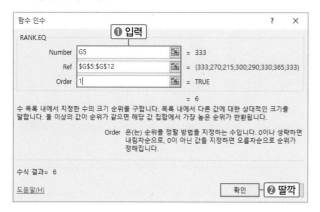

✏️ 입력 함수 해설

=RANK.EQ(G5,$G$5:$G$12,1)

'소비전력(W)' 필드에서 순위를 오름차순으로 구한다.

② [J5] 셀의 '자동 채우기 핸들'을 드래그하여 [J12] 셀까지 수식 복사 → '자동 채우기 옵션'(🔳) 단추 선택→ '서식 없이 채우기'를 선택한다.

(3) 엘큐전자의 제품 개수 구하기(DCOUNTA 함수, & 연산자)

① [E13] 셀에 =DCOUNTA(입력 → Ctrl + A 를 눌러 [함수 인수] 대화상자에 아래 그림과 같이 인수를 입력한 후 [확인]을 클릭한다.

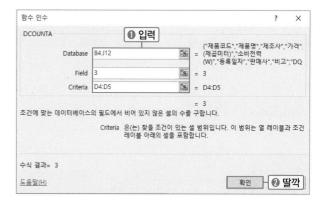

② 수식 입력줄의 수식 맨 끝을 클릭 → &"개"를 추가한 후 Enter 를 누른다.

✏️ 입력 함수 해설

=DCOUNTA(B4:J12,3,D4:D5)&"개"

❶ DCOUNTA(B4:J12,3,D4:D5): B4:J12 범위에서 '제조사'가 '엘큐전자'인 조건을 찾아 3번째 열인 '제조사' 필드에서 개수를 구한다.

❷ ❶&"개": ❶에서 구한 값 뒤에 "개"를 표시한다.

(4) 2020년 이후 등록 제품의 소비전력(W) 평균 구하기
(SUMIF, COUNTIF 함수)

① [E14] 셀에 =SUMIF(입력 → Ctrl+A를 눌러 [함수 인수] 대화상자에 아래 그림과 같이 인수를 입력한 후 [확인]을 클릭한다.

② 수식 입력줄의 수식 맨 끝을 클릭 → / 추가 → 이어서 COUNTIF(입력 → Ctrl+A를 눌러 [함수 인수] 대화상자에 아래 그림과 같이 인수를 입력한 후 [확인]을 클릭한다.

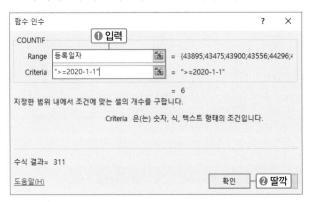

✏ 입력 함수 해설

=SUMIF(등록일자,">=2020-1-1",G5:G12)/COUNTIF(등록일자,">=2020-1-1")
❶ ❷ ❸

❶ SUMIF(등록일자,">=2020-1-1",G5:G12): 정의된 이름 '등록일자' 영역에서 등록일자가 '2020-1-1' 이상인 조건을 찾아 '소비전력(W)' 필드의 합계를 구한다.
❷ COUNTIF(등록일자,">=2020-1-1"): 정의된 이름 '등록일자' 영역에서 등록일자가 '2020-1-1'이상인 셀의 개수를 구한다.
❸ ❶/❷: 등록일자가 '2020-1-1' 이상인 소비전력(W) 필드의 합계를 등록일자가 '2020-1-1' 이상인 소비전력(W)의 개수로 나누어 평균을 구한다.

(5) 최대 사용면적(제곱미터) 구하기(MAX 함수)

① [J13] 셀에 =MAX(F5:F12)를 입력한 후 Enter를 누른다.

✏ 입력 함수 해설

=MAX(F5:F12)

'사용면적(제곱미터)' 필드 중에서 최대값을 구한다.

(6) 가격 구하기(VLOOKUP 함수)

① [J14] 셀에 =VLOOKUP(입력 → Ctrl+A를 눌러 [함수 인수] 대화상자에 아래 그림과 같이 인수를 입력한 후 [확인]을 클릭한다.

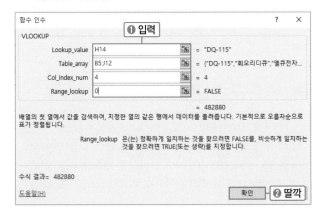

✏ 입력 함수 해설

=VLOOKUP(H14,B5:J12,4,0)

H14 셀의 값인 'DQ-115'를 '제품코드' 필드에서 찾아 참조 테이블로 지정한 B5:J12 범위의 네 번째 열에 있는 '가격'을 값으로 구한다.

6 조건부 서식

(1) 조건부 서식 지정하기

① [B5:J12] 영역 드래그 → [홈] 탭 - [스타일] 그룹 - [조건부 서식] - [새 규칙]을 선택한다.
② [새 서식 규칙] 대화상자에서 규칙 유형 선택은 '수식을 사용하여 서식을 지정할 셀 결정' 선택 → '다음 수식이 참인 값의 서식 지정'에 =$F5>=80 입력 → [서식]을 선택한다.

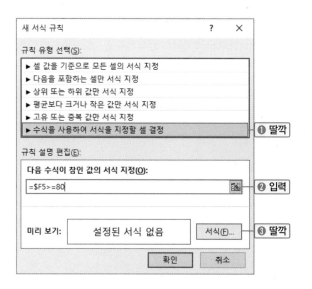

③ [셀 서식] 대화상자 – [글꼴] 탭에서 글꼴 스타일을 '굵게', 글꼴 색을 '파랑'으로 선택 → [확인]을 클릭한다.

④ 다시 [새 서식 규칙] 대화상자로 돌아오면 [확인]을 클릭하고 조건부 서식의 결과를 확인한다.

제2작업 (80점)

1 고급 필터로 데이터 추출

(1) 데이터 복사하고 붙여넣기

① [제1작업] 시트 선택 → [B4:H12] 영역을 드래그한 후 Ctrl+C를 눌러 복사 → [제2작업] 시트의 [B2] 셀 선택 → Ctrl+V를 눌러 붙여넣기 한다.

② 열 너비를 복사하기 위해 [홈] 탭 - [클립보드] 그룹 - [붙여넣기] 내림단추 선택 → [선택하여 붙여넣기]를 선택한다.

③ [제1작업] 시트의 열 너비와 동일하게 지정하기 위해 [선택하여 붙여넣기] 대화상자 – '열 너비'를 선택한 후 [확인]을 클릭한다.

(2) 고급 필터 조건식 작성하기

① 조건식의 필드로 작성할 필드 제목인 '제품코드(B2)' 셀과 '소비전력(W)(G2)' 셀을 Ctrl을 눌러 선택 → Ctrl+C를 눌러 복사 → [B14] 셀을 선택한 후 Ctrl+V를 눌러 데이터를 붙여넣기 한다.

② 제품코드와 소비전력(W) 조건 중 하나 이상 만족하면 되므로 [B15] 셀에 Y* 입력 → [C16] 셀에는 <=300을 입력하여 OR 조건으로 작성한다.

③ 고급 필터의 결과로 추출할 필드인 [C2:F2] 영역 드래그 → Ctrl+C를 눌러 복사 → [B18] 셀 선택 → Ctrl+V를 눌러 붙여넣기 한다.

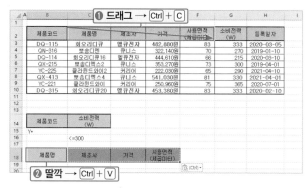

(3) 고급 필터 실행하기

① 데이터 범위인 [B2:H10] 영역 드래그 → [데이터] 탭 - [정렬 및 필터] 그룹 - [고급]을 선택한다.

② [고급 필터] 대화상자의 '목록 범위'에 현재 선택한 데이터 범위가 입력되어 있는지 확인 → '조건 범위'에는 [B14:C16] 영역을 드래그하여 입력 → '다른 장소에 복사' 선택 → '복사 위치'에는 [B18:E18] 영역을 드래그하여 입력한 후 [확인]을 클릭한다.

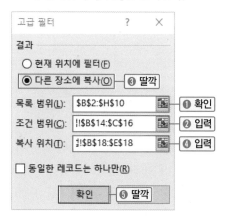

2 표 서식 적용

(1) 표 서식 지정하기

① 고급 필터의 결과 셀이 복사된 [B18:E23] 영역 드래그 →
[홈] 탭 – [글꼴] 그룹 – [채우기 색]의 내림단추 선택 →
'채우기 없음'을 선택한다.

② [홈] 탭 – [스타일] 그룹 – [표 서식]을 선택한 후 '표 스타
일 보통 6'을 선택한다.

③ [표 서식] 대화상자에서 표 서식을 적용할 데이터 범위인
[B18:E23] 영역이 지정되었는지 확인 → '머리글 포함'에
체크되어있는지 확인→ [확인]을 클릭한다.

④ 표 서식이 적용되면 [표 도구] – [디자인] 탭 – [표 스타일
옵션] 그룹에서 '머리글 행'과 '줄무늬 행'에 체크가 되어
있는지 확인한다.

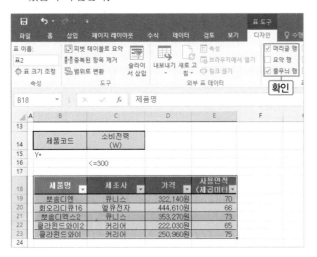

제3작업   80점

1 피벗 테이블 작성

(1) 피벗 테이블 삽입하기

① [제1작업] 시트의 [B4:H12] 영역 드래그 → [삽입] 탭 –
[표] 그룹 – [피벗 테이블]을 선택한다.

② [피벗 테이블 만들기] 대화상자의 '표/범위'에 [제1작업]
시트에서 선택한 [B4:H12] 영역이 입력되어 있는지 확인
→ '피벗 테이블 보고서를 넣을 위치'는 '기존 워크시트'
선택 → '위치'에는 [제3작업] 시트의 [B2] 셀을 선택하여
입력한 후 [확인]을 클릭한다.

(2) 피벗 테이블로 집계하기

① [피벗 테이블 필드] 창에서 '소비전력(W)' 필드는 '행' 영역
으로 드래그 → '제조사' 필드는 '열' 영역으로 드래그 →
'제품명' 필드와 '사용면적(제곱미터)' 필드는 출력형태와
동일한 순서로 '값' 영역으로 드래그한다.

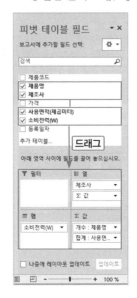

(3) 값 필드 설정으로 함수 변경하기

① '값' 영역에 삽입된 '합계 : 사용면적(제곱미터)' 필드 선택
→ 목록에서 '값 필드 설정'을 선택한다.

② [값 필드 설정] 대화상자 – '값 필드 요약 기준'을 '평균'으
로 선택 → [확인]을 클릭한다.

2 그룹화와 정렬

(1) 소비전력(W)별로 그룹화하기

① 작성된 피벗 테이블의 행 레이블 중 임의의 셀 선택 → 마
우스 오른쪽 클릭 → [그룹]을 선택한다.

② [그룹화] 대화상자에서 '시작'에 201 입력 → '끝'에는 410
입력 → '단위'에는 70을 입력한 후 [확인]을 클릭한다.

(2) 정렬하고 필드명 변경하기

① 피벗 테이블의 '열 레이블' 필터 단추 선택 → [텍스트 내림차순 정렬]을 선택한다.

② 출력형태와 동일하게 필드명을 변경하기 위해 [C2] 셀은 제조사로 입력 → [B4] 셀은 소비전력(W)으로 입력 → [D4] 셀은 평균 : 사용면적(제곱미터)로 입력한다.

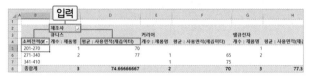

3 피벗 테이블 옵션과 셀 서식 지정

(1) 피벗 테이블 옵션 지정하기

① 피벗 테이블 안의 임의의 셀 선택 → [피벗 테이블 도구] – [분석] 탭 – [피벗 테이블] 그룹에서 [옵션]을 선택한다.

② [피벗 테이블 옵션] 대화상자 – [레이아웃 및 서식] 탭 – [레이아웃]에서 '레이블이 있는 셀 병합 및 가운데 맞춤'에 체크 → [서식] – '빈 셀 표시'에 **를 입력한다.

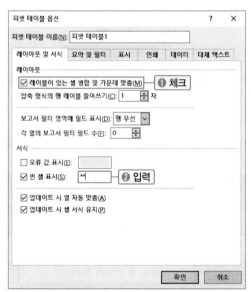

③ [요약 및 필터] 탭 – [총합계]에서 '행 총합계 표시'를 체크 해제한 후 [확인]을 클릭한다.

(2) 셀 서식 지정하기

① 피벗 테이블의 값 영역을 모두 드래그하여 선택 → [홈] 탭 – [맞춤] 그룹에서 '가운데 맞춤'(≡) 선택 → [표시 형식] 그룹에서 '쉼표 스타일'(,)을 선택한다.

제4작업 100점

1 차트 작성과 스타일 지정

(1) 묶은 세로 막대형 차트 삽입하기

① [제1작업] 시트 선택 → [C4:C12] 영역 드래그 → Ctrl을 누른 상태에서 [E4:F12] 영역을 드래그하여 범위를 선택한다.

② [삽입] 탭 – [차트] 그룹 – [세로 또는 가로 막대형 차트 삽입] 선택 → [묶은 세로 막대형]을 선택한다.

(2) 차트 이동하기

① [제1작업] 시트에 추가된 차트 선택 → [차트 도구] – [디자인] 탭 – [위치] 그룹 – [차트 이동]을 선택한다.

② [차트 이동] 대화상자에서 '새 시트' 선택 → 제4작업으로 입력한 후 [확인]을 클릭한다.

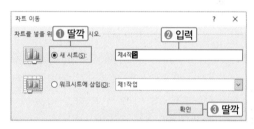

③ 맨 앞에 추가된 [제4작업] 시트를 드래그하여 [제3작업] 시트 뒤로 이동시킨다.

(3) 데이터 선택 변경하기

① 삽입된 차트에서 출력형태에 표시된 데이터만 선택하기 위해 [차트 도구] – [디자인] 탭 – [데이터] 그룹 – [데이터 선택]을 선택한다.

② [데이터 원본 선택] 대화상자에서 [행/열 전환] 선택 → 행/열이 변경되면 출력형태를 참고하여 '범례 항목(계열)'에서 필요 없는 계열인 '뽀송디엔'과 '뽀송디엑스2' 선택 → [제거]를 선택하여 삭제한다.

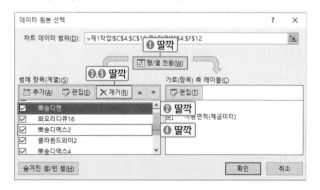

③ 다시 [행/열 전환]을 선택한 후 [확인]을 클릭한다.

(4) 레이아웃 변경과 스타일 적용하기

① '차트 영역' 선택 → [차트 도구] – [디자인] 탭 – [차트 스타일] 그룹에서 '스타일 1'을 선택한다.

② [차트 도구] – [디자인] 탭 – [차트 레이아웃] 그룹에서 [빠른 레이아웃] – '레이아웃 3'을 선택한다.

2 영역 서식 지정과 제목 작성

(1) 영역 서식 지정하기

① '차트 영역' 선택 → [홈] 탭 – [글꼴] 그룹 – 글꼴을 '굴림', 글꼴 크기를 '11pt'로 지정한다.

② [차트 도구] – [서식] 탭 – [현재 선택 영역] 그룹에서 '차트 요소'가 '차트 영역'으로 선택되어 있는지 확인 → [선택 영역 서식]을 선택한다.

③ [차트 영역 서식] 창에서 [채우기 및 선(✎)] – '채우기' – '그림 또는 질감 채우기' 선택 → [질감(▦ ▼)] 선택 → 질감 중에서 '분홍 박엽지'를 선택한다.

④ '그림 영역' 선택 → [그림 영역 서식] 창으로 변경되면 [채우기 및 선(✎)] – '채우기'– '단색 채우기' 선택 → [채우기 색(◇ ▼)]은 '흰색, 배경 1'을 선택한다.

(2) 제목 작성과 서식 지정하기

① '차트 제목' 개체를 선택하여 제목에 커서가 나타나면 2020년 이후 등록 제품 비교 입력 → ESC 를 눌러 '차트 제목' 개체 선택 → [홈] 탭 – [글꼴] 그룹 – 글꼴을 '굴림', 글꼴 크기를 '20pt', '굵게'로 지정한다.

② [차트 도구] – [서식] 탭 – [도형 스타일] 그룹 – [도형 채우기]에서 '흰색, 배경 1' 선택 → [도형 윤곽선]을 선택한 후 '검정, 텍스트 1'을 선택한다.

3 차트 종류 변경과 서식 지정

(1) 차트 종류 변경과 보조 축 사용하기

① 차트에서 '가격' 계열을 선택하기 위해 [차트 도구] – [서식] 탭 – [현재 선택 영역] 그룹 – [차트 요소]에서 '계열 "가격"'을 선택한다.

② [차트 도구] – [디자인] 탭 – [종류] 그룹 에서 '차트 종류 변경'을 선택한다.

③ [차트 종류 변경] 대화상자 – '콤보' 차트 선택 → '가격'의 차트 종류를 '표식이 있는 꺾은선형'으로 선택 → '보조 축'에 체크한 후 [확인]을 클릭한다.

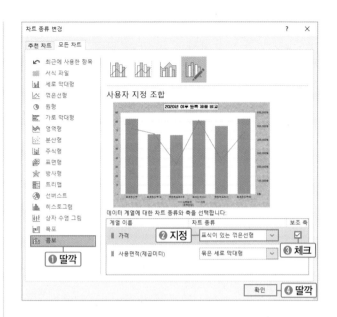

(2) 표식 변경과 데이터 레이블 추가하기

① [차트 도구] – [서식] 탭 – [현재 선택 영역] 그룹에서 '차트 요소'를 '계열 "가격"'으로 선택 → [선택 영역 서식] 선택 → 오른쪽 [데이터 계열 서식] 창에서 [채우기 및 선(✎)] 선택 → '표식'을 선택한다.

② '표식 옵션' 선택 → '기본 제공'에서 형식을 '세모' 선택 → 크기를 10으로 입력한다.

③ 막대형 차트인 '사용면적(제곱미터)' 계열 선택 → 그 중에서 '뽀송디엑스4' 요소 선택 → '차트 요소'(+) 선택 → '데이터 레이블'에 체크한다.

(3) 눈금선 변경하기

① 눈금선 서식을 변경하기 위해 차트의 '눈금선' 선택 → [주 눈금선 서식] 창에서 선은 '실선', 대시 종류는 '파선'을 선택한다.

(4) 축 서식 설정하기

① 차트의 '보조 세로 (값) 축' 선택 → [축 서식] 창에서 [축 옵션(▮▮)] 단추 선택 → '축 옵션' 선택 → '주 단위'를 150000으로 입력한다.

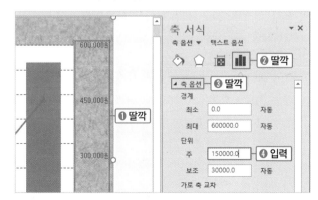

② '보조 세로 (값) 축'이 선택된 상태에서 [축 서식] 창 – [채우기 및 선(✏)] 선택 → '선'에서 '실선'을 선택한다.

③ 같은 방법으로 '세로 (값) 축', '가로 (항목) 축'도 동일하게 축 서식의 선을 '실선'으로 선택한다.

4 범례명 변경과 도형 삽입

(1) 범례명 변경하기

① '차트 영역' 선택 → [차트 도구] – [디자인] 탭 – [데이터] 그룹에서 [데이터 선택]을 선택한다.

② [데이터 원본 선택] 창에서 '사용면적(제곱미터)'을 선택한 후 [편집]을 선택한다.

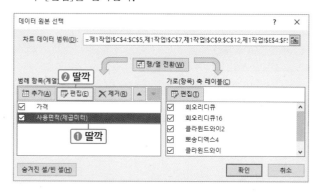

③ [계열 편집] 창에서 '계열 이름'에 사용면적(제곱미터)을 입력한 후 [확인] 클릭 → [데이터 원본 선택] 창으로 돌아오면 [확인] 클릭 → 차트에서 범례명이 한 줄로 수정되었는지 확인한다.

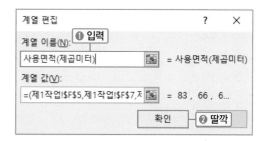

(2) 도형 삽입하기

① '차트 영역' 선택 → [삽입] 탭 – [일러스트레이션] 그룹 – [도형]에서 '모서리가 둥근 사각형 설명선'을 선택한다.

② 출력형태 와 동일하게 '뽀송디엑스4' 요소 위에 드래그하여 도형을 그린 후 2020년 히트상품을 입력한다.

③ 도형 선택 → [홈] 탭 – [글꼴] 그룹에서 글꼴을 '굴림', 글꼴 크기를 '11pt', 글꼴 색을 '검정, 텍스트 1'로 선택 → [맞춤] 그룹에서 가로와 세로 모두 '가운데 맞춤'(≡, ≡)으로 선택한다.

④ [그리기 도구] – [서식] 탭 – [도형 스타일] 그룹에서 [도형 채우기] – '흰색, 배경 1' 선택 → 도형의 모양 조절 핸들을 드래그하여 출력형태 와 동일하게 모양을 변경한다.

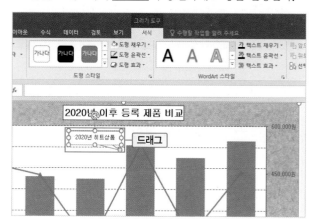

제9회 정보기술자격(ITQ) 시험

과목	코드	문제유형	시험시간	수험번호	성명
한글엑셀	1122	C	60분		

제1작업   표 서식 작성 및 값 계산   240점

다음은 '첨단문화센터 강좌 현황'에 대한 자료이다. 자료를 입력하고 조건에 맞도록 작업하시오.

출력형태

관리코드	강좌명	지점	강사명	수강인원	강의 시작일	수강료(단위:원)	수강인원 순위	분류
						담당 / 과장 / 부장 (결재)		
	첨단문화센터 강좌 현황							
CH005	캘리그라피	송파	김은경	38	2022-05-11	98,000	(1)	(2)
CA002	미술 아트팡팡	송파	임송이	18	2022-05-05	55,000	(1)	(2)
BH009	동화 속 쿠키나라	은평	양영아	55	2022-05-02	35,000	(1)	(2)
AH001	피트니스 요가	구로	진현숙	68	2022-05-07	120,000	(1)	(2)
CH007	서예교실	구로	권재웅	41	2022-05-02	30,000	(1)	(2)
BC005	스위트 홈베이킹	송파	윤송이	58	2022-05-13	60,000	(1)	(2)
AC003	필라테스	구로	박장원	21	2022-05-21	70,000	(1)	(2)
CA006	성인 팝아트	은평	임진우	25	2022-05-24	110,000	(1)	(2)
송파지점 수강인원 합계		(3)			최대 수강료(단위:원)			(5)
은평지점 수강인원 평균		(4)		강좌명	캘리그라피	강사명		(6)

조건

○ 모든 데이터의 서식에는 글꼴(굴림, 11pt), 정렬은 숫자 및 회계 서식은 오른쪽 정렬, 나머지 서식은 가운데 정렬로 작성하며 예외적인 것은 **출력형태**를 참조하시오.

○ 제 목 ⇒ 도형(평행 사변형)과 그림자(오프셋 오른쪽)를 이용하여 작성하고 "첨단문화센터 강좌 현황"을 입력한 후 다음 서식을 적용하시오(글꼴-굴림, 24pt, 검정, 굵게, 채우기-노랑).

○ 임의의 셀에 결재란을 작성하여 그림으로 복사 기능을 이용하여 붙이기 하시오(단, 원본 삭제).

○ 「B4:J4, G14, I14」 영역은 '주황'으로 채우기 하시오.

○ 유효성 검사를 이용하여 「H14」 셀에 강좌명(「C5:C12」 영역)이 선택 표시되도록 하시오.

○ 셀 서식 ⇒ 「F5:F12」 영역에 셀 서식을 이용하여 숫자 뒤에 '명'을 표시하시오(예: 38명).

○ 「H5:H12」 영역에 대해 '수강료'로 이름정의를 하시오.

(1)~(6) 셀은 반드시 주어진 함수를 이용하여 값을 구하시오(결과값을 직접 입력하면 해당 셀은 0점 처리됨).

(1) 수강인원 순위 ⇒ 수강인원의 내림차순 순위를 구하시오(RANK.EQ 함수).

(2) 분류 ⇒ 관리코드의 첫 번째 글자가 A이면 '스포츠', B이면 '요리', 그 외에는 '미술'로 구하시오(IF, LEFT 함수).

(3) 송파지점 수강인원 합계 ⇒ 조건은 입력데이터를 이용하고, 결과값에 '명'을 붙이시오(DSUM 함수, & 연산자)(예: 1명).

(4) 은평지점 수강인원 평균 ⇒ (SUMIF, COUNTIF 함수).

(5) 최대 수강료(단위:원) ⇒ 정의된 이름(수강료)을 이용하여 구하시오(MAX 함수).

(6) 강사명 ⇒ 「H14」 셀에서 선택한 강좌명에 대한 강사명을 표시하시오(VLOOKUP 함수).

(7) 조건부 서식의 수식을 이용하여 수강료(단위:원)가 '100,000' 이상인 행 전체에 다음의 서식을 적용하시오(글꼴: 파랑, 굵게).

제2작업 목표값 찾기 및 필터 · 80점

"제1작업" 시트의 「B4:H12」 영역을 복사하여 "제2작업" 시트의 「B2」 셀부터 모두 붙여넣기를 한 후 다음의 조건과 같이 작업하시오.

조건

(1) 목표값 찾기 – 「B11:G11」 셀을 병합하여 "송파지점의 수강인원 평균"을 입력한 후 「H11」 셀에 송파지점의 수강인원 평균을 구하시오. 단, 조건은 입력데이터를 이용하시오(DAVERAGE 함수, 테두리, 가운데 맞춤).

– '송파지점의 수강인원 평균'이 '40'이 되려면 캘리그라피의 수강인원이 얼마가 되어야 하는지 목표값을 구하시오.

(2) 고급 필터 – 지점이 '은평' 이거나 수강료(단위:원)가 '100,000' 이상인 자료의 데이터만 추출하시오.

– 조건 범위: 「B14」 셀부터 입력하시오.

– 복사 위치: 「B18」 셀부터 나타나도록 하시오.

제3작업 정렬 및 부분합 · 80점

"제1작업" 시트의 「B4:H12」 영역을 복사하여 "제3작업" 시트의 「B2」 셀부터 모두 붙여넣기를 한 후 다음의 조건과 같이 작업하시오.

조건

(1) 부분합 – 출력형태 처럼 정렬하고, 강좌명의 개수와 수강인원의 평균을 구하시오.

(2) 윤곽 – 지우시오.

(3) 나머지 사항은 출력형태 에 맞게 작성하시오.

출력형태

관리코드	강좌명	지점	강사명	수강인원	강의 시작일	수강료 (단위:원)
BH009	동화 속 쿠키나라	은평	양영아	55명	2022-05-02	35,000
CA006	성인 팝아트	은평	임진우	25명	2022-05-24	110,000
		은평 평균		40명		
	2	은평 개수				
CH005	캘리그라피	송파	김은경	38명	2022-05-11	98,000
CA002	미술 아트팡팡	송파	임송이	18명	2022-05-05	55,000
BC005	스위트 홈베이킹	송파	윤송이	58명	2022-05-13	60,000
		송파 평균		38명		
	3	송파 개수				
AH001	피트니스 요가	구로	진현숙	68명	2022-05-07	120,000
CH007	서예교실	구로	권재웅	41명	2022-05-02	30,000
AC003	필라테스	구로	박장원	21명	2022-05-21	70,000
		구로 평균		43명		
	3	구로 개수				
		전체 평균		41명		
	8	전체 개수				

"제1작업" 시트를 이용하여 조건에 따라 출력형태와 같이 작업하시오.

조건

(1) 차트 종류 ⇒ 〈묶은 세로 막대형〉으로 작업하시오.

(2) 데이터 범위 ⇒ "제1작업" 시트의 내용을 이용하여 작업하시오.

(3) 위치 ⇒ "새 시트"로 이동하고, "제4작업"으로 시트 이름을 바꾸시오.

(4) 차트 디자인 도구 ⇒ 레이아웃 3, 스타일 1을 선택하여 출력형태에 맞게 작업하시오.

(5) 영역 서식 ⇒ 차트: 글꼴(굴림, 11pt), 채우기 효과(질감−분홍 박엽지), 그림: 채우기(흰색, 배경 1)

(6) 제목 서식 ⇒ 차트 제목: 글꼴(굴림, 굵게, 20pt), 채우기(흰색, 배경 1), 테두리

(7) 서식 ⇒ 수강인원 계열의 차트 종류를 〈표식이 있는 꺾은선형〉으로 변경한 후 보조 축으로 지정하시오.

　　　　계열: 출력형태를 참조하여 표식(세모, 크기 10)과 레이블 값을 표시하시오.

　　　　눈금선: 선 스타일−파선

　　　　축: 출력형태를 참조하시오.

(8) 범례 ⇒ 범례명을 변경하고 출력형태를 참조하시오.

(9) 도형 ⇒ '모서리가 둥근 사각형 설명선'을 삽입한 후 출력형태와 같이 내용을 입력하시오.

(10) 나머지 사항은 출력형태에 맞게 작성하시오.

출력형태

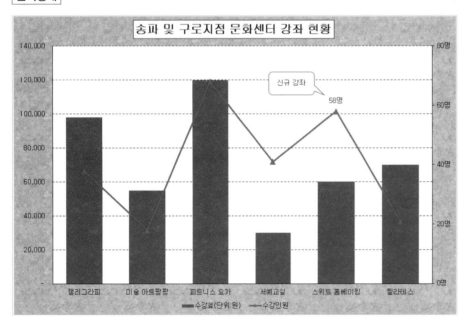

❶ 주의 시트명 순서가 차례대로 "제1작업", "제2작업", "제3작업", "제4작업"이 되도록 할 것.

함께 보는 간단해설

제1작업 240점

1 데이터 입력 및 서식 지정

(1) 데이터 입력하기

① [A] 열의 너비는 '1'로 조절 → 시트의 글꼴을 '굴림'으로 지정 → [Sheet1] 시트를 복사하여 [제1작업], [제2작업], [제3작업]으로 이름을 변경한다.

② [B4:J14] 영역에 데이터를 입력하고 데이터가 문제지의 출력형태와 동일한지 비교한다.

(2) 셀 병합과 데이터 정렬하기

① Ctrl을 눌러 [B13:D13], [B14:D14], [F13:F14], [G13:I13] 영역 드래그 → [홈] 탭 – [맞춤] 그룹 – '병합하고 가운데 맞춤'(⊟)을 선택한다.

② 데이터 전체 영역인 [B4:J14] 영역 드래그 → '가운데 맞춤'(≡) 선택 → 숫자에 해당하는 [F5:F12], [H5:H12] 영역 드래그 → '오른쪽 맞춤'(≡)을 선택한다.

(3) 열 너비와 채우기 색 지정하기

① 입력된 데이터가 잘 보이도록 출력형태와 동일하게 행과 열 너비를 조절한다.

② [B4:J4] 영역 드래그 → Ctrl을 누른 상태에서 [G14], [I14] 셀 선택 → [홈] 탭 – [글꼴] 그룹 – [채우기 색]에서 '주황'을 선택한다.

(4) 표 테두리 지정하기

① [B4:J4] 영역 드래그 → Ctrl을 누른 상태에서 [B5:J12], [B13:J14] 영역 드래그 → [홈] 탭 – [글꼴] 그룹 – [테두리] – '모든 테두리'(⊞), '굵은 바깥쪽 테두리'(⊡)를 선택한다.

② [F13] 셀 선택 → [홈] 탭 – [글꼴] 그룹 – [테두리] – '다른 테두리'(⊞) 선택 → [셀 서식] 대화상자가 열리면 [테두리] 탭 – 선 스타일에서 '가는 실선' 선택 → '상향 대각선'과 '하향 대각선'을 선택하고 [확인]을 클릭한다.

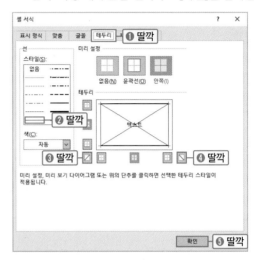

(5) 사용자 지정 표시 형식 지정하기

① [H5:H12] 영역 드래그 → [홈] 탭 – [표시 형식] 그룹에서 '쉼표 스타일'(,)을 선택한다.

② [F5:F12] 영역 드래그 → [홈] 탭 – [표시 형식] 그룹 – [표시 형식]에서 '기타 표시 형식'을 선택한다.

③ [셀 서식] 대화상자 – '사용자 지정' 범주 선택 → '형식'에서 '#,##0' 선택 → 뒤에 "명"을 추가로 입력한 후 [확인]을 클릭한다.

2 도형 작성과 서식

(1) 도형으로 제목 작성하기

① [삽입] 탭 − [일러스트레이션] 그룹 − [도형] − '기본 도형'에서 '평행 사변형' 선택 → 제목이 위치할 [B1:G3] 영역 사이에 드래그하여 도형을 그린 후 첨단문화센터 강좌현황을 입력한다.

(2) 도형 서식 지정하기

① 도형 선택 → [홈] 탭 − [글꼴] 그룹 − 글꼴을 '굴림', 글꼴 크기를 '24pt', '굵게', 글꼴 색을 '검정, 텍스트 1'로 선택 → [맞춤] 그룹에서 가로와 세로 모두 '가운데 맞춤'(≡, ≡)을 선택한다.

② [그리기 도구] − [서식] 탭 − [도형 채우기]에서 '노랑' 선택 → [도형 효과] − [그림자] − '오프셋 오른쪽'을 선택한다.

3 결재란 작성

(1) 결재란 입력하기

① [L16] 셀부터 결재란 내용 입력 → [L16:L17] 영역 드래그 → [홈] 탭 − [맞춤] 그룹 − '병합하고 가운데 맞춤'(⊟)을 선택한다.

② 모든 셀의 맞춤을 '가운데 맞춤'(≡)으로 선택 → 병합된 '결재' 셀 선택 → [홈] 탭 − [맞춤] 그룹 − [방향]에서 '세로 쓰기'를 선택한다.

③ 행 높이와 열 너비 조절 → [L16:O17] 영역 드래그 → [홈] 탭 − [글꼴] 그룹 − [테두리] − '모든 테두리'(⊞)를 선택한다.

(2) 결재란 복사하기

① 작성된 결재란 영역 [L16:O17] 드래그 → Ctrl + C 를 눌러 복사한다.

② [H1] 셀 선택 → Ctrl + V 를 눌러 붙여넣기 → [붙여넣기 옵션] 단추 선택 → '그림'을 선택한다.

③ 결재란의 위치와 크기는 출력형태 와 동일하게 [H1:J3] 영역 안에서 조절 → [L16:O17] 영역 드래그 → [홈] 탭 − [셀] 그룹 − [삭제]를 선택한다.

4 유효성 검사와 이름 정의

(1) 유효성 검사로 목록 표시하기

① [H14] 셀 선택 → [데이터] 탭 − [데이터 도구] 그룹 − [데이터 유효성 검사]를 선택한다.

② [데이터 유효성] 대화상자 − [설정] 탭 − 유효성 조건의 [제한 대상]을 '목록'으로 선택 → [원본] 입력란 선택 → '강좌명' 영역인 [C5:C12] 영역을 드래그하여 입력한 후 [확인]을 클릭한다.

③ [H14] 셀 선택 → 출력형태 와 동일하게 목록 중 '캘리그라피'를 선택한다.

(2) 이름 정의하기

① [H5:H12] 영역 드래그 → [수식] 탭 − [정의된 이름] 그룹 − [이름 정의] 선택 → [새 이름] 대화상자에서 '이름'을 수강료로 입력한 후 [확인]을 클릭한다.

5 함수

(1) 수강인원 순위 구하기(RANK.EQ 함수)

① [I5] 셀에 =RANK.EQ(입력 → Ctrl + A 를 눌러 [함수 인수] 대화상자에 아래 그림과 같이 인수를 입력한 후 [확인]을 클릭한다.

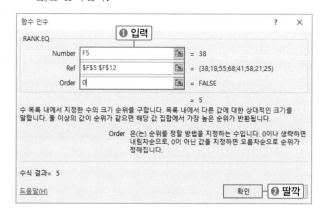

=RANK.EQ(F5,$F$5:$F$12,0)

'수강인원' 필드에서 순위를 내림차순으로 구한다.

② [I5] 셀의 '자동 채우기 핸들'을 드래그하여 [I12] 셀까지 수식 복사 → '자동 채우기 옵션'( ) 단추 선택 → '서식 없이 채우기'를 선택한다.

(2) 분류 구하기(IF, LEFT 함수)

① [J5] 셀에 =IF(입력 → Ctrl+A를 눌러 [함수 인수] 대화 상자에 아래 그림과 같이 인수 입력 → 수식 입력줄에서 중첩된 IF를 선택한다.

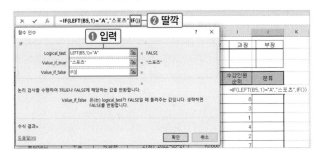

② 중첩 IF 함수의 [함수 인수] 대화상자가 열리면 아래 그림 과 같이 인수를 입력한 후 [확인]을 클릭한다.

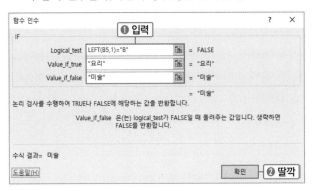

✎ 입력 함수 해설

=IF(LEFT(B5,1)="A","스포츠",IF(LEFT(B5,1)="B","요리","미술"))

❶ IF(LEFT(B5,1)="A","스포츠",❷): '관리코드' 필드에서 관리코드의 왼쪽 끝 한 글자를 추출하여 그 문자가 "A"이면 "스포츠"로 값을 구하고, 그렇지 않으면 ❷를 수행한다.

❷ IF(LEFT(B5,1)="B","요리","미술"): '관리코드' 필드에서 관리코드의 왼쪽 끝 한 글자를 추출하여 그 문자가 "B"이면 "요리"로 값을 구하고, 그렇지 않으면 "미술"로 값을 구한다.

③ [J5] 셀의 '자동 채우기 핸들'을 드래그하여 [J12] 셀까지 수식 복사 → '자동 채우기 옵션'( ) 단추 선택 → '서식 없이 채우기'를 선택한다.

(3) 송파지점 수강인원 합계 구하기(DSUM 함수, & 연산자)

① [E13] 셀에 =DSUM(입력 → Ctrl+A를 눌러 [함수 인수] 대화상자에 아래 그림과 같이 인수를 입력한 후 [확인]을 클릭한다.

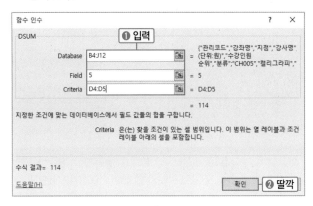

② 수식 입력줄의 수식 맨 끝을 클릭 → &"명"을 추가한 후 Enter를 누른다.

✎ 입력 함수 해설

=DSUM(B4:J12,5,D4:D5)&"명"

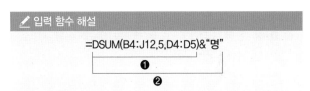

❶ DSUM(B4:J12,5,D4:D5): B4:J12 범위에서 '지점'이 '송파'인 조건을 찾아 다섯 번째 열인 '수강인원' 필드에서 합계를 구한다.

❷ ❶&"명": ❶에서 구한 값 뒤에 "명"을 표시한다.

(4) 은평지점 수강인원 평균 구하기(SUMIF, COUNTIF 함수)

① [E14] 셀에 =SUMIF(입력 → Ctrl+A를 눌러 [함수 인수] 대화상자에 아래 그림과 같이 인수를 입력한 후 [확인]을 클릭한다.

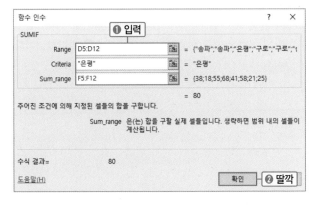

② 수식 입력줄의 수식 맨 끝을 클릭 → / 추가 → 이어서 COUNTIF(입력 → Ctrl+A를 눌러 [함수 인수] 대화상자에 아래 그림과 같이 인수를 입력한 후 [확인]을 클릭한다.

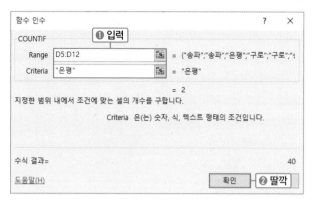

=SUMIF(D5:D12,"은평",F5:F12)/COUNTIF(D5:D12,"은평")
❶ ❷
❸

❶ SUMIF(D5:D12,"은평",F5:F12): '지점' 필드에서 '은평'을 찾아 '수강인원' 필드의 합계를 구한다.
❷ COUNTIF(D5:D12,"은평"): '지점' 필드에서 '은평'을 찾아 그 개수를 구한다.
❸ ❶/❷: '은평' 지점의 수강인원 필드의 합계를 '은평' 지점의 개수로 나눠 평균을 구한다.

(5) 최대 수강료(단위:원) 구하기(MAX 함수)
① [J13] 셀에 =MAX(수강료)를 입력한 후 Enter를 누른다.

=MAX(수강료)
정의된 이름 '수강료' 영역 중에서 최대값을 구한다.

(6) 강사명 구하기(VLOOKUP 함수)
① [J14] 셀에 =VLOOKUP(입력 → Ctrl+A를 눌러 [함수 인수] 대화상자에 아래 그림과 같이 인수를 입력한 후 [확인]을 클릭한다.

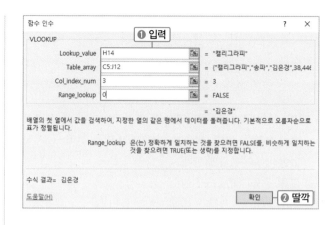

=VLOOKUP(H14,C5:J12,3,0)
H14 셀의 값인 '캘리그라피'를 '강좌명' 필드에서 찾아 참조 테이블로 지정한 C5:J12 범위의 세 번째 열에 있는 '강사명'을 값으로 구한다.

6 조건부 서식

(1) 조건부 서식 지정하기
① [B5:J12] 영역 드래그 → [홈] 탭 – [스타일] 그룹 – [조건부 서식] – [새 규칙]을 선택한다.
② [새 서식 규칙] 대화상자에서 규칙 유형 선택은 '수식을 사용하여 서식을 지정할 셀 결정' 선택 → '다음 수식이 참인 값의 서식 지정'에 =$H5>=100000 입력 → [서식]을 선택한다.

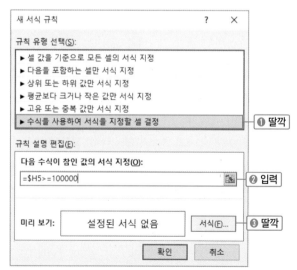

③ [셀 서식] 대화상자 – [글꼴] 탭에서 글꼴 스타일을 '굵게', 글꼴 색을 '파랑'으로 선택 → [확인]을 클릭한다.

④ 다시 [새 서식 규칙] 대화상자로 돌아오면 [확인]을 클릭하고 조건부 서식의 결과를 확인한다.

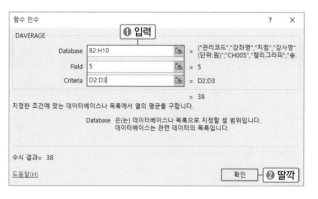

(표: 첨단문화센터 강좌 현황)

관리코드	강좌명	지점	강사명	수강인원	강의 시작일	수강료 (단위:원)	수강인원 순위	분류
CH005	캘리그라피	송파	김은경	38명	2022-05-11	98,000	5	미술
CA002	미술 아트팡팡	송파	임송이	18명	2022-05-05	55,000	8	미술
BH009	동화 속 쿠키나라	은평	양영아	55명	2022-05-02	35,000	3	요리
AH001	피트니스 요가	구로	진현숙	68명	2022-05-07	120,000	1	스포츠
CH007	서예교실	구로	권재철	41명	2022-05-02	30,000	4	미술
BC005	스위트 홈베이킹	송파	문송이	58명	2022-05-13	60,000	2	요리
AC003	필라테스	구로	박창원	21명	2022-05-21	70,000	7	스포츠
CA006	성인 팝아트	은평	임진우	25명	2022-05-24	110,000	6	미술
송파지점 수강인원 합계			114명			최대 수강료(단위:원)		120,000
은평지점 수강인원 평균			40			강좌명	캘리그라피	강사명	김은경

제2작업 80점

1 목표값 찾기

(1) 데이터 복사하고 붙여넣기

① [제1작업] 시트 선택 → [B4:H12] 영역을 드래그한 후 Ctrl+C를 눌러 복사 → [제2작업] 시트의 [B2] 셀 선택 → Ctrl+V를 눌러 붙여넣기 한다.

② 열 너비를 복사하기 위해 [홈] 탭 – [클립보드] 그룹 – [붙여넣기] 내림단추 선택 → [선택하여 붙여넣기]를 선택한다.

③ [제1작업] 시트의 열 너비와 동일하게 지정하기 위해 [선택하여 붙여넣기] 대화상자 – '열 너비'를 선택한 후 [확인]을 클릭한다.

(2) 셀 병합하고 수식셀 작성하기

① [B11:G11] 영역 드래그 → [홈] 탭 – [맞춤] 그룹 – '병합하고 가운데 맞춤'(⊞) 선택 → 병합된 셀에 송파지점의 수강인원 평균을 입력한다.

② [H11] 셀에 =DAVERAGE(입력 → Ctrl+A를 눌러 [함수 인수] 대화상자에 아래 그림과 같이 인수를 입력한 후 [확인]을 클릭한다.

(3) 서식 지정하기

① [H11] 셀 선택 → [홈] 탭 – [맞춤] 그룹 – '가운데 맞춤'(≡)을 선택한다.

② [B11:H11] 영역 드래그 → [홈] 탭 – [글꼴] 그룹 – [테두리] – '모든 테두리'(⊞)를 선택한다.

(4) 목표값 찾기

① 평균값이 입력된 [H11] 셀 선택 → [데이터] 탭 – [예측] 그룹에서 [가상분석] – [목표값 찾기]를 선택한다.

② [목표값 찾기] 대화상자의 '수식 셀'에 'H11'이 입력되어 있는지 확인 → '찾는 값'에는 40 입력 → '값을 바꿀 셀'에는 [F3] 셀을 선택하여 입력한 후 [확인]을 클릭한다.

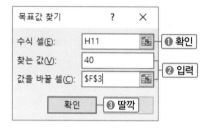

③ '목표값 찾기' 결과가 나타나면 [H11] 셀의 값이 '38'에서 '40'으로 변경된 것을 확인 → [F3] 셀의 값이 '38'에서 '44'로 변경된 것을 확인 → [목표값 찾기 상태] 대화상자에서 [확인]을 클릭한다.

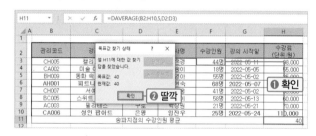

2 고급 필터로 데이터 추출

(1) 고급 필터 조건식 작성하기

① 조건식의 필드로 작성할 필드 제목인 '지점(D2)' 셀과 '수강료(단위:원)(H2)' 셀을 Ctrl을 눌러 선택 → Ctrl+C를 눌러 복사 → [B14] 셀을 선택한 후 Ctrl+V를 눌러 데이터를 붙여넣기 한다.

② 지점과 수강료(단위:원) 조건 중 하나 이상 만족하면 되므로 [B15] 셀에 은평 입력 → [C16] 셀에 >=100000을 입력하여 OR 조건으로 작성한다.

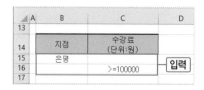

	지점	수강료 (단위:원)	
	은평		
		>=100000	

(2) 고급 필터 실행하기

① 데이터 범위인 [B2:H10] 영역 드래그 → [데이터] 탭 – [정렬 및 필터] 그룹 – [고급]을 선택한다.

② [고급 필터] 대화상자의 '목록 범위'에 현재 선택한 데이터 범위가 입력되어 있는지 확인 → '조건 범위'에는 [B14:C16] 영역을 드래그하여 입력 → '다른 장소에 복사' 선택 → '복사 위치'에는 [B18] 셀을 선택하여 입력한 후 [확인]을 클릭한다.

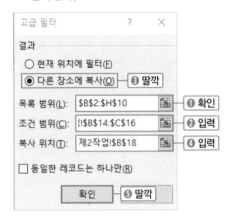

③ 결과를 확인한다.

지점	수강료 (단위:원)					
은평						
	>=100000			확인		

관리코드	강좌명	지점	강사명	수강인원	강의 시작일	수강료 (단위:원)
BH009	동화 속 쿠키나라	은평	양영아	55명	2022-05-02	35,000
AH001	파트니스 요가	구로	진현숙	68명	2022-05-07	120,000
CA006	성인 팝아트	은평	임진우	25명	2022-05-24	110,000

제3작업   80점

1 데이터 복사와 정렬

(1) 데이터 복사하고 붙여넣기

① [제1작업] 시트 선택 → [B4:H12] 영역을 드래그한 후 Ctrl+C를 눌러 복사 → [제3작업] 시트의 [B2] 셀 선택 → Ctrl+V를 눌러 데이터를 붙여넣기 한다.

② 열 너비를 복사하기 위해 [홈] 탭 – [클립보드] 그룹 – [붙여넣기] 내림단추 선택 → [선택하여 붙여넣기]를 선택한다.

③ [제1작업] 시트의 열 너비와 동일하게 지정하기 위해 [선택하여 붙여넣기] 대화상자 – '열 너비'를 선택한 후 [확인]을 클릭한다.

---

(2) 데이터 정렬하기

① 출력형태를 보면 '지점' 필드에 내림차순 정렬이 지정되어 있으므로 '지점' 필드에서 임의의 셀 선택 → [데이터] 탭 – [정렬 및 필터] 그룹 – [텍스트 내림차순 정렬]을 선택한다.

2 부분합 작성과 윤곽 지우기

(1) 부분합 구하기

① [B2:H10] 영역 안에서 임의의 셀 선택 → [데이터] 탭 – [윤곽선] 그룹 – [부분합]을 선택한다.

② [부분합] 대화상자에서 '그룹화할 항목'을 '지점'으로 선택 → '사용할 함수'는 '개수'로 선택 → '부분합 계산 항목'에서 '강좌명'에 체크하고 '수강료(단위:원)'에 체크 해제 → [확인]을 클릭한다.

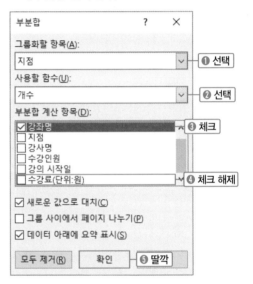

③ 부분합의 결과가 나오면 두 번째 부분합을 구하기 위해 다시 [B2:H12] 영역 안에서 임의의 셀 선택 → [데이터] 탭 – [윤곽선] 그룹 – [부분합]을 선택한다.

④ 다시 [부분합] 대화상자에서 '그룹화할 항목'을 '지점'으로 선택 → '사용할 함수'는 '평균' 선택 → '부분합 계산 항목'에서 '강좌명'에 체크 해제하고 '수강인원'에 체크 → '새로운 값으로 대치'에 체크 해제한 후 [확인]을 클릭한다.

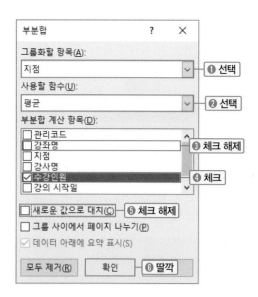

(2) 윤곽 지우기

① 데이터 안에서 임의의 셀 선택 → [데이터] 탭 – [윤곽선] 그룹 – [그룹 해제]의 내림단추 선택 → [윤곽 지우기]를 선택한다.

제4작업   100점

1 차트 작성과 스타일 지정

(1) 묶은 세로 막대형 차트 삽입하기

① [제1작업] 시트 선택 → [C4:C12] 영역 드래그 → Ctrl을 누른 상태에서 [F4:F12], [H4:H12] 영역을 드래그하여 범위를 선택한다.

② [삽입] 탭 – [차트] 그룹 – [세로 또는 가로 막대형 차트 삽입] 선택 → [묶은 세로 막대형]을 선택한다.

(2) 차트 이동하기

① [제1작업] 시트에 추가된 차트 선택 → [차트 도구] – [디자인] 탭 – [위치] 그룹 – [차트 이동]을 선택한다.

② [차트 이동] 대화상자에서 '새 시트' 선택 → 제4작업으로 입력한 후 [확인]을 클릭한다.

③ 맨 앞에 추가된 [제4작업] 시트를 드래그하여 [제3작업] 시트 뒤로 이동시킨다.

(3) 데이터 선택 변경하기

① 삽입된 차트에서 출력형태에 표시된 데이터만 선택하기 위해 [차트 도구] – [디자인] 탭 – [데이터] 그룹 – [데이터 선택]을 선택한다.

② [데이터 원본 선택] 대화상자에서 [행/열 전환] 선택 → 행/열이 변경되면 출력형태를 참고하여 '범례 항목(계열)'에서 필요 없는 계열인 '동화 속 쿠키나라'와 '성인 팝아트' 선택 → [제거]를 선택하여 삭제한다.

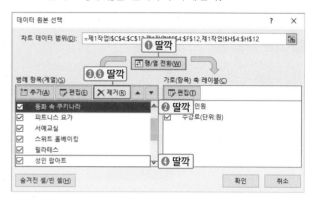

③ 다시 [행/열 전환]을 선택한 후 [확인]을 클릭한다.

(4) 레이아웃 변경과 스타일 적용하기

① '차트 영역' 선택 → [차트 도구] – [디자인] 탭 – [차트 스타일] 그룹에서 '스타일 1'을 선택한다.

② [차트 도구] – [디자인] 탭 – [차트 레이아웃] 그룹에서 [빠른 레이아웃] – '레이아웃 3'을 선택한다.

2 영역 서식 지정과 제목 작성

(1) 영역 서식 지정하기

① '차트 영역' 선택 → [홈] 탭 – [글꼴] 그룹 – 글꼴을 '굴림', 글꼴 크기를 '11pt'로 지정한다.

② [차트 도구] – [서식] 탭 – [현재 선택 영역] 그룹에서 '차트 요소'가 '차트 영역'으로 선택되어 있는지 확인 → [선택 영역 서식]을 선택한다.

③ [차트 영역 서식] 창에서 [채우기 및 선(✍)] – '채우기' – '그림 또는 질감 채우기' 선택 → [질감(▦ ▼)] 선택 → 질감 중에서 '분홍 박엽지'를 선택한다.

④ '그림 영역' 선택 → [그림 영역 서식] 창으로 변경되면 [채우기 및 선(✍)] – '채우기'– '단색 채우기' 선택 → [채우기 색(✍ ▼)]은 '흰색, 배경 1'을 선택한다.

(2) 제목 작성과 서식 지정하기

① '차트 제목' 개체를 선택하여 제목에 커서가 나타나면 송파 및 구로지점 문화센터 강좌 현황 입력 → ESC를 눌러 '차트 제목' 개체 선택 → [홈] 탭 – [글꼴] 그룹 – 글꼴을 '굴림', 글꼴 크기를 '20pt', '굵게'로 지정한다.

② [차트 도구] – [서식] 탭 – [도형 스타일] 그룹 – [도형 채우기]에서 '흰색, 배경 1' 선택 → [도형 윤곽선]을 선택한 후 '검정, 텍스트 1'을 선택한다.

3 차트 종류 변경과 서식 지정

(1) 차트 종류 변경과 보조 축 사용하기

① 차트에서 '수강인원' 계열을 선택하기 위해 [차트 도구] – [서식] 탭 – [현재 선택 영역] 그룹 – [차트 요소]에서 '계열 "수강인원"'을 선택한다.

② [차트 도구] – [디자인] 탭 – [종류] 그룹에서 '차트 종류 변경'을 선택한다.

③ [차트 종류 변경] 대화상자 – '콤보' 차트 선택 → '수강인원'의 차트 종류를 '표식이 있는 꺾은선형'으로 선택 → '보조 축'에 체크한 후 [확인]을 클릭한다.

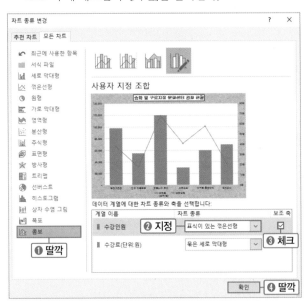

(2) 표식 변경과 데이터 레이블 추가하기

① [차트 도구] – [서식] 탭 – [현재 선택 영역] 그룹에서 '차트 요소'를 '계열 "수강인원"'으로 선택 → [선택 영역 서식] 선택 → 오른쪽 [데이터 계열 서식] 창에서 [채우기 및 선( )] 선택 → '표식'을 선택한다.

② '표식 옵션' 선택 → '기본 제공'에서 형식을 '세모' 선택 → 크기를 10으로 입력한다.

③ 꺾은선형 차트인 '수강인원' 계열 선택 → 그 중에서 '스위트 홈베이킹' 요소 선택 → '차트 요소( )' 선택 → '데이터 레이블'에 체크한 후 '위쪽'을 선택한다.

(3) 눈금선 변경하기

① 눈금선 서식을 변경하기 위해 차트의 '눈금선' 선택 → [주 눈금선 서식] 창에서 선은 '실선', 대시 종류는 '파선'을 선택한다.

(4) 축 서식 설정하기

① 차트의 '보조 세로 (값) 축' 선택 → [축 서식] 창에서 [축 옵션( )] 단추 선택 → '축 옵션' 선택 → '주 단위'를 20으로 입력한다.

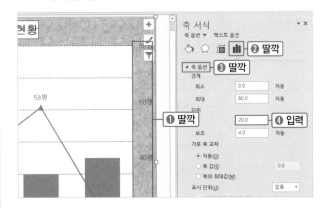

② '보조 세로 (값) 축'이 선택된 상태에서 [축 서식] 창 – [채우기 및 선( )] 선택 → '선'에서 '실선'을 선택한다.

③ 같은 방법으로 '세로 (값) 축', '가로 (항목) 축'도 동일하게 축 서식의 선을 '실선'으로 선택한다.

4 범례명 변경과 도형 삽입

(1) 범례명 변경하기

① '차트 영역' 선택 → [차트 도구] – [디자인] 탭 – [데이터] 그룹에서 [데이터 선택]을 선택한다.

② [데이터 원본 선택] 창에서 '수강료(단위:원)'을 선택한 후 [편집]을 선택한다.

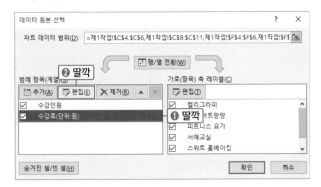

③ [계열 편집] 창에서 '계열 이름'에 수강료(단위:원)을 입력
한 후 [확인] 클릭 → [데이터 원본 선택] 창으로 돌아오
면 [확인] 클릭 → 차트에서 범례명이 한 줄로 수정되었
는지 확인한다.

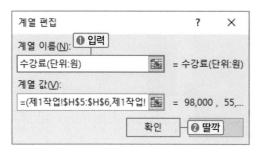

(2) 도형 삽입하기
① '차트 영역' 선택 → [삽입] 탭 – [일러스트레이션] 그룹 –
[도형]에서 '모서리가 둥근 사각형 설명선'을 선택한다.
② 출력형태와 동일하게 '스위트 홈베이킹' 요소 위에 드래그
하여 도형을 그린 후 신규 강좌를 입력한다.
③ 도형 선택 → [홈] 탭 – [글꼴] 그룹에서 글꼴을 '굴림', 글
꼴 크기를 '11pt', 글꼴 색을 '검정, 텍스트 1'로 선택 →
[맞춤] 그룹에서 가로와 세로 모두 '가운데 맞춤'(≡, ≡)
으로 선택한다.
④ [그리기 도구] – [서식] 탭 – [도형 스타일] 그룹에서 [도
형 채우기] – '흰색, 배경 1' 선택 → 도형의 모양 조절 핸
들을 드래그하여 출력형태와 동일하게 모양을 변경한다.

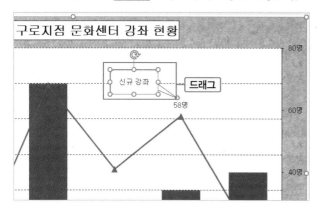

제10회 정보기술자격(ITQ) 시험

과목	코드	문제유형	시험시간	수험번호	성명
한글엑셀	1122	B	60분		

제1작업　표 서식 작성 및 값 계산　240점

다음은 '성수물류 인사발령'에 대한 자료이다. 자료를 입력하고 조건에 맞도록 작업하시오.

출력형태

사원코드	이름	발령부서	발령구분	근속기간	출생년	급여 (단위:원)	출생년순위	비고
PE-205	김지은	재무관리부	복직	4	1983	2,257,000	(1)	(2)
PE-107	노승일	배송부	이동	11	1979	4,926,000	(1)	(2)
TE-106	김선정	배송부	채용	1	1991	1,886,000	(1)	(2)
PE-301	배현진	재무관리부	이동	12	1978	5,236,000	(1)	(2)
TE-103	박성호	배송부	이동	5	1980	2,386,000	(1)	(2)
PE-202	서은하	식료사업부	이동	14	1972	4,436,000	(1)	(2)
TE-208	장근오	식료사업부	채용	3	1993	2,350,000	(1)	(2)
TE-304	김재국	식료사업부	채용	1	1985	1,786,000	(1)	(2)
최저 급여(단위:원)			(3)			발령구분이 복직인 사원수		(5)
재무관리부 급여(단위:원) 평균			(4)			사원코드	PE-205	근속기간	(6)

결재: 담당　팀장　부장

제목: 성수물류 인사발령

조건

○ 모든 데이터의 서식에는 글꼴(굴림, 11pt), 정렬은 숫자 및 회계 서식은 오른쪽 정렬, 나머지 서식은 가운데 정렬로 작성하며 예외적인 것은 **출력형태**를 참조하시오.

○ 제 목 ⇒ 도형(배지)과 그림자(오프셋 오른쪽)를 이용하여 작성하고 "성수물류 인사발령"을 입력한 후 다음 서식을 적용하시오(글꼴-굴림, 24pt, 검정, 굵게, 채우기-노랑).

○ 임의의 셀에 결재란을 작성하여 그림으로 복사 기능을 이용하여 붙이기 하시오(단, 원본 삭제).

○ 「B4:J4, G14, I14」 영역은 '주황'으로 채우기 하시오.

○ 유효성 검사를 이용하여 「H14」 셀에 사원코드(「B5:B12」 영역)가 선택 표시되도록 하시오.

○ 셀 서식 ⇒ 「F5:F12」 영역에 셀 서식을 이용하여 숫자 뒤에 '년'을 표시하시오(예: 12년).

○ 「H5:H12」 영역에 대해 '급여'로 이름정의를 하시오.

(1)~(6) 셀은 반드시 주어진 함수를 이용하여 값을 구하시오(결과값을 직접 입력하면 해당 셀은 0점 처리됨).

(1) 출생년순위 ⇒ 출생년의 오름차순 순위를 구한 결과값 뒤에 '위'를 붙이시오(RANK.EQ 함수, & 연산자)(예: 1위).

(2) 비고 ⇒ 사원코드의 앞 두 글자가 PE이면 '정규직', 그 외에는 '계약직'으로 구하시오(IF, LEFT 함수).

(3) 최저 급여(단위:원) ⇒ 정의된 이름(급여)을 이용하여 구하시오(MIN 함수).

(4) 재무관리부 급여(단위:원) 평균 ⇒ 조건은 입력데이터를 이용하고 반올림하여 만 단위까지 구하시오(ROUND, DAVERAGE 함수)(예: 3,157,678 → 3,160,000).

(5) 발령구분이 복직인 사원수 ⇒ 조건은 입력데이터를 이용하시오(DCOUNTA 함수).

(6) 근속기간 ⇒ 「H14」 셀에서 선택한 사원코드에 대한 근속기간을 구하시오(VLOOKUP 함수).

(7) 조건부 서식의 수식을 이용하여 급여(단위:원)가 '4,000,000' 이상인 행 전체에 다음의 서식을 적용하시오(글꼴: 파랑 , 굵게).

제2작업	**목표값 찾기 및 필터**	80점

"제1작업" 시트의 「B4:H12」 영역을 복사하여 "제2작업" 시트의 「B2」 셀부터 모두 붙여넣기를 한 후 다음의 조건과 같이 작업하시오.

조건

(1) 목표값 찾기 – 「B11:G11」 셀을 병합하여 "급여(단위:원) 전체 평균"을 입력한 후 「H11」 셀에 급여(단위:원) 전체 평균을 구하시오(AVERAGE 함수, 테두리, 가운데 맞춤).

– '급여(단위:원) 전체 평균'이 '3,200,000'이 되려면 김지은의 급여(단위:원)가 얼마가 되어야 하는지 목표값을 구하시오.

(2) 고급 필터 – 발령부서가 '배송부'이거나 근속기간이 '2' 이하인 자료의 이름, 발령구분, 근속기간, 급여(단위:원) 데이터만 추출하시오.

– 조건 범위: 「B14」 셀부터 입력하시오.

– 복사 위치: 「B18」 셀부터 나타나도록 하시오.

제3작업	**정렬 및 부분합**	80점

"제1작업" 시트의 「B4:H12」 영역을 복사하여 "제3작업" 시트의 「B2」 셀부터 모두 붙여넣기를 한 후 다음의 조건과 같이 작업하시오.

조건

(1) 부분합 – 출력형태 처럼 정렬하고, 이름의 개수와 급여(단위:원)의 평균을 구하시오.

(2) 윤곽 – 지우시오.

(3) 나머지 사항은 출력형태 에 맞게 작성하시오.

출력형태

	A	B	C	D	E	F	G	H	I
1									
2		사원코드	이름	발령부서	발령구분	근속기간	출생년	급여(단위:원)	
3		PE-205	김지은	재무관리부	복직	4년	1983	2,257,000	
4		PE-301	배현진	재무관리부	이동	12년	1978	5,236,000	
5				재무관리부 평균				3,746,500	
6			2	재무관리부 개수					
7		PE-202	서은하	식료사업부	이동	14년	1972	4,436,000	
8		TE-208	장근오	식료사업부	채용	3년	1993	2,350,000	
9		TE-304	김재국	식료사업부	채용	1년	1985	1,786,000	
10				식료사업부 평균				2,857,333	
11			3	식료사업부 개수					
12		PE-107	노승일	배송부	이동	11년	1979	4,926,000	
13		TE-106	김선정	배송부	채용	1년	1991	1,886,000	
14		TE-103	박성호	배송부	이동	5년	1980	2,386,000	
15				배송부 평균				3,066,000	
16			3	배송부 개수					
17				전체 평균				3,157,875	
18			8	전체 개수					
19									

"제1작업" 시트를 이용하여 조건에 따라 출력형태와 같이 작업하시오.

조건

(1) 차트 종류 ⇒ 〈묶은 세로 막대형〉으로 작업하시오.

(2) 데이터 범위 ⇒ "제1작업" 시트의 내용을 이용하여 작업하시오.

(3) 위치 ⇒ "새 시트"로 이동하고, "제4작업"으로 시트 이름을 바꾸시오.

(4) 차트 디자인 도구 ⇒ 레이아웃 3, 스타일 1을 선택하여 출력형태에 맞게 작업하시오.

(5) 영역 서식 ⇒ 차트: 글꼴(굴림, 11pt), 채우기 효과(질감-분홍 박엽지), 그림: 채우기(흰색, 배경 1)

(6) 제목 서식 ⇒ 차트 제목: 글꼴(굴림, 굵게, 20pt), 채우기(흰색, 배경 1), 테두리

(7) 서식 ⇒ 근속기간 계열의 차트 종류를 〈표식이 있는 꺾은선형〉으로 변경한 후 보조 축으로 지정하시오.

　　　　계열: 출력형태를 참조하여 표식(마름모, 크기 10)과 레이블 값을 표시하시오.

　　　　눈금선: 선 스타일-파선

　　　　축: 출력형태를 참조하시오.

(8) 범례 ⇒ 범례명을 변경하고 출력형태를 참조하시오.

(9) 도형 ⇒ '모서리가 둥근 사각형 설명선'을 삽입한 후 출력형태와 같이 내용을 입력하시오.

(10) 나머지 사항은 출력형태에 맞게 작성하시오.

출력형태

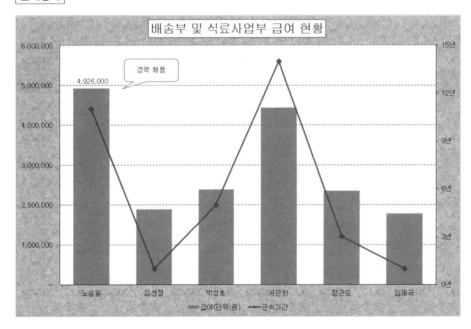

❶ 주의 시트명 순서가 차례대로 "제1작업", "제2작업", "제3작업", "제4작업"이 되도록 할 것.

함께 보는 간단해설

제1작업 · 240점

1 데이터 입력 및 서식 지정

(1) 데이터 입력하기

① [A] 열의 너비는 '1'로 조절 → 시트의 글꼴을 '굴림'으로 지정 → [Sheet1] 시트를 복사하여 [제1작업], [제2작업], [제3작업]으로 이름을 변경한다.

② [B4:J14] 영역에 데이터를 입력하고 데이터가 문제지의 [출력형태]와 동일한지 비교한다.

(2) 셀 병합과 데이터 정렬하기

① [Ctrl]을 눌러 [B13:D13], [B14:D14], [F13:F14], [G13:I13] 영역 드래그 → [홈] 탭 − [맞춤] 그룹 − '병합하고 가운데 맞춤'(🖼)을 선택한다.

② 데이터 전체 영역인 [B4:J14] 영역 드래그 → '가운데 맞춤'(🖼) 선택 → 숫자에 해당하는 [F5:H12] 영역 드래그 → '오른쪽 맞춤'(🖼)을 선택한다.

(3) 열 너비와 채우기 색 지정하기

① 입력된 데이터가 잘 보이도록 [출력형태]와 동일하게 행과 열 너비를 조절한다.

② [B4:J4] 영역 드래그 → [Ctrl]을 누른 상태에서 [G14], [I14] 셀 선택 → [홈] 탭 − [글꼴] 그룹 − [채우기 색]에서 '주황'을 선택한다.

(4) 표 테두리 지정하기

① [B4:J4] 영역 드래그 → [Ctrl]을 누른 상태에서 [B5:J12], [B13:J14] 영역 드래그 → [홈] 탭 − [글꼴] 그룹 − [테두리] − '모든 테두리'(🖼), '굵은 바깥쪽 테두리'(🖼)를 선택한다.

② [F13] 셀 선택 → [홈] 탭 − [글꼴] 그룹 − [테두리] − '다른 테두리'(🖼) 선택 → [셀 서식] 대화상자가 열리면 [테두리] 탭 − 선 스타일에서 '가는 실선' 선택 → '상향 대각선'과 '하향 대각선'을 선택하고 [확인]을 클릭한다.

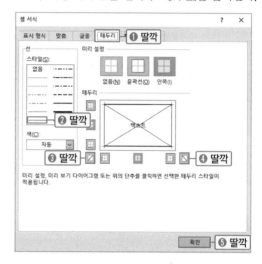

(5) 사용자 지정 표시 형식 지정하기

① [H5:H12] 영역 드래그 → [홈] 탭 − [표시 형식] 그룹에서 '쉼표 스타일'(,)을 선택한다.

② [F5:F12] 영역 드래그 → [홈] 탭 − [표시 형식] 그룹 − [표시 형식]에서 '기타 표시 형식'을 선택한다.

③ [셀 서식] 대화상자 −'사용자 지정' 범주 선택 → '형식'에서 '#,##0' 선택 → 뒤에 "년"을 추가로 입력한 후 [확인]을 클릭한다.

② 도형 작성과 서식

(1) 도형으로 제목 작성하기

① [삽입] 탭 – [일러스트레이션] 그룹 – [도형] – '기본 도
형'에서 '배지' 선택 → 제목이 위치할 [B1:G3] 영역 사이
에 드래그하여 도형을 그린 후 성수물류 인사발령을 입력
한다.

(2) 도형 서식 지정하기

① 도형 선택 → [홈] 탭 – [글꼴] 그룹 – 글꼴을 '굴림' 글꼴
크기를 '24pt', '굵게', 글꼴 색을 '검정, 텍스트 1'로 선택
→ [맞춤] 그룹에서 가로와 세로 모두 '가운데 맞춤'(≡,
≡)을 선택한다.

② [그리기 도구] – [서식] 탭 – [도형 채우기]에서 '노랑' 선택
→ [도형 효과] – [그림자] – '오프셋 오른쪽'을 선택한다.

③ 결재란 작성

(1) 결재란 입력하기

① [L16] 셀부터 결재란 내용 입력 → [L16:L17] 영역 드래그
→ [홈] 탭 – [맞춤] 그룹 – '병합하고 가운데 맞춤'(⊞)
을 선택한다.

② 모든 셀의 맞춤을 '가운데 맞춤'(≡)으로 선택 → 병합된
'결재' 셀 선택 → [홈] 탭 – [맞춤] 그룹 – [방향]에서 '세
로 쓰기'를 선택한다.

③ 행 높이와 열 너비 조절 → [L16:O17] 영역 드래그 → [홈]
탭 – [글꼴] 그룹 – [테두리] – '모든 테두리'(⊞)를 선
택한다.

(2) 결재란 복사하기

① 작성된 결재란 영역 [L16:O17] 드래그 → Ctrl + C 를 눌러
복사한다.

② [H1] 셀 선택 → Ctrl + V 를 눌러 붙여넣기 → [붙여넣기
옵션] 단추 선택 → '그림'을 선택한다.

③ 결재란의 위치와 크기는 출력형태 와 동일하게 [H1:J3] 영
역 안에서 조절 → [L16:O17] 영역 드래그 → [홈] 탭 –
[셀] 그룹 – [삭제]를 선택한다.

④ 유효성 검사와 이름 정의

(1) 유효성 검사로 목록 표시하기

① [H14] 셀 선택 → [데이터] 탭 – [데이터 도구] 그룹 – [데
이터 유효성 검사]를 선택한다.

② [데이터 유효성] 대화상자 – [설정] 탭 – 유효성 조건의
[제한 대상]을 '목록'으로 선택 → [원본] 입력란 선택 →
'사원코드' 영역인 [B5:B12] 영역을 드래그하여 입력한 후
[확인]을 클릭한다.

③ [H14] 셀 선택 → 출력형태 와 동일하게 목록 중 'PE-205'
를 선택한다.

(2) 이름 정의하기

① [H5:H12] 영역 드래그 → [수식] 탭 – [정의된 이름] 그룹
– [이름 정의] 선택 → [새 이름] 대화상자에서 '이름'을
급여로 입력한 후 [확인]을 클릭한다.

⑤ 함수

(1) 출생년순위 구하기(RANK.EQ 함수, & 연산자)

① [I5] 셀에 =RANK.EQ(입력 → Ctrl + A 를 눌러 [함수 인
수] 대화상자에 아래 그림과 같이 인수를 입력한 후 [확
인]을 클릭한다.

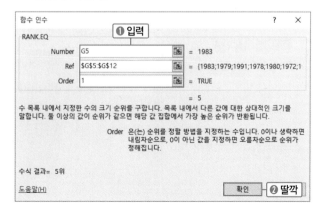

② 수식 입력줄의 수식 맨 끝을 클릭 → &"위"를 추가한 후 Enter를 누른다.

✏️ 입력 함수 해설

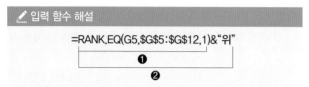

=RANK.EQ(G5,$G$5:$G$12,1)&"위"

❶ RANK.EQ(G5,$G$5:$G$12,1): '출생년' 필드에서 순위를 오름차순으로 구한다.

❷ ❶&"위": ❶에서 구한 값 뒤에 "위"를 표시한다.

③ [I5] 셀의 '자동 채우기 핸들'을 드래그하여 [I12] 셀까지 수식 복사 → '자동 채우기 옵션'(📋) 단추 선택 → '서식 없이 채우기'를 선택한다.

(2) 비고 구하기(IF, LEFT 함수)

① [J5] 셀에 =IF(입력 → Ctrl+A를 눌러 [함수 인수] 대화상자에 아래 그림과 같이 인수를 입력한 후 [확인]을 클릭한다.

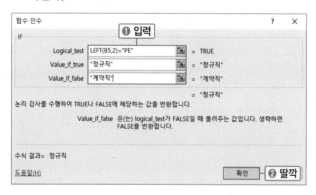

✏️ 입력 함수 해설

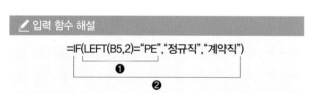

=IF(LEFT(B5,2)="PE","정규직","계약직")

❶ LEFT(B5,2)="PE": '사원코드' 필드에서 사원코드의 왼쪽 끝 두 글자를 추출하여 그 문자가 "PE"이면 'TRUE'로 값을 구한다.

❷ IF(❶,"정규직","계약직"): ❶의 결과가 'TRUE'이면 "정규직", 'FALSE'이면 "계약직"으로 값을 구한다.

② [J5] 셀의 '자동 채우기 핸들'을 드래그하여 [J12] 셀까지 수식 복사 → '자동 채우기 옵션'(📋) 단추 선택 → '서식 없이 채우기'를 선택한다.

---

(3) 최저 급여(단위:원) 구하기(MIN 함수)

① [E13] 셀에 =MIN(급여)를 입력한 후 Enter를 누른다.

✏️ 입력 함수 해설

=MIN(급여)

정의된 이름 '급여' 영역 중에서 최소값을 구한다.

---

(4) 재무관리부 급여(단위:원) 평균 구하기
   (ROUND, DAVERAGE 함수)

① [E14] 셀에 =ROUND(입력 → Ctrl+A를 눌러 [함수 인수] 대화상자에 아래 그림과 같이 인수를 입력한 후 [확인]을 클릭한다.

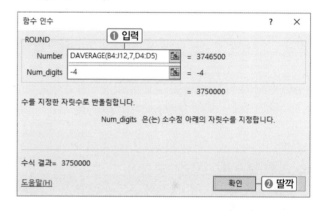

✏️ 입력 함수 해설

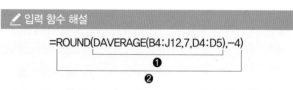

=ROUND(DAVERAGE(B4:J12,7,D4:D5),-4)

❶ DAVERAGE(B4:J12,7,D4:D5): B4:J12 범위에서 발령부서가 '재무관리부'인 조건을 찾아 일곱 번째 열인 '급여(단위:원)' 필드에서 평균을 구한다.

❷ ROUND(❶,-4): ❶에서 구한 값을 천의 자리에서 반올림하여 만의 자리까지 구한다.

(5) 발령구분이 복직인 사원수 구하기(DCOUNTA 함수)

① [J13] 셀에 =DCOUNTA(입력 → [Ctrl]+[A]를 눌러 [함수 인수] 대화상자에 아래 그림과 같이 인수를 입력한 후 [확인]을 클릭한다.

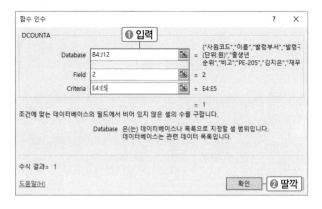

✏️ 입력 함수 해설

=DCOUNTA(B4:J12,2,E4:E5)

B4:J12 범위에서 '발령구분'이 '복직'인 조건을 찾아 두 번째 열인 '이름' 필드에서 개수를 구한다.

(6) 근속기간 구하기(VLOOKUP 함수)

① [J14] 셀에 =VLOOKUP(입력 → [Ctrl]+[A]를 눌러 [함수 인수] 대화상자에 아래 그림과 같이 인수를 입력한 후 [확인]을 클릭한다.

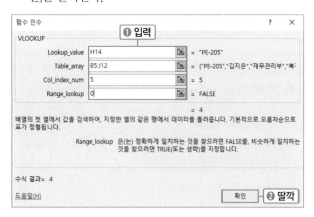

✏️ 입력 함수 해설

=VLOOKUP(H14,B5:J12,5,0)

H14 셀의 값인 'PE-205'를 '사원코드' 필드에서 찾아 참조 테이블로 지정한 B5:J12 범위의 다섯 번째 열에 있는 '근속기간'을 값으로 구한다.

6 조건부 서식

(1) 조건부 서식 지정하기

① [B5:J12] 영역 드래그 → [홈] 탭 - [스타일] 그룹 - [조건부 서식] - [새 규칙]을 선택한다.

② [새 서식 규칙] 대화상자에서 규칙 유형 선택은 '수식을 사용하여 서식을 지정할 셀 결정' 선택 → '다음 수식이 참인 값의 서식 지정'에 =$H5>=4000000 입력 → [서식]을 선택한다.

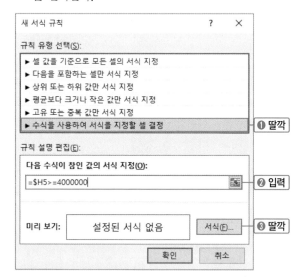

③ [셀 서식] 대화상자 - [글꼴] 탭에서 글꼴 스타일을 '굵게', 글꼴 색을 '파랑'으로 선택 → [확인]을 클릭한다.

④ 다시 [새 서식 규칙] 대화상자로 돌아오면 [확인]을 클릭하고 조건부 서식의 결과를 확인한다.

사원코드	이름	발령부서	발령구분	근속기간	출생년	급여(단위:원)	출생년순위	비고
PE-205	김지은	재무관리부	복직	4년	1983	2,257,000	5위	정규직
PE-107	노승향	배송부	이동	11년	1979	4,926,000	3위	정규직
TE-106	김선정	배송부	채용	1년	1991	1,886,000	7위	계약직
PE-301	배현진	재무관리부	이동	12년	1978	5,236,000	2위	정규직
TE-103	박성호	배송부	이동	5년	1980	2,386,000	4위	계약직
PE-202	서은하	식료사업부	이동	14년	1972	4,436,000	1위	정규직
TE-208	장근오	식료사업부	채용	3년	1993	2,350,000	6위	계약직
TE-304	김재국	식료사업부	채용	1년	1985	1,786,000	6위	계약직

성수물류 인사발령 (결재: 담당 / 팀장 / 부장)

| 최저 급여(단위:원) | 1,786,000 | 발령구분이 복직인 사원수 | 1 |
| 재무관리부 급여(단위:원) 평균 | 3,750,000 | 사원코드 PE-205 근속기간 | 4 |

1 목표값 찾기

(1) 데이터 복사하고 붙여넣기

① [제1작업] 시트 선택 → [B4:H12] 영역을 드래그한 후 Ctrl+C를 눌러 복사 → [제2작업] 시트의 [B2] 셀 선택 → Ctrl+V를 눌러 붙여넣기 한다.

② 열 너비를 복사하기 위해 [홈] 탭 – [클립보드] 그룹 – [붙여넣기] 내림단추 선택 → [선택하여 붙여넣기]를 선택한다.

③ [제1작업] 시트의 열 너비와 동일하게 지정하기 위해 [선택하여 붙여넣기] 대화상자 – '열 너비'를 선택한 후 [확인]을 클릭한다.

(2) 셀 병합하고 수식셀 작성하기

① [B11:G11] 영역 드래그 → [홈] 탭 – [맞춤] 그룹 – '병합하고 가운데 맞춤'(⊟) 선택 → 병합된 셀에 급여(단위: 원) 전체 평균을 입력한다.

② [H11] 셀에 =AVERAGE(H3:H10)를 입력한 후 Enter를 누른다.

(3) 서식 지정하기

① [H11] 셀 선택 → [홈] 탭 – [표시 형식] 그룹에서 '쉼표 스타일'(,)을 선택한다.

② [B11:H11] 영역 드래그 → [홈] 탭 – [글꼴] 그룹 – [테두리] – '모든 테두리'(⊞)를 선택한다.

(4) 목표값 찾기

① 평균값이 입력된 [H11] 셀 선택 → [데이터] 탭 – [예측] 그룹에서 [가상분석] – [목표값 찾기]를 선택한다.

② [목표값 찾기] 대화상자의 '수식 셀'에 'H11'이 입력되어 있는지 확인 → '찾는 값'에는 3200000 입력 → '값을 바꿀 셀'에는 [H3] 셀을 선택하여 입력한 후 [확인]을 클릭한다.

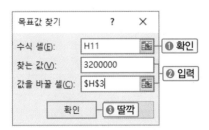

③ '목표값 찾기' 결과가 나타나면 [H11] 셀의 값이 '3,157,875'에서 '3,200,000'으로 변경된 것을 확인 → [H3] 셀의 값이 '2,257,000'에서 '2,594,000'로 변경된 것을 확인 → [목표값 찾기 상태] 대화상자에서 [확인]을 클릭한다.

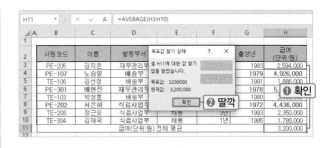

2 고급 필터로 데이터 추출

(1) 고급 필터 조건식 작성하기

① 조건식의 필드로 작성할 필드 제목인 '발령부서(D2)' 셀과 '근속기간(F2)' 셀을 Ctrl을 눌러 선택 → Ctrl+C를 눌러 복사 → [B14] 셀을 선택한 후 Ctrl+V를 눌러 데이터를 붙여넣기 한다.

② 발령부서와 근속기간 조건 중 하나 이상 만족하면 되므로 [B15] 셀에 배송부 입력 → [C16] 셀에는 <=2를 입력하여 OR 조건으로 작성한다.

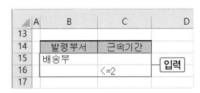

③ 고급 필터의 결과로 추출할 필드인 [C2] 셀과 [E2:F2] 영역, [H2] 셀을 Ctrl을 눌러 선택 → Ctrl+C를 눌러 복사 → [B18] 셀 선택 → Ctrl+V를 눌러 붙여넣기 한다.

(2) 고급 필터 실행하기

① 데이터 범위인 [B2:H10] 영역 드래그 → [데이터] 탭 – [정렬 및 필터] 그룹 – [고급]을 선택한다.

② [고급 필터] 대화상자의 '목록 범위'에 현재 선택한 데이터 범위가 입력되어 있는지 확인 → '조건 범위'에는 [B14:C16] 영역을 드래그하여 입력 → '다른 장소에 복사' 선택 → '복사 위치'에는 [B18:E18] 영역을 드래그하여 입력한 후 [확인]을 클릭한다.

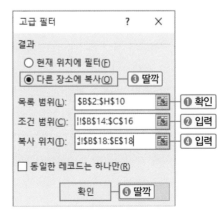

③ 결과를 확인한다.

발령부서	근속기간		
배송부			
	<=2		

확인

이름	발령구분	근속기간	급여 (단위:원)
노승일	이동	11년	4,926,000
김선정	채용	1년	1,886,000
박성호	이동	5년	2,386,000
김재국	채용	1년	1,786,000

제3작업　　80점

1 데이터 복사와 정렬

(1) 데이터 복사하고 붙여넣기

① [제1작업] 시트 선택 → [B4:H12] 영역을 드래그한 후 Ctrl + C를 눌러 복사 → [제3작업] 시트의 [B2] 셀 선택 → Ctrl + V를 눌러 데이터를 붙여넣기 한다.

② 열 너비를 복사하기 위해 [홈] 탭 – [클립보드] 그룹 – [붙여넣기] 내림단추 선택 → [선택하여 붙여넣기]를 선택한다.

③ [제1작업] 시트의 열 너비와 동일하게 지정하기 위해 [선택하여 붙여넣기] 대화상자 – '열 너비'를 선택한 후 [확인]을 클릭한다.

(2) 데이터 정렬하기

① 출력형태를 보면 '발령부서' 필드에 내림차순 정렬이 지정되어 있으므로 '발령부서' 필드에서 임의의 셀 선택 → [데이터] 탭 – [정렬 및 필터] 그룹 – [텍스트 내림차순 정렬]을 선택한다.

2 부분합 작성과 윤곽 지우기

(1) 부분합 구하기

① [B2:H10] 영역 안에서 임의의 셀 선택 → [데이터] 탭 – [윤곽선] 그룹 – [부분합]을 선택한다.

② [부분합] 대화상자에서 '그룹화할 항목'을 '발령부서'로 선택 → '사용할 함수'는 '개수'로 선택 → '부분합 계산 항목'에서 '이름'에 체크하고 '급여(단위:원)'에 체크 해제 → [확인]을 클릭한다.

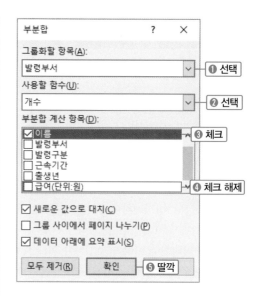

③ 부분합의 결과가 나오면 두 번째 부분합을 구하기 위해 다시 [B2:H12] 영역 안에서 임의의 셀 선택 → [데이터] 탭 – [윤곽선] 그룹 – [부분합]을 선택한다.

④ 다시 [부분합] 대화상자에서 '그룹화할 항목'을 '발령부서'로 선택 → '사용할 함수'는 '평균' 선택 → '부분합 계산 항목'에서 '이름'에 체크 해제하고 '급여(단위:원)'에 체크 → '새로운 값으로 대치'에 체크 해제한 후 [확인]을 클릭한다.

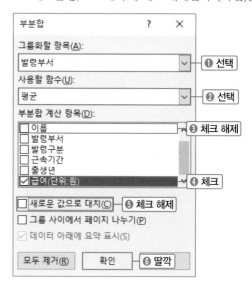

(2) 윤곽 지우기

① 데이터 안에서 임의의 셀 선택 → [데이터] 탭 – [윤곽선] 그룹 – [그룹 해제]의 내림단추 선택 → [윤곽 지우기]를 선택한다.

제4작업

100점

1 차트 작성과 스타일 지정

(1) 묶은 세로 막대형 차트 삽입하기

① [제1작업] 시트 선택 → [C4:C12] 영역 드래그 → [Ctrl]을 누른 상태에서 [F4:F12]와 [H4:H12] 영역을 드래그하여 범위를 선택한다.

② [삽입] 탭 – [차트] 그룹 – [세로 또는 가로 막대형 차트 삽입] 선택 → [묶은 세로 막대형]을 선택한다.

(2) 차트 이동하기

① [제1작업] 시트에 추가된 차트 선택 → [차트 도구] – [디자인] 탭 – [위치] 그룹 – [차트 이동]을 선택한다.

② [차트 이동] 대화상자에서 '새 시트' 선택 → 제4작업으로 입력한 후 [확인]을 클릭한다.

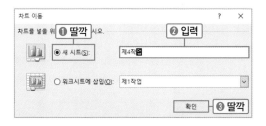

③ 맨 앞에 추가된 [제4작업] 시트를 드래그하여 [제3작업] 시트 뒤로 이동시킨다.

(3) 데이터 선택 변경하기

① 삽입된 차트에서 출력형태 에 표시된 데이터만 선택하기 위해 [차트 도구] – [디자인] 탭 – [데이터] 그룹 – [데이터 선택]을 선택한다.

② [데이터 원본 선택] 대화상자에서 [행/열 전환] 선택 → 행/열이 변경되면 출력형태 를 참고하여 '범례 항목(계열)'에서 필요 없는 계열인 '김지은'과 '배현진' 선택 → [제거]를 선택하여 삭제한다.

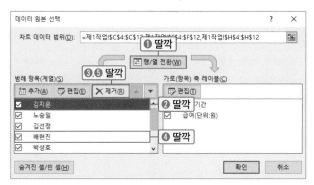

③ 다시 [행/열 전환]을 선택한 후 [확인]을 클릭한다.

(4) 레이아웃 변경과 스타일 적용하기

① '차트 영역' 선택 → [차트 도구] – [디자인] 탭 – [차트 스타일] 그룹에서 '스타일 1'을 선택한다.

② [차트 도구] – [디자인] 탭 – [차트 레이아웃] 그룹에서 [빠른 레이아웃] – '레이아웃 3'을 선택한다.

2 영역 서식 지정과 제목 작성

(1) 영역 서식 지정하기

① '차트 영역' 선택 → [홈] 탭 – [글꼴] 그룹 – 글꼴을 '굴림', 글꼴 크기를 '11pt'로 지정한다.

② [차트 도구] – [서식] 탭 – [현재 선택 영역] 그룹에서 '차트 요소'가 '차트 영역'으로 선택되어 있는지 확인 → [선택 영역 서식]을 선택한다.

③ [차트 영역 서식] 창에서 [채우기 및 선( )] – '채우기' – '그림 또는 질감 채우기' 선택 → [질감(▼)] 선택 → 질감 중에서 '분홍 박엽지'를 선택한다.

④ '그림 영역' 선택 → [그림 영역 서식] 창으로 변경되면 [채우기 및 선( )] – '채우기' – '단색 채우기' 선택 → [채우기 색(▼)]은 '흰색, 배경 1'을 선택한다.

(2) 제목 작성과 서식 지정하기

① '차트 제목' 개체를 선택하여 제목에 커서가 나타나면 배송부 및 식료사업부 급여 현황 입력 → [ESC]를 눌러 '차트 제목' 개체 선택 → [홈] 탭 – [글꼴] 그룹 – 글꼴을 '굴림', 글꼴 크기를 '20pt', '굵게'로 지정한다.

② [차트 도구] – [서식] 탭 – [도형 스타일] 그룹 –[도형 채우기]에서 '흰색, 배경 1' 선택 → [도형 윤곽선]을 선택한 후 '검정, 텍스트 1'을 선택한다.

3 차트 종류 변경과 서식 지정

(1) 차트 종류 변경과 보조 축 사용하기

① 차트에서 '근속기간' 계열을 선택하기 위해 [차트 도구] – [서식] 탭 – [현재 선택 영역] 그룹 – [차트 요소]에서 '계열 "근속기간"'을 선택한다.

② [차트 도구] – [디자인] 탭 – [종류] 그룹에서 '차트 종류 변경'을 선택한다.

③ [차트 종류 변경] 대화상자 – '콤보' 차트 선택 → '근속기간'의 차트 종류를 '표식이 있는 꺾은선형'으로 선택 → '보조 축'에 체크한 후 [확인]을 클릭한다.

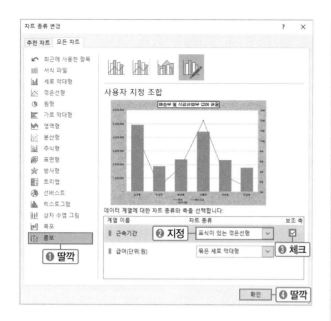

(2) 표식 변경과 데이터 레이블 추가하기

① [차트 도구] – [서식] 탭 – [현재 선택 영역] 그룹에서 '차트 요소'를 '계열 "근속기간"'으로 선택 → [선택 영역 서식] 선택 선택 → 오른쪽 [데이터 계열 서식] 창에서 [채우기 및 선( )] 선택 → '표식'을 선택한다.

② '표식 옵션' 선택 → '기본 제공'에서 형식을 '마름모' 선택 → 크기를 10으로 입력한다.

③ 막대형 차트인 '급여(단위:원)' 계열 선택 → 그 중에서 '노승일' 요소 선택 → '차트 요소'( ) 선택 → '데이터 레이블'에 체크한다.

(3) 눈금선 변경하기

① 눈금선 서식을 변경하기 위해 차트의 '눈금선' 선택 → [주 눈금선 서식] 창에서 선은 '실선', 대시 종류는 '파선'을 선택한다.

(4) 축 서식 설정하기

① 차트의 '보조 세로 (값) 축' 선택 → [축 서식] 창에서 [축 옵션( )] 단추 선택 → '축 옵션' 선택 → '주 단위'를 3으로 입력한다.

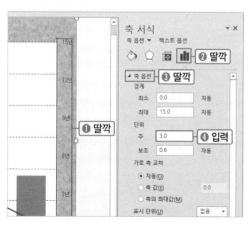

② '보조 세로 (값) 축'이 선택된 상태에서 [축 서식] 창 – [채우기 및 선( )] 선택 → '선'에서 '실선'을 선택한다.

③ 같은 방법으로 '세로 (값) 축', '가로 (항목) 축'도 동일하게 축 서식의 선을 '실선'으로 선택한다.

4 범례명 변경과 도형 삽입

(1) 범례명 변경하기

① '차트 영역' 선택 → [차트 도구] – [디자인] 탭 – [데이터] 그룹에서 [데이터 선택]을 선택한다.

② [데이터 원본 선택] 창에서 '급여(단위:원)'을 선택한 후 [편집]을 선택한다.

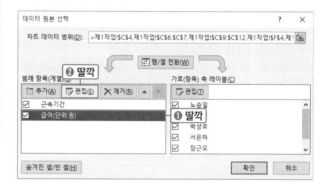

③ [계열 편집] 창에서 '계열 이름'에 급여(단위:원)을 입력한 후 [확인] 클릭 → [데이터 원본 선택] 창으로 돌아오면 [확인] 클릭 → 차트에서 범례명이 한 줄로 수정되었는지 확인한다.

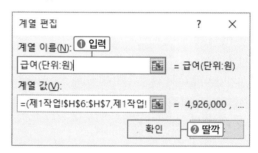

(2) 도형 삽입하기

① '차트 영역' 선택 → [삽입] 탭 – [일러스트레이션] 그룹 – [도형]에서 '모서리가 둥근 사각형 설명선'을 선택한다.

② 출력형태 와 동일하게 '노승일' 요소 위에 드래그하여 도형을 그린 후 경력 채용을 입력한다.

③ 도형 선택 → [홈] 탭 – [글꼴] 그룹에서 글꼴을 '굴림', 글꼴 크기를 '11pt', 글꼴 색을 '검정, 텍스트 1'로 선택 → [맞춤] 그룹에서 가로와 세로 모두 '가운데 맞춤'(,)으로 선택한다.

④ [그리기 도구] – [서식] 탭 – [도형 스타일] 그룹에서 [도형 채우기] – '흰색, 배경 1' 선택 → 도형의 모양 조절 핸들을 드래그하여 출력형태 와 동일하게 모양을 변경한다.

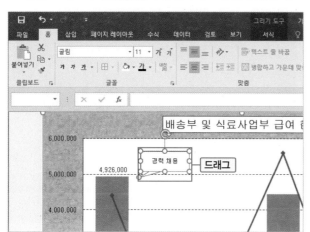

탁월한 능력은
새로운 과제를 만날 때마다
스스로 발전하고 드러낸다.

– 발타사르 그라시안(Baltasar Gracian)

Step

시험 전 실력을 진단하고 실전 완벽 대비!

기출 &
모의고사로
실력 점검하기

⬇ 채점프로그램으로 감점 내역을 확인하세요!

EXIT 합격 서비스(exit.eduwill.net)
▶ 자료실 ▶ ITQ ▶ 엑셀 ▶ 실습파일/정답파일 다운로드

⊕ 에듀윌에서 더더더 드립니다!

매월 최신 기출문제를 채점 프로그램 내에서 실제 시험처럼 응시하고,
바로 채점할 수 있게 서비스해 드립니다!

수험자 유의사항

- 수험자는 문제지를 받는 즉시 문제지와 수험표상의 시험과목(프로그램)이 동일한지 반드시 확인하여야 합니다.

- 파일명은 본인의 "수험번호-성명"으로 입력하여 답안폴더(내 PC₩문서₩ITQ)에 하나의 파일로 저장해야 하며, 답안문서 파일명이 "수험번호-성명"과 일치하지 않거나, 답안파일을 전송하지 않아 미제출로 처리될 경우 실격 처리합니다(예:12345678-홍길동.xlsx).

- 답안 작성을 마치면 파일을 저장하고, '답안 전송' 버튼을 선택하여 감독위원 PC로 답안을 전송하십시오. 수험생 정보와 저장한 파일명이 다를 경우 전송되지 않으므로 주의하시기 바랍니다.

- 답안 작성 중에도 주기적으로 저장하고, '답안 전송'하여야 문제 발생을 줄일 수 있습니다. 작업한 내용을 저장하지 않고 전송할 경우 이전에 저장된 내용이 전송되오니 이점 유의하시기 바랍니다.

- 답안문서는 지정된 경로 외의 다른 보조기억장치에 저장하는 경우, 지정된 시험 시간 외에 작성된 파일을 활용할 경우, 기타 통신수단(이메일, 메신저, 네트워크 등)을 이용하여 타인에게 전달 또는 외부 반출하는 경우는 부정 처리합니다.

- 시험 중 부주의 또는 고의로 시스템을 파손한 경우는 수험자가 변상해야 하며, 〈수험자 유의사항〉에 기재된 방법대로 이행하지 않아 생기는 불이익은 수험생 당사자의 책임임을 알려 드립니다.

- 문제의 조건은 MS오피스 2016 버전으로 설정되어 있으니 유의하시기 바랍니다.

- 시험을 완료한 수험자는 답안파일이 전송되었는지 확인한 후 감독위원의 지시에 따라 문제지를 제출하고 퇴실합니다.

답안 작성요령

- 온라인 답안 작성 절차

  수험자 등록 → 시험 시작 → 답안파일 저장 → 답안 전송 → 시험 종료

- 문제는 총 4단계, 즉 제1작업부터 제4작업까지 구성되어 있으며 반드시 제1작업부터 순서대로 작성하고 조건대로 작업하시오.

- 모든 작업시트의 A열은 열 너비 '1'로, 나머지 열은 적당하게 조절하시오.

- 모든 작업시트의 테두리는 출력형태와 같이 작업하시오.

- 해당 작업란에서는 각각 제시된 조건에 따라 출력형태와 같이 작업하시오.

- 답안 시트 이름은 "제1작업", "제2작업", "제3작업", "제4작업"이어야 하며 답안 시트 이외의 것은 감점 처리됩니다.

- 각 시트를 파일로 나누어 작업해서 저장할 경우 실격 처리됩니다.

제1회 정보기술자격(ITQ) 시험

과목	코드	문제유형	시험시간	수험번호	성명
한글엑셀	1122	C	60분		

제1작업 | 표 서식 작성 및 값 계산 | 240점

다음은 '은하마트 음료 판매 현황'에 대한 자료이다. 자료를 입력하고 조건에 맞도록 작업하시오.

출력형태

제품코드	분류	제품명	배송지역	단가	11월 판매수량	12월 판매수량	12월 매출액	비고
							담당	대리	과장
MA-124	채소 음료	비트 샐러리	충북	1,240	2,066	3,562	(1)	(2)
BH-011	과일 음료	석류에이드	전남	1,240	12,366	9,200	(1)	(2)
MB-125	채소 음료	레드비트	전남	2,150	7,680	7,200	(1)	(2)
CB-232	레토르트 음료	참 미숫가루	충북	2,350	5,350	8,535	(1)	(2)
CA-231	레토르트 음료	녹차 두유	전북	980	7,355	8,533	(1)	(2)
CC-233	채소 음료	케일 당근	충북	1,950	5,701	6,353	(1)	(2)
BC-010	과일 음료	블루레몬에이드	전남	950	984	4,201	(1)	(2)
BA-012	과일 음료	수박에이드	전북	1,530	6,350	6,720	(1)	(2)
채소 음료의 12월 판매수량 평균			(3)		최저 11월 판매수량			(5)
12월 전체 매출액			(4)		제품코드	MA-124	단가	(6)

(제목: 은하마트 음료 판매 현황)

조건

○ 모든 데이터의 서식에는 글꼴(굴림, 11pt), 정렬은 숫자 및 회계 서식은 오른쪽 정렬, 나머지 서식은 가운데 정렬로 작성하며 예외적인 것은 **출력형태**를 참조하시오.

○ 제 목 ⇒ 도형(배지)과 그림자(오프셋 오른쪽)를 이용하여 작성하고 "은하마트 음료 판매 현황"을 입력한 후 다음 서식을 적용하시오(글꼴-굴림, 24pt, 검정, 굵게, 채우기-노랑).

○ 임의의 셀에 결재란을 작성하여 그림으로 복사 기능을 이용하여 붙이기 하시오(단, 원본 삭제).

○ 「B4:J4, G14, I14」 영역은 '주황'으로 채우기 하시오.

○ 유효성 검사를 이용하여 「H14」 셀에 제품코드(「B5:B12」 영역)가 선택 표시되도록 하시오.

○ 셀 서식 ⇒ 「F5:F12」 영역에 셀 서식을 이용하여 숫자 뒤에 '원'을 표시하시오(예: 1,240원).

○ 「C5:C12」 영역에 대해 '분류'로 이름정의를 하시오.

(1)~(6) 셀은 반드시 주어진 함수를 이용하여 값을 구하시오(결과값을 직접 입력하면 해당 셀은 0점 처리됨).

(1) 12월 매출액 ⇒ 「단가×12월 판매수량」으로 계산하되, 내림하여 만 단위까지 구하시오 (ROUNDDOWN 함수)(예: 15,234,254 → 15,230,000).

(2) 비고 ⇒ 12월 판매수량이 8,000 이상이면 '판매우수', 그 외에는 공백으로 구하시오(IF 함수).

(3) 채소 음료의 12월 판매수량 평균 ⇒ 정의된 이름(분류)을 이용하여 구하시오(SUMIF, COUNTIF 함수).

(4) 12월 전체 매출액 ⇒ 「전체 단가×전체 12월 판매수량」으로 구하되, 반올림하여 만 단위까지 구하시오(ROUND, SUMPRODUCT 함수)(예: 84,236,254 → 84,240,000).

(5) 최저 11월 판매수량 ⇒ 결과값에 '개'를 붙이시오(MIN 함수, & 연산자)(예: 521개).

(6) 단가 ⇒ 「H14」셀에서 선택한 제품코드에 대한 단가를 구하시오(VLOOKUP 함수).

(7) 조건부 서식의 수식을 이용하여 12월 판매수량이 '5,000' 이하인 행 전체에 다음의 서식을 적용하시오(글꼴: 파랑, 굵게).

제2작업	목표값 찾기 및 필터	80점

"제1작업" 시트의 「B4:H12」영역을 복사하여 "제2작업" 시트의 「B2」셀부터 모두 붙여넣기를 한 후 다음의 조건과 같이 작업하시오.

조건

(1) 목표값 찾기 – 「B11:G11」셀을 병합하여 "12월 판매수량 전체 평균"을 입력한 후 「H11」셀에 12월 판매수량 전체 평균을 구하시오(AVERAGE 함수, 테두리, 가운데 맞춤).

– '12월 판매수량 전체 평균'이 '6,800'이 되려면 비트 샐러리의 12월 판매수량이 얼마가 되어야 하는지 목표값을 구하시오.

(2) 고급 필터 – 배송지역이 '전북'이거나, 11월 판매수량이 '10,000' 이상인 자료의 제품명, 배송지역, 단가, 12월 판매수량 데이터만 추출하시오.

– 조건 범위: 「B14」셀부터 입력하시오.

– 복사 위치: 「B18」셀부터 나타나도록 하시오.

제3작업	정렬 및 부분합	80점

"제1작업" 시트의 「B4:H12」영역을 복사하여 "제3작업" 시트의 「B2」셀부터 모두 붙여넣기를 한 후 다음의 조건과 같이 작업하시오.

조건

(1) 부분합 – 출력형태 처럼 정렬하고, 제품명의 개수와 12월 판매수량의 평균을 구하시오.

(2) 윤곽 – 지우시오.

(3) 나머지 사항은 출력형태 에 맞게 작성하시오.

출력형태

A	B	C	D	E	F	G	H	I
1								
2	제품코드	분류	제품명	배송지역	단가	11월 판매수량	12월 판매수량	
3	MA-124	채소 음료	비트 샐러리	충북	1,240원	2,066	3,562	
4	MB-125	채소 음료	레드비트	전남	2,150원	7,680	7,200	
5	CC-233	채소 음료	케일 당근	충북	1,950원	5,701	6,353	
6		채소 음료 평균					5,705	
7		채소 음료 개수	3					
8	CB-232	레토르트 음료	참 미숫가루	충북	2,350원	5,350	8,535	
9	CA-231	레토르트 음료	녹차 두유	전북	980원	7,355	8,533	
10		레토르트 음료 평균					8,534	
11		레토르트 음료 개수	2					
12	BH-011	과일 음료	석류에이드	전남	1,240원	12,366	9,200	
13	BC-010	과일 음료	블루레몬에이드	전남	950원	984	4,201	
14	BA-012	과일 음료	수박에이드	전북	1,530원	6,350	6,720	
15		과일 음료 평균					6,707	
16		과일 음료 개수	3					
17		전체 평균					6,788	
18		전체 개수	8					

"제1작업" 시트를 이용하여 조건에 따라 출력형태 와 같이 작업하시오.

조건

(1) 차트 종류 ⇒ 〈묶은 세로 막대형〉으로 작업하시오.

(2) 데이터 범위 ⇒ "제1작업" 시트의 내용을 이용하여 작업하시오.

(3) 위치 ⇒ "새 시트"로 이동하고, "제4작업"으로 시트 이름을 바꾸시오.

(4) 차트 디자인 도구 ⇒ 레이아웃 3, 스타일 1을 선택하여 출력형태 에 맞게 작업하시오.

(5) 영역 서식 ⇒ 차트: 글꼴(굴림, 11pt), 채우기 효과(질감-분홍 박엽지), 그림: 채우기(흰색, 배경 1)

(6) 제목 서식 ⇒ 차트 제목: 글꼴(굴림, 굵게, 20pt), 채우기(흰색, 배경 1), 테두리

(7) 서식 ⇒ 단가 계열의 차트 종류를 〈표식이 있는 꺾은선형〉으로 변경한 후 보조 축으로 지정하시오.

　　　　　계열: 출력형태 를 참조하여 표식(마름모, 크기 10)과 레이블 값을 표시하시오.

　　　　　눈금선: 선 스타일-파선

　　　　　축: 출력형태 를 참조하시오.

(8) 범례 ⇒ 범례명을 변경하고 출력형태 를 참조하시오.

(9) 도형 ⇒ '모서리가 둥근 사각형 설명선'을 삽입한 후 출력형태 와 같이 내용을 입력하시오.

(10) 나머지 사항은 출력형태 에 맞게 작성하시오.

출력형태

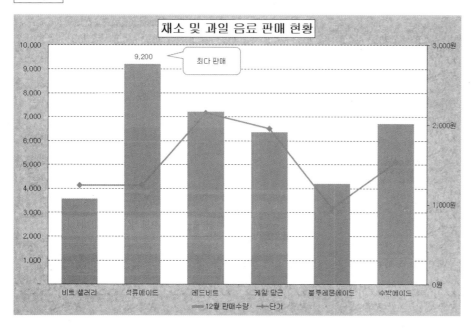

❗ 주의 시트명 순서가 차례대로 "제1작업", "제2작업", "제3작업", "제4작업"이 되도록 할 것.

제2회 정보기술자격(ITQ) 시험

과목	코드	문제유형	시험시간	수험번호	성명
한글엑셀	1122	B	60분		

제1작업 표 서식 작성 및 값 계산　　　　　　　　　　　　240점

다음은 '보람인테리어 시공관리 현황'에 대한 자료이다. 자료를 입력하고 조건에 맞도록 작업하시오.

출력형태

관리번호	고객명	분류	시공면적	시공시작일	시공기간(일)	시공비용(만원)	선수금(만원)	지역
					담당	대리	과장	
						확인		
AF-152	고은영	사무실	102	2021-11-10	15	5,150	(1)	(2)
AL-113	최은정	주거공간	49	2021-11-20	7	2,050	(1)	(2)
FF-451	정창근	사무실	50	2021-10-25	16	3,560	(1)	(2)
HS-321	변수영	식당/매장	88	2021-12-03	20	4,050	(1)	(2)
HL-121	주희라	주거공간	28	2021-12-10	4	950	(1)	(2)
AL-543	김정희	주거공간	33	2021-12-15	5	1,120	(1)	(2)
DF-122	장은호	사무실	45	2021-11-10	13	3,300	(1)	(2)
SS-652	여범석	식당/매장	55	2021-10-05	10	3,900	(1)	(2)
2021-12-01 이후 시공건수			(3)		사무실 시공기간(일) 평균			(5)
최대 시공비용(만원)			(4)		관리번호	AF-152	시공면적	(6)

조건

○ 모든 데이터의 서식에는 글꼴(굴림, 11pt), 정렬은 숫자 및 회계 서식은 오른쪽 정렬, 나머지 서식은 가운데 정렬로 작성하며 예외적인 것은 출력형태를 참조하시오.

○ 제 목 ⇒ 도형(오각형)과 그림자(오프셋 오른쪽)를 이용하여 작성하고 "보람인테리어 시공관리 현황"을 입력한 후 다음 서식을 적용하시오(글꼴-굴림, 24pt, 검정, 굵게, 채우기-노랑).

○ 임의의 셀에 결재란을 작성하여 그림으로 복사 기능을 이용하여 붙이기 하시오(단, 원본 삭제).

○ 「B4:J4, G14, I14」 영역은 '주황'으로 채우기 하시오.

○ 유효성 검사를 이용하여 「H14」 셀에 관리번호(「B5:B12」 영역)가 선택 표시되도록 하시오.

○ 셀 서식 ⇒ 「E5:E12」 영역에 셀 서식을 이용하여 숫자 뒤에 '평'을 표시하시오(예: 102평).

○ 「H5:H12」 영역에 대해 '시공비용'으로 이름정의를 하시오.

(1)~(6) 셀은 반드시 주어진 함수를 이용하여 값을 구하시오(결과값을 직접 입력하면 해당 셀은 0점 처리됨).

(1) 선수금(만원) ⇒ 「시공비용(만원)×비율」로 구하되, 비율은 분류가 주거공간이면 0.5, 그 외에는 0.4로 계산하시오(IF 함수).

(2) 지역 ⇒ 관리번호의 마지막 글자가 1이면 '서울', 2이면 '경기', 3이면 '인천'으로 구하시오(CHOOSE, RIGHT 함수).

(3) 2021-12-01 이후 시공건수 ⇒ 시공시작일이 '2021-12-01' 이후(해당일 포함)인 시공건수를 구하고, 결과값 뒤에 '건'을 붙이시오(COUNTIF 함수, & 연산자)(예: 1건).

(4) **최대 시공비용(만원)** ⇒ 정의된 이름(시공비용)을 이용하여 구하시오(MAX 함수).

(5) **사무실 시공기간(일) 평균** ⇒ 분류가 사무실인 시공기간(일)의 평균을 반올림하여 정수로 구하시오. 단, 조건은 입력데이터를 이용하시오(ROUND, DAVERAGE 함수)(예: 11.2 → 11).

(6) **시공면적** ⇒ 「H14」 셀에서 선택한 관리번호에 대한 시공면적을 구하시오(VLOOKUP 함수).

(7) 조건부 서식의 수식을 이용하여 시공기간(일)이 '7' 이하인 행 전체에 다음의 서식을 적용하시오(글꼴: 파랑, 굵게).

제2작업　필터 및 서식　　　　　　　　　　　　　　　　　　　80점

"제1작업" 시트의 「B4:H12」 영역을 복사하여 "제2작업" 시트의 「B2」 셀부터 모두 붙여넣기를 한 후 다음의 조건과 같이 작업하시오.

조건

(1) **고급 필터** — 관리번호가 'H'로 시작하거나, 시공비용(만원)이 '2,000' 이하인 자료의 고객명, 시공면적, 시공기간(일), 시공비용(만원) 데이터만 추출하시오.
　　　　　　　— 조건 범위: 「B14」 셀부터 입력하시오.
　　　　　　　— 복사 위치: 「B18」 셀부터 나타나도록 하시오.

(2) **표 서식** — 고급 필터의 결과 셀을 채우기 없음으로 설정한 후 '표 스타일 보통 6'의 서식을 적용하시오.
　　　　　　— 머리글 행, 줄무늬 행을 적용하시오.

제3작업　피벗 테이블　　　　　　　　　　　　　　　　　　　80점

"제1작업" 시트를 이용하여 "제3작업" 시트에 조건에 따라 ☐출력형태☐ 와 같이 작업하시오.

조건

(1) 시공면적 및 분류별 고객명의 개수와 시공비용(만원)의 평균을 구하시오.

(2) 시공면적을 그룹화하고, 분류를 ☐출력형태☐ 와 같이 정렬하시오.

(3) 레이블이 있는 셀 병합 및 가운데 맞춤 적용 및 빈 셀은 '**'로 표시하시오.

(4) 행의 총합계는 지우고, 나머지 사항은 ☐출력형태☐ 에 맞게 작성하시오.

출력형태

시공면적 ▼	주거공간 개수 : 고객명	평균 : 시공비용(만원)	식당/매장 개수 : 고객명	평균 : 시공비용(만원)	사무실 개수 : 고객명	평균 : 시공비용(만원)
21-50	3	1,373	**	**	2	3,430
51-80	**	**	1	3,900	**	**
81-110	**	**	1	4,050	1	5,150
총합계	3	1,373	2	3,975	3	4,003

"제1작업" 시트를 이용하여 조건에 따라 출력형태와 같이 작업하시오.

조건

(1) 차트 종류 ⇒ 〈묶은 세로 막대형〉으로 작업하시오.

(2) 데이터 범위 ⇒ "제1작업" 시트의 내용을 이용하여 작업하시오.

(3) 위치 ⇒ "새 시트"로 이동하고, "제4작업"으로 시트 이름을 바꾸시오.

(4) 차트 디자인 도구 ⇒ 레이아웃 3, 스타일 1을 선택하여 출력형태에 맞게 작업하시오.

(5) 영역 서식 ⇒ 차트: 글꼴(굴림, 11pt), 채우기 효과(질감–분홍 박엽지), 그림: 채우기(흰색, 배경 1)

(6) 제목 서식 ⇒ 차트 제목: 글꼴(굴림, 굵게, 20pt), 채우기(흰색, 배경 1), 테두리

(7) 서식 ⇒ 시공면적 계열의 차트 종류를 〈표식이 있는 꺾은선형〉으로 변경한 후 보조 축으로 지정하시오.

계열: 출력형태를 참조하여 표식(세모, 크기 10)과 레이블 값을 표시하시오.

눈금선: 선 스타일–파선

축: 출력형태를 참조하시오.

(8) 범례 ⇒ 범례명을 변경하고 출력형태를 참조하시오.

(9) 도형 ⇒ '모서리가 둥근 사각형 설명선'을 삽입한 후 출력형태와 같이 내용을 입력하시오.

(10) 나머지 사항은 출력형태에 맞게 작성하시오.

출력형태

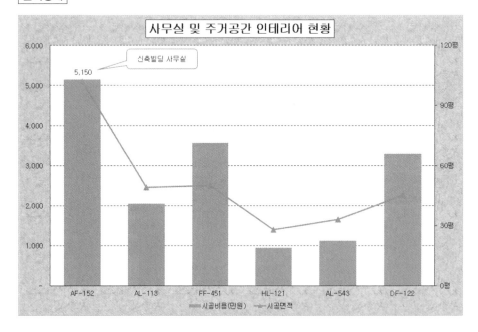

❗ 주의 **시트명 순서가 차례대로 "제1작업", "제2작업", "제3작업", "제4작업"이 되도록 할 것.**

제3회 정보기술자격(ITQ) 시험

과목	코드	문제유형	시험시간	수험번호	성명
한글엑셀	1122	C	60분		

제1작업 표 서식 작성 및 값 계산 240점

다음은 '컨벤션센터 대여 현황'에 대한 자료이다. 자료를 입력하고 조건에 맞도록 작업하시오.

출력형태

회원코드	이벤트홀	대여일자	참석인원	1인당 참가비용	참가비용 (단위:원)	무료제공	대여요일	비고
YM-983	티트리홀	2021-12-19	324	10,000	3,240,000	음료수	(1)	(2)
ZB-323	티트리홀	2021-12-25	524	7,500	3,930,000	사진	(1)	(2)
VB-754	아니카홀	2021-12-15	345	30,500	10,520,000	사진	(1)	(2)
RM-893	아니카홀	2021-12-11	237	32,000	7,580,000	음료수	(1)	(2)
VM-342	티트리홀	2021-12-16	421	27,800	11,700,000	사진	(1)	(2)
DB-453	로즈마리홀	2021-12-12	500	9,000	4,500,000	꽃장식	(1)	(2)
DA-034	로즈마리홀	2021-12-24	350	25,000	8,750,000	사진	(1)	(2)
VD-395	티트리홀	2021-12-26	423	17,000	7,190,000	사진	(1)	(2)
아니카홀 예약 건수			(3)		티트리홀 참석인원 합계			(5)
최대 참석인원			(4)		회원코드	YM-983	참석인원	(6)

(확인: 담당 / 팀장 / 센터장)

조건

○ 모든 데이터의 서식에는 글꼴(굴림, 11pt), 정렬은 숫자 및 회계 서식은 오른쪽 정렬, 나머지 서식은 가운데 정렬로 작성하며 예외적인 것은 출력형태를 참조하시오.

○ 제 목 ⇒ 도형(평행 사변형)과 그림자(오프셋 오른쪽)를 이용하여 작성하고 "컨벤션센터 대여 현황"을 입력한 후 다음 서식을 적용하시오(글꼴–굴림, 24pt, 검정, 굵게, 채우기–노랑).

○ 임의의 셀에 결재란을 작성하여 그림으로 복사 기능을 이용하여 붙이기 하시오(단, 원본 삭제).

○ 「B4:J4, G14, I14」 영역은 '주황'으로 채우기 하시오.

○ 유효성 검사를 이용하여 「H14」 셀에 회원코드(「B5:B12」 영역)가 선택 표시되도록 하시오.

○ 셀 서식 ⇒ 「E5:E12」 영역에 셀 서식을 이용하여 숫자 뒤에 '명'을 표시하시오(예: 324명).

○ 「C5:C12」 영역에 대해 '이벤트홀'로 이름정의를 하시오.

(1)~(6) 셀은 반드시 주어진 함수를 이용하여 값을 구하시오(결과값을 직접 입력하면 해당 셀은 0점 처리됨).

(1) 대여요일 ⇒ 대여일자의 요일을 예와 같이 구하시오(CHOOSE, WEEKDAY 함수)(예: 일요일).

(2) 비고 ⇒ 회원코드의 첫 글자가 V이면 'VIP', 그 외에는 공백으로 표시하시오(IF, LEFT 함수).

(3) 아니카홀 예약 건수 ⇒ 정의된 이름(이벤트홀)을 이용하여 구하고, 결과값 뒤에 '건'을 붙이시오(COUNTIF 함수, & 연산자) (예: 1건).

(4) 최대 참석인원 ⇒ (MAX 함수)

(5) 티트리홀 참석인원 합계 ⇒ 조건은 입력데이터를 이용하시오(DSUM 함수).

(6) 참석인원 ⇒ 「H14」 셀에서 선택한 회원코드에 대한 참석인원을 표시하시오(VLOOKUP 함수).

(7) 조건부 서식의 수식을 이용하여 1인당 참가비용이 '10,000' 이하인 행 전체에 다음의 서식을 적용하시오(글꼴: 파랑, 굵게).

제2작업	필터 및 서식	80점

"제1작업" 시트의 「B4:H12」 영역을 복사하여 "제2작업" 시트의 「B2」 셀부터 모두 붙여넣기를 한 후 다음의 조건과 같이 작업하시오.

조건

(1) 고급 필터 – 회원코드가 'Z'로 시작하거나, 참가비용(단위:원)이 '10,000,000' 이상인 자료의 회원코드, 대여일자, 참석인원, 참가비용(단위:원) 데이터만 추출하시오.
　　　　　　 – 조건 범위: 「B14」 셀부터 입력하시오.
　　　　　　 – 복사 위치: 「B18」 셀부터 나타나도록 하시오.

(2) 표 서식 – 고급 필터의 결과 셀을 채우기 없음으로 설정한 후 '표 스타일 보통 6'의 서식을 적용하시오.
　　　　　　 – 머리글 행, 줄무늬 행을 적용하시오.

제3작업	피벗 테이블	80점

"제1작업" 시트를 이용하여 "제3작업" 시트에 조건에 따라 출력형태 와 같이 작업하시오.

조건

(1) 1인당 참가비용 및 이벤트홀별 회원코드의 개수와 참가비용(단위:원)의 평균을 구하시오.

(2) 1인당 참가비용을 그룹화하고, 이벤트홀을 출력형태 와 같이 정렬하시오.

(3) 레이블이 있는 셀 병합 및 가운데 맞춤 적용 및 빈 셀은 '**'로 표시하시오.

(4) 행의 총합계는 지우고, 나머지 사항은 출력형태 에 맞게 작성하시오.

출력형태

"제1작업" 시트를 이용하여 조건에 따라 출력형태 와 같이 작업하시오.

조건

(1) **차트 종류** ⇒ 〈묶은 세로 막대형〉으로 작업하시오.

(2) **데이터 범위** ⇒ "제1작업" 시트의 내용을 이용하여 작업하시오.

(3) **위치** ⇒ "새 시트"로 이동하고, "제4작업"으로 시트 이름을 바꾸시오.

(4) **차트 디자인 도구** ⇒ 레이아웃 3, 스타일 1을 선택하여 출력형태 에 맞게 작업하시오.

(5) **영역 서식** ⇒ 차트: 글꼴(굴림, 11pt), 채우기 효과(질감-분홍 박엽지), 그림: 채우기(흰색, 배경 1)

(6) **제목 서식** ⇒ 차트 제목: 글꼴(굴림, 굵게, 20pt), 채우기(흰색, 배경 1), 테두리

(7) **서식** ⇒ 참석인원 계열의 차트 종류를 〈표식이 있는 꺾은선형〉으로 변경한 후 보조 축으로 지정하시오.

　　　　계열: 출력형태 를 참조하여 표식(세모, 크기 10)과 레이블 값을 표시하시오.

　　　　눈금선: 선 스타일-파선

　　　　축: 출력형태 를 참조하시오.

(8) **범례** ⇒ 범례명을 변경하고 출력형태 를 참조하시오.

(9) **도형** ⇒ '모서리가 둥근 사각형 설명선'을 삽입한 후 출력형태 와 같이 내용을 입력하시오.

(10) 나머지 사항은 출력형태 에 맞게 작성하시오.

출력형태

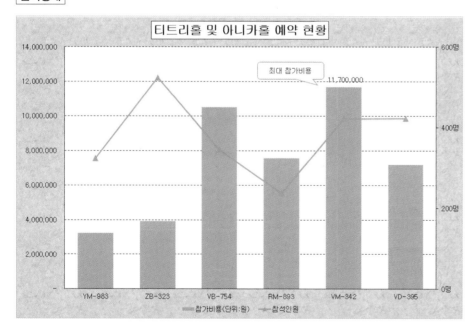

❗ **주의** 시트명 순서가 차례대로 "제1작업", "제2작업", "제3작업", "제4작업"이 되도록 할 것.

제4회 정보기술자격(ITQ) 시험

과목	코드	문제유형	시험시간	수험번호	성명
한글엑셀	1122	A	60분		

제1작업　표 서식 작성 및 값 계산　240점

다음은 '코딩교구 쇼핑몰 판매 현황'에 대한 자료이다. 자료를 입력하고 조건에 맞도록 작업하시오.

출력형태

상품코드	상품명	분류	브랜드	판매금액	판매수량 (단위:개)	적립률	판매순위	배송기간
U-2131	아두이노 우노	보드	도매키트	6,800	3,456	10%	(1)	(2)
G-1423	가스센서9종세트	센서	한국전자	22,000	1,123	15%	(1)	(2)
S-1323	사운드 소리감지	센서	한국전자	1,200	2,450	5%	(1)	(2)
B-3181	블루투스 HC-06	모듈	코딩교육	4,800	688	10%	(1)	(2)
T-2431	토양수분 감지	센서	도매키트	2,500	650	8%	(1)	(2)
A-1422	아두이노 메가	보드	한국전자	12,800	1,082	10%	(1)	(2)
J-3243	조이스틱	모듈	코딩교육	3,500	967	8%	(1)	(2)
M-2412	미세먼지 측정	센서	도매키트	15,500	2,549	10%	(1)	(2)

제목 결재 담당 대리 팀장

보드 판매수량(단위:개) 합계 (3) / 최대 판매금액 (5)
센서 상품의 개수 (4) / 상품명 아두이노 우노 판매금액 (6)

조건

○ 모든 데이터의 서식에는 글꼴(굴림, 11pt), 정렬은 숫자 및 회계 서식은 오른쪽 정렬, 나머지 서식은 가운데 정렬로 작성하며 예외적인 것은 **출력형태**를 참조하시오.
○ 제 목 ⇒ 도형(십자형)과 그림자(오프셋 오른쪽)를 이용하여 작성하고 "코딩교구 쇼핑몰 판매 현황"을 입력한 후 다음 서식을 적용하시오(글꼴-굴림, 24pt, 검정, 굵게, 채우기-노랑).
○ 임의의 셀에 결재란을 작성하여 그림으로 복사 기능을 이용하여 붙이기 하시오(단, 원본 삭제).
○ 「B4:J4, G14, I14」 영역은 '주황'으로 채우기 하시오.
○ 유효성 검사를 이용하여 「H14」 셀에 상품명(「C5:C12」 영역)이 선택 표시되도록 하시오.
○ 셀 서식 ⇒ 「F5:F12」 영역에 셀 서식을 이용하여 숫자 뒤에 '원'을 표시하시오(예: 6,800원).
○ 「F5:F12」 영역에 대해 '판매금액'으로 이름정의를 하시오.

(1)~(6) 셀은 반드시 주어진 함수를 이용하여 값을 구하시오(결과값을 직접 입력하면 해당 셀은 0점 처리됨).

(1) 판매 순위 ⇒ 판매수량(단위:개)의 내림차순 순위를 1~3까지 구하고, 그 외에는 공백으로 표시하시오(IF, RANK.EQ 함수).
(2) 배송기간 ⇒ 상품코드의 마지막 글자가 1이면 '2일 이내', 2이면 '3일 이내', 3이면 '4일 이상'으로 표시하시오(CHOOSE, RIGHT 함수).
(3) 보드 판매수량(단위:개) 합계 ⇒ 단, 조건은 입력데이터를 이용하시오(DSUM 함수).
(4) 센서 상품의 개수 ⇒ 구한 결과값에 '개'를 붙이시오(COUNTIF 함수, & 연산자)(예: 1개).

(5) 최대 판매금액 ⇒ 정의된 이름(판매금액)을 이용하여 구하시오(LARGE 함수).

(6) 판매금액 ⇒「H14」셀에서 선택한 상품명에 대한 판매금액을 구하시오(VLOOKUP 함수).

(7) 조건부 서식의 수식을 이용하여 판매수량(단위:개)이 '2,000' 이상인 행 전체에 다음의 서식을 적용하시오(글꼴: 파랑, 굵게).

제2작업	**목표값 찾기 및 필터**	80점

"제1작업" 시트의「B4:H12」영역을 복사하여 "제2작업" 시트의「B2」셀부터 모두 붙여넣기를 한 후 다음의 조건과 같이 작업하시오.

조건

(1) 목표값 찾기 – 「B11:G11」셀을 병합하여 "도매키트 브랜드의 판매수량(단위:개) 평균"을 입력한 후「H11」셀에 도매키트 브랜드의 판매수량(단위:개) 평균을 구하시오. 단, 조건은 입력데이터를 이용하시오(DAVERAGE 함수, 테두리, 가운데 맞춤).

       – '도매키트 브랜드의 판매수량(단위:개) 평균'이 '2,500'이 되려면 아두이노 우노의 판매수량(단위:개)이 얼마가 되어야 하는지 목표값을 구하시오.

(2) 고급 필터 – 분류가 '모듈'이거나, 판매금액이 '3,000' 이하인 자료의 데이터만 추출하시오.

       – 조건 범위:「B14」셀부터 입력하시오.

       – 복사 위치:「B18」셀부터 나타나도록 하시오.

제3작업	**정렬 및 부분합**	80점

"제1작업" 시트의「B4:H12」영역을 복사하여 "제3작업" 시트의「B2」셀부터 모두 붙여넣기를 한 후 다음의 조건과 같이 작업하시오.

조건

(1) 부분합 – 출력형태 처럼 정렬하고, 상품명의 개수와 판매금액의 평균을 구하시오.

(2) 윤곽 – 지우시오.

(3) 나머지 사항은 출력형태 에 맞게 작성하시오.

출력형태

▲A	B	C	D	E	F	G	H
1							
2	상품코드	상품명	분류	브랜드	판매금액	판매수량 (단위:개)	적립률
3	G-1423	가스센서9종세트	센서	한국전자	22,000원	1,123	15%
4	S-1323	사운드 소리감지	센서	한국전자	1,200원	2,450	5%
5	T-2431	토양수분 감지	센서	도매키트	2,500원	650	8%
6	M-2412	미세먼지 측정	센서	도매키트	15,500원	2,549	10%
7			센서 평균		10,300원		
8		4	센서 개수				
9	U-2131	아두이노 우노	보드	도매키트	6,800원	3,456	10%
10	A-1422	아두이노 메가	보드	한국전자	12,800원	1,082	10%
11			보드 평균		9,800원		
12		2	보드 개수				
13	B-3181	블루투스 HC-06	모듈	코딩교육	4,800원	688	10%
14	J-3243	조이스틱	모듈	코딩교육	3,500원	967	8%
15			모듈 평균		4,150원		
16		2	모듈 개수				
17			전체 평균		8,638원		
18		8	전체 개수				

"제1작업" 시트를 이용하여 조건에 따라 출력형태 와 같이 작업하시오.

조건

(1) **차트 종류** ⇒ 〈묶은 세로 막대형〉으로 작업하시오.

(2) **데이터 범위** ⇒ "제1작업" 시트의 내용을 이용하여 작업하시오.

(3) **위치** ⇒ "새 시트"로 이동하고, "제4작업"으로 시트 이름을 바꾸시오.

(4) **차트 디자인 도구** ⇒ 레이아웃 3, 스타일 1을 선택하여 출력형태 에 맞게 작업하시오.

(5) **영역 서식** ⇒ 차트: 글꼴(굴림, 11pt), 채우기 효과(질감─분홍 박엽지), 그림: 채우기(흰색, 배경 1)

(6) **제목 서식** ⇒ 차트 제목: 글꼴(굴림, 굵게, 20pt), 채우기(흰색, 배경 1), 테두리

(7) **서식** ⇒ 판매금액 계열의 차트 종류를 〈표식이 있는 꺾은선형〉으로 변경한 후 보조 축으로 지정하시오.

　　　계열: 출력형태 를 참조하여 표식(세모, 크기 10)과 레이블 값을 표시하시오.

　　　눈금선: 선 스타일─파선

　　　축: 출력형태 를 참조하시오.

(8) **범례** ⇒ 범례명을 변경하고 출력형태 를 참조하시오.

(9) **도형** ⇒ '모서리가 둥근 사각형 설명선'을 삽입한 후 출력형태 와 같이 내용을 입력하시오.

(10) 나머지 사항은 출력형태 에 맞게 작성하시오.

출력형태

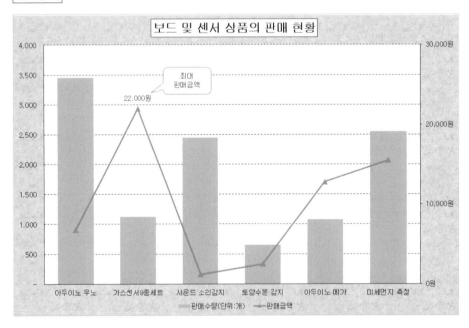

❗ 주의 　시트명 순서가 차례대로 "제1작업", "제2작업", "제3작업", "제4작업"이 되도록 할 것.

제5회 정보기술자격(ITQ) 시험

과목	코드	문제유형	시험시간	수험번호	성명
한글엑셀	1122	C	60분		

제1작업　표 서식 작성 및 값 계산　240점

다음은 '건강보조식품 판매 현황'에 대한 자료이다. 자료를 입력하고 조건에 맞도록 작업하시오.

출력형태

제품코드	제품명	구분	제조사	가격	판매수량(단위:EA)	재고수량(단위:EA)	판매순위	출시연도
A-2004	오메가3	기능성	비오팜	76,000	4,700	750	(1)	(2)
M-2010	코큐텐	기능성	한솔바이오	40,000	6,000	450	(1)	(2)
D-2003	쉐이크	식품/음료	비오팜	42,000	3,150	1,750	(1)	(2)
S-2009	푸로틴	기초영양	팜스빌	52,000	3,123	1,250	(1)	(2)
E-2003	비타민C	기초영양	비오팜	68,000	4,800	965	(1)	(2)
D-2009	에너지 바	식품/음료	팜스빌	34,000	2,884	2,200	(1)	(2)
F-2012	프로바이오틱스	기초영양	한솔바이오	49,000	5,800	200	(1)	(2)
K-2001	밀크시슬	기능성	한솔바이오	43,000	6,500	310	(1)	(2)
최고 가격			(3)		전체 매출금액			(5)
기능성 제품 개수			(4)		제품명	오메가3	가격	(6)

조건

○ 모든 데이터의 서식에는 글꼴(굴림, 11pt), 정렬은 숫자 및 회계 서식은 오른쪽 정렬, 나머지 서식은 가운데 정렬로 작성하며 예외적인 것은 출력형태를 참조하시오.
○ 제 목 ⇒ 도형(갈매기형 수장)과 그림자(오프셋 오른쪽)를 이용하여 작성하고 "건강보조식품 판매 현황"을 입력한 후 다음 서식을 적용하시오(글꼴-굴림, 24pt, 검정, 굵게, 채우기-노랑).
○ 임의의 셀에 결재란을 작성하여 그림으로 복사 기능을 이용하여 붙이기 하시오(단, 원본 삭제).
○ 「B4:J4, G14, I14」 영역은 '주황'으로 채우기 하시오.
○ 유효성 검사를 이용하여 「H14」 셀에 제품명(「C5:C12」 영역)이 선택 표시되도록 하시오.
○ 셀 서식 ⇒ 「F5:F12」 영역에 셀 서식을 이용하여 숫자 뒤에 '원'을 표시하시오(예: 76,000원).
○ 「D5:D12」 영역에 대해 '구분'으로 이름정의를 하시오.

(1)~(6) 셀은 반드시 주어진 함수를 이용하여 값을 구하시오(결과값을 직접 입력하면 해당 셀은 0점 처리됨).

(1) 판매순위 ⇒ 판매수량(단위:EA)의 내림차순 순위를 1~3까지 구하고, 그 외에는 공백으로 나타내시오(IF, RANK.EQ 함수).
(2) 출시연도 ⇒ 제품코드의 오른쪽 4글자를 이용하여 구한 결과값에 '년'을 붙이시오(RIGHT 함수, & 연산자)
　　　　　　(예:A-2004 → 2004년).
(3) 최고 가격 ⇒ (MAX 함수)
(4) 기능성 제품 개수 ⇒ 정의된 이름(구분)을 이용하여 구하시오(COUNTIF 함수).

(5) **전체 매출금액** ⇒「전체 가격 × 전체 판매수량(단위:EA)」로 구하시오. 단, 반올림하여 백만 단위까지 구하시오(ROUND, SUMPRODUCT 함수)(예: 1,413,240,562 → 1,413,000,000).

(6) **가격** ⇒「H14」셀에서 선택한 제품명에 대한 가격을 구하시오(VLOOKUP 함수).

(7) 조건부 서식의 수식을 이용하여 가격이 '50,000' 이상인 행 전체에 다음의 서식을 적용하시오(글꼴: 파랑, 굵게).

제2작업   목표값 찾기 및 필터   80점

"제1작업" 시트의「B4:H12」영역을 복사하여 "제2작업" 시트의「B2」셀부터 모두 붙여넣기를 한 후 다음의 조건과 같이 작업하시오.

조건

(1) **목표값 찾기** – 「B11:G11」셀을 병합하여 "비오팜 제조사의 판매수량(단위:EA) 평균"을 입력한 후「H11」셀에 비오팜 제조사의 판매수량(단위:EA) 평균을 구하시오. 단, 조건은 입력데이터를 이용하시오(DAVERAGE 함수, 테두리, 가운데 맞춤).
  – '비오팜 제조사의 판매수량(단위:EA) 평균'이 '4,300'이 되려면 오메가3의 판매수량(단위:EA)이 얼마가 되어야 하는지 목표값을 구하시오.

(2) **고급 필터** – 가격이 '40,000' 이하이거나, 재고수량(단위:EA)이 '2,000' 이상인 자료의 데이터만 추출하시오.
  – 조건 범위:「B14」셀부터 입력하시오.
  – 복사 위치:「B18」셀부터 나타나도록 하시오.

제3작업   정렬 및 부분합   80점

"제1작업" 시트의「B4:H12」영역을 복사하여 "제3작업" 시트의「B2」셀부터 모두 붙여넣기를 한 후 다음의 조건과 같이 작업하시오.

조건

(1) **부분합** – 출력형태 처럼 정렬하고, 제품명의 개수와 판매수량(단위:EA)의 평균을 구하시오.

(2) **윤곽** – 지우시오.

(3) 나머지 사항은 출력형태 에 맞게 작성하시오.

출력형태

	B	C	D	E	F	G	H
2	제품코드	제품명	구분	제조사	가격	판매수량(단위:EA)	재고수량(단위:EA)
3	D-2003	쉐이크	식품/음료	비오팜	42,000원	3,150	1,750
4	D-2009	에너지 바	식품/음료	팜스빌	34,000원	2,884	2,200
5			식품/음료 평균			3,017	
6		2	식품/음료 개수				
7	S-2009	프로틴	기초영양	팜스빌	52,000원	3,123	1,250
8	E-2003	비타민C	기초영양	비오팜	68,000원	4,800	965
9	F-2012	프로바이오틱스	기초영양	한솔바이오	49,000원	5,800	200
10			기초영양 평균			4,574	
11		3	기초영양 개수				
12	A-2004	오메가3	기능성	비오팜	76,000원	4,700	750
13	M-2010	코큐텐	기능성	한솔바이오	40,000원	6,000	450
14	K-2001	밀크시슬	기능성	한솔바이오	43,000원	6,500	310
15			기능성 평균			5,733	
16		3	기능성 개수				
17			전체 평균			4,620	
18		8	전체 개수				

"제1작업" 시트를 이용하여 조건에 따라 출력형태 와 같이 작업하시오.

조건

(1) **차트 종류** ⇒ 〈묶은 세로 막대형〉으로 작업하시오.

(2) **데이터 범위** ⇒ "제1작업" 시트의 내용을 이용하여 작업하시오.

(3) **위치** ⇒ "새 시트"로 이동하고, "제4작업"으로 시트 이름을 바꾸시오.

(4) **차트 디자인 도구** ⇒ 레이아웃 3, 스타일 1을 선택하여 출력형태 에 맞게 작업하시오.

(5) **영역 서식** ⇒ 차트: 글꼴(굴림, 11pt), 채우기 효과(질감–분홍 박엽지), 그림: 채우기(흰색, 배경 1)

(6) **제목 서식** ⇒ 차트 제목: 글꼴(굴림, 굵게, 20pt), 채우기(흰색, 배경 1), 테두리

(7) **서식** ⇒ 판매수량(단위:EA) 계열의 차트 종류를 〈표식이 있는 꺾은선형〉으로 변경한 후 보조 축으로 지정하시오.

계열: 출력형태 를 참조하여 표식(세모, 크기 10)과 레이블 값을 표시하시오.

눈금선: 선 스타일–파선

축: 출력형태 를 참조하시오.

(8) **범례** ⇒ 범례명을 변경하고 출력형태 를 참조하시오.

(9) **도형** ⇒ '모서리가 둥근 사각형 설명선'을 삽입한 후 출력형태 와 같이 내용을 입력하시오.

(10) **나머지 사항은** 출력형태 에 맞게 작성하시오.

출력형태

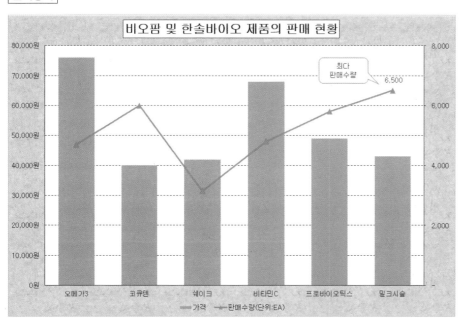

❗ 주의 시트명 순서가 차례대로 "제1작업", "제2작업", "제3작업", "제4작업"이 되도록 할 것.

제6회 정보기술자격(ITQ) 모의고사

과목	코드	문제유형	시험시간	수험번호	성명
한글엑셀	1122		60분		

제1작업 표 서식 작성 및 값 계산 — 240점

다음은 '7월 결제 고객 이용 현황'에 대한 자료이다. 자료를 입력하고 조건에 맞도록 작업하시오.

출력형태

고객코드	고객명	생년월일	이용별 결제일	포인트	결제금액 (단위:원)	거래지점	순위	고객등급
V3695	민슬기	1977-09-17	5	65,900	2,123,000	가락동	(1)	(2)
V8163	나윤권	1970-02-05	25	45,600	3,453,000	잠실동	(1)	(2)
G3648	오정혜	1980-12-25	10	23,000	165,000	송파동	(1)	(2)
G6214	권수정	1972-03-19	5	6,700	489,000	잠실동	(1)	(2)
V9172	한예슬	1984-08-30	10	8,900	4,661,000	마천동	(1)	(2)
M4167	박은정	1982-04-12	10	9,500	1,645,000	신천동	(1)	(2)
G8155	김소희	1981-03-05	5	116,800	675,000	가락동	(1)	(2)
M4325	정진영	1982-11-16	25	126,800	934,000	오금동	(1)	(2)
포인트가 100,000원 이상인 고객 수			(3)			최대 결제 금액		(5)
5일 결제일 고객의 결제금액 합계			(4)			고객명	민슬기	거래지점 (6)

제목 상단: 결재 / 담당 / 과장 / 부장

조건

○ 모든 데이터의 서식에는 글꼴(굴림, 11pt), 정렬은 숫자 및 회계 서식은 오른쪽 정렬, 나머지 서식은 가운데 정렬로 작성하며 예외적인 것은 **출력형태**를 참조하시오.

○ 제 목 ⇒ 도형(사다리꼴)과 그림자(오프셋 오른쪽)를 이용하여 작성하고 "7월 결제 고객 이용 현황"을 입력한 후 다음 서식을 적용하시오(글꼴-굴림, 24pt, 검정, 굵게, 채우기-노랑).

○ 임의의 셀에 결재란을 작성하여 그림으로 복사 기능을 이용하여 붙이기 하시오(단, 원본 삭제).

○ 「B4:J4, G14, I14」 영역은 '주황'으로 채우기 하시오.

○ 유효성 검사를 이용하여 「H14」 셀에 고객명(「C5:C12」 영역)이 선택 표시되도록 하시오.

○ 셀 서식 ⇒ 「E5:E12」 영역에 셀 서식을 이용하여 숫자 뒤에 '일'을 표시하시오(예: 5일).

○ 「F5:F12」 영역에 대해 '포인트'로 이름정의를 하시오.

(1)~(6) 셀은 반드시 주어진 함수를 이용하여 값을 구하시오(결과값을 직접 입력하면 해당 셀은 0점 처리됨).

(1) 순위 ⇒ 결제금액(단위:원)의 내림차순 순위를 구하시오(RANK.EQ 함수).

(2) 고객등급 ⇒ '고객코드'의 첫 글자가 'G'이면 "GOLD", 'V'이면 "VIP", 'M'이면 "MIDDLE"로 구하시오(IF, LEFT 함수).

(3) 포인트가 100,000원 이상인 고객 수 ⇒ 정의된 이름(포인트)을 이용하여 100,000 이상인 데이터의 개수를 구한 후 결과값 뒤에 "명"을 표시하시오(COUNTIF 함수, & 연산자).

(4) 5일 결제일 고객의 결제금액 합계 ⇒ 조건은 입력 데이터를 이용하시오(DSUM 함수).

(5) 최대 결제금액 ⇒ (MAX 함수).

(6) **거래지점** ⇒ 「H14」 셀에서 선택한 '고객명'에 대한 '거래지점'을 구하시오(VLOOKUP 함수).

(7) 조건부 서식의 수식을 이용하여 '결제금액(단위:원)'이 '2,000,000'원 이상인 행 전체에 다음 서식을 적용하시오(글꼴: 파랑, 굵게).

제2작업   필터 및 서식   80점

"제1작업" 시트의 「B4:H12」 영역을 복사하여 "제2작업" 시트의 「B2」 셀부터 모두 붙여넣기를 한 후 다음의 조건과 같이 작업하시오.

조건

(1) **고급 필터**   – 결제일이 5일이거나 포인트가 10,000 이상인 자료의 고객명, 결제일, 포인트, 결제금액(단위:원) 데이터만 추출하시오.
                – 조건 범위: 「B14」 셀부터 입력하시오.
                – 복사 위치: 「B18」 셀부터 나타나도록 하시오.

(2) **표 서식**   – 고급 필터의 결과 셀을 채우기 없음으로 설정한 후 '표 스타일 보통 6'의 서식을 적용하시오.
                – 머리글 행, 줄무늬 행을 적용하시오.

제3작업   정렬 및 부분합   80점

"제1작업" 시트의 「B4:H12」 영역을 복사하여 "제3작업" 시트의 「B2」 셀부터 모두 붙여넣기를 한 후 다음의 조건과 같이 작업하시오.

조건

(1) **부분합** – 출력형태 처럼 정렬하고, 고객명의 개수와 결제금액의 평균을 구하시오.

(2) **윤곽** – 지우시오.

(3) 나머지 사항은 출력형태 에 맞게 작성하시오.

출력형태

	고객코드	고객명	생년월일	이용별 결제일	포인트	결제금액 (단위:원)	거래지점	
	V8163	나문권	1970-02-05	25일	45,600	3,453,000	잠실동	
	G6214	권수정	1972-03-19	5일	6,700	489,000	잠실동	
						1,971,000	잠실동 평균	
		2					잠실동 개수	
	M4325	정진영	1982-11-16	25일	126,800	934,000	오금동	
						934,000	오금동 평균	
		1					오금동 개수	
	M4167	박은정	1982-04-12	10일	9,500	1,645,000	신천동	
						1,645,000	신천동 평균	
		1					신천동 개수	
	G3648	오정혜	1980-12-25	10일	23,000	165,000	송파동	
						165,000	송파동 평균	
		1					송파동 개수	
	V9172	한예슬	1984-08-30	10일	8,900	4,661,000	마천동	
						4,661,000	마천동 평균	
		1					마천동 개수	
	V3695	민슬기	1977-09-17	5일	65,900	2,123,000	가락동	
	G8155	김소희	1981-03-05	5일	116,800	675,000	가락동	
						1,399,000	가락동 평균	
		2					가락동 개수	
						1,768,125	전체 평균	
		8					전체 개수	

"제1작업" 시트를 이용하여 조건에 따라 [출력형태]와 같이 작업하시오.

[조건]

(1) **차트 종류** ⇒ 〈묶은 세로 막대형〉으로 작업하시오.

(2) **데이터 범위** ⇒ "제1작업" 시트의 내용을 이용하여 작업하시오.

(3) **위치** ⇒ "새 시트"로 이동하고, "제4작업"으로 시트 이름을 바꾸시오.

(4) **차트 디자인 도구** ⇒ 레이아웃 3, 스타일 1을 선택하여 [출력형태]에 맞게 작업하시오.

(5) **영역 서식** ⇒ 차트: 글꼴(굴림, 11pt), 채우기 효과(질감−분홍 박엽지), 그림: 채우기(흰색, 배경 1)

(6) **제목 서식** ⇒ 차트 제목: 글꼴(굴림, 굵게, 20pt), 채우기(흰색, 배경 1), 테두리

(7) **서식** ⇒ 포인트 계열의 차트 종류를 〈표식이 있는 꺾은선형〉으로 변경한 후 보조 축으로 지정하시오.

　　　　계열: [출력형태]를 참조하여 표식(세모, 크기 10)과 레이블 값을 표시하시오.

　　　　눈금선: 선 스타일−파선

　　　　축: [출력형태]를 참조하시오.

(8) **범례** ⇒ 범례명을 변경하고 [출력형태]를 참조하시오.

(9) **도형** ⇒ '모서리가 둥근 사각형 설명선'을 삽입한 후 [출력형태]와 같이 내용을 입력하시오.

(10) 나머지 사항은 [출력형태]에 맞게 작성하시오.

[출력형태]

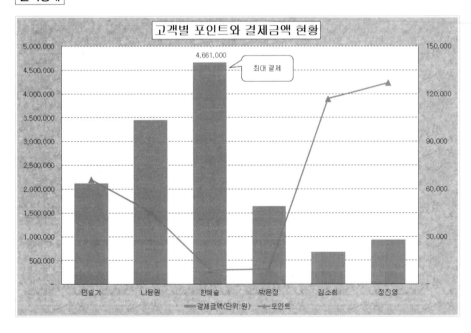

❗ 주의 시트명 순서가 차례대로 "제1작업", "제2작업", "제3작업", "제4작업"이 되도록 할 것.

제7회 정보기술자격(ITQ) 모의고사

과목	코드	문제유형	시험시간	수험번호	성명
한글엑셀	1122		60분		

제1작업 | 표 서식 작성 및 값 계산 | 240점

다음은 '청춘꽃집 12월 판매 현황'에 대한 자료이다. 자료를 입력하고 조건에 맞도록 작업하시오.

출력형태

상품코드	상품명	구분	판매일자	주문수량	판매금액 (단위:원)	이익율 (단위:%)	지역	순위
						확인	담당	대리	과장
T2571	수국	꽃다발	2022-12-11	12	670,000	38%	(1)	(2)
B2323	진백	분재	2022-12-12	20	1,200,000	20%	(1)	(2)
F2351	생일축하	꽃바구니	2022-12-02	5	250,000	15%	(1)	(2)
B2382	소사	분재	2022-12-07	8	160,000	10%	(1)	(2)
F4323	프로포즈	꽃바구니	2022-12-02	12	925,000	33%	(1)	(2)
T3241	분홍장미	꽃다발	2022-12-13	9	159,000	29%	(1)	(2)
F3253	결혼기념일	꽃바구니	2022-12-21	23	550,000	9%	(1)	(2)
T2692	안개	꽃다발	2022-12-24	11	861,000	19%	(1)	(2)
꽃다발의 주문수량 합계			(3)		최대 이익율(단위:%)			(5)
분재의 판매 평균			(4)		상품코드	T2571	주문수량	(6)

조건

○ 모든 데이터의 서식에는 글꼴(굴림, 11pt), 정렬은 숫자 및 회계 서식은 오른쪽 정렬, 나머지 서식은 가운데 정렬로 작성하며 예외적인 것은 출력형태를 참조하시오.

○ 제 목 ⇒ 도형(평행 사변형)과 그림자(오프셋 오른쪽)를 이용하여 작성하고 "청춘꽃집 12월 판매 현황"을 입력한 후 다음 서식을 적용하시오(글꼴−굴림, 24pt, 검정, 굵게, 채우기−노랑).

○ 임의의 셀에 결재란을 작성하여 그림으로 복사 기능을 이용하여 붙이기 하시오(단, 원본 삭제).

○ 「B4:J4, G14, I14」 영역은 '주황'으로 채우기 하시오.

○ 유효성 검사를 이용하여 「H14」 셀에 상품코드(「B5:B12」 영역)이 선택 표시되도록 하시오.

○ 셀 서식 ⇒ 「F5:F12」 영역에 셀 서식을 이용하여 숫자 뒤에 '개'를 표시하시오(예: 12개).

○ 「D5:D12」 영역에 대해 '구분'으로 이름정의를 하시오.

(1)∼(6) 셀은 반드시 주어진 함수를 이용하여 값을 구하시오(결과값을 직접 입력하면 해당 셀은 0점 처리됨).

(1) **지역** ⇒ '상품코드'의 마지막 글자가 1이면 '서울', 2이면 '수도권', 3이면 '기타'로 구하시오(CHOOSE, RIGHT 함수).

(2) **순위** ⇒ 주문수량의 내림차순 순위를 구한 결과에 '위'를 붙이시오(RANK.EQ 함수, & 연산자)(예: 1위).

(3) **꽃다발의 주문수량 합계** ⇒ 조건은 입력 데이터를 이용하시오(DSUM 함수).

(4) **분재의 판매 평균** ⇒ 정의된 이름(구분)을 이용하여 구하시오(SUMIF, COUNTIF 함수).

(5) **최대 이익율(단위:%)** ⇒ (LARGE 함수)

(6) 주문수량 ⇒ 「H14」 셀에서 선택한 '상품코드'에 대한 '주문수량'을 구하시오(VLOOKUP 함수).

(7) 조건부 서식의 수식을 이용하여 '이익율(단위:%)'이 '10%' 이하인 행 전체에 다음 서식을 적용하시오(글꼴: 파랑, 굵게).

제2작업 **필터 및 서식** 80점

"제1작업" 시트의 「B4:H12」영역을 복사하여 "제2작업" 시트의 「B2」 셀부터 모두 붙여넣기를 한 후 다음의 조건과 같이 작업하시오.

조건

(1) 고급 필터 – 구분이 '분재'가 아니면서 판매금액이 '1,000,000'이하인 자료를 추출하시오.

　　　　　　– 조건 범위: 「B14」 셀부터 입력하시오.

　　　　　　– 복사 위치: 「B18」 셀부터 나타나도록 하시오.

(2) 표 서식 – 고급 필터의 결과 셀을 채우기 없음으로 설정한 후 '표 스타일 보통 7'의 서식을 적용하시오.

　　　　　　– 머리글 행, 줄무늬 행을 적용하시오.

제3작업 **피벗 테이블** 80점

"제1작업" 시트를 이용하여 "제3작업" 시트에 조건에 따라 출력형태와 같이 작업하시오.

조건

(1) 주문수량 및 구분별 상품코드의 개수와 판매금액(단위:원)의 평균을 구하시오.

(2) 주문수량을 그룹화하고, 구분을 출력형태와 같이 정렬하시오.

(3) 레이블이 있는 셀 병합 및 가운데 맞춤 적용 및 빈 셀은 '**'로 표시하시오.

(4) 행의 총합계는 지우고, 나머지 사항은 출력형태에 맞게 작성하시오.

출력형태

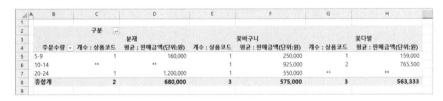

주문수량	구분							
	분재		꽃바구니		꽃다발			
	개수 : 상품코드	평균 : 판매금액(단위:원)	개수 : 상품코드	평균 : 판매금액(단위:원)	개수 : 상품코드	평균 : 판매금액(단위:원)		
5-9	1	160,000	1	250,000	1	159,000		
10-14	**	**	1	925,000	2	765,500		
20-24	1	1,200,000	1	550,000	**	**		
총합계	2	680,000	3	575,000	3	563,333		

"제1작업" 시트를 이용하여 조건에 따라 출력형태와 같이 작업하시오.

조건

(1) **차트 종류** ⇒ 〈묶은 세로 막대형〉으로 작업하시오.
(2) **데이터 범위** ⇒ "제1작업" 시트의 내용을 이용하여 작업하시오.
(3) **위치** ⇒ "새 시트"로 이동하고, "제4작업"으로 시트 이름을 바꾸시오.
(4) **차트 디자인 도구** ⇒ 레이아웃 3, 스타일 1을 선택하여 출력형태에 맞게 작업하시오.
(5) **영역 서식** ⇒ 차트: 글꼴(굴림, 11pt), 채우기 효과(질감-파랑 박엽지), 그림: 채우기(흰색, 배경 1)
(6) **제목 서식** ⇒ 차트 제목: 글꼴(굴림, 굵게, 20pt), 채우기(흰색, 배경 1), 테두리
(7) **서식** ⇒ 주문수량 계열의 차트 종류를 〈표식이 있는 꺾은선형〉으로 변경한 후 보조 축으로 지정하시오.

　　　　계열: 출력형태를 참조하여 표식(마름모, 크기 10)과 레이블 값을 표시하시오.

　　　　눈금선: 선 스타일-파선

　　　　축: 출력형태를 참조하시오.

(8) **범례** ⇒ 범례명을 변경하고 출력형태를 참조하시오.
(9) **도형** ⇒ '모서리가 둥근 사각형 설명선'을 삽입한 후 출력형태와 같이 내용을 입력하시오.
(10) 나머지 사항은 출력형태에 맞게 작성하시오.

출력형태

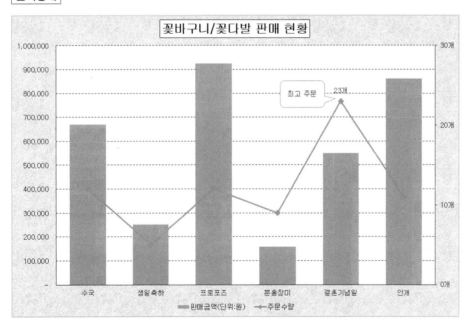

❗ 주의 시트명 순서가 차례대로 "제1작업", "제2작업", "제3작업", "제4작업"이 되도록 할 것.

제8회 정보기술자격(ITQ) 모의고사

과목	코드	문제유형	시험시간	수험번호	성명
한글엑셀	1122		60분		

제1작업 | 표 서식 작성 및 값 계산 | 240점

다음은 'ABC 어학원 강좌 현황'에 대한 자료이다. 자료를 입력하고 조건에 맞도록 작업하시오.

출력형태

관리코드	강좌명	구분	수강료	수강기간	학습자수 (단위:명)	진행강사수 (단위:명)	수업일수	순위
							사원	팀장	본부장

확인

관리코드	강좌명	구분	수강료	수강기간	학습자수 (단위:명)	진행강사수 (단위:명)	수업일수	순위
HB272	기초 첫걸음	스페인어	75,000	4개월	215	3	(1)	(2)
AC543	발음클리닉	독일어	150,000	2개월	249	2	(1)	(2)
HR843	원어민처럼 말하기	스페인어	90,000	3개월	105	1	(1)	(2)
PB433	골프 회화	영어	203,000	8개월	248	2	(1)	(2)
PW462	영어로 메일 쓰기	영어	214,000	8개월	194	3	(1)	(2)
CB642	쿠킹 스페인어	스페인어	189,000	5개월	384	3	(1)	(2)
PC361	재미있는 독일어	독일어	153,000	12개월	348	2	(1)	(2)
EB342	독일어 왕초보	독일어	80,000	2개월	127	2	(1)	(2)
수강료가 10만원 이하인 강좌수		(3)			최다 학습자수(단위:명)			(5)
독일어 학습자수(단위:명) 합계		(4)			강좌명	기초 첫걸음	수강료	(6)

조건

○ 모든 데이터의 서식에는 글꼴(굴림, 11pt), 정렬은 숫자 및 회계 서식은 오른쪽 정렬, 나머지 서식은 가운데 정렬로 작성하며 예외적인 것은 **출력형태**를 참조하시오.

○ 제 목 ⇒ 도형(육각형)과 그림자(오프셋 오른쪽)를 이용하여 작성하고 "ABC 어학원 강좌 현황"을 입력한 후 다음 서식을 적용하시오(글꼴−굴림, 24pt, 검정, 굵게, 채우기−노랑).

○ 임의의 셀에 결재란을 작성하여 그림으로 복사 기능을 이용하여 붙이기 하시오(단, 원본 삭제).

○ 「B4:J4, G14, I14」 영역은 '주황'으로 채우기 하시오.

○ 유효성 검사를 이용하여 「H14」 셀에 강좌명(「C5:C12」 영역)이 선택 표시되도록 하시오.

○ 셀 서식 ⇒ 「E5:E12」 영역에 셀 서식을 이용하여 숫자 뒤에 '원'를 표시하시오(예: 75,000원).

○ 「D5:D12」 영역에 대해 '구분'으로 이름정의를 하시오.

(1)~(6) 셀은 반드시 주어진 함수를 이용하여 값을 구하시오(결과값을 직접 입력하면 해당 셀은 0점 처리됨).

(1) 수업일수 ⇒ 관리코드의 마지막 글자가 1이면 '주1회', 2이면 '주2회', 3이면 '주3회'로 구하시오(CHOOSE, RIGHT 함수).
(2) 순위 ⇒ 학습자수(단위:명)의 내림차순 순위를 1~3까지만 구하고 그 외에는 공백으로 표시 하시오(IF, RANK.EQ 함수).
(3) 수강료가 10만원 이하인 강좌수 ⇒ 수강료가 100,000 이하인 데이터의 개수를 구하시오(COUNTIF 함수).
(4) 독일어 학습자수(단위:명) 합계 ⇒ 정의된 이름(구분)을 이용하여 구하시오(SUMIF 함수).
(5) 최다 학습자수(단위:명) ⇒ 최다 학습자수를 구한 값에 '명'을 붙이시오(MAX 함수, & 연산자).

(6) 수강료 ⇒ 「H14」 셀에서 선택한 '강좌명'에 대한 '수강료'를 표시하시오(VLOOKUP 함수).

(7) 조건부 서식의 수식을 이용하여 '학습자수(단위:명)'이 '300' 이상인 행 전체에 다음 서식을 적용하시오(글꼴: 파랑, 굵게).

제2작업 ┃ 필터 및 서식 ┃ 80점

"제1작업" 시트의 「B4:H12」 영역을 복사하여 "제2작업" 시트의 「B2」 셀부터 모두 붙여넣기를 한 후 다음의 조건과 같이 작업하시오.

조건

(1) 고급 필터 – 구분이 '영어'이거나 수강료가 100,000 이하인 자료의 관리코드, 강좌명, 수강료, 학습자수(단위:명) 데이터만 추출하시오.
  – 조건 범위: 「B14」 셀부터 입력하시오.
  – 복사 위치: 「B18」 셀부터 나타나도록 하시오.
(2) 표 서식 – 고급 필터의 결과 셀을 채우기 없음으로 설정한 후 '표 스타일 보통 7'의 서식을 적용하시오.
  – 머리글 행, 줄무늬 행을 적용하시오.

제3작업 ┃ 정렬 및 부분합 ┃ 80점

"제1작업" 시트의 「B4:H12」 영역을 복사하여 "제3작업" 시트의 「B2」 셀부터 모두 붙여넣기를 한 후 다음의 조건과 같이 작업하시오.

조건

(1) 부분합 – [출력형태]처럼 정렬하고, 강좌명의 개수와 학습자수(단위:명)의 평균을 구하시오.
(2) 윤곽 – 지우시오.
(3) 나머지 사항은 [출력형태]에 맞게 작성하시오.

출력형태

	B	C	D	E	F	G 학습자수(단위:명)	H 진행강사수(단위:명)	I
2	관리코드	강좌명	구분	수강료	수강기간	학습자수(단위:명)	진행강사수(단위:명)	
3	PB433	골프 회화	영어	203,000원	8개월	248	2	
4	PW462	영어로 메일 쓰기	영어	214,000원	8개월	194	3	
5			영어 평균			221		
6		2	영어 개수					
7	HB272	기초 첫걸음	스페인어	75,000원	4개월	215	3	
8	HR843	원어민처럼 말하기	스페인어	90,000원	3개월	105	1	
9	CB642	쿠킹 스페인어	스페인어	189,000원	5개월	384	3	
10			스페인어 평균			235		
11		3	스페인어 개수					
12	AC543	발음클리닉	독일어	150,000원	2개월	249	2	
13	PC361	재미있는 독일어	독일어	153,000원	12개월	348	2	
14	EB342	독일어 왕초보	독일어	80,000원	2개월	127	2	
15			독일어 평균			241		
16		3	독일어 개수					
17			전체 평균			234		
18		8	전체 개수					
19								

"제1작업" 시트를 이용하여 조건에 따라 출력형태 와 같이 작업하시오.

조건

(1) **차트 종류** ⇒ 〈묶은 세로 막대형〉으로 작업하시오.

(2) **데이터 범위** ⇒ "제1작업" 시트의 내용을 이용하여 작업하시오.

(3) **위치** ⇒ "새 시트"로 이동하고, "제4작업"으로 시트 이름을 바꾸시오.

(4) **차트 디자인 도구** ⇒ 레이아웃 3, 스타일 1을 선택하여 출력형태 에 맞게 작업하시오.

(5) **영역 서식** ⇒ 차트: 글꼴(굴림, 11pt), 채우기 효과(질감–분홍 박엽지), 그림: 채우기(흰색, 배경 1)

(6) **제목 서식** ⇒ 차트 제목: 글꼴(굴림, 굵게, 20pt), 채우기(흰색, 배경 1), 테두리

(7) **서식** ⇒ 학습자수(단위:명) 계열의 차트 종류를 〈표식이 있는 꺾은선형〉으로 변경한 후 보조 축으로 지정하시오.

계열: 출력형태 를 참조하여 표식(세모, 크기 10)과 레이블 값을 표시하시오.

눈금선: 선 스타일–파선

축: 출력형태 를 참조하시오.

(8) **범례** ⇒ 범례명을 변경하고 출력형태 를 참조하시오.

(9) **도형** ⇒ '모서리가 둥근 사각형 설명선'을 삽입한 후 출력형태 와 같이 내용을 입력하시오.

(10) 나머지 사항은 출력형태 에 맞게 작성하시오.

출력형태

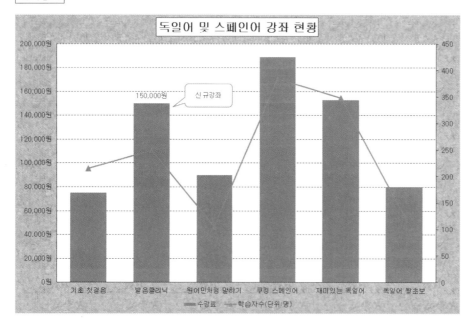

❗ **주의** 시트명 순서가 차례대로 "제1작업", "제2작업", "제3작업", "제4작업"이 되도록 할 것.

제9회 정보기술자격(ITQ) 모의고사

과목	코드	문제유형	시험시간	수험번호	성명
한글엑셀	1122		60분		

제1작업 · 표 서식 작성 및 값 계산 · 240점

다음은 '티켓파크 뮤지컬 예매 현황'에 대한 자료이다. 자료를 입력하고 조건에 맞도록 작업하시오.

출력형태

관리번호	공연명	공연지역	공연시작일	공연시간(분)	관람료(R석 기준)	예매수량	관람등급	공연월
						확인	사원 / 팀장 / 부장	
P1502	빨래	종로구	2022-06-10	150	66,000	465	(1)	(2)
G6402	번지점프를 하다	종로구	2021-04-27	160	88,000	780	(1)	(2)
C8102	서편제	강남구	2022-08-12	150	110,000	519	(1)	(2)
J3501	태양의 꽃	기타지역	2022-04-22	100	30,000	555	(1)	(2)
L3603	미아 파밀리아	종로구	2022-06-21	110	66,000	750	(1)	(2)
S0601	불루맨그룹 월드투어	강남구	2022-06-15	90	66,000	800	(1)	(2)
J5402	웃는남자	종로구	2022-06-10	180	130,000	690	(1)	(2)
F3403	팬레터	기타지역	2022-08-13	160	70,000	819	(1)	(2)
관람료(R석 기준)의 전체 평균			(3)		종로구의 최대 예매수량			(5)
종로구의 공연 개수			(4)		공연명	빨래	예매수량	(6)

제목 위에는 "티켓파크 뮤지컬 예매 현황" 이 표시되어 있다.

조건

○ 모든 데이터의 서식에는 글꼴(굴림, 11pt), 정렬은 숫자 및 회계 서식은 오른쪽 정렬, 나머지 서식은 가운데 정렬로 작성하며 예외적인 것은 **출력형태**를 참조하시오.

○ 제 목 ⇒ 도형(십자형)과 그림자(오프셋 위쪽)를 이용하여 작성하고 "티켓파크 뮤지컬 예매 현황"을 입력한 후 다음 서식을 적용하시오(글꼴–굴림, 24pt, 검정, 굵게, 채우기–노랑).

○ 임의의 셀에 결재란을 작성하여 그림으로 복사 기능을 이용하여 붙이기 하시오(단, 원본 삭제).

○ 「B4:J4, G14, I14」 영역은 '주황'으로 채우기 하시오.

○ 유효성 검사를 이용하여 「H14」 셀에 공연명(「C5:C12」 영역)이 선택 표시되도록 하시오.

○ 셀 서식 ⇒ 「H5:H12」 영역에 셀 서식을 이용하여 숫자 뒤에 '매'을 표시하시오(예: 465매).

○ 「D5:D12」 영역에 대해 '공연지역'으로 이름정의를 하시오.

(1)~(6) 셀은 반드시 주어진 함수를 이용하여 값을 구하시오(결과값을 직접 입력하면 해당 셀은 0점 처리됨).

(1) 관람등급 ⇒ 관리번호의 마지막 한 글자가 1이면 '6세 이상', 2이면 '8세 이상', 그 외는 '14세 이상'으로 구하시오 (IF, RIGHT 함수).

(2) 공연월 ⇒ 공연시작일의 월을 구한 결과값에 '월'을 붙이시오(MONTH 함수, & 연산자).

(3) 관람료(R석 기준)의 전체 평균 ⇒ 반올림하여 천 단위까지 구하시오(ROUND, AVERAGE 함수)(예: 66,745 → 67,000).

(4) 종로구의 공연 개수 ⇒ 정의된 이름(공연지역)을 이용하여 구하시오(COUNTIF 함수).

(5) 종로구의 최대 예매수량 ⇒ 조건은 입력데이터를 이용하시오(DMAX 함수).

(6) **예매수량** ⇒ 「H14」셀에서 선택한 '공연명'에 대한 '예매수량'을 표시하시오(VLOOKUP 함수).

(7) 조건부 서식의 수식을 이용하여 '공연시간(분)'이 '100'분 이하인 행 전체에 다음 서식을 적용하시오(글꼴: 파랑, 굵게).

제2작업　필터 및 서식　　　　　　　　　　　　　　　80점

"제1작업" 시트의 「B4:H12」영역을 복사하여 "제2작업" 시트의 「B2」셀부터 모두 붙여넣기를 한 후 다음의 조건과 같이 작업하시오.

조건

(1) **고급 필터**　－ 관리번호가 'P'로 시작하거나 예매수량이 '800' 이상인 자료를 추출하시오.

　　　　　　　－ 조건 범위: 「B14」셀부터 입력하시오.

　　　　　　　－ 복사 위치: 「B18」셀부터 나타나도록 하시오.

(2) **표 서식**　－ 고급 필터의 결과 셀을 채우기 없음으로 설정한 후 '표 스타일 보통 6'의 서식을 적용하시오.

　　　　　　－ 머리글 행, 줄무늬 행을 적용하시오.

제3작업　피벗 테이블　　　　　　　　　　　　　　　80점

"제1작업" 시트를 이용하여 "제3작업" 시트에 조건에 따라 │출력형태│와 같이 작업하시오.

조건

(1) 공연시작일 및 공연지역별 공연명의 개수와 관람료(R석 기준)의 평균을 구하시오.

(2) 공연시작일을 그룹화하고, 공연지역을 │출력형태│와 같이 정렬하시오.

(3) 레이블이 있는 셀 병합 및 가운데 맞춤 적용 및 빈 셀은 '***'로 표시하시오.

(4) 행의 총합계는 지우고, 나머지 사항은 │출력형태│에 맞게 작성하시오.

출력형태

"제1작업" 시트를 이용하여 조건에 따라 출력형태 와 같이 작업하시오.

조건

(1) **차트 종류** ⇒ 〈묶은 세로 막대형〉으로 작업하시오.

(2) **데이터 범위** ⇒ "제1작업" 시트의 내용을 이용하여 작업하시오.

(3) **위치** ⇒ "새 시트"로 이동하고, "제4작업"으로 시트 이름을 바꾸시오.

(4) **차트 디자인 도구** ⇒ 레이아웃 3, 스타일 1을 선택하여 출력형태 에 맞게 작업하시오.

(5) **영역 서식** ⇒ 차트: 글꼴(굴림, 11pt), 채우기 효과(질감-분홍 박엽지), 그림: 채우기(흰색, 배경 1)

(6) **제목 서식** ⇒ 차트 제목: 글꼴(굴림, 굵게, 20pt), 채우기(흰색, 배경 1), 테두리

(7) **서식** ⇒ 예매수량 계열의 차트 종류를 〈표식이 있는 꺾은선형〉으로 변경한 후 보조 축으로 지정하시오.

　　　　계열: 출력형태 를 참조하여 표식(마름모, 크기 10)과 레이블 값을 표시하시오.

　　　　눈금선: 선 스타일-파선

　　　　축: 출력형태 참조하시오.

(8) **범례** ⇒ 범례명을 변경하고 출력형태 를 참조하시오.

(9) **도형** ⇒ '모서리가 둥근 사각형 설명선'을 삽입한 후 출력형태 와 같이 내용을 입력하시오.

(10) 나머지 사항은 출력형태 에 맞게 작성하시오.

출력형태

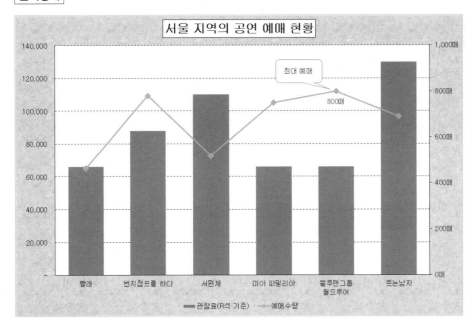

❗ **주의** 시트명 순서가 차례대로 "제1작업", "제2작업", "제3작업", "제4작업"이 되도록 할 것.

제10회 정보기술자격(ITQ) 모의고사

과목	코드	문제유형	시험시간	수험번호	성명
한글엑셀	1122		60분		

제1작업 ｜ 표 서식 작성 및 값 계산 240점

다음은 '아르바이트 사원 급여 현황'에 대한 자료이다. 자료를 입력하고 조건에 맞도록 작업하시오.

출력형태

사원코드	성명	주민번호	1일 근무시간	근무일수	급여 (단위:원)	시급 비용(원)	성별	근무처
S1003	송인식	951230-1******	4	15	588,000	9,800	(1)	(2)
M3201	노정현	930707-1******	6	9	664,200	12,300	(1)	(2)
C4220	서진희	931022-2******	7	17	1,029,350	8,650	(1)	(2)
S3212	오정수	920917-1******	4	17	646,000	9,500	(1)	(2)
S4210	박은혜	890205-2******	4	15	570,000	9,500	(1)	(2)
M8311	이정진	950916-1******	6	20	1,476,000	12,300	(1)	(2)
C1209	김민희	890423-2******	7	21	1,455,300	9,900	(1)	(2)
C4034	이경희	890527-2******	4	17	741,200	10,900	(1)	(2)
만원 이상 시급의 사원수			(3)		1일 근무시간이 4시간인 사원의 급여 합계			(5)
근무일수가 17일인 사원의 시급 평균			(4)		사원코드	S1003	급여 (단위:원)	(6)

결재 / 담당 / 대리 / 과장

조건

○ 모든 데이터의 서식에는 글꼴(굴림, 11pt), 정렬은 숫자 및 회계 서식은 오른쪽 정렬, 나머지 서식은 가운데 정렬로 작성하며 예외적인 것은 출력형태를 참조하시오.

○ 제 목 ⇒ 도형(한쪽 모서리가 둥근 사각형)과 그림자(오프셋 오른쪽)를 이용하여 작성하고 "아르바이트 사원 급여 현황"을 입력한 후 다음 서식을 적용하시오(글꼴–굴림, 24pt, 검정, 굵게, 채우기–노랑).

○ 임의의 셀에 결재란을 작성하여 그림으로 복사 기능을 이용하여 붙이기 하시오(단, 원본 삭제).

○ 「B4:J4, G14, I14」 영역은 '주황'으로 채우기 하시오.

○ 유효성 검사를 이용하여 「H14」 셀에 사원코드(「B5:B12」 영역)가 선택 표시되도록 하시오.

○ 셀 서식 ⇒ 「F5:F12」 영역에 셀 서식을 이용하여 숫자 뒤에 '일'을 표시하시오(예: 17일).

○ 「F5:F12」 영역에 대해 '근무일수'로 이름정의를 하시오.

(1)~(6) 셀은 반드시 주어진 함수를 이용하여 값을 구하시오(결과값을 직접 입력하면 해당 셀은 0점 처리됨).

(1) **성별** ⇒ 주민등록번호의 8번째 글자가 1이면 '남성', 2이면 '여성'으로 구하시오(CHOOSE, MID 함수).

(2) **근무처** ⇒ 사원코드의 왼쪽 1글자가 'S'이면 '영업', 'M'이면 '물류', 'C'이면 '인사'로 구하시오(IF, LEFT 함수).

(3) **만원 이상 시급의 사원수** ⇒ 만원 이상 사원의 수를 구한 결과에 '명'을 붙이시오(COUNTIF 함수, & 연산자)(예: 5명).

(4) **근무일수가 17일인 사원의 시급 평균** ⇒ 정의된 이름(근무일수)을 이용하여 구하시오(SUMIF, COUNTIF 함수).

(5) **1일 근무시간이 4시간인 사원의 급여 합계** ⇒ 조건은 입력데이터를 이용하시오(DSUM 함수).

(6) **급여(단위:원)** ⇒ 「H14」 셀에서 선택한 '사원코드'에 대한 '급여(단위:원)'을 표시하시오(VLOOKUP 함수).

(7) 조건부 서식의 수식을 이용하여 '근무일수'가 '20'일 이상인 행 전체에 다음 서식을 적용하시오(글꼴: 파랑, 굵게).

제2작업	**필터 및 서식**		80점

"제1작업" 시트의 「B4:H12」영역을 복사하여 "제2작업" 시트의 「B2」 셀부터 모두 붙여넣기를 한 후 다음의 조건과 같이 작업하시오.

조건

(1) **고급 필터** – 근무일수가 '17'이거나 시급 비용(원)이 '10000' 이상인 자료를 추출하시오.
  – 조건 범위: 「B14」 셀부터 입력하시오.
  – 복사 위치: 「B18」 셀부터 나타나도록 하시오.

(2) **표 서식** – 고급 필터의 결과 셀을 채우기 없음으로 설정한 후 '표 스타일 보통 7'의 서식을 적용하시오.
  – 머리글 행, 줄무늬 행을 적용하시오.

제3작업	**정렬 및 부분합**		80점

"제1작업" 시트의 「B4:H12」 영역을 복사하여 "제3작업" 시트의 「B2」 셀부터 모두 붙여넣기를 한 후 다음의 조건과 같이 작업하시오

조건

(1) **부분합** – 출력형태 처럼 정렬하고, 성명의 개수와 급여(단위:원)의 최대값을 구하시오.

(2) **윤곽** – 지우시오.

(3) 나머지 사항은 출력형태 에 맞게 작성하시오.

출력형태

A	B	C	D	E	F	G	H	I
1								
2	사원코드	성명	주민번호	1일 근무시간	근무일수	급여 (단위:원)	시급 비용(원)	
3	C4220	서진희	931022-2******	7	17일	1,029,350	8,650	
4	C1209	김민희	890423-2******	7	21일	1,455,300	9,900	
5				7 최대값		1,455,300		
6		2		7 개수				
7	M3201	노정현	930707-1******	6	9일	664,200	12,300	
8	M8311	이정진	950916-1******	6	20일	1,476,000	12,300	
9				6 최대값		1,476,000		
10		2		6 개수				
11	S1003	송인식	951230-1******	4	15일	588,000	9,800	
12	S3212	오정수	920917-1******	4	17일	646,000	9,500	
13	S4210	박은혜	890205-2******	4	15일	570,000	9,500	
14	C4034	이경희	890527-2******	4	17일	741,200	10,900	
15				4 최대값		741,200		
16		4		4 개수				
17				전체 최대값		1,476,000		
18		8		전체 개수				
19								

"제1작업" 시트를 이용하여 조건에 따라 출력형태 와 같이 작업하시오.

조건

(1) **차트 종류** ⇒ 〈묶은 세로 막대형〉으로 작업하시오.

(2) **데이터 범위** ⇒ "제1작업" 시트의 내용을 이용하여 작업하시오.

(3) **위치** ⇒ "새 시트"로 이동하고, "제4작업"으로 시트 이름을 바꾸시오.

(4) **차트 디자인 도구** ⇒ 레이아웃 3, 스타일 1을 선택하여 출력형태 에 맞게 작업하시오.

(5) **영역 서식** ⇒ 차트: 글꼴(굴림, 11pt), 채우기 효과(질감-분홍 박엽지), 그림: 채우기(흰색, 배경 1)

(6) **제목 서식** ⇒ 차트 제목: 글꼴(굴림, 굵게, 20pt), 채우기(흰색, 배경 1), 테두리

(7) **서식** ⇒ 근무일수 계열의 차트 종류를 〈표식이 있는 꺾은선형〉으로 변경한 후 보조 축으로 지정하시오.

　　　계열: 출력형태 를 참조하여 표식(사각형, 크기 10)과 레이블 값을 표시하시오.

　　　눈금선: 선 스타일-파선

　　　축: 출력형태 를 참조하시오.

(8) **범례** ⇒ 범례명을 변경하고 출력형태 를 참조하시오.

(9) **도형** ⇒ '모서리가 둥근 사각형 설명선'을 삽입한 후 출력형태 와 같이 내용을 입력하시오.

(10) 나머지 사항은 출력형태 에 맞게 작성하시오.

출력형태

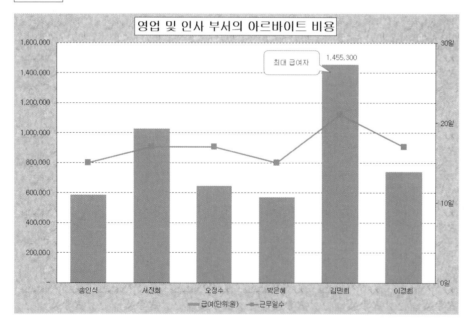

❗ 주의 시트명 순서가 차례대로 "제1작업", "제2작업", "제3작업", "제4작업"이 되도록 할 것.

끝이 좋아야 시작이 빛난다.

– 마리아노 리베라(Mariano Rivera)

여러분의 작은 소리
에듀윌은 크게 듣겠습니다.

본 교재에 대한 여러분의 목소리를 들려주세요.

공부하시면서 어려웠던 점, 궁금한 점,

칭찬하고 싶은 점, 개선할 점, 어떤 것이라도 좋습니다.

에듀윌은 여러분께서 나누어 주신 의견을

통해 끊임없이 발전하고 있습니다.

EXIT 합격 서비스 exit.eduwill.net
- 부가학습자료 및 정오표: EXIT 합격 서비스 → 자료실 / 정오표 게시판
- 교재문의: EXIT 합격 서비스 → 실시간 질문답변 게시판(내용)/
  Q&A 게시판(내용 외)

에듀윌 EXIT ITQ 엑셀 ver.2016

발 행 일	2023년 10월 25일 초판
편 저 자	박미정
펴 낸 이	김재환
펴 낸 곳	(주)에듀윌
등록번호	제25100-2002-000052호
주 소	08378 서울특별시 구로구 디지털로34길 55
	코오롱싸이언스밸리 2차 3층

www.eduwill.net
대표전화 1600-6700

베스트셀러 1위! 2,130회 달성 에듀윌 취업 교재 시리즈

공기업 NCS | 쏟아지는 100% 새 문항*

NCS 통합 기본서/봉투모의고사
피듈형 | 행과연형 | 휴노형 봉투모의고사
PSAT형 NCS 수문끝
NCS BASIC 기본서 | NCS 모듈형 기본서

매1N
매1N Ver.2

한국철도공사 | 부산교통공사
서울교통공사 | 5대 철도공사·공단
국민건강보험공단 | 한국전력공사
8대 에너지공기업 | 한국가스공사

한수원+5대 발전회사
한국수자원공사 | 한국수력원자력
한국토지주택공사 | IBK 기업은행
인천국제공항공사 | 한국도로공사

NCS를 위한 PSAT 기출완성 시리즈
NCS, 59초의 기술 시리즈
NCS 6대 출제사 | 공기업 NCS 기출 600제
공기업 전기직 기출로 끝장

대기업 인적성 | 온라인 시험도 완벽 대비!

대기업 인적성 통합 기본서

GSAT 삼성직무적성검사

LG그룹 온라인 인적성검사

SKCT SK그룹 종합역량검사
포스코 | 현대자동차/기아

농협은행
지역농협

취업상식 1위!

다통하는 일반상식

공기업기출 일반상식
언론사기출 최신 일반상식

기출 금융경제 상식

자소서부터 면접까지!

NCS 자소서&면접
실제 면접관이 말하는 NCS 자소서와
면접_인문·상경계/이공계

끝까지 살아남는 대기업 자소서

---

* 온라인4대 서점(yes24, 교보문고, 알라딘, 인터파크) 일간/주간/월간 13개 베스트셀러 합산 기준 (2016.01.01~2022.11.07, 공기업 NCS/ 직무적성/
  일반상식/시사상식 교재)
* 에듀윌 취업 공기업 NCS 통합 봉투모의고사(NCS), 코레일 봉투모의고사 교재 해당 (2023년 출간 교재 기준)
* yes24 국내도서 해당 분야 월별, 주별 베스트 기준

더 많은
에듀윌 취업 교재